*La
proyección del
neoliberalismo*

La *proyección del neoliberalismo*

Las transformaciones del cine mexicano (1988–2012)

Ignacio M. Sánchez Prado

Traducción de
Sergio Gutiérrez Negrón

Vanderbilt University Press
Nashville

© 2019 by Vanderbilt University Press
Nashville, Tennessee 37235
All rights reserved

Originally published as *Screening Neoliberalism: Transforming Mexican Cinema, 1988–2012* by Vanderbilt University Press, 2014.

Library of Congress Cataloging-in-Publication Data
Names: Sanchez Prado, Ignacio M., 1979– author. | Gutierrez Negron, Sergio, translator.
Title: La proyeccion del neoliberalismo : las transformaciones del cine mexicano (1988–2012) / Ignacio M. Sanchez Prado ; traduccion de Sergio Gutierrez Negron.
Other titles: Screening neoliberalism. Spanish
Description: Nashville : Vanderbilt University Press, 2019. | Includes bibliographical references and index.
Identifiers: LCCN 2019017926| ISBN 9780826522641 (hardcover) | ISBN 9780826522658 (pbk.)
Subjects: LCSH: Motion pictures—Mexico—History and criticism. | Motion pictures—Social aspects—Mexico.
Classification: LCC PN1993.5.M4 S2818 2014 | DDC 791.430972—dc23 LC record available at https://lccn.loc.gov/2019017926

ISBN 978-0-8265-2264-1 (hardcover)
ISBN 978-0-8265-2265-8 (paperback)
ISBN 978-0-8265-2266-5 (ebook)

Contenido

Nota a la edición en español — vii

Introducción — 1

1. Nacionalismo erosionado:
Cine mexicano en tiempos de crisis — 17

2. Publicistas enamorados:
La comedia romántica, la privatización de cines,
y la estética de la clase media — 71

3. La mirada neoliberal: La reformulación de la política
en la "transición democrática" — 122

4. Los tres amigos y el llanero solitario:
"*Auteurs* globales" mexicanos en el escenario nacional — 179

Conclusión:
El cine mexicano en la estela del neoliberalismo — 243

Notas — 265

Bibliografía — 287

Índice — 315

Nota a la edición en español

La publicación en español de este libro, que toma lugar cinco años después del original, llega un poco tarde. Esto se debió a los laberintos existentes tanto para la publicación académica como para la publicación de crítica de cine en el medio editorial mexicano, además de que el libro sufrió retrasos inaceptables debido a la inestabilidad de la editorial que originalmente se había comprometido a editarlo. Venturosamente, Vanderbilt University Press, quien apoyó el libro en inglés de manera impecable, ha decidido aventurarse a la publicación en español, y me ofreció que este libro fuera el primero en dicha aventura. Estoy muy agradecido de que sea así, no sólo porque Vanderbilt University Press jugó un rol crucial en la positiva recepción con la que mis colegas han honrado este volumen, sino también porque una editorial que ha desarrollado una línea editorial en estudios hispánicos finalmente apuesta por nuestro idioma. Decidí que no me correspondía auto traducirme, puesto que la tentación de reescritura sería enorme, así que le pedí a mi amigo y colega, Sergio Gutiérrez Negrón, que hiciera este trabajo. Agradezco a Sergio su cuidado, esmero y amistad en ese trabajo, y su paciencia al seguirme en los laberintos editoriales antes mencionados. En honor a su traducción, no he hecho cambios, más allá de precisar unos términos y ajustar unas citas al original citado. Aunque su registro lingüístico, puertorriqueño, es algo distinto al mío, mexicano, el texto de la traducción pertenece en parte a él. Asimismo, agradezco a Elena E. Hannan por la corrección de estilo y trabajo de mexicanización. También quiero reconocer a Zachary Gresham de Vanderbilt University Press por avanzar este proyecto y continuar así el trabajo que Eli Bortz, a quien se debe la primera edición, hizo en su momento. Este libro entró a la editorial justo en el momento en que otra editora con la que he trabajado antes, Gianna Moser, vino a Vanderbilt, por lo cual tuve la fortuna de volver a trabajar con ella. Es igualmente un placer trabajar con Joell Smith-Borne,

Betsy Phillips y todo el *staff* de la editorial. Como mencioné antes, he decidido resistir la tentación de corregir o añadir. Podría sin duda haber referido más a trabajos que al momento de la escritura original me eran desconocidos, o a los libros que han poblado desde entonces el espacio que en el origen del proyecto me parecían más desiertos. El mundo de los estudios sobre cine mexicano es hoy mucho más vibrante, diverso e interesante que cuando comencé a escribir este libro, que buscaba dialogar con los pocos, pero valiosos, precursores que construyeron su espacio en el campo. Es también cierto que desde la publicación de este libro han surgido espacios amplios para los estudios cinematográficos académicos, muchos ellos en ciernes cuando escribí este libro. Espero esta edición en español sea accesible a nuevos lectores e interlocutores. Y, sobre todo, que, al haber sido traducido a mi primer idioma, pueda dialogar mejor con los colegas de mi país.

Introducción

La reinvención del cine mexicano

Ir al cine en la Ciudad de México a mediados de los años ochenta era una experiencia singular—singularmente surrealista. La mayoría de las salas de cine de la época formaban parte de un conglomerado estatal llamado la Compañía Operadora de Teatros S. A. (COTSA), compuesto en general por teatros de una sola pantalla que se encontraban dispersos por la ciudad. Muchos de estos lugares tenían una larga historia. Por ejemplo, el Cine Ópera, localizado en Santa María la Ribera, un barrio de clase obrera, que posteriormente se convirtió en una sala de conciertos y ahora está abandonado, abrió sus puertas como un cine en 1949, con una capacidad para alrededor de 3,500 espectadores. Un ejemplo notable del estilo Art Deco, el Cine Ópera se estrenó con la proyección de *Una familia de tantas*, un melodrama de Alejandro Galindo sobre el choque entre los valores tradicionales de la familia mexicana y la modernidad americanizada de la época. Desde su origen, el Cine Ópera formó parte de una transformación importante en la práctica del cine que ocurrió a mediados de los años cuarenta y principios de los cincuenta, gracias a la ola de modernización de la administración del presidente Miguel Alemán. Andrea Noble recuerda este periodo: "Motivados por la formación de una emergente clase media, cuyos valores imitaban a grandes rasgos los modelos culturales norteamericanos, estas películas se enfocaron en la desintegración de los lazos familiares tradicionales debido a los valores sociales modernos, mostrando al hacerlo, varios grados de ansiedad sobre el proceso" (102). *Una familia de tantas*, dice Noble, fue peculiar porque ofreció "una narrativa progresiva que promueve los beneficios positivos que supuestamente traerá la modernidad a la familia y la sociedad" (103). El hecho de que el Cine Ópera abrió con esta película es revelador: fue parte de una ola de renovación en la producción cinematográfica mexicana y en el consumo posibilitado por una creciente y urbanizada clase media.

Para finales de los años ochenta, el estatus icónico del Cine Ópera, al igual que la memoria de la importancia cultural con que se le dotó cuando se fundó, había desaparecido. Recuerdo ir frecuentemente a Cine Ópera cuando era niño, casi siempre para ver las películas de Hollywood del día, gracias al hecho de que el gerente del cine era un viejo amigo de la familia y nos permitía verlas gratis. La experiencia de ver una película en ese lugar solía ser tan emocionante como lo era desagradable. Por un lado, el teatro presentaba a las películas en una pantalla grandiosa e inmensa, que le otorgaba una sensación de gigantez a las ya espectaculares películas de la época. Por el otro, el teatro estaba repleto de pequeñas y grandes inconveniencias que, para muchas personas, se convirtieron en razón suficiente para no gastar su dinero en él. El suelo del local permanecía consistentemente pegajoso, producto de las capas acumuladas de refrescos derramados al igual que de los residuos de comida ya sedimentados. Las palomitas de maíz de la dulcería estaban tan increíblemente rancias que a veces me preguntaba por qué mi madre seguía comprándolas (quizás compensaba el no haber pagado el ingreso). Más increíble que todo esto era la presencia de un gato que corría por entre las sillas: su función, la caza de ratones seducidos por la misma comida que le daba al suelo su carácter pegajoso. No es, por lo tanto, sorprendente que de las 3,500 sillas del teatro—al menos esas que no estaban rotas—la mayoría permanecía vacía. El advenimiento del video y la posibilidad de ver películas en los emergentes sistemas de cable televisión permitieron a la clase media evitar los teatros como el Cine Ópera por completo. Tomas Pérez Turrent documenta que, entre 1989 y 1991, cerraron 992 salas de cine y abrieron 10,082 video clubs en el país y, quizás más importante, la mayor parte de las salas de cines clausuradas solían exhibir principalmente cintas mexicanas (111). El asunto clave aquí es que esta transición se debió mayormente a una pobre asistencia de espectadores, lo que socavó la viabilidad financiera de los exhibidores, aun cuando muchos teatros eran financiados por el estado. El hecho de que las salas clausuradas se enfocaran en el cine mexicano no fue, como Pérez Turrent parece implicar, una causa sino una consecuencia: una clara señal que las audiencias simplemente no estaban yendo a ver películas nacionales.

Sin embargo, los tardíos años ochenta exhibían los restos de una geografía cultural del cine en proceso de desaparición. Aún entonces era posible encontrar funciones dobles de producciones clásicas de Hollywood todas las semanas en el Cine Bella Época, un cine localizado en la Condesa, una colonia de clase media. Aunque originalmente se llamó Cine Lido, el Bella Época era otro local Art Deco que se construyó a mediados de los años cuarenta que seguía un diseño del arquitecto americano Charlie Lee. En los años setenta, el teatro cambió su nombre y, aprovechándose de su localización central en la entonces popular colonia Condesa, se transformó en uno de los principales espacios para la distribución del cine de Hollywood en la ciudad. Sin embargo, para finales de los años ochenta, había pasado a un modelo de negocios totalmente diferente; se dedicaba mayormente a mostrar viejas cintas de su colección. Si la memoria no me falla, la última vez que fui, alrededor de 1988, vi una doble-función maratónica: la épica de 1962 de David Lean, *Lawrence of Arabia*, y el clásico de 1959 de William Wyler, *Ben-Hur*. Mi madre y yo nos sentamos en la parte trasera del cine, y el hecho de que éramos los únicos allí sentados era tan notable que el proyeccionista salió una vez de la sala de proyección para darnos la bienvenida personalmente.

Otro cine popular de la época fue el Cine Continental, localizado en la parte norte de un viejo barrio de clase media, la Colonia del Valle. El local era muy concurrido porque era el espacio de distribución más importante de Disney y otras películas infantiles de la época. También ofrecía una mejor experiencia a los espectadores: estaba más limpio, y su diseño, en vez de seguir el anacrónico estilo Art Deco de los otros teatros, proveía una réplica decente de un castillo de Disney. Además, grupos de vendedores tenían dulces y juguetes en las afueras, haciéndolo un destino atractivo para los niños. Ese teatro tampoco duró mucho, sin embargo. Junto al Bella Época, el Ópera, y otros icónicos cines de COTSA, como el Cine Latino o el Metropolitan, el Cine Continental cerró sus puertas a principios de los años noventa. Las ruinas de la querida réplica del castillo Disney permanecieron en pie, abandonadas en una concurrida avenida, tras fallidos intentos de transformarlo en un complejo cinematográfico, hasta que fue reemplazado por un Wal-Mart. Muchos cinéfilos que desarrollaron sus aficiones cinematográficas en estos teatros lloraron la pérdida de esa cultura fílmica tradicional. El crítico de cine Rafael Aviña, uno de los principales críticos de cine en México, ofrece un relato revelador sobre los cambios que caracterizaron los años ochenta: "los palacios cinematográficos fenecen y son sustituidos por multi-salas opacas y pequeñas, algunas reunidas en el espacio que antes ocupaba un solo cine, como el Latino, el Palacio Chino el Real Cinema, hasta llegar al nuevo concepto de cines computarizados, funcionales, bien equipados técnicamente, pero impersonales" (237–38).

La experiencia de los aficionados al cine en la Ciudad de México a finales de los años ochenta fue definida por una gran transformación en la economía y la política de la distribución fílmica. En 1989, la administración del presidente Carlos Salinas de Gortari comenzó un programa de privatización a gran escala. En este contexto, la Secretaria de Hacienda y Crédito Público (SHCP), el equivalente mexicano del Departamento del Tesoro norteamericano llevó a cabo un proyecto de *desincorporación*—es decir, un proyecto de eliminar COTSA y la exhibición de cine que se encontraba bajo la sombrilla del financiamiento y la gestión gubernamental. De acuerdo a la investigadora Isis Saavedra Luna, el cierre de cientos de cines y el muy desordenado proceso de privatización que duró hasta bien entrado el año 1994 definió un periodo que comenzó en 1989 (132–39). Como David Maciel ha señalado, los ingresos de la venta de COTSA no se utilizaron para la mejora de la industria de producción (216). Las pantallas para la distribución nacional se hicieron sorprendentemente escasas y los cineastas mexicanos tuvieron que buscar otros espacios para la creación de una industria de cine viable. Interesantemente, el caos desatado por el desmantelamiento de COTSA fue contemporáneo de la filmación de algunas de las producciones más influyentes del México contemporáneo. *Como agua para chocolate*, *Danzón*, y *Cronos* fueron algunas de las históricas producciones involucradas en esta crisis de distribución.

El largo declive de la industria fílmica mexicana, que alcanzó su nadir tras la ruina de las redes de distribución y exhibición estatales, es un punto de partida ideal para entender las transformaciones radicales del cine mexicano en un periodo caracterizado por el neoliberalismo y el Tratado de Libre Comercio de América del Norte (TLCAN). Como algunos críticos han notado (D'Lugo "Authorship"; Noble 93), estos cierres fueron parte de una tendencia continental general, un distanciamiento entre la producción de cine y los imaginarios públicos que resultó en una reducción de casi la mitad del público del cine latinoamericano. En el caso específico de México, este asunto tiene que examinarse como uno compuesto por dos problemas relacionados pero distintos, los cuales analizaré respectivamente en el Capítulo 1 y 2. Primero, la economía cultural del llamado cine nacional había desvanecido. Entiendo "cine nacional" como un género cultural que actúa alrededor de la idea de "cultura nacional," en tanto repositorio de esos signos que definen el cuerpo ciudadano, y como un sitio de respuesta para la definición de las sensibilidades nacionales.[1] El historiador de cine Carl Mora atribuye el descenso del cine mexicano al hecho de que el país no tuvo una experiencia cultural tan traumática como la "Guerra Sucia" argentina o el franquismo español, lo cual resultó en que México se mantuviera alejado del desarrollo de un cine más atrevido y más político capaz de dar paso a una renovación artística e ideológica (186). De hecho, las lecturas continentales del cine de la época muestran las formas en que los cineastas mexicanos se quedaron cortos en la ola de renovación política y estética identificada con tendencias como la del "Tercer Cine." En

The New Latin American Cinema de Zuzana Pick, el libro de referencia sobre la cinematografía regional en los años setenta y ochenta, apenas se menciona una película mexicana, *Frida* de Paul Leduc, lo cual contrasta con la innovadora ola de películas sudamericanas dirigidas por figuras transformacionales como Fernando Soladas, María Luisa Bemberg, Jorge Sanjinés y Glauber Rocha.

A la luz de ello, arguyo que el problema central al nivel de producción fue el hecho de que las ideologías del sujeto mexicano—o *Mexicanidad*—que fueron instrumentales en el surgimiento del cine nacional y la cultura nacional en general durante los años treinta y cuarenta no cargaba ya con la misma importancia social, particularmente entre el público de cine de clase media.[2] Esto vació de sentido el potencial político del cine mexicano de la época, ya que funcionaba dentro de nociones anticuadas de compromiso político y sus directores no enfrentaron ningún choque político o social comparable con la brutalidad y la violencia de los regímenes dictatoriales del Cono Sur. En breve, mientras México, como país, tuvo la suerte de salvarse de un destino histórico tan atroz, el cine mexicano no tuvo razón alguna para trascender los modelos heredados de representación. De hecho, Jorge Ayala Blanco dedicó partes sustanciales de su trabajo de 1986 en *La condición del cine mexicano*, quizás el mejor y más influyente libro mexicano sobre el cine de la década, a una cuidadosa pero vitriólica denuncia de los estereotipos de la pobreza (el "jodidismo" de los cineastas como Luis Alcoriza), de género, e históricos que plagaban las producciones supuestamente políticas del momento. Por ello, como discutiré en el Capítulo 1, existió una desconexión fundamental entre la ideología aún nacionalista del cine de los años ochenta y principios de los noventa y los marcos de significación cada vez más neoliberales y americanizados que definirían a México después de 1988. En otras palabras, el problema no fue meramente el derrumbe de la infraestructura fílmica. También implicó la caída de los códigos culturales hegemónicos que aún daban forma al cine mexicano tanto estética como ideológicamente, y el agotamiento económico e intelectual sufrido por el cine mexicano en general.

El primer paso hacia el renacimiento comercial del cine mexicano fue la liberación de su producción de los imperativos nacionalistas que definieron la industria desde su origen en el periodo posrevolucionario, con el fin de reflejar las experiencias de nuevos grupos sociales que emergían junto a los procesos de modernización cultural traídos por el modelo económico y político neoliberal. El Cine Ópera abrió sus puertas con *Una familia de tantas*, una película que acertadamente representó los conflictos, las aspiraciones, y los repertorios culturales de una nueva clase media urbana que habría de evolucionar hasta transformarse en un consistente público cinéfilo. Similarmente, el nuevo cine mexicano de los tardíos años ochenta y los tempranos noventa tuvo que romper con los lenguajes heredados del nacionalismo fílmico para así proveer una experiencia significativa comparable a una nueva generación de cinéfilos potenciales—una generación definida por el colapso del régimen del Partido Revolucionario Institucional (PRI) y del sistema mexicano posrevolucionario en general, así como por el espejismo de prosperidad provocado por el TLCAN y sus circundantes modelos y prácticas socioeconómicos. El Capítulo 1 explorará las formas en que el nacionalismo se reinventó en el cine, con distintos grados de éxito, como una respuesta a los cambios sociales en la comunidad imaginada causados por el TLCAN y el neoliberalismo.

El segundo punto, que desarrollaré en el Capítulo 2, es que el cine mexicano en ese momento se enfocó decisivamente en una clase social específica que no tenía el poder económico para sostener una industria de cine viable. Noble arguye que el cine posterior a los años cincuenta, a diferencia del llamado cine de la época de oro que abarcó desde 1939 a 1950, fracasó en unir todas las clases sociales y grupos de México en un público único, y terminó dirigiéndose a las clases populares urbanas a través de géneros como el cine de luchadores enmascarados, y melodramas risqué de cabaret basados en la vida nocturna de las clases-trabajadoras de la Ciudad de México (91–94). Claro, estos géneros tienen una iconicidad cultural en sí mismos y son instrumentos esenciales para entender las poblaciones marginalizadas de la Ciudad de México. Sin embargo, una de las cosas que permitió prosperar comercialmente al cine mexicano fue su capacidad de producir películas como *Una familia de tantas*, que se construyeron sobre la base de un lenguaje cultural y un sistema de valores que apeló a públicos cinematográficos que podían darse el lujo de comprar boletos a un nivel rentable. Por lo tanto, para sobrevivir como industria, los cineastas mexicanos tenían que traer a las clases medias de regreso a los cines. Como mostró el colapso de salas como del Cine Ópera o la Bella Época, el problema fundamental que enfrentó la industria fue su profunda desconexión con el público de la clase-media nacional; un público que, raramente, si alguna vez, veía cine mexicano. En consecuencia, como intentaré mostrar, los productores y directores de cine gradual e involuntariamente gestionaron el desplazo de clase del público, lo cual hizo de la creciente clase media urbana el principal objetivo de sus películas.

La proyección del neoliberalismo se trata del cambio radical en los regímenes de producción y consumo del cine mexicano tras las reformas económicas neoliberales implementadas desde mediados de los años ochenta. En primer lugar, la experiencia neoliberal significó para la cultura en general, y para el cine en particular, una vasta privatización de la producción que dio paso a grandes cambios en las comunidades de espectadores y en la función social del cine. El

Cine Ópera fue parte de un paradigma cultural nacionalista que consideró al cine como instrumento esencial para la educación de la ciudadanía y para la construcción y preservación de los valores políticos y sociales del México posrevolucionario. El renombrado crítico cultural Carlos Monsiváis ha mostrado que, en México, "apenas se filtra la idea del cine como arte. Goce de muchedumbres, el cine es el vínculo instantáneo con la metrópolis, la puesta al día subliminal de las colectividades rurales y urbanas" (*A través del espejo* 77). En términos más prácticos, esta comprensión del cine creó una extensa infraestructura estatal, sostenida por una red de salas de cine pertenecientes al gobierno, estrictos controles de precios de entrada, porcentajes obligatorios de tiempo de pantalla para películas mexicanas, y vastos subsidios para la producción cinematográfica.[3] Este libro se ocupa del cine que surge cuando este modelo de larga duración colapsa y da paso a un modelo semiprivado que gradual pero decididamente transforma al cine mexicano en todos los niveles: producción (gracias a la transición de patrocinio estatal a esquemas mixtos público-privados y esquemas totalmente privados), exhibición (gracias al degeneración de las salas que fueron propiedad del estado y al correspondiente aumento de complejos cinematográficos privados, que hoy en día representa casi noventa por ciento de todas las salas en el país), y consumo (de los sectores urbanos populares que se beneficiaron mayormente por el modelo anterior a 1992, a las clases medias y altas que pueden darse el lujo de asistir los complejos cinematográficos privados tras la liberalización de precios). Mi estudio sostendrá que la verdadera relevancia de estas transformaciones estructurales se encuentra en el gran desplazamiento ocurrido en las ideologías y las estéticas del cine como resultado de los cambios económicos en la producción y distribución, y por los cambios demográficos en el público espectador. En otras palabras, la primera tesis central de este libro es que los paradigmas de la producción cinematográfica que radicalmente alteraron al cine mexicano después de 1988 resultan de las profundas transformaciones en las prácticas materiales de la producción y el consumo del cine, desencadenados por cambios en la idea misma del rol de la cultura en la sociedad tal cual se desarrolla bajo el neoliberalismo.

Este último punto, el rol de la cultura bajo el neoliberalismo, da paso a la segunda tesis de este libro. La profundidad de la transformación del cine en todos los niveles—económicos, simbólicos, ideológicos, estéticos, sociales— como resultado de la reforma neoliberal hace del cine un lugar apto para estudiar el impacto social y cultural del neoliberalismo en México. Mientras que "neoliberalismo" no es un término ampliamente utilizado en los Estados Unidos para describir el tipo de reformas de libre mercado diseñadas a partir de las ideas económicas de Milton Friedman y otros, e implementadas a una escala global desde por lo menos los años setenta, la palabra es utilizada como moneda de cambio en México para referirse a estas reformas tanto entre sus propulsores como sus críticos.[4] Por esto, utilizo la palabra 'neoliberalismo' en este libro no sólo como un término técnico, sino como una representación de su presencia en el discurso político y social mexicano del día a día. En esto, sigo a David Harvey, que ha mostrado que el 'neoliberalismo' ha evolucionado de su definición como una "teoría de prácticas político-económicas que afirma que la mejor manera de promover el bienestar del ser humano, consiste en no restringir el libre desarrollo de las capacidades y de las libertades empresariales del individuo" a una "forma de discurso hegemónica" que "ha llegado a incorporarse a la forma natural en que muchos de nosotros interpretamos, vivimos y entendemos el mundo" (6–7). El punto aquí es que, en este libro, la transformación en el cine no es meramente una reflexión superestructural de la reforma al nivel estructural de la economía. Más bien, entiendo al neoliberalismo como un significante cultural que constituye los campos sociales y culturales más allá de únicamente la economía. Parafraseando la idea de Pierre Bourdieu de las "estructuras sociales de la economía," mi estudio de cine mexicano puede enmarcarse como parte de un paradigma en el cual la empresa privada participa en una "competencia por el poder con el poder estatal" (204). En tanto a que el mercado es, como Bourdieu ha dicho, "la totalidad de relaciones de intercambio entre agentes que compiten" (204), la cultura puede ser un instrumento que permite la interpretación tanto de los procesos económicos materiales como del sistema de ideología, creencia, y estéticas que emerge de este y hace posible la reproducción y refutación de sus premisas. Para decirlo de un modo más concreto, sostengo que el cine mexicano permite la lectura tanto de los procesos a través de los cuales la empresa privada compite con el estado en la producción de mercancías culturales como de la forma en que películas actuales realizan o resisten los valores culturales y las implicaciones del proceso neoliberal.

Por la complejidad de este proceso, he decidido en contra de una organización cronológica para este libro, ya que me parece crucial discernir y estudiar por separado algunos de los fenómenos involucrados en la neoliberalización del cine de México post-1988. En vez de ello, he preferido identificar cuatro procesos principales, los cuales son centrales a las tesis que he presentado. Dedicaré un capítulo a cada uno de los primeros tres de estos procesos, trazando cada uno desde una película fundacional en la generación de películas producidas y estrenadas durante la presidencia de Salinas de Gortari (1988–1994) a películas que representan el punto culminante de tales procesos en los años 2000. El Capítulo 1 se dedica a la degeneración del cine como piedra angular de la "cultura nacional" y como una entidad dedicada a la producción de la "identidad nacional." En un arco que va desde la icónica película *Como agua para chocolate* (1992) de Alfonso Arau a *El crimen del padre Amaro* (2002) de Carlos Carrera, la producción más taquillera en la historia del mercado doméstico mexicano, este capítulo muestra la forma en las que las transformaciones llevadas a cabo por el neoliberalismo minaron el rol del cine como un vehículo para la identidad nacional, y cómo el "mexicanismo" como una ideología cultural vino a ser atacado. El Capítulo 2 estudia la correlación entre el surgimiento de un público de clase media como el resultado de la privatización de la exhibición con la profunda transformación del cine como un lenguaje del afecto y la emoción. El capítulo explora los paralelos entre la gradual privatización de la exhibición y la producción y la creciente centralidad de la comedia romántica como el mayor aparato narrativo en el cine mexicano comercial, desde el lanzamiento de *Sólo con tu pareja* (1991) de Alfonso Cuarón y *Cansada de besar sapos* (2006) de Jorge Colón. El Capítulo 3 se dedica a la transformación del cine político desde los paradigmas izquierdistas-activistas heredados de los años sesenta a un paradigma comprometido a las preocupaciones políticas de la clase media de México. Así, este capítulo mostrará cómo la necesidad de intersectar con un mercado definido por los gustos y aspiraciones de la clase media y clase alta finalmente resultó en un desplazamiento gradual de la cinematografía *engagé* tradicional al uso de la ideología como una mercancía.

Mientras que los capítulos del 1 al 3 están mayormente centrados en las dinámicas del mercado doméstico mexicano, el Capítulo 4 extiende el análisis a la internacionalización que caracterizó al cine mexicano durante los últimos veinte años. Este capítulo no está estructurado a partir de un único arco temporal, sino que analiza a cuatro directores individuales: Guillermo del Toro, Alfonso Cuarón, Alejandro González Iñárritu, y Carlos Reygadas. Dado que estas cuatro figuras han tenido trayectorias singulares de internacionalización, enfocarme en ellos individualmente me permite mostrar cómo el percibido éxito global del cine mexicano descansa en articulaciones distintivas de los procesos analizados en los primeros tres capítulos. Con esta estructura, quiero trascender el estudio del cine mexicano como una "*nouvelle vague*" como Jeff Menne lo ha llamado, y así apuntar al hecho de que la transformación crucial que permite la globalización del cine mexicano sucede en el mercado doméstico. Al hacer esto, sostengo que cada director pertenece a un proceso distinto dentro de la transformación paradigmática del cine, que a su vez muestra por qué la división del presente libro en procesos proveerá una mejor comprensión del cine mexicano que la que ofrecería un sencillo recuento cronológico del periodo.

La cuestión de los "estudios de cine mexicano"

Antes de partir al análisis propuesto por este libro, es importante tener en cuenta brevemente la situación del cine mexicano vis-á-vis las disciplinas que constituyen los llamados estudios de cine. El estudio sistemático del cine mexicano presenta un desafío disciplinario y metodológico en gran parte porque "los estudios de cine" como tal no existen en los contextos académicos mexicanos. La mayoría de los académicos dedicados al estudio del cine son parte de programas de ciencias sociales: sociología, ciencias de la comunicación, y hasta derecho y educación. Esto quiere decir que la mayoría de los estudios del cine mexicano producidos en México están ocupados con la práctica social del cine, y con el estudio sociológico del público. Otro problema para considerar es el estado precario de la crítica cinematográfica en México. La crítica de cine en México carece de una base institucional de investigación, dado que los principales programas académicos de cine (tal como el Centro Universitario de Estudios Cinematográficos [CUEC], llevado por la Universidad Nacional, y el Centro de Capacitación Cinematográfica (CCC), llevado por el estado mexicano) están dirigidos más a la producción de cine que a su estudio e interpretación. De hecho, la mayor parte de los críticos de cine mexicano son periodistas y reseñistas para periódicos y revistas.

Dadas estas condiciones adversas, no es sorprendente que el trabajo académico sobre el cine mexicano ha sido producido más extensamente en las academias americanas y británicas, donde los estudiosos del cine han encontrado residencias institucionales en programas de español y literatura o en Estudios Latinoamericanos. Es importante notar que a pesar de que los estudios de cine son una creciente parte de las humanidades, la mayor parte de los programas aún faltan de un latinoamericanista en su cuerpo docente. El resultado de esta situación es que muchos de los estudiosos del cine latinoamericano y mexicano, incluyéndome, estamos ubicados en programas de literatura y cultura y nos hemos entrenado en programas doctorales en literatura latinoamericana o comparada. A mi parecer, esto ha creado algunas limitaciones disciplinarias en el estudio del cine en los Estados Unidos e Inglaterra, tal como el enfoque excesivo en el cine de autor a costa del cine comercial, que se debe a la traducción de valores estéticos de la literatura al cine. Más aún, dado que la mayor parte de las publicaciones que vienen de México son sociológicas en naturaleza, es posible encontrar una desconexión profunda entre bibliografías en español y bibliografías en inglés, no sólo por la desconexión regular entre academias, sino también por la incapacidad o renuencia de los estudiosos de literatura a leer trabajos por científicos sociales cuantitativos.[5]

A la luz de este paisaje, *La proyección del neoliberalismo* apunta a ser un estudio sistemático del cine mexicano post-1988 a nivel estructural. Para lograr este objetivo, el libro hace un intento de resolver algunas de las limitaciones que enfrenta el estudio del cine mexicano. Así, el libro tiende un puente—a través de sus páginas—sobre la brecha entre la literatura de ciencias sociales producida en México, el trabajo de los críticos de cine mexicanos, y la literatura producida en la academia anglófona. Creo que al unir los conocimientos aún desconectados que se producen en estos tres espacios, mi análisis puede mostrar algunos de los aspectos del cine mexicano que permanecen sin estudiar, al igual que proveer un recuento de la producción fílmica contemporánea que es más amplio en alcance y más riguroso que gran parte de los estudios producidos hasta la fecha. Además, al intercalar referencias sobre la práctica social del cine con la interpretación de películas actuales, intentaré superar tanto las limitaciones hermenéuticas del acercamiento de las ciencias-sociales como los prejuicios estéticos de las herramientas interpretativas heredadas de los estudios literarios. Y, al colocar los directores más famosos de México en el último capítulo del libro, intento demonstrar la importancia y relevancia de considerar el cine mexicano en grande, junto a sus prácticas y sus ángulos comerciales, aun cuando el principal interés de uno pueda ser uno de los "tres amigos." En resumen, el objetivo del libro es servir como el estudio más amplio del cine mexicano hasta la fecha, al considerar el mayor corpus de películas analizadas por cualquier trabajo sobre el tema y al abarcar el conjunto más diverso de literatura académica en el campo, en última instancia proporcionando lo que espero sea el relato más completo del cine mexicano post-1988 a nivel social, ideológico y estético.

Más allá del 'cine de la soledad': Una reconsideración del cine nacional

Es importante entender el punto de origen de los procesos que describiré en los siguientes capítulos. En su prominente estudio de 1992 *Cinema of Solitude*, Charles Ramírez Berg ofreció un recuento sistemático del cine mexicano entre 1967 y 1983. El estudio de Ramírez Berg, además de ser uno de los mejores libros escritos sobre el cine mexicano, es para mis propósitos un ejemplo sintomático de las limitaciones formales y estéticas enfrentadas por cineastas a finales de los ochenta. Ramírez Berg usa la noción de *mexicanidad* como el principio estructurador de su estudio, partiendo de Octavio Paz y su libro de 1950 *El laberinto de la soledad*.[6] La meta de *Cinema of Solitude* es descrita en los siguientes términos: "Al iluminar algunos 'signos de identidad' incorporados en el cine mexicano de *la crisis*, espero ofrecerle a los lectores norteamericanos una sensibilidad para y una apreciación de las preocupaciones culturales más profundas de los mexicanos" (11). Más allá de la obviedad de que tal objetivo por definición habría de privilegiar la identidad como un modo de análisis, el estudio funciona dentro del corpus específico estudiado por Ramírez Berg. Al estructurar su trabajo alrededor de la construcción del género y las comunidades sociales en el cine mexicano, Ramírez Berg ofrece un paisaje apremiante del modo en el que los cineastas luchan para trascender los legados del cine de la Época de Oro, aunque al final permanezcan dentro de un marco cultural fuertemente identitario. De modo que Ramírez Berg concluye: "Partiendo de la evidencia cinematográfica, los mexicanos son una nación de sobrevivientes enajenados" (210). El libro claramente identifica una relación entre el cine y el consistente sentido de crisis económica y política que definió el México post-1968. Dada esta naturaleza política, es bastante desconcertante que al fin y al cabo Ramírez Berg replique el diagnóstico del sujeto mexicano de Octavio Paz: "Tristemente, mi propia conclusión es que no hay fin . . . a la soledad mexicana. . . . En los últimos años del siglo XX, es posible que los mexicanos estén igual de perdidos en la soledad . . . como lo estuvieron antes de la Revolución Mexicana" (218).

El problema que sobresale, sin embargo, es el hecho de que el mismo Charles Ramírez Berg parece estar atrapado en el paradigma de la *mexicanidad*, y su trabajo toma en sentido literal los enunciados identitarios propuestos no sólo por el cine mexicano sino también por la tradición de los estudios sobre la identidad mexicana en la literatura y la filosofía de los años cincuenta.[7] El cine mexicano post-1988 habría de comenzar a golpear fuertemente contra el edificio cultural de la identidad mexicana construido en los años anteriores. Por consiguiente, me parece que una evaluación del cine temprano del periodo neoliberal y de las subsiguientes cintas que participaron de la misma línea estética requiere una perspectiva que escape de tanto los conceptos culturales del sujeto mexicano y, más crucialmente, de la idea de que el cine es una "representación" de cualquier tipo de "cultura mexicana." Incluso así, es necesario subrayar algunas diferencias entre los años setenta y los noventa. Por ello, en el Capítulo 1 usaré el término 'neomexicanista' para hablar de una forma particular de cine mexicano en la época del TLCAN que participa en la recuperación y reconstrucción de la identidad nacional y/o de símbolos y prácticas culturales que constituyen esa identidad. Un trabajo crítico sobre el cine neomexicanista en el contexto de la cultura neoliberal requiere una reformulación de la idea de 'cine nacional mexicano' que vaya más allá de la simple representación de la comunidad imaginada que he delineado aquí. De hecho, en contra del fondo de crisis institucional que rodea la exhibición y distribución de cine, la transformación central del cine mexicano de los tempranos años noventa—la transformación que finalmente define al cine contemporáneo de México—se encuentra en una comprensión mucho más amplia del cine mexicano lograda tanto por los cineastas neomexicanistas como José Luis García Agraz, María Novaro, y Alfonso Arau, al igual que por aquellos que quebrarían definitivamente los moldes de la identidad nacional, tal como Alfonso Cuarón y Guillermo del Toro.

Un buen vocabulario para entender la producción cultural en el periodo 1988–1994 en México (los años de la administración de Salinas Gortari) que trascienda el lenguaje cultural descrito por Ramírez Berg puede encontrarse en el libro de Roger Bartra *La jaula de la melancolía* de 1987. El trabajo de Bartra ofrece una crítica mordaz a la larga tradición de estudios de la *mexicanidad* y el sujeto mexicano y la forma en la que estos se enredan con el poder político. Bartra sostiene que "Los estudios sobre 'lo mexicano' constituyen una expresión de la cultura política dominante. Esta cultura política hegemónica se encuentra ceñida por el conjunto de redes imaginarias del poder, que definen *las formas de subjetividad* socialmente aceptadas, y que suelen ser consideradas como la expresión más elaborada de la cultura nacional.... Estas imágenes sobre 'lo mexicano' no son un reflejo de la conciencia popular ... no las abordaré solamente como expresiones ideológicas, sino principalmente como mitos producidos por la cultura hegemónica" (16, énfasis en el original). Las fuertes palabras de Bartra traen a colación dos puntos importantes acerca del estudio del cine mexicano contemporáneo. En primer lugar, la idea de que la *mexicanidad* presentada en las películas no debe ser leída como una representación "verdadera" de la cultura mexicana ni como una ideología a ser denunciada y deconstruida. Más bien, Bartra entiende la identidad como un modelo cultural producido por la élite (tal como cineastas y escritores), que a su vez se reproduce a sí mismo al nivel social. Por lo tanto, en la medida en que los artefactos culturales conectados a la identidad mexicana a veces resultan en prácticas culturales por el público que los consume, el rol de la crítica cultural yace en la comprensión de tanto las estructuras formales de los 'mitos' que constituyen la identidad mexicana como de las formas en las que estos se transforman en "formas de subjetividad socialmente aceptadas." En última instancia, la cuestión esencial aquí es que la *mexicanidad*, para Bartra, es una función de lo que él denomina, en una vena althusseriana, las "redes imaginarias del poder político"—es decir, las formas en las que el poder político se reproduce a sí mismo mediante prácticas sociales significativas. O, para utilizar el vocabulario de Michel Foucault, Bartra subraya las formas en las que la producción y la crítica cultural sobre la identidad mexicana se hacen parte de las "microfísicas del poder" (173–84). Una metodología crítica derivada de estas ideas debe leer el cine en dos niveles: en primer lugar, debe observar las formas en las que este construye, reconstruye, y deconstruye los mitos culturales del nacionalismo mexicano en relación al considerable archivo de cine y literatura nacionalista en el que se basa; en segundo lugar, debe ponderar las formas en las que cada película se enlaza a sí misma con las redes imaginarias del poder político que sostienen el sistema político en México en un momento específico. De hecho, uno de los argumentos de este libro es que el cine es un género apto para estudiar la transformación cultural de México precisamente porque sigue la transformación de las ideologías políticas y sociales hegemónicas de una manera muy orgánica. En otras palabras, mientras que el cine mexicano lucha al nivel del contenido con los pesados legados de la *mexicanidad* y otros imperativos culturales de identidades y política, a los niveles socioculturales y formales tiende a reproducir las ideologías sobre México desarrolladas en las muchas transiciones del periodo neoliberal.

El paradigma estético detrás del 'cine de la soledad'—al igual que los lenguajes críticos desplegados por Ramírez Berg en su estudio—estaba considerablemente fuera de sintonía con las críticas contemporáneas del nacionalismo mexicano. A mediados de los años ochenta, por ejemplo, el trabajo del cronista y crítico Carlos Monsiváis exploró la profunda relación entre identidad y poder en un amplio conjunto de prácticas populares, tales como los concursos de belleza para mujeres indígenas patrocinados por el estado. Libros como *Entrada libre* (1987) y *Escenas de pudor y liviandad* (1988) muestran las formas en las que Monsiváis construyó una distinción entre 'cultura nacional' como una serie de prácticas producidas dentro del espacio simbólico de la nación y 'cultura nacionalista' como la imposición desde arriba de símbolos y valores con el propósito de reproducir la hegemonía (Mudrovcic, Sánchez Prado, "Carlos Monsiváis," Egan 179–211). Monsiváis y Bartra formaban parte de un paradigma emergente en el que la erosión gradual del régimen del PRI resultó en formas de pensamiento y realización de la cultura mexicana más allá de los imperativos de la *mexicanidad*. Muchas películas producidas después de 1989 fueron, en esencia, intentos de responder a este mandato crítico: intentaron reinventar la identidad mexicana (como las películas neomexicanistas que enfrento en el Capítulo 1) o ponerla de pies a cabeza o eludirla por completo (como *Sólo con tu pareja* de Alfonso Cuarón o *Cronos* de Guillermo del Toro).[8] Estas aproximaciones a la identidad deben leerse en relación al rol que la *mexicanidad* jugó tanto al nivel de las instituciones culturales de la época al igual que como parte de mayores ideologías sobre el poder político durante los procesos transicionales vividos en México en los pasados veinte años.

Sin duda, la época del 'cine de la soledad' fue en sí misma un periodo en el que la producción cinematográfica dependió en gran parte de los ires y venires de la ideología cultural del estado y para entonces se había convertido, muy literalmente, en un asunto familiar: el presidente Luis Echeverría (1970–1976) colocó a su hermano Rodolfo a cargo de la renovación de la industria fílmica en 1971, mientras que el Presidente José López Portillo (1976–1982) puso a su hermana Margarita no sólo al control del cine, sino también de la televisión y la radio. La llamada Nueva Época de los tempranos años setenta, que rindió obras de directores como Alcoriza, Arturo Ripstein, y Felipe Cazals, resultó del interés y la inversión del gobierno en películas concebidas como "producciones socialmente relevantes," pero que fueron finalmente sujetas a las formas de autocensura que, de acuerdo a Maciel, limitaron la discusión sobre la religión, el ejército, y el gobierno del momento (203). Aun así, el impulso a crear un cine de importancia social, combinado con la incomodidad del régimen hacia la censura directa (debido a la memoria fresca, en la consciencia nacional, de la masacre de Tlatelolco en 1968), permitió a los cineastas la posibilidad de producir un cine altamente desilusionado que ejerció política a través de representaciones de clases (a veces cuestionables). Este fenómeno aparece icónicamente representado en la exitosa película *Mecánica nacional* (1971) de Luis Alcoriza, el éxito taquillero más grande de la época, el cual, en las palabras de Carl Mora, sostuvo un "disgusto buñueliana por la sociedad burguesa en general" y una interpretación de México como "materialista, sin cultura, irracional, mientras respondía de un modo semiconsciente a cierto folclor semirecordado" (127). El punto clave en esta descripción yace en el hecho de que al fin y al cabo Alcoriza permaneció atado a códigos heredados de representación cinematográfica: un *lumpenproletariado* ya canonizado visualmente por Luis Buñuel en su película de 1950 *Los olvidados* (Ramírez Berg, *Cinema* 183), junto a un disgusto revelador por las clases urbanas populares que se apartó de su idealización en las películas de la Época de Oro. Ramírez Berg caracteriza la obra de Alcoriza como un "mundo primitivo" cuya perspectiva ideológica se "divide entre tendencias 'progresistas y reaccionarias"—es decir, entre la reanimación del cine de barrio y vecindad como género de crítica social y un retrato moralista de los pobres basado en la suposición de que la moralidad es "altamente situacional y siempre secundaria a la supervivencia" (182–186).

Antes de pasar en la siguiente sección al análisis de películas como *Como agua para chocolate* y *Danzón*, cabe resaltar dos cuestiones importantes. Primero, que los análisis de Mora y Ramírez Berg, por más enfáticos que sean en su discusión de los logros de Alcoriza, finalmente revelan qué tan derivativas fueron sus películas con relación a los lenguajes fílmicos de los años cuarenta y cincuenta. La larga sombra de Buñuel tuvo que ver, hasta cierto punto, con el hecho de que el cine *echeverrista* pasó momentos difíciles buscando lenguajes propios de compromiso social y político: la noción de "cine socialmente relevante" estuvo profundamente definida por las mismas agendas que definieron el cine nacionalista de la ola de modernización de mediados de los años cuarenta: el deterioro de la clase media y el sufrimiento de las clases populares urbanas. Segundo, y más crucial, es que es claro que las imágenes de Alcoriza y las ideas de la *mexicanidad*, independientemente de su alejamiento de la idealización de las clases populares, permanecían claramente inscritas en los procesos criticados por Bartra y Monsiváis en la década siguiente. Esta fue finalmente la obra de una élite protegida por el estado (e inclusive generada por el estado) cuya formulación de México acompañó al régimen populista, aunque autoritario de Echeverría. El ataque de Alcoriza a la clase obrera despolitizada que no logró rebelarse ante las secuelas de Tlatelolco alejó la crítica política de Echevarría, quien fue acusado de ordenar la masacre (Mora 128).

Lo que podemos ver hasta este punto es que el "cine de la soledad" finalmente representa tanto el estancamiento estético como los enredos institucionales y políticos del cine mexicano post-1968. Aun así, este breve análisis del periodo y los estudios académicos sobre el mismo ilustran una lección metodológica importante para aquellos que enfrentan el cine neomexicanista. Primero, yo insistiría que es crucial resistir la tentación de llegar a conclusiones sobre la identidad mexicana a partir de las películas. Si en algún lugar, las limitaciones del método de análisis de Ramírez Berg salen mayormente a superficie en los momentos en los que el autor extrae definiciones de la cultura mexicana de las producciones que estudia. Segundo, el contexto ideológico que le da significado a estas cintas es esencial aquí. En tanto a que la presidencia de Salinas de Gortari enmarcó a un México radicalmente diferente al de la administración de Echeverría, es importante identificar los códigos estéticos del cine que se reproducen aun cuando reconocen los nuevos roles que ellos mismos juegan en relación con las "redes imaginarias del poder político." Finalmente, es cardinal involucrarse, siempre que sea posible, con las tradiciones críticas que se desarrollaron alrededor de obras específicas para mostrar cómo ciertos estudios de interpretación y recepción están en sí mismos enmarañados en las mismas lógicas culturales desplegadas por sus objetos de estudio.[9] Desde una perspectiva construida a partir de estas lecciones, el cine neomexicanista emerge como un componente esencial en la reconfiguración del discurso y la práctica cultural durante los tempranos años del programa neoliberal. Este será el tema del Capítulo 1.

1
Nacionalismo erosionado

Cine mexicano en tiempos de crisis

El éxito comercial de *Como agua para chocolate* de Alfonso Arau en 1992 sorprende, aún más de veinte años después, cuando se consideran tanto la crisis económica en la producción y distribución cinematográfica como las difíciles limitaciones sufridas por el lenguaje fílmico mexicano en los tardíos años ochenta. A pesar de que se exhibió sólo en seis pantallas, durante la misma cantidad de meses, la película rompió récords tras recaudar seis millones de dólares en la taquilla en México y unos veinte millones adicionales en los Estados Unidos. La cinta se basó en la ya exitosa novela de Laura Esquivel, quien era esposa de Arau en ese momento, y, como dijo Claudine Potvin en un artículo del 1995, siguió muy de cerca la trama del libro (55). Situada entre la última mitad del siglo XIX y el final de la Revolución Mexicana, *Como agua para chocolate* cuenta la historia de Tita (Lumi Cavazos) a quien se le prohíbe casarse con su pretendiente Pedro (Marco Leonardi) debido a una tradición familiar que la obliga a cuidar a su madre (Regine Torné) durante su vejez. Ante su obligación, Tita se vierte en la cocina para expresar sus sentimientos. La trama, tanto en la película como en el libro, se desarrolla junto a una sucesión de recetas culinarias y la evolución de la familia en general.

El increíble éxito de *Como agua para chocolate* ha sido objeto de amplios debates en los estudios fílmicos latinoamericanos, donde ha generado una reacción muy negativa. Deborah Shaw y Brigitte Roller ofrecen un convincente recuento de su éxito comercial:

> *Como agua para chocolate* es, entonces, una película colorida y altamente entretenida, con todos los ingredientes de un éxito taquillero internacional: está llena de romance y personajes que se conforman a las nociones occidentales y cristianas del bien y el mal, tiene una locación en el viejo mundo rural, también se conforma a las nociones tradicionales de lo mexicano, toma lugar en una época

antes de los años sesenta y pre-SIDA, repleta de anticuados valores familiares, idealizando las nociones tradicionales del matrimonio, de la mujer, y la maternidad. Más importantemente, y más preocupantemente ideológico, es el hecho de que la película funciona al nivel de las emociones y lleva consigo a la audiencia en todo momento, sin ofrecerle opción alguna excepto la de identificarse con la heroína, una preciosa y agraviada mujer mexicana cuya única aspiración es alcanzar la sagrada posición de esposa, madre y cocinera (91).

En otras palabras, Shaw y Roller atribuyen el éxito de la película a su apto uso del imaginario del melodrama, que funciona tanto en un contexto cultural mexicano donde este tipo de estructuras narrativas son muy familiares, y en relación a un público internacional conservador que tiende a buscar repositorios de autenticidad y tradición en el cine no-occidental. Más allá de esto, no se debe ignorar aquello que distingue a *Como agua* de básicamente toda película hecha en México desde el Siglo de Oro: sus superiores valores de producción. A diferencia de la paleta arenosa que caracterizó el cine de Alcoriza y Ripstein, o los mundos empobrecidos del cine mexicano pos-buñuelista, *Como agua para chocolate* ofreció una suculenta imaginería sin precedentes, enfocada en un precioso mundo retratado en tonalidades cálidas y terráqueas, a través de la cinematografía y la dirección de arte de la película. Se trata de un mundo suspendido en el tiempo y el espacio, donde las preocupaciones sociales que caracterizaron el "cine de la soledad" dieron paso a un mundo tradicionalista en donde el compromiso ideológico es reemplazado por el afecto y la sensualidad.

Gran parte de las críticas académicas de *Como agua para chocolate* han venido de académicos enfocados en los estudios de mujeres y género. Estos académicos suelen subrayar la naturaleza ideológicamente regresiva de la representación de las mujeres en la película, argumentando que la misma, al fin y al cabo, sostiene una idea de la femineidad estrechamente conectada al espacio privado y la cocina. En otras palabras, la mayoría de los críticos identifican la apelación al pasado altamente estetizada de la película como una construcción ideológica basada en un mundo femenino que, sin importar su enfoque en las mujeres, finalmente sostiene tanto los valores patriarcales como los ideales tradicionales de la mujer y la madre. Sin contradecir el evidente rol de género traído a colación por estas lecturas, yo sostendría que la película es más significativa por la forma particular en la que se enfrenta a la identidad nacional. En un artículo titulado "Consumiendo tacos y enchiladas," Harmony Wu ha argumentado que, a pesar de que la escena climática en la que Pedro y Tita finalmente hacen el amor "*debería* ser el momento fundacional del texto: la consumación final de una nueva ideología de la nación," la muerte de Pedro en pleno acto sexual "lo frustra" (182; énfasis en el original). Además, Wu señala que a pesar de que la película depende de una voz narrativa femenina durante la mayor parte de la trama, al final rinde el control narrativo a un personaje norteamericano, el Dr. Brown (Mario Iván Martínez). Asimismo, dice Wu, al evitar la consumación del amor prohibido y rendir la narración a una voz masculina, "la resolución promete que no existe peligro alguno de subversión para el orden patriarcal en la unión de los personajes, transformando su historia en una historia aleccionadora en vez de una liberadora" (182). El análisis de Wu es bastante preciso con respecto a las aporías ideológicas de la película.[1] Sin embargo, es sorprendente que en última instancia reproche a la película por no crear una narrativa nacional, invocando directamente la noción de "ficción fundacional" de Doris Sommer como la base para una apropiación política y alegórica del melodrama.[2] En vista de esta perspectiva, yo argumentaría que el interés crítico de *Como agua para chocolate* yace precisamente en los modos sorprendentes en los que prefigura las transformaciones del cine mexicano nacional en el contexto del TLCAN.

Para poder enfrentar de lleno a la película de Arau como un texto neomexicanista, la cuestión del género debe ser parcialmente puesta entre paréntesis. Por supuesto, críticos como Wu han hecho un buen trabajo al denunciar las perspectivas de género reaccionarias defendidas por la película, una respuesta necesaria ante la celebración de la misma como una película "femenina." Sin embargo, el enfoque en el género oscurece el contexto sociopolítico en el cual la película adquiere importancia. En este sentido, la importancia de *Como agua para chocolate* se encuentra en los modos en los que desplaza las funciones sociales y políticas del cine nacional de lo político a lo comercial, a la vez que relocaliza el lugar de la identidad nacional en el cine de las clases urbanas populares a la clase media. En un artículo perspicaz sobre el libro, Victoria Martínez argumenta que detrás del "falso mensaje feminista" de la novela (28), encontramos elementos a través de los cuales podemos atar el libro a la ideología neoliberal. Yo sostendría, basándome en esto, que la versión fílmica juega un rol aún más crucial que el libro al conectar el neoliberalismo con su estética neomexicana, por su capacidad de suplementar la narrativa de Esquivel con un conjunto visual de referentes y con un espacio de circulación y distribución—el del cine—mucho más amplio que el que está disponible para una obra literaria.

Antes de profundizar más en esto, es importante enfatizar un dato interesante que, sorprendentemente, los críticos no han discutido con cuidado: que hubiese sido Alfonso Arau, entre todos, quien articulara este tipo de estética. Antes de *Como agua para chocolate*, Arau era esencialmente un director de comedias que usaban el humor y la parodia como aparatos para contrarrestar el oscuro mundo nacional retratado por los principales directores del "cine de la soledad." Su ascenso a la fama vino con su segundo largometraje, *Calzonzin inspector* (1973), sobre un hombre indígena que, después de llegar a un pueblo pequeño, es confundido por un inspector general, y finalmente descubre la corrupción de los oficiales locales. La película se aleja de la desilusión política de Alcoriza y otros directores de los años setenta y estaba basada en la premisa de que la corrupción política yace en el centro de una nación mexicana que de lo contrario es "auténtica." En un artículo de 1979 sobre el estatus del cine mexicano, el crítico Jesús Salvador Treviño identificó "una clara y honesta percepción de las esperanzas y aspiraciones mexicanas a la vez que comenta agriamente sobre aquellos que traicionan estas ideas" (29), mostrando que esta perspectiva tuvo un grado de resonancia con las audiencias. Asimismo, los aparatos nacionalistas en la película son bastante obvios y, en algunos casos, son vástagos del cine nacionalista de la Época de Oro. El hecho de que el protagonista que encarna la "verdadera" identidad nacional es un hombre indígena constituye una revisión cómica de una idea muy similar representada en *Tizoc* (1957) de Ismael Rodríguez, una película de Pedro Infante en la que el protagonista era un indio trabajador que encarnaba los valores de la nación. El cine de Arau evolucionó hacia finales de los años setenta y ochenta con dos películas que siguieron caminos análogos al populismo cómico: *Mojado Power* (1979), una película picaresca sobre un trabajador indocumentado, que ha sido identificada con un subgénero de películas de la frontera que usan el humor y la sátira para idealizar las tribulaciones y las habilidades de supervivencia de una clase obrera inmigrante (Herrera-Sobek 63, Fojas 10), y *Chido Guan. El tacos de oro* (1985), una película de futbol que sigue la estructura de la narrativa de un personaje que sale de la pobreza y llega al éxito económico, típico de películas de deportes.

Como agua para chocolate de Arau es un alejamiento importante de las estéticas directoriales de su trabajo anterior y hasta de la línea cómica que había perseguido tanto como director y como actor. De hecho, la distancia entre su película de 1992 y toda su otra obra hasta ese punto sugirió a algunos que la película podía ser leída como una parodia del discurso nacional mexicano (Niebylski).[3] Podría también argumentarse que Arau canalizaba la estética del libro de su esposa en vez de la suya propia, pero ese argumento también es problemático si consideramos que fue precisamente Laura Esquivel quien escribió el guion de *Chido Guan*. El hecho de que Arau dirigió un producto tan cinematográficamente diferente es, yo diría, sintomático del desplazo clave representado por *Como agua para chocolate*. En primer lugar, este desplazo es sólo posible cuando consideramos la relación desarticulada entre las ideas de la nación propuestas por el cine mexicano en las dos anteriores décadas *vis-à-vis* (frente a frente) con la cultura y las prácticas de las audiencias previstas. Como Carlos Monsiváis señaló famosamente, el cine mexicano de la Época de Oro fue exitoso en tanto que hizo un gran uso de la memoria cultural del pueblo, lo cual contribuyo a una idea de la nación que medió "entre el *shock* (conmoción) de la industrialización y la experiencia campesina y popular urbana, de ningún modo preparada para los cambios gigantescos que, desde la década de los años cuarenta, modifican la idea del país o de lo nacional" (*A través del espejo* 96). De cierto modo, el cine del periodo fue capaz de crear un contrato social en el cual la identificación afectiva con figuras como Pedro Infante funcionó a través de tanto líneas de clase como de geográficas, otorgándole al cine una fuerte relación con un "amplio espectro de la sociedad mexicana," que transformó la experiencia de ir al cine "en una práctica social cotidiana" (Noble 74). A partir de los años sesenta, este contrato social comenzó a erosionarse parcialmente por el surgimiento de medios que competían (como la televisión) y géneros (como las telenovelas), y también en parte porque la naturaleza de las obras de personas como Alcoriza, cuyas representaciones altamente críticas de la pobreza mexicana dificultaron cualquier identificación afectiva con la audiencia. El trabajo de Arau, por lo tanto, podría ser leído como una serie de intentos de restablecer el diálogo con las audiencias mediante representaciones ideales del ser mexicano: su representación de los personajes nobles pero traicionados de *Calzonzin inspector* contrastan drásticamente con la visión de las clases populares en la obra de Alcoriza, y el populismo deportista de *Chido Guan* puede verse como un esfuerzo para galvanizar la identidad nacional en la víspera de la Copa Mundial de 1986, organizada por México. *Como agua para chocolate* comparte este ethos (comportamiento) con toda la temprana obra de Arau: es un intento de reparar la relación rota entre el cine nacional y la comunidad imaginada, y de restaurar el cine como el género privilegiado de la articulación de lo nacional.

El conservadurismo cultural percibido por los críticos de la película resulta del intento de Arau de reactivar el discurso nacional. Si consideramos el hecho de que la película salió en medio de la crisis de distribución cinematográfica descrita en la Introducción, se hace evidente que encontrar una audiencia entre las clases urbanas populares en el momento hubiera sido un ejercicio inútil. En primer lugar, simplemente no había teatros disponibles, y las muchas salas en las cuales las clases trabajadoras consumían el cine mexicano habían cerrado o habían sido privatizadas para el 1992. Asimismo, la misma experiencia de Arau en los años setenta y los ochenta mostraba que aun cuando sus producciones habían alcanzado cierto grado de éxito comercial entre las clases obreras, la identificación de las películas con la ideología nacionalista había sido cuestionable, especialmente en un panorama en el que la mayor parte de las películas comerciales de México provenían de géneros de explotación, como la *fichera*, un tipo de cine popular que tomaba el nombre de las mujeres que bailaban por fichas en barras de clase obrera. También había películas que combinaban los tropos (figuras retóricas) de las *ficheras* con la emergente cultura del *narcotráfico*, como la trilogía de Raúl Fernández *Lola la trailera* (1983, 1985, 1991), cuya última entrega estrenó con cierto éxito el año antes de *Como agua para chocolate*. De hecho, si uno busca películas producidas entre 1989 y 1992 en un catálogo como *The Mexican Filmography: 1916 through 2001* de David E. Wilt, encontrará que la mayor parte del cine que consiguió notoriedad comercial en el periodo fue uno bastante popular: vehículos de estrellas musicales como *Pelo suelto* (1991) de Pedro Galindo, protagonizada por la polémica estrella pop Gloria Trevi; comedias de cámara-cándida como la serie de ocho películas de René Cardona *La risa en vacaciones* (1990–1996); o comedias que figuraron estrellas de televisión y cabaret, basadas en un humor sexual que encontraba su única salida en el cine, como las cintas sobre Juan Camaney de Óscar Fentanes (por ejemplo, *Picoso pero sabroso*), las cuales fueron protagonizadas por el comediante popular Luis de Alba. Un vistazo a este periodo nos revela con bastante finalidad que el público popular optó decididamente por un cine sin fines didácticos, claramente resistiendo los intentos de cineastas políticos como Cazals o hasta Arau de usar el séptimo arte para llevas mensajes radicales o nacionalistas.

  La innovadora solución de Arau fue construir un nacionalismo que abordaba abiertamente los valores y las expectativas de una clase media conservadora cuyas ideologías culturales permanecían en su lugar a pesar del proceso de modernización de los tempranos años del proyecto neoliberal. Esto se manifiesta, de hecho, en muchas de las ideologías que constituyen la trama de la cinta. Victoria Martínez, por ejemplo, ha mostrado que el libro "empareda la Revolución entre el Porfiriato y las posibilidades neoliberales disponibles en los años noventa y me parece que el texto [de Esquivel] ayuda a redirigir a México hacia una nueva apreciación y reconocimiento de su necesidad de intereses americanos" (39). Más aún, Martínez argumenta que "porque la consecuente Revolución exigió reformas sociales y agrarias y pasó a ser decididamente antiamericana, la novela de Esquivel no puede aceptar a la Revolución" (39). Puede suplementarse esta lectura diciendo que un elemento crítico de la película es la presencia de una Tita contemporánea

(Arcelia Ramírez) cuya narración se basa en la premisa de que los valores encarnados en la historia de su familia siguen vivos en ella. El hecho de que, en los años noventa, el personaje de Ramírez termine afirmando la historia de una familia terrateniente que retuvo su estatus burgués a pesar de la Revolución es revelador.

La mayor parte del cine clásico sobre la Revolución se enfocó en los valores y la virtud de los revolucionarios y antagonizó fuertemente a la élite terrateniente. Arau le dio una vuelta a esta narrativa al tratar la Revolución como una parte integral de la historia familiar burguesa. El mejor ejemplo de ello es la hermana mayor de Tita, Gertrudis (Claudette Maillé). A diferencia de Tita, Gertrudis resiste el puño de hierro de la madre. En uno de los momentos mágico-realistas de la película, una de las comidas caseras de Tita despierta en Gertrudis un olor intensamente sexual que atrae a un revolucionario que consecuentemente se la lleva y se hace su pareja. Gertrudis se convierte en una *soldadera*, una mujer que pelea en la Revolución; como tipo social, la *soldadera* ha evolucionado en una figura que encarna ideas de liberación femenina y agencia política.[4] Hasta aquí, uno podría reclamar a Gertrudis como un símbolo de independencia femenina, y como fugitiva del opresivo mundo femenino construido por Mamá Elena. Sin embargo, hacia el final del libro y la película, el personaje regresa: aparece en la boda de Esperanza en una Ford Model T (un símbolo de estatus social en los años treinta), casada con el antes-revolucionario. A pesar de que existe un debate menor sobre si este matrimonio muestra la capitulación de un personaje anteriormente fuerte y feminista ante el orden patriarcal (Martínez 37, Sinnigen 122), el punto es que esta mujer revolucionaria no sólo regresa a la vida de su poderosa familia, sino que además tiene influyentes conexiones y un estatus social propio, en tanto miembro de una élite gobernante de oficiales revolucionarios transformados en oficiales gubernamentales posrevolucionarios. El ejemplo de Gertrudis trae a colación el principal aparato ideológico de la cinta de Arau: un intento de inscribir la historia nacional en el cuerpo mismo de la clase media, mediante relaciones sexuales, prácticas alimentarias y herencia genética. El *casting* de Claudette Maillé como Gertrudis es importante, especialmente si tenemos en cuenta que la protagonista de la película (representada por Lumi Cavazos) es una heroína de cabello y tez oscuros, mientras que Maillé, la actriz que interpreta a la mujer que se transforma en soldado revolucionario (y que fue criada como la hermana de la protagonista) es blanca y rubia, y, de hecho, de origen francés. Visualmente, este gesto parecería estar calculado para provocar identificación melodramática entre mujeres de una clase media conservadora, renuentes a identificarse con un personaje de tez más oscura.

Mediante su creación de una visión de la identidad nacional abiertamente dirigida a la clase media y a la élite, Arau busca satisfacer a quien él cree ser el nuevo público del cine mexicano, un grupo social educado y acomodado que puede costear la visita al cine en un sistema privatizado de distribución, pero que aun así sostiene lazos afectivos con el pasado nacional. El éxito comercial de la película puede ser engañoso en cuanto al atractivo cultural de la producción, ya que se mostró en muy pocas pantallas durante su tiempo de exhibición. Este dato puede ser interpretado como una indicación de su capacidad de atraer a un público que salía expresamente a buscar la película y el cual había de estar pendiente de la misma, aun a pesar del dominio de Hollywood sobre las pantallas mexicanas y el estado de desarreglo de la industria fílmica. Es difícil imaginar que una audiencia urbana popular, cuyos gustos fílmicos permanecían más cercanos a las *sexycomedias* y a los vehículos de estrellas de televisión de los años ochenta que, a una mirada estilizada del pasado mexicano, se molestaría en alterar su rutina para ver la cinta. Por lo tanto, el éxito mexicano de la misma puede atribuirse a una clase media que tenía los medios económicos para pagar una entrada al cine cada vez más cara y con la curiosidad de ver una producción validada por su éxito en los Estados Unidos. De hecho, al nivel de la ideología nacional, la película es, en su esencia, un modo de sugerirle a la élite que permanece en el centro de los significantes culturales de la identidad mexicana, después de décadas de populismo cultural del estado. En este sentido, dice Deborah Shaw, "la película por lo tanto tranquiliza a las clases medias y altas diciéndoles que no hay ningún problema ético en el tener sirvientes, siempre y cuando los traten bien" (*Contemporary Cinema* 42). La Revolución en *Como agua para chocolate* jamás es un problema relacionado a la desigualdad, sino es una garantía de que el cambio social en México, como el de los años veinte o el que ocurría a finales de los años ochenta, jamás amenaza el estatus de los privilegiados.

En este punto, es importante volver al argumento de Harmony Wu presentado anteriormente, según el cual *Como agua para chocolate* no creaba una ficción fundacional. Wu tiene razón al acertar que el romance de Pedro y Tita finalmente no logra construir esta ficción, pero una ficción fundacional mucho más significativa sí toma lugar en la película: el matrimonio de Esperanza, la representante más joven de la familia De la Garza, a Alex Brown, un americano destinado a Harvard, identificado como tal por Victoria Martínez. Martínez también subraya que la caracterización de Esquivel y Arau de los personajes americanos como John Brown y Alex como científicos y hombres educados "sugiere un énfasis en la superioridad del pensamiento empírico estadounidense" (39n). "John Brown" y "Alex Brown" son, a propósito, nombres genéricos americanos, que recalcan la intención de Arau y Esquivel de marcarlos como tal.[5] Sin embargo, esta referencia a los Estados Unidos tiene su sesgo tradicionalista, en tanto que John Brown es parcialmente nativo americano. La no-tan-sutil alegoría aquí es que el futuro de la familia, y de la élite nacional tradicional representada por De la Garza, yace en el abrazo de las visiones de la modernidad americana llevada a cabo por una cercana relación con los Estados Unidos. La misma configuración de género en la trama apunta en esta dirección. En una de las lecturas más lúcidas de la misma, Sergio de la Mora argumenta que "México, en esta cinta, es marcado como femenino mientras que los Estados Unidos es marcado masculino, aunque poco amenazante y viril, de este modo destacando un emparejamiento 'natural' de las relaciones interculturales EE. UU.-México" (*Cinemachismo* 148). Consecuentemente, es mi opinión que la película de Arau a últimas instancias sostiene una mirada esquizofrénica sobre el rol del cine mexicano dentro de marcos neomexicanistas. Por un lado, Arau rompe con el enraizado nacionalismo que caracterizó la mayor parte de las películas mexicanas de los periodos posrevolucionarios y *echeverristas* al incorporar a los Estados Unidos como un elemento orgánico en la evolución histórica de México hacia la modernidad y en la preservación de sus élites y la estructura social de la desigualdad que sostiene la modernización mexicana. Por el otro, la azucarada paleta visual de Arau, junto a su compromiso afectivo a un elemento tradicional como lo es la cocina "auténtica," muestra una clara renuencia a abandonar la imaginería mexicanista que colonizó la cultura visual mexicana por décadas. El estatus icónico de *Como agua para chocolate*, más allá de su éxito comercial, yace en el hecho de que intentó resolver el conflicto ideológico de la cultura mexicana en los tempranos años del neoliberalismo. Al nivel de su construcción narrativa, logra atar a la nación y la modernización al legado genealógico de la élite. En esto, la cinta es única: otros directores posteriores intentarán realmente rescatar los significantes perdidos del mexicanismo a través de películas como *Danzón* y otras discutidas en este capítulo, o buscarán abandonar totalmente la imaginería nacionalista y abrazar de lleno una cultura cada vez más americanizada y una clase media urbana cada vez más pudiente, en cintas como las comedias románticas que se discuten en el Capítulo 2.

La afirmación de Arau sobre la memoria histórica se basa en la forma particular en la que la película interviene en la narrativa histórica, un procedimiento que es esencial para comprender lo que está en juego en el cine neomexicanista en el contexto de las tempranas transiciones neoliberales. Algunos estudiosos del cine inspirados en Deleuze han explicado este procedimiento como la tensión entre la "historia oficial" (en tanto discurso que existe en la "imagen movimiento" y en objetos territorializadores como libros de texto y fotos familiares) y la "imagen tiempo" que actualiza la potencialidad de la historia en narrativas que sacuden al espectador hasta llevarlo a un acto de recuerdo.[6] En estos términos, el cine neomexicanista se basa en el despliegue de tanto imágenes-tiempo e imágenes-movimiento en contra del trasfondo de la historia oficial mexicana—y de los retratos de esa historia en contra del trasfondo populista de la ideología y el cine nacional revolucionario. *Como agua para chocolate* establece su punto de inicio en el presente y en la figura de una narradora que reactualiza la historia mexicana a través de su rendición íntima de su historia familiar. Sin embargo, la memoria presentada en la cinta en realidad está estructurada como imagen-movimiento: presenta una narrativa cronológica e histórica que comienza con una "primera causa" (la incapacidad de Tita de casarse con Pedro) y a la larga desarrolla una narrativa teleológica que termina con el matrimonio de Esperanza y Alex. El punto crucial del análisis de David-Martín Jones para esta lectura de *Como agua para chocolate*, es que

> "una película no tiene que ser una imagen-tiempo, o una imagen híbrida para criticar la ideología dominante que usualmente se encuentra en la imagen-movimiento. Muchas imágenes-movimientos critican la idea dominante de la identidad nacional en sus narrativas. . . . Aunque la demostración de la deterritorialización nacional que se encuentra en estas películas a menudo resulta ser una lección sobre cómo la identidad nacional se está reterritorializando actualmente, siempre contiene el potencial de poner en juego una deterritorialización menor del tiempo de la nación." (38)

Como agua para chocolate crea una plantilla para el estudio del cine neomexicanista precisamente porque muestra esta tensión constante entre la deterritorialización y la reterritorialización en el periodo neoliberal. El acto de memoria que ejerce la narradora de la película permite la crítica de la historia nacional en tanto es representada por las ideologías estatales. O, para usar los términos de Bartra, presenta el cine como un modo de deterritorializar la identidad nacional de sus antes orgánicas conexiones a las redes imaginarias del poder político. A la vez que el régimen mexicano del PRI evoluciona de sus discursos populistas de los años setenta y aquellos que oficialmente apoyaron las películas Nueva Ola de Cazals y Ripstein, y se mueve en dirección de las ideologías de modernización que traen a primer plano el TLCAN y el circundante proyecto neoliberal, películas como las de Arau se muestran cruciales para una reexaminación de la historia y la identidad nacional que quiebra con la ideología nacional revolucionaria del pasado pero que resulta finalmente en una reterritorialización de la identidad nacional en una configuración diferente de la hegemonía. Así que, mientras que *Como agua para chocolate* ejerce una crítica de la historia oficial al localizarla en la memoria familiar y en el espacio privado de la cocina, esta reemerge como una historia oficial de otro tipo—como una alegoría en la que el matrimonio simbólico entre los Estados Unidos y México a través del TLCAN es narrado como el resultado lógico y cronológico de una saga histórica (o una imagen-movimiento) que comienza con el Porfiriato, que atraviesa por la Revolución y, teleológicamente, concluye en la ficción fundacional de la modernización norteamericana.

Surgen aquí dos corolarios fundamentales para la comprensión del cine neomexicanista y la evolución de la película mexicano como una práctica cultural orgánica al periodo neoliberal. En primer lugar, el cuestionamiento del nacionalismo oficial heredado por la ideología nacional revolucionaria y el régimen del PRI no es en sí mismo un acto "progresista." Si acaso, *Como agua para chocolate* muestra abiertamente que tales revisiones pueden resultar en un recuento de la nación que no sólo es más conservador, sino que, además, y más importante, es uno que produce una nueva historia oficial que ata en limpio los imaginarios de la identidad nacional a una emergente hegemonía neoliberal. En segundo, como exploraré en el resto de este capítulo y en los dos capítulos que le siguen, aun cuando hay una diferencia sustancial entre los procedimientos estéticos del cine neomexicanista y otros cines, el proceso velado de la desterritorialización y reterritorialización puede aún operar del mismo modo. Sostendré en el capítulo siguiente que las comedias románticas urbanas como *Sólo con tu pareja* de Cuarón operan dentro de este mismo marco del neoliberalismo y la cultura hegemónica.

La película de Arau permanece única porque ninguna otra cinta neomexicanista es tan transparente en su relocalización de la identidad nacional dentro del marco neoliberal. El hecho que ni él ni sus protagonistas jueguen un papel particularmente significativo en el desarrollo del cine mexicano después de *Como agua para chocolate* intensifica aún más la singularidad del impacto cinemático de Arau. Al fin y al cabo, el éxito de la producción no resultó en una verdadera transformación estética de la producción fílmica mexicana. Esto podría sonar sorprendente dada la importancia de la película, que pudo haber resultado en parte de su capacidad de presentar una historia "alternativa" de la nación a la vez que se conformaba a un modelo hegemónico de identidad. No obstante, su localización cultural como película para la exportación revela por qué fracasó en volverse una obra influyente. La periodista crítica del *New York Times*, Janet Maslin, celebra la película porque "depende tan encantadoramente del destino, la magia y un gusto por lo sobrenatural que sugiere a García Márquez escribiendo un libro de cocina." Es precisamente esta dependencia la que finalmente condena la película de Arau en tanto una alternativa estética al "cine de la soledad," trayendo a primer plano su reterritorialización final de una identidad nacional en el espacio simbólico de la clase media conservadora. La película fue, en fin, una película reconocidamente oficial que jugó el rol de la promoción de México, a tal punto que Arau se jactó de que el Ministerio de Turismo mexicano estaba agradecido por la publicidad que su producción creó para el país (Shaw, *Contemporary Cinema* 39). De hecho, uno de los posibles campos de significancia cultural yace en las campañas del gobierno mexicano de promover al país en los Estados Unidos en vísperas del TLCAN y en su intento de alterar los prejuicios del público americano.[7] Mientras que el éxito de la película en los Estados Unidos anticiparía las estrategias de promoción que usarían otras producciones hacia el final de la década, este uso oficial del nacionalismo fue cada vez más irrelevante en términos de la producción cultural en sí, ya que las élites culturales se desplazaban a lo que Roger Bartra, en *La sangre y la tinta*, llamó la "condición posmexicana." De hecho, es revelador que Arau, después de una temporada en Hollywood, no volvió a dirigir una película de impacto cultural en México, mientras que sus actores principales, Lumi Cavazos y Marco Leonardi, fracasaron en transformarse en estrellas de la nueva industria fílmica mexicana. Sin duda, las estéticas neomexicanistas siguieron jugando un rol importante en el cine mexicano de los años noventa, y se manifestaron en los modos en los que las tensiones entre deterritorialización y reterritorialización, o entre imagen-tiempo e imagen-movimiento, se instalaron de modos más sutiles y complejos. No obstante, donde la película de Alfonso Arau finalmente fracasó, otra película triunfó. *Danzón* de María Novaro vino a transformarse en la otra película neomexicanista fundacional, una que al fin y al cabo disfrutó de un mayor reconocimiento crítico y una vida cultural más significativa.

Una época no-tan-dorada: La estética de la nostalgia en la ola neomexicanista

Aunque no tan económicamente exitosa como *Como agua para chocolate*, *Danzón* (1991) de María Novaro sigue siendo otro ejemplo icónico de la manera en la que los cineastas buscaron reconfigurar las conexiones entre el cine y la cultura nacional para así atraer nuevamente al público espectador.

Danzón cuenta la historia de Julia Solórzano (María Rojo), una operadora telefónica y madre soltera cuya única fuente de entretenimiento se halla en la cultura *danzonera* de los clubes nocturnos urbanos o danzoneras de la Ciudad de México. Un día, la pareja de baile de Julia, Carmelo, desaparece de la escena *danzonera* por razones que nunca se aclaran. Después de recibir una pista ambigua acerca de su posible paradero, ella decide ir a Veracruz para encontrarlo. Allí, su búsqueda termina finalmente en vano, pero en el proceso se hace amiga del dueño de un hotel que resulta ser la residencia de unas prostitutas y enarbola una amistad con un grupo de artistas travestis. Julia también conoce a Rubén (Victor Carpinteyro), un joven técnico de puertos marítimos con quien termina teniendo una relación romántica y sexual. A la larga, a pesar de su atracción por Rubén y de la recién descubierta, aunque incierta, felicidad que ha logrado en Veracruz, decide regresar a su vida en la Ciudad de México, donde Carmelo reaparece, justo al final, en la pista de baile. El uso del *danzón* como el núcleo cultural de la cinta es particularmente sintomático. Como Robert Buffington ha mostrado en su artículo sobre la cultura *danzonera*, *danzón* es un género de música y baile surgido hacia principios del siglo XX, mayormente practicado por hombres y mujeres de clase obrera en Veracruz y la Ciudad de México. La producción de Novaro, de acuerdo a Buffington, responde al renacimiento de esta cultura urbana popular en los años ochenta (88). En la siguiente sección, mostraré que la decisión de Novaro por el *danzón* como el significante central de su película insiste en la nostalgia para reterritorializar la identidad nacional en un espacio femenino que existe no en las clases medias conservadoras, sino dentro del desvanecimiento de una clase urbana popular que, tras los duros retratos de los años setenta, regresa como una alternativa cultural a la emergente modernidad neoliberal. Antes de enfrentar *Danzón* de lleno, se hace necesario recurrir a una breve incursión al rol de la nostalgia en el cine mexicano de los tempranos años noventa para poder comprender la localización cultural de la estética neomexicanista de la película en un paisaje más amplio que incluye no sólo *Como agua para chocolate*, sino también otros intentos de repensar la nación en el cine.

La idea de restaurar la relación entre cine y público espectador estaba claramente en el aire de la época, como lo evidencia la fuerte pulsión nostálgica en las producciones del ese momento. De hecho, dos de las películas más importantes de la primera parte de la década fueron *remakes* de exitosas cintas clásicas: *La mujer del puerto* y *Salón México*: *La mujer del puerto* (1991) de Arturo Ripstein es un *remake* de la conocidísima película del mismo nombre, de 1934, dirigida por Arcady Boytler, sobre una prostituta que se enamora de un hombre que sucede ser su hermano (ni ella ni él conocen esta conexión).[8]

El regreso a esta película no es, para nada, una coincidencia, especialmente si consideramos que muchos críticos la reconocen como "la primera película mexicana singular" (Monsiváis, citado en Mora 39). De hecho, como insiste Andrea Noble, el *remake* de Ripstein comparte una preocupación cultural con la original, ya que ambas películas fueron producidas "en un momento en el que los debates sobre el estatus de México en el orden geopolítico internacional corrían a través de la política cultural nacional" (42). Ripstein evidentemente enfrentaba la misma pregunta que Arau: la necesidad de un cine nacional tras un proceso de internacionalización económica está estrictamente relacionada con los intentos de los cineastas de reclamar un sujeto nacional unificado a ser defendido ante la amenaza extranjera. Una idea similar yace detrás del *remake* de *Salón México* (1949) de Emilio Fernández por García Agraz en 1996. Al colocar la historia de la misma en un retrato romantizado de la vida cabaretera de los años treinta, García Agraz busca actualizar los días de gloria de un espacio icónico cultural de la ciudad que le otorgó una densidad cultural particular al cine de la época. Aun así, del mismo modo que Arau se vio atrapado por cierto conservadurismo cultural para poder sostener su estética neomexicanista, estos *remakes* traen de vuelta no sólo estas películas populares, sino además las ideologías conservadoras que las caracterizan. Más aún, uno podría hasta argumentar, invocando nuevamente las ideas antes citadas de David Martin-Jones, que estos *remakes* ni tan siquiera ejecutan las operaciones reterritorializantes de películas como *Como agua para chocolate*, optando en su lugar por un renacimiento de configuraciones previas de la cultura.[9]

Aun así, estos *remakes* cuestionan el rol de la nostalgia en la reformulación del cine mexicano, precisamente porque las ideologías culturales neomexicanistas de los tempranos años noventa no abogan necesariamente por la identificación pedagógica de una ciudadanía con una idea fija de la nación tal como lo hicieron las de la Época de Oro. Las películas neomexicanistas son, primero y, ante todo, textos culturales ocupados con una crisis de la relación entre el cine y el cuerpo ciudadano y en busca de nuevas formas de conexiones significativas. Bartra ha llamado esta actitud cultural "melancolía," basándose en la idea de que la clase intelectual define la identidad nacional a través de la añoranza por una unidad primordial extraviada que aún vaga en algunas esquinas de la nación (*Jaula* 31–51). Sin embargo, me parece que la nostalgia es un término más apropiado para discutir específicamente el cine neomexicanista, porque su gesto retrospectivo no apunta a la constitución de cierta configuración de la identidad, sino a la capacidad del cine a reactivar los imaginarios populares a través del espectro social de México.

En su libro *The Future of Nostalgia*, Svetlana Boym ofrece un marco teórico que puede utilizarse para ilustrar los enfrentamientos neomexicanistas con el pasado. Boym habla de "dos tipos de nostalgia" que "no son tipos absolutos, sino más bien tendencias, modos de darle forma y significado a la añoranza." El primero, "la nostalgia restaurativa," busca "reconstruir el hogar perdido y reparar las lagunas de la memoria" y se define por su participación "en la creación histórica de mitos antimodernos mediante un regreso a los símbolos y mitos nacionales," al igual que "en la total reconstrucción de los monumentos del pasado" (41). Como es de esperar, Boym identifica la nostalgia restaurativa con las celebraciones nacionalistas. Cuando se extrapola al caso del México neoliberal, la nostalgia restaurativa se refiere a un intento de recuperar la plenitud perdida de la nación (revolucionaria) frente a las desconexiones radicales al nivel de la política y la cultura que emergieron después de 1968: la relación quebrada de la ciudadanía con el estado, la erosión gradual del cuerpo ciudadano posrevolucionario y la amenazante norteamericanización y modernización de la política neoliberal. De modo que rehacer películas como *La mujer del puerto* o *Salón México* en medio de la primera gran transición neoliberal, en los años que precedieron la implementación del TLCAN, es un intento de recrear un aura cultural que supuestamente viene de un momento en el que el cine tenía un rol más público en la vida social. Al despertar nuevamente los mitos cinemáticos de un mundo perdido y su estética anticuada, cineastas como Ripstein y García Agraz intentan de hecho resistir la necesidad de enfrentar la derrota histórica de los discursos nacionalistas revolucionarios de la identidad popular mediante el establecimiento de un espacio visual en el que estas memorias emergen como un imaginario alternativo al mundo marcadamente modernizado del México de los años ochenta. A diferencia de Arau, cuya fantasía nostálgica abraza sin problemas a los personajes norteamericanos como partes integrales de la saga familiar nacional y desterritorializa la imagen revolucionaria popular para plegarla a una oda a las élites sociales, Ripstein y García Agraz prefieren en vez hacer un cortocircuito tanto a la modernización cultural como al "cine de la soledad." Después del agotamiento de los modelos de identidad del cine de los años setenta y ochenta que Ripstein y García Agraz adoptaron en producciones como *El lugar sin límites* (1978) y *Nocaut* (1984), la única forma de traer de vuelta las densidades perdidas del cine es, literalmente, mediante su reconstrucción total. Esta reconstrucción puede llevarse a cabo a través de la práctica del *remake*, o a través de la recurrencia a una corriente poco crítica del cine histórico, como sucede en la saga de la Independencia dirigida por Ernesto

Medina *Gertrudis Bocanegra* (1992) o en el recuento convencional de la historia de Sor Juana por Eduardo Rossoff en *Ave María* (1999).[10]

Por supuesto, los *remakes* son los ejemplos más básicos y obvios de la nostalgia restaurativa. Otro género que alcanzó notoriedad a principios y mediados de los años noventa fue el biográfico, particularmente el que recreó las vidas de figuras icónicas de la cultura nacional. El ejemplo más reconocido es *Miroslava* (1994) de Alejandro Pelayo, que narra la vida de Miroslava Stern, una actriz checa que fue una celebridad en la Época de Oro hasta su suicidio en 1955. Nayibe Bermúdez Barrios ha mostrado que "Miroslava es el enfoque de la narración porque la cinta se concentra en cartografiar cronológicamente su vida a través de una voz en off que se origina en un narrador y a través de este filtro, mediante *flashbacks* 'originados' en la conciencia del personaje" (134). Esta estructura es extraordinariamente similar al aparato narrativo central de *Como agua para chocolate*, haciendo de la trama una imagen-tiempo que provoca un acto doble de recordación: el del narrador y el de las memorias de Miroslava. Lo interesante aquí es que la película se suspende a sí mismo en el tiempo, en vez de actualizar su narrativa a través de cualquier tipo de proyecto alegórico. A diferencia de Arau, que recupera la historia de Tita del cuerpo y la memoria de su narrador moderno, Pelayo comienza y finaliza su producción con el día en el que muere Miroslava, presentando simplemente una reconstrucción fragmentada de su suicidio. El gesto reterritorializante de Pelayo no está, por lo tanto, dirigido hacia una configuración ideológica del presente. Más bien, construye un espacio específicamente cinemático en el que la memoria del pasado al fin y al cabo atiende sólo las demandas de la película en sí.

Es importante mencionar dos datos sobre Pelayo. En primer lugar, la mayor parte de su trabajo como director anterior había ocurrido en documentales ya fueran sobre la Época de Oro o el "cine de la soledad." En segundo, Pelayo fue el director de IMCINE, el Instituto Nacional del Cine, y de la Cineteca Nacional, el archivo nacional cinematográfico, en la segunda mitad de los años noventa.[11] Por lo tanto, podemos ver de una manera muy literal dos instancias de nostalgia restaurativa. La primera instancia es que Pelayo crea un cine que consistentemente reflexiona sobre sí mismo y, aún más, sobre la historia de su rol social. La segunda que esta nostalgia restaurativa ocurre en una industria fílmica que afirma el nacionalismo cultural por su capacidad de construirse a sí sobre las instituciones culturales del estado. En fin, las películas biográficas y los *remakes* ejercitan un gesto similar; es decir, intentan restaurar la forma perdida del arte fílmico ante la creciente privatización y norteamericanización de la producción cinematográfica. No es coincidencia que Ripstein fuera el director no sólo de un *remake*, pero también de una importante película biográfica, *La reina de la noche* (1994), sobre la vida de Lucha Reyes, otra actriz de la Época Dorada del cine mexicano y una cantante que debutó e hizo famosa una de las canciones más nacionalistas de México, "Guadalajara."

Tal vez el caso más extremo de nostalgia restaurativa de la primera mitad de los años noventa es *Retorno a Aztlán* (1991) de Juan Mora Catlett. Filmada enteramente en náhuatl, el lenguaje de los aztecas, esta película presenta dos historias que se traslapan. La primera presenta la sequía del siglo quince que coincidió con la muerte del emperador Moctezuma Ilhuicamina en 1469, dándole cierre al periodo de esplendor y expansión de los aztecas. La película también cuenta la historia mítica del nacimiento del Quinto Sol, que Moctezuma imagina en su lecho de muerte. De acuerdo a Carl Mora, la cinta hace un gran esfuerzo por ser fiel a su fuente, siguiendo la estructura visual y narrativa de los códices prehispánicos que documentan los mitos y las leyendas indígenas (215). La existencia de esta producción es un testamento al impacto de la nostalgia restaurativa como una viable alternativa estética y cultural: una película en náhuatl que recrea fielmente un periodo antes de la conquista es un intento obvio de rearticular el cine nacional como un regreso a las alegadas raíces de la nación. Uno podría claramente argumentar por la importancia de reconocer las culturas indígenas como un elemento fundamental de la cultura nacional y por la importancia simbólica de una grabación que fue, en su momento, el primer largometraje filmado en un lenguaje indígena mexicano. El problema aquí es que este gesto no es un reconocimiento orgánico de las culturas indígenas en el contexto del México contemporáneo. Es simplemente una afirmación nacionalista que, en su intento de restaurar por completo el pasado cultural, produce una película que no puede dar paso a una reconsideración sustancial de la conexión entre cine e identidad. En efecto, la película obviamente muestra las limitaciones de tal proyecto: la actuación es algo débil y poco convincente, ya que el director tuvo que doblar las voces de los actores con la de verdaderos hablantes del náhuatl para poder lograr la pronunciación correcta de la lengua. Además, tal vez por limitaciones presupuestarias, los lugares en los que toma lugar no son históricamente fieles: las coloridas y monumentales ciudades de las crónicas españolas son representadas mediante pirámides grises de alturas" bajas que ni parecen ruinas ni lo buscan parecer. Los logros de la producción se hallan en otras áreas, particularmente en la banda sonora, que hace un buen uso de los instrumentos musicales aztecas. En fin, la cinta es importante porque muestra un obvio callejón sin salida estético: es un ejemplo de la incapacidad radical de la nostalgia restaurativa de producir un cine contemporáneo viable.[12]

La nostalgia restaurativa es un gesto que emerge como una reacción radical a un sentimiento de pérdida cultural y de insensatez. Dada la crisis de distribución enfrentada por el cine mexicano y los rápidos cambios sociales ocurridos durante la presidencia de Salinas de Gortari, la pulsión de restaurar la anterior gloria nacionalista del cine es comprensible. Hay que señalar, sin embargo, que el gesto de la nostalgia restaurativa pertenece mayormente al cine producido durante la primera mitad de los años noventa, y que algunos de los directores que participaron en estas tendencias, muchas veces rompieron con los límites ideológicos y estéticos planteados por los imperativos neomexicanistas. García Agraz ofrece un caso instructivo de los modos en los que las estéticas neomexicanistas emergieron de una crisis de identidad cinemática experimentada por directores que se formaron en las dos décadas anteriores. Dos años antes de *Salón México*, García Agraz dirigió una película bastante personal, *Desiertos mares* (1992), la cual fue injustamente ignorada por críticos académicos y que, en mi parecer, constituye una narrativa esclarecedora de la crisis estética enfrentada por directores de los primeros años de los noventa. En *Desiertos mares*, Arturo Ríos interpreta a Juan Aguirre, un director de cine que enfrenta una crisis personal y creativa tras el abandono de su esposa, Elena (Lisa Owen). Después de este momento, la película conecta la historia principal (mayormente localizada en una Ciudad de México contemporánea, particularmente atenta al Centro Histórico) a dos tramas menores. La primera consiste de una serie de *flashbacks* a la niñez de Juan, en los que recuerda un viaje familiar automovilístico a través del desierto de Sonora y el Golfo de California en la década de los años cincuenta. La otra trama presenta uno de los guiones de Juan, sobre la historia de un conquistador en los primeros días de la Conquista. Interesantemente, el mismo actor, Juan Carlos Colombo, interpreta al papá de Juan y al conquistador, creando una conexión simbólica entre su historia personal y un evento fundacional de la nación. Otro elemento narrativo, en la trama contemporánea es que Margarita (Verónica Merchant), una joven aspirante a directora se enreda románticamente con Juan, ya que quiere que Juan la ayude con la producción de una película sobre vampiros. El hecho de que Margarita esté interesada en tal proyecto es significativo, pues enlaza a Margarita a la tradición del cine de "mexplotación" que los directores como Juan intentaban sobrepasar.[13]

Desiertos mares puede leerse como una alegoría de un director que, frente a la crisis creativa del cine, reflexiona sobre los distintos géneros que pueden ser utilizados para contar su historia. De hecho, los cuatro géneros presentados en la cinta eran, en la época, posibilidades estéticas viables, cada uno con grandes representantes en la escena cinematográfica de los tempranos años noventa. Nicolás Echevarría apropió brillantemente el tema de la Conquista con su excepcional *Cabeza de Vaca* (1991), una cinta que evita la idealización romántica de *Retorno a Aztlán* al enfocarse en la expedición fracasada de Álvar Nuñez Cabeza de Vaca, presentando un retrato brutal de la Conquista y su violencia a la vez que cuestiona las narraciones idealistas del evento producidas en vísperas del Quinto Centenario de Colón en 1992. Discutiré esta cinta más extensamente en la siguiente sección. La trama del padre claramente apunta a las recreaciones del medio siglo en México, como lo es la parte final de *Como agua para chocolate,* al igual que los guiños a la época de los años cuarenta y cincuenta en *Danzón*. Del mismo modo, *Sólo con tu pareja* de Cuarón ya había explorado las historias urbanas familiares y amorosas de la clase media urbana. Por último, la película sobre vampiros propuesta por Margarita ya había sido producida por Guillermo del Toro en *Cronos*. Al revisitar el espectro reciente de estéticas fílmicas utilizadas en el cine mexicano, García Agraz muestra el enorme espacio creativo que la crisis había generado paradójicamente y, al hacerlo, apunta al hecho de que la nostalgia restaurativa fue tal vez el aparato estético disponible menos interesante y culturalmente relevante. Más aún, las películas referenciadas por los géneros citados en *Desiertos mares* fueron tal vez las producciones más influyentes del periodo, algo que mostraré en este capítulo y los siguientes.[14] Aun así, es revelador que García Agraz optó por dirigir *Salón México* como su próxima película. En tal y tan amplia apertura estética, los códigos cinemáticos de lo familiar eran, tal vez, reconfortantes.

Danzón y las poéticas de la nostalgia reflectante

Danzón se aleja de los códigos de la nostalgia restaurativa enfocándose en un tipo distinto de enfrentamiento con el pasado. La segunda categoría de Boym, la "nostalgia que destella," insiste "en la añoranza y la pérdida, en el proceso imperfecto del recuerdo" y "persiste en las ruinas, en la pátina del tiempo y la historia, en los sueños de otro lugar y otro tiempo" (41). Si la nostalgia restaurativa se centra en la memoria nacional, la nostalgia reflectante "es más sobre el individuo y la memoria cultural," una memoria individual "que saborea los detalles y los signos memoriales, postergando perpetuamente el regreso mismo" (49). El lenguaje visual de Novaro ejemplifica esta segunda categoría de la nostalgia. En vez de localizar su historia en el pasado, Novaro crea una imagen del México contemporáneo donde las ruinas de la Época de Oro permanecen en los vestuarios vistos en las danzoneras y en la música que allí tocan. Claudia Schaefer describe la Ciudad de México de Novaro a través de unos detalles reveladores:

La localización de la película de 1991 es bastante mundana: un barrio urbano apenas insinuado, sus calles alumbradas por letreros de neón; las atrayentes cuerdas de una orquesta local aún-no-vista surgen de la maltratada puerta de una fachada antigua en la parte vieja de la ciudad. Ambos aspectos establecen una visión en conjunto de tiempo sin evento, como si bien pudiera ser 1948 o 1991. No hay indicación alguna de que algo haya sucedido desde el 1948 con la excepción del advenimiento de la fotografía a color. La sala de baile aparece estar disociada del flujo del tiempo histórico—permanece de pie, aunque gastada—, una confirmación de la imposibilidad de que un vestigio cultural sobreviva intacto. (59)

Esta cita transmite adecuadamente las estéticas que Novaro lanza en su película: un México irrevocablemente marcado por los espectros persistentemente acechantes de su cultura popular.

Aun así, el mundo descrito por Schaefer corresponde más a las danzoneras que a la vida cotidiana de los personajes de la película. Tanto Julia como su hija son operadoras de teléfonos y escenas importantes ocurren en su moderno departamento en la Ciudad de México, en los centros de teléfono, y en calles ajetreadas mientras esperan el transporte público. La importancia de la yuxtaposición de lo viejo y lo nuevo descansa en el hecho de que Novaro ni recrea el pasado ni restaura una utopía perdida. En vez de esto, su obra emerge como un movimiento irreversible del tiempo y coloca la agencia nostálgica en el personaje de Rojo. Julia literalmente encarna el pasado, no sólo a través de su compromiso apasionado al *danzón*, sino también a través del modo en el que se viste para seducir hombres. Una escena particular de la película muestra esto claramente. Un día en Veracruz, Julia recibe una pista de que Carmelo puede estar trabajando como un cocinero en un barco griego atracado en el puerto y se pone un vestido al estilo de los años cuarenta en un intento de verse guapa, lo cual sólo atrae piropos de los marineros. Al final de esta escena, después de fracasar en su búsqueda, Julia conoce a Rubén, que se enamora de ella en parte por su vestido. Esta escena es significativa por dos razones. Primero, mientras que Novaro presenta a Julia en prendas bellas, aunque anacrónicas, con un bolero emocional como fondo, el puerto permanece como un espacio contemporáneo—un paisaje gris e industrializado que inevitablemente interrumpe la semiótica onírica de una nación perdida. Segundo, es importante notar que el vestido y la música representan el núcleo del pasado perdido, porque la nación añorada por la estética de Novaro no se restaura como una escena, sino que se teje sobre el cuerpo de Julia y en sus afectos. De cierto modo, Julia es un personaje profundamente quijotesco, una creyente en un sentido de lo maravilloso que la dureza del mundo contemporáneo ha destruido. Márgara Millán señala que a la cámara de Novaro "gusta de recorrer el espacio, retratar los objetos, sostenerse en los colores como parte del contenido emotivo, por ejemplo, los planos que 'presentan' el espacio vital, dando información contextual: quiénes habitan aquí, cuáles son sus gustos, cómo es su estado de ánimo" (*Derivas* 176). La película de Novaro funciona mediante un consistente contraste entre el rápido movimiento de la modernidad y el lento paso de la cultura y las emociones: la cámara contempla el mundo de Julia en toda su gloria como una forma de resistir la velocidad de la modernidad.

En estos términos, el género juega un rol radicalmente diferente con relación a la nación que el visto en *Como agua para chocolate*. En la producción de Arau, lo femenino es, a grandes rasgos, un mecanismo para la transmisión de la nación, donde la tradición familiar, la cocina, y el linaje se transforman en enlaces significativos entre el presente y el pasado. En *Danzón*, los espacios femeninos no están confinados al ámbito doméstico, sino que colonizan la totalidad del espacio de la ciudad y la noche. En la Ciudad de México, la mayor parte de la acción ocurre en la casa de Julia, donde vive con su hija, o en el centro de teléfonos, donde todos los empleados son mujeres. El único sitio de contacto con lo masculino se encuentra en el club nocturno, un espacio altamente contenido y ritualizado. Similarmente, en Veracruz, Julia se queda en un hotel poblado en su mayoría por mujeres, especialmente prostitutas, y frecuenta clubs gay, creando un marcado espacio de género aislado que finalmente se presenta como femenino: los personajes gay son, de hecho, travestis. Para que Julia conozca a Rubén, tiene que aventurarse al único espacio masculino de la película, los muelles, donde su figura marca un contraste radical con el paisaje. Óscar Robles sugestivamente acuña el término "identidad maternacional" para hablar de la obra de Novaro y, en el caso particular de *Danzón*, sostiene que la trama "reincorpora a la madre en *terrenos* más libres, vitales y humanos de la identidad femenina, alterando los esquemas hegemónicos polarizados" (119). Robles sugiere que esta nueva centralidad de la madre en la película desplaza el Estado, el cual se alegoriza como la figura del padre ausente. Aunque esta última alegoría es altamente problemática, ya que la presencia del Estado no se indica de ningún modo en la película misma, la noción de identidad "maternacional" es útil para explicar el mundo que Novaro construye. La nación aquí no yace en lo político ni en lo histórico, de modo que Novaro no necesita *flashbacks* de la Revolución o el Porfiriato, como lo hizo Arau. En lugar de ello, las tradiciones de la nación se inscriben en lo contemporáneo a través de prácticas de género: vestirse, bailar, y cantar. Es significativo que la mayor parte de la banda sonora de la película esté compuesta por canciones interpretadas por una mujer, Toña la Negra, una cantante veracruzana icónica del medio siglo.

En *Danzón*, el género es el sitio de la nostalgia reflectante, el lugar donde la nación simultáneamente se desterritorializa a través de códigos culturales deliberadamente anacrónicos adoptados por la película y reterritorializados a través de la identificación afectiva de Julia con los imaginarios del pasado. El anacronismo se transforma en un problema central aquí ya que es crucial para entender el objetivo estético de Novaro. Todos los elementos de la modernidad en la película se están desvaneciendo. El empleo de Julia como operadora de teléfonos está altamente cargado de significado en 1991, debido a que una de las políticas económicas del régimen neoliberal fue la privatización de la industria de las telecomunicaciones. Telmex, la compañía telefónica nacional, se privatizó en 1990. Esta privatización dio paso no sólo a un claro ejemplo de los rápidos cambios económicos y sociales que enfrentó México en el periodo neoliberal, sino también a una ilustración de los cambios en las relaciones económicas y laborales de la época. El trabajo de Julia, en este contexto, fue una de las cosas amenazadas, ya que la privatización alteró radicalmente las relaciones laborales en México, debilitando los sindicatos y contribuyendo a desigualdades sociales mucho más profundas. De hecho, historiadores y científicos políticos frecuentemente señalan el caso de Telmex como uno de los más paradójicos del proyecto de modernización neoliberal, ya que representó una industria que fue privatizada de acuerdo a la moda económica, pero que al fin y al cabo se transformó en un monopolio y en un ejemplo del capitalismo clientelista o amiguista (Haber at al. 89). Que Julia trabaje para la compañía de teléfonos—aunque la misma no sea nombrada en la película, es obviamente Telmex, la única operadora de la época—en 1990–1991 claramente inscribe su día a día en el centro de una transformación neoliberal clave. A diferencia de *Como agua para chocolate*, en la que la narradora se sienta en la cocina a picar cebollas, desconectada de la historia; en *Danzón* lo contemporáneo existe como un trasfondo inescapable que asecha la nación reterritorializada de la nostalgia reflectante. El final de la película es bastante significativo: en vez de renunciar a su vida contemporánea para quedarse en los espacios idílicos de Veracruz, donde el pasado parece dilatarse más persistentemente, Julia decide regresar. El presente es, a la larga, inescapable.[15]

Esta presencia prefigurativa de lo contemporáneo debe subrayarse, ya que los críticos sorprendentemente la han pasado por alto, tal vez por su fascinación con los códigos neomexicanistas que despliega la película. La mayor parte de los trabajos se han enfocado en la cinta enteramente como una representación de lo femenino o en las intersecciones de lo homoerótico (Suárez,

"Feminine Desire"; Valdés; Robles; Iglesias), o cómo la reactivación de una escena cultural perdida (Schaefer; Arredondo; Buffington; Tierney, "Silver Sling-Backs").[16] Aun las lecturas más intuitivas, no han logrado reconocer enteramente la presencia sutil pero demasiado factible del neoliberalismo en la cinta. Por ejemplo, Dolores Tierney argumenta que la estructura de la misma está basada en el baile y su uso "para darle forma y puntuar la narrativa," y finalmente la interpreta puramente como una alegoría de género: "El *danzón* al principio representa la visión anticuada del mundo que tiene Julia . . . pero viene a presentar su consciencia de sí misma y su autoliberación" (369). En otras palabras, Tierney termina desenterrando una lectura feminista de la cultura tradicional que, a mi parecer, contradice en el sentido más básico la premisa de la película: una mujer que abandona todo para seguir a un hombre que apenas conoce. Claramente, se trata de una premisa que está lejos de ser feminista. Por lo tanto, la supuesta posición feminista de la película puede criticarse por no ir lo suficientemente lejos. En su ensayo sobre *Danzón*, Ayala Blanco la cinta se basa en una "femineidad insóplida" que sacrifica la sensualidad del baile por una narración que reestablece "la Alegría de Ser una Mujer" (*La eficacia* 388). En fin, las dimensiones más interesantes de *Danzón* yacen más allá de sus limitaciones con respecto a cuestiones de género.

Schaefer toma la noción de una cultura popular que desconecta la película de lo contemporáneo aún más lejos: "Novaro localiza a Julia y a la tradición musical dentro de un marco cinemático, pero afuera de la narrativa de la historia. De hecho, lo histórico es extradiegético, y acecha en algún lugar justo afuera de nuestra visión, pero nunca entrometiéndose directamente en la escena" (75). Schaefer no ignora el hecho de que el medio de la agitación neoliberal ocupa un lugar importante en la película, ya que, siguiendo a Tomás Pérez Turrent, insiste que el éxito de la película refleja la moda en la que las películas nacionalistas son particularmente populares en épocas de modernización y de bonanza económica (79). Aun así, Schaefer menciona este problema sólo de pasada, como una interrupción a la trama romántica (62), consecuentemente dándole al estatus laboral de Julia un rol sólo anecdótico en su análisis. Dado el alto perfil de la privatización de Telmex en el momento, es probable que esta referencia le hubiera sido familiar a los espectadores de la película familiarizados con los asuntos mexicanos de la época.

Yo sostendría que lo histórico, y más particularmente, lo sociopolítico, están enteramente a la vista en una película sobre una empleada en una de las industrias cruciales del neoliberalismo. De hecho, la compañía telefónica no es el único indicio en la película de un desvanecimiento de la historia y de un presente cruel. Otro momento significativo viene del viaje de Julia a Veracruz:

viaja por tren. Esto es notable ya que, en 1990, los trenes ya no eran un modo de transportación común: la mayor parte de la población hubiera tomado un avión o un autobús, lo cual haría el viaje mucho más corto. En algunos casos, los vagones de tren se remontaban a la época del Porfiriato, haciendo del ferroviario un modo de transporte ineficiente. Aun así, el tren que Julia aborda tiene tremenda historia: pertenece a la primera línea ferroviaria de México, remontándose a la década de 1840. Este jugó un papel central en la Revolución y en las huelgas masivas de trabajadores ferroviarios en los años cincuenta. Y, al igual que Telmex, el proyecto de privatizarlo estuvo en el aire en 1991: para 1995 terminaría en manos privadas. Novaro también nota en la sección de comentarios del DVD que escogió el tren por encima del autobús para recalcar aún más la clase social de Julia.[17] De este modo, Novaro inscribe de modo sutil pero decisivo la historia en su película, y su mundo nostálgico no es un intento de escapar: sostiene las sobras de un mundo que lento, pero seguro, se desvanece. La verdadera fuerza crítica de la película no yace, entonces, en sus significantes culturales, que en sí son menos significativos de lo que parecerían, ni en el trabajo de Novaro sobre el género, que no es tan interesante como el que lleva a cabo en sus otras películas como *Lola* (1989) y *El jardín del Edén* (1994). Más bien, *Danzón* termina siendo la película neomexicanista más importante del periodo, gracias a su uso de la nación reterritorializada para enfrentar frontal e inequívocamente las fuerzas destructivas de la modernidad neoliberal.

La cultura popular en el cine de Novaro no es una forma de borrar el presente ni la historia, sino una forma de crear un precioso espejismo que, en última instancia, el tiempo acecha y vence. Boym argumenta que "uno se da cuenta de los marcos colectivos de los recuerdos cuando uno se distancia de su propia comunidad o cuando esa comunidad misma entra en su ocaso" (54). La comunidad danzonera toma esta propuesta aún más lejos, ya que está basada en una cultura ya en decadencia, cuyo renacimiento surge sólo en espacios claramente marcados de la clase urbana popular de la Ciudad de México y de clase obrera de Veracruz (cuyas experiencias de vida siguen enmarcadas por esta tradición). De hecho, algunos de los detractores de la película atacan precisamente la naturaleza anacrónica del mundo cultural de Novaro. El escritor y crítico Enrique Serna, por ejemplo, argumenta que su imagen de la clase urbana popular "ha sido falsificada y adecentada con el propósito de exportarla. El *danzón* ya es una reliquia musical, pero la película de Novaro lo convirtió en un emblema de una cultura popular que sólo existe en su fantasía" (102). Ayala Blanco lleva esta idea aún más lejos y acusa a la producción de ofrecerse "a la clase media para que descubra una clase popular con la cual identificarse, sin mancharse, porque en el fondo [*Danzón*] es tan pendeja y vacía como ella" (*La eficacia* 388). Los ataques virulentos de Ayala Blanco y Serna están basados en la premisa de que, en última instancia, Novaro pone a la "verdadera" clase urbana bajo tachón y la substituye con una versión idealizada definida por las alianzas a una cultura urbana popular anacrónica. La crítica de Serna pierde de vista un punto muy importante, aunque hay algo de mérito en sus argumentos, y es posible insistir que esa idealización es un problema de la estética neomexicanista en general y no tanto de Novaro. El hecho de que esta cultura haya desaparecido es bastante obvio para la directora y para su público y es difícil imaginarse que alguien que vea la película en México la interprete como una fiel representación de la vida nocturna o de la identidad nacional. Los críticos que defienden a Novaro también pierden esto de vista, y suelen argumentar que su estilo es "populista" y su trabajo es un intento de reinscribir estas tradiciones de vuelta en lo popular (Arredondo, "By Popular Demand" 195). Sin embargo, el cine neomexicanista no disfrutó de una gran audiencia popular por razones que ya expliqué en mi descripción de la crisis de exhibición de los tempranos años noventa. De modo que cualquier reclamo de que estas cintas definan la identidad popular es una extrapolación factualmente incorrecta de teorías del cine mexicano desarrolladas alrededor de las producciones cinematográficas de la Época Dorada.

Ciertamente, Novaro misma ha contribuido a estas lecturas al enfatizar en entrevistas su deseo de jugar con las formas de la Época de Oro y su intento de construir una narrativa del camino de una mujer hacia la emancipación (Arredondo, "María Novaro"). Aun así, yo sostendría que la película está totalmente consciente de la naturaleza anacrónica de sus fuentes. De hecho, en una de las lecturas más intuitivas de la misma, Geeta Ramanathan sugiere que "las insuficiencias del melodrama para sostener los deseos de las mujeres se traen a la luz" (112), abriendo así un espacio donde los personajes femeninos de clase obrera son construidos por una "subjetividad auditiva" (112–19). Aunque Ramanathan incorrectamente conecta la película al realismo mágico (112), una estética que no está ni de cerca relacionada a la obra de Novaro, su lectura claramente muestra que los usos del *danzón* en la película no se tratan de la constitución de una identidad nacional hegemónica, la cual parecería ser el objeto de la crítica de Serna. Más bien, yo sostendría que la cinta de Novaro intenta, con cierto grado de éxito, usar la nostalgia como un modo de compromiso subjetivo para personajes femeninos claramente afuera, tanto de las estructuras patriarcales de la cultura mexicana como, más importante, de las estructuras de desarrollo traídas por el modelo neoliberal. Sin embargo, la película de Novaro fracasa al final, ya que la repentina reaparición de Carmelo en la pista de baile es bastante disonante con el proceso detrás del desarrollo subjetivo de Julia. El momento crucial, sin embargo, es el regreso de Julia a la Ciudad de México y su rechazo final a la vida alternativa ofrecida por Veracruz. Julia regresa al tiempo neoliberal donde su trabajo y su cultura desvanecen, una disyunción en el nuevo tiempo neoliberal de la ciudad. Esta temporalidad desplazada existe en tensión con un mundo contemporáneo en el que los afectos que mueven a Julia y a sus colegas son amenazados no sólo por hombres—quienes, de hecho, no son realmente amenazantes en la película—sino también por la modernización misma. Por lo tanto, el anacronismo de Novaro intenta constituir un sitio de resistencia a estos particulares procesos de modernización, con una aceptación final de que, aun si Julia realmente logra forjarse su propio camino, el presente neoliberal está aquí para quedarse.

Para usar los términos de Boym, al hacernos conscientes de los marcos colectivos de la memoria que activa su anacronismo, *Danzón* finalmente ejerce una labor de luto con respecto a la Época de Oro y sus legados culturales. En vez de restaurarlos, Novaro vacilantemente cierra la puerta a este pasado y, a través de este luto, finalmente acepta su pérdida. Este es un paso crucial para el cine neomexicanista, porque los códigos y los símbolos de lo nacional están en proceso de clara erosión, y los cineastas deberán encontrar nuevos lenguajes para construir un cine nacional. Tal vez la característica más sobresaliente de los compromisos culturales de *Danzón* viene de su capacidad de evitar la restitución de un orden social conservador en su recuperación de prácticas sociales del pasado altamente ritualizadas. Como José Quiroga ha mostrado, "La nostalgia—para el orden particular, para el universo del *danzón*—reconfigura los personajes de la película de María Novaro, pero la nostalgia jamás arrasa el hecho de que estos personajes quieran vivir dentro de la seguridad de un orden regulado por ellos y no necesariamente por un regreso a la dominación masculina heterosexual" ("(Queer)" 205). Este quiebre con la reterritorialización de valores conservadores tradicionales, presente en películas como *Como agua para chocolate* o *La mujer del puerto*, abrió un espacio creativo a final de los años noventa y el principio del siglo diecinueve, en el que las estéticas neomexicanistas finalmente surgieron como un aparato cultural altamente crítico, tornándose en contra de los mismos mecanismos hegemónicos que lo sostuvieron por más de siete décadas. La última sección de este capítulo explora estas transformaciones.

La nación de otro modo: La adopción literaria transcultural y los nuevos lenguajes del neomexicanismo

Si bien *Como agua para chocolate* y *Danzón* siguen ocupando la mayor parte de la atención dirigida al cine mexicano de los tempranos años noventa, la que bien pudiera ser la escena más llamativa de la época viene de otra película, *Cabeza de Vaca* de Nicolás Echevarría. La película narra los infortunios del explorador español del siglo XVI Álvar Nuñez Cabeza de Vaca (Juan Diego) y se basa en sus crónicas *Naufragios* y *Comentarios*. Hacia el final de la misma, vemos a un grupo considerable de personas indígenas cargando una gigantesca cruz a través del desierto, al toque del tambor de un soldado español. Esta escena es significativa por su elegancia y su violencia: vemos el momento en que se funda un nuevo pueblo colonial retratado como un acto decisivo de dominación y sujeción en vez de como el encuentro mítico de dos razas. De hecho, la ausencia de tal encuentro es el leitmotif de toda la película, construida por Echevarría como una sucesión de escenas lentas sin diálogo para expresar la falta radical de comunicación entre los *conquistadores* y los indígenas. El trabajo de Echevarría es impresionante por su excepcional calidad, que llevó al crítico Ayala Blanco al atípico reconocimiento de su estatus como una "obra maestra" (*La eficacia* 278), algo que pocos críticos mexicanos raramente le confieren al cine nacional. Tal vez, más importante, la estética de Echevarria fue construida atrevidamente a contrapelo de los códigos fílmicos mexicanistas y neomexicanistas, utilizando recursos tradicionales del cine histórico para deconstruir las narrativas oficiales del origen del mestizaje mexicano.[18] La producción es, desde mi punto de vista, el primer gran ejemplo del cine neomexicanista como un aparato político contrahegemónico en el contexto del neoliberalismo.

Cabeza de Vaca se filmó y estrenó en el mismo contexto que dio paso a *Retorno a Aztlán*, alrededor del Quinto Centenario de la expedición colombina en 1992. Como Michel-Rolph Trouillot ha mostrado, esta conmemoración particular del Día de la Raza fue apuntalada por una campaña transnacional del gobierno español para celebrar la ocasión, abriendo el camino para una embestida de películas, libros y festivales diseñados para sostener un retrato positivo del evento (136–40). El cine, como un instrumento de la historia pública, se hizo clave para el desarrollo de esta narrativa, como lo demuestra la producción de dos cintas biográficas transnacionales sobre Colón: *1942: The Conquest of Paradise* (1992) de Ridley Scott, protagonizada por Gerard Depardieu, y la menos interesante *Christopher Columbus: The Discovery* (1992) de John Glen, protagonizada por George Corraface y Marlon Brando.[19] México fue claramente parte de esta ola. En el cine, tanto *Retorno a Aztlán* y *Cabeza de Vaca* fueron financiadas por este propósito, al mismo tiempo que estudiosos de ciencias sociales y las humanidades produjeron un considerable corpus de estudios en torno a la ocasión.[20] En este contexto, el final de *Cabeza de Vaca* probó ser un gesto bastante atrevido, un reconocimiento definitivo de la violencia y la desesperación detrás de un momento histórico representado como un encuentro de la fundación celebratorio por la historiografía y la cultura oficial. Una buena indicación del retrato incisivo que hace la película de las bases del colonialismo transnacional se puede hallar en la considerable cantidad de estudios que, bajo marcos tales como los estudios poscoloniales, se dedican a cuestiones del cuerpo, la otredad y la representación en la misma, al igual que a discusiones sobre los complejos aparatos ideológicos de la Conquista presentados en la obra. Krista Walter ha señalado que el final de la trama deja a los espectadores con "un sentimiento opresivo de un desastre inminente al percatarnos que la inocencia del Nuevo Mundo jamás podrá ser recuperada. Y, aun así, este conocimiento terrible, no evita que los conquistadores posmodernos de la cultura consumista perseveren en su búsqueda insípida para la renovación espiritual y la redención histórica a través de un otro indígena fetichizado y mistificado en cuya imagen deseamos rehacernos" (145). Otras lecturas han enfatizado la construcción de género del cuerpo indígena desnudo (Suárez, "Dominado), las consecuencias teóricas de representar el encuentro entre el sujeto y el otro (Alvaray; Hershfield, "Assimilation"), o las estructuras supuestamente orientalistas y hagiográficas detrás de la narrativa (Barrueto 31–48). Aunque estas críticas subrayan asuntos importantes, tales como la presentación algo exótica de las culturas indígenas en la película, el enfoque de las preguntas teóricas de la otredad ha ignorado la importancia de *Cabeza de Vaca* en la reconfiguración de ideas del cine nacional e histórico en México.

La relación naturalizada entre cine histórico y la comunidad imaginada ha sido un obstáculo para entender *Cabeza de Vaca* y su rol en la renovación del cine mexicano. Por ejemplo, en un artículo brillante, a pesar de sufrir del mismo mal, Joanne Hershfield sostiene que, mientras "*Cabeza de Vaca* dramatiza un momento en el proceso colonial que forzó una reconsideración entre conquistador y conquistado, entre el sujeto y el otro," al fin y al cabo, resultó en "un esfuerzo de narrar la producción de una identidad del Nuevo Mundo a través del proceso de asimilación e identificación con el otro" ("Assimilation" 9). Dentro del marco teórico de las lecturas poscoloniales de la película, este argumento tiene fuertes méritos y refleja un sólido consenso entre los críticos. Sin embargo, cuando considera la cinta como cine histórico, los argumentos de Hershfield descansan demasiado en el influyente trabajo de Marcía Landy sobre el tema, argumentando que el "enfoque [de la película] en las relaciones entre individuos, historia, y la nación provee un lugar para estudiar la compleja red de discursos sociales que las naciones producen para definir la identidad nacional," consecuentemente colocando a Echevarría dentro de "una nueva generación de cineastas" que "continúa la búsqueda de un modo para redefinir la identidad nacional cinematográficamente a la vez que revisa los modelos narrativos, estilísticos e ideológicos del cine clásico mexicano" (11–12).

El problema yace en la suposición de que revisitar escenas históricas y modelos del cine clásico es un gesto naturalmente conectado a un intento de definición de la identidad nacional.[21] Este es el caso de *Como agua para chocolate* de Arau y el intento de redimir la cultura precolombina en *Retorno a Aztlán*. Ambas películas claramente apelan a códigos familiares y códigos de identidad cultural del público, pero es difícil ver cómo la estética de la violencia y la no-comunicación de Echevarría, al igual que la aspereza visual y el ritmo lento de su estilo, podrían llevar a los espectadores a una anagnórisis identitaria. Esta lectura errónea de *Cabeza de Vaca* tiene dos fuentes: el marcado rol, discutido anteriormente, de los estudios de identidad en los estudios mexicanos, y la fuerte influencia del cine europeo y de Hollywood en la definición del cine histórico mexicano. De hecho, Hershhfield específicamente se refiere a *Britsh Genres*, un trabajo en donde Landy famosamente insiste que "la película histórica está profundamente entrelazada con los mitos de la nación que son integrales a la mayor parte de las culturas fílmicas nacionales" (53). Este tipo de película ciertamente existe en el México contemporáneo, como lo prueban las antes mencionadas *Retorno a Aztlán* y *Gertrudis Bocanegra*, al igual que la cinta biográfica de Felipe Cazals *Su alteza serenísima* (2000), la cual pedagógicamente reconstruye la vida del presidente del siglo diecinueve, Antonio López de Santa Anna, desde la perspectiva de su vejez, o hasta en muchas de las producciones celebratorias del Bicentenario en el 2010. Todas estas recurrieron a un lenguaje visual que buscó una representación "fidedigna" de los específicos periodos históricos en cuestión y que, junto a telenovelas como *El vuelo del águila*, sobre la vida de Porfirio Díaz, creó una práctica mediática generalizada que presentaba la historia en más o menos los mismos términos visuales e ideológicos aceptados por la historia oficial y el consenso público.[22] Aun así, Landy desarrolla su argumento dentro del contexto del cine británico nacional, donde ideologías tales como la nostalgia imperial y las estructuras globales de circulación mercantil y personal le crean funciones sociales al cine histórico que están ausentes en tradiciones cinematográficas no-hegemónicas. En otro libro, *Cinematic Uses of the Past*, Landy reconoce que su aproximación teórica es útil mayormente para dos tipos de cine histórico, el "melodramático" y el "operático," sin por ello agotar otras formas del estudio del cine histórico (24). En tanto a que *Cabeza de Vaca* no cae en ninguna de estas categorías, creo que el modelo de Landy provee un marco teórico insuficiente para entender el trabajo de Echevarría como cine nacional.[23]

Para explicar el quiebre que representa *Cabeza de Vaca*, propongo leer la película fuera del marco del cine histórico. En mi opinión, el mecanismo que le permite a Echevarría apartarse de los códigos visuales e ideológicos del nacionalismo, particularmente en un contexto tan cargado como lo fue el 1992, no es la recreación histórica, sino la adaptación literaria.[24] Como señala Mike Chopra-Gant, una verdadera comprensión del cine histórico debe reconocer la distancia entre historia académica y representación mediática, al igual que el hecho de que, en tanto representación mediática, la historia permanece en un proceso constante de hacerse y rehacerse (95). Ante una presentación cinematográfica de una narrativa histórica disonante que dificulta una lectura de construcción identitaria, el enfoque crítico debe pasar de asuntos de veracidad e historia oficial a los aparatos que permiten a los cineastas ser productores activos de la narrativa histórica. En el caso de *Cabeza de Vaca*, este potencial yace tanto en la decisión de escoger los textos de Cabeza de Vaca como materia prima y en los modos en que el lenguaje fílmico de Echevarría los usa para configurar una estética visual que negocia símbolos históricos familiares con una semiótica que es altamente crítica de los discursos nacionales. Es revelador que Echevarría no prefirió una figura más obvia, como Hernán Cortés, quien más claramente corresponde a las narrativas oficiales de la Conquista. De hecho, la idea de Echevarría de grabar una película sobre Cabeza de Vaca precede el Quinto Centenario. Como documenta Carl Mora, Echevarría intentó producir el proyecto a mediados de los años ochenta, pero CONACINE, el precursor de IMCINE, le negó el financiamiento. Al final, Echevarría recaudó los fondos de las mismas fuentes que financiaron el Quinto Centenario, incluyendo Televisión Española y la Comisión del Quinto Centenario de España (Mora 196), probablemente bajo la premisa de que cualquier recreación de la Conquista les era aceptable a los financiadores. Aun así, como Mora también muestra, los reseñistas españoles arremetieron contra la producción considerándola muy poco satisfactoria (198). El hecho de que tales fuentes financiaron a Echevarría es bastante paradójico. Como Beatriz Pastor demuestra en su estudio clave sobre la literatura de la Conquista, Cabeza de Vaca es una figura que complica los recuentos imperiales del encuentro, al mismo tiempo que socava, mediante su relación con los pueblos indígenas, los retratos míticos y heroicos de los conquistadores de otros textos (246–86). A diferencia de las películas sobre Colón comisionadas por las instituciones oficiales del Quinto Centenario, Echevarría se tropezó con una oportunidad de financiamiento, pero su producción no perteneció orgánica ni ideológicamente a la máquina publicitaria del evento. De hecho, más allá de este contexto, el único otro ejemplo de una cinta sobre la

Conquista que puede ser categorizado junto a *Cabeza de Vaca* es *Aguirre: The Wrath of God* (1972) de Werner Herzog, la cual también se enfocó en una misión fracasada y cuyo discurso refleja la arrogancia del imperio y el más radical camino a la locura de la figura del conquistador. Como Herzog, Echevarría no presenta ni una visión positiva del encuentro ni una recreación nostálgica del mundo perdido del mito prehispánico. La historia de Cabeza de Vaca no reterritorializa la historia nacional, sino que la deja suspendida en un espacio indeterminado de violencia y silencio. O, extrapolando del análisis sugerente de Richard Gordon, la película "exorciza la nación" (la expresión le pertenece a Gordon) a través de una crítica a su origen colonial (47).

Al fin y al cabo, *Cabeza de Vaca* resiste la tentación identitaria, gracias a la forma particular en la que Echevarría adaptó su materia prima. A diferencia de Mora Catlett, que concibió *Retorno a Aztlán* como una recreación fiel de los códices precolombinos, Echevarría y su guionista Guillermo Sheridan tomaron hartas libertades con la crónica original. Mora ya ha señalado que *Cabeza de Vaca* "no es una reconstrucción histórica fiel del viaje de Cabeza de Vaca, ni busca serlo. Es una interpretación simbólica, impresionista, y mística" (195). La primera consecuencia de esta decisión es que la película escapa tanto las estructuras operáticas y melodramáticas identificadas por Landy, al igual que el tono pedagógico que plaga otras películas como *Retorno a Aztlán*. Esta es también la razón por la que *Cabeza de Vaca* ha dado pie a tantas lecturas teóricas alejadas de su especificidad contextual mexicana: contiene una estética elegante que la sostiene más allá de las constricciones del cine nacional. Al ejercer el acto creativo de la adaptación, Echevarría se liberó a sí mismo de los discursos heredados de la representación nacional. En vez de optar por una representación idealizada de los indígenas como la que vemos en producciones desde *Tizoc* a *Retorno a Aztlán*, *Cabeza de Vaca* presenta al otro indígena tan descolocado ante la incapacidad de comunicación como el conquistador y muestra las estructuras de violencia y poder que prevalecían en las comunidades colonizadas. Claramente uno puede problematizar la mirada colonizadora de este acercamiento, como los críticos antes mencionados lo han hecho, pero lo más importante es que, en 1991, esta presentación de los indígenas funcionó como un gran corto circuito a la semiótica cultural que se apropiaba de las culturas precolombinas en la víspera del Quinto Centenario.[25] Este logro, el cual hace de *Cabeza de Vaca* una película extremadamente relevante en la historia del cine mexicano y latinoamericano, se hace posible debido a la adaptación literaria, en tanto a que permite a los cineastas enfrentar las narrativas culturales ajenas a la historia nacional oficial al igual que los códigos visuales del cine nacional heredados de las películas mexicanistas y neomexicanistas. De modo que la adaptación se hace un mecanismo muy prominente en la inesperada pero fundamental transformación de los lenguajes del mexicanismo en perspectivas críticas frente a frente con la ideología neoliberal y el discurso oficial.

El verdadero potencial de la adaptación literaria como un modo de trascender gradualmente los prejuicios históricos de las estéticas neomexicanistas resultó de una confusa pero crucial adquisición de derechos fílmicos. En los tempranos años noventa, el legendario productor Alfredo Ripstein Jr., padre de Arturo, adquirió los derechos fílmicos de dos novelas del novelista egipcio Naguib Mahfouz, ganador del Premio Nobel de Literatura en 1988. La adquisición fue producto de un gran impulso personal: simplemente le impresionaron las novelas de Mahfouz y, como alguien que había producido cine por casi cinco décadas, desde los últimos años de la Época de Oro hasta la época entera del "cine de la soledad," claramente le vio el potencial cinematográfico a estas obras. De hecho, esta intuición dio en el clavo. Como Hassan Al-Nemi ha mostrado extensamente en una tesis sobre el tema, el trabajo de Mahfouz es altamente traducible al cine y muchos de sus temas y estructuras tenían paralelos en la industria cinematográfica egipcia.[26] Es también revelador que Mahfouz trabajó en el Ministerio Egipcio del Cine. Ripstein escogió dos novelas de Mahfouz, un drama familiar *Principio y fin* y una historia comunitaria llamada *El callejón de los milagros*. Estas novelas compartían una serie de temas: la confrontación entre la moralidad islámica y el día a día, las tribulaciones de la clase obrera egipcia, y los conflictos en torno a la movilidad social y el poder enfrentados por los egipcios. Adnan Haydar y Michael Beard han enfatizado las contribuciones de Mahfouz al realismo social, al igual que su "estilo plano, sin adornos ni color" donde acechan "experiencias inaccesibles al lenguaje" (4). Otros críticos, más notablemente Pamela Allegretto-Diiulio, han señalado la marcada insistencia en el género, tanto en la construcción de la masculinidad como en las representaciones del "entrampamiento femenino." De todos modos, como Sarah Lawall señala, el Premio Nobel le permitió a Mahfouz trascender el contexto regional egipcio y transformarse en una figura literaria global *bona fide*, lo cual a su vez se volvió la base de su interpretación trasatlántica en México.

La primera película nacida de esta transacción fue *Principio y fin* (1993) de Arturo Ripstein. La cinta cuenta la historia de una familia tras la muerte de su patriarca. Como Vicente J. Benet ha descrito, la familia está estructurada alrededor del "lento e irrevocable deterioro de cada miembro de la familia hasta culminar con otra muerte—esta vez un suicidio doble" (203). Esta trama le sirvió a la estética de Ripstein bastante bien. Como su obra de arte de 1970 *El lugar sin límite*, también una adaptación literaria (de la novela del chileno José Donoso), *Principio y fin* cuidadosamente construye un mundo contenido y asfixiante que conecta las vidas de sus personajes y que inexorablemente los lleva a la decadencia y la destrucción. El gusto de Ripstein por los espacios sórdidos como los clubes nocturnos es evidente, junto a su paleta de colores oscuros que caracteriza la cinematografía de muchos de sus trabajos. La traducción del relato de Mahfouz al lenguaje visual de Ripstein es quizás el elemento más notable para mi análisis. Como Benet ha mostrado, la novela de Mahfouz se basa fundamentalmente en los códigos de honor y deshonor del mundo islámico, lo cual coloca la decadencia de los personajes contra un trasfondo religioso. Sin embargo, son las actitudes "instintivas" de los personajes las que mueven la trama hacia delante, eliminando notablemente los matices religiosos de la materia prima textual (204).

Ripstein partió de su propio estilo idiosincrático al darle forma a la película. No obstante, algunos aspectos de esta adaptación en específico son claves para mi argumentación. Primero, los críticos han señalado que esta cinta en particular demuestra el interés de Ripstein y su guionista Paz Alicia Garciadiego en los límites del melodrama (Benet 206–7, Paranaguá, *Arturo Ripstein* 234–36). Mientras que esta exploración se discute usualmente a la luz de sus consecuencias formales y estilísticas, debe continuar examinándose en el marco mayor de la estética neomexicanista. A diferencia de su *remake* de *La mujer del puerto*, la cual es tal vez más un ejercicio de estilo que una verdadera intervención en el cine mexicano de su época, *Principio y fin* de Ripstein apunta hacia una gran reconfiguración en las estéticas fílmicas, y es un ejemplo temprano de los modos en los que la adaptación cinematográfica de obras literarias le permitió a los cineastas mexicanos trascender los códigos visuales heredados.

Principio y fin trabaja los límites del melodrama de un modo particularmente paradigmático. Como Darlene J. Sadlier ha argumentado, el melodrama ha sido históricamente el modo predominante del discurso cinematográfico en Latinoamérica, y hasta algunos de los intentos de la generación Nuevo Cine de la década de los años setenta de rebelarse en contra de él recayeron en sus estructuras. De acuerdo a Sadlier, algunas obras brasileñas del Cinema Novo, como las de Glauber Rocha o Nelson Pereira dos Santos, "pueden provocar respuestas emocionales similares a las que provocaban los mismos melodramas contra los que reaccionaron y que muchas veces criticaron," lo cual resultó en que tanto el Cinema Novo y los melodramas "ahora residan uno al lado del otro en el archivo cinematográfico de Latinoamérica" (12). Más aún, Sadlier muestra como "el público prefiere los melodramas y las comedias musicales por encima de las películas neorrealistas y las críticas políticas" (12). En el caso mexicano, un intento importante de romper con el melodrama se halla en la obra de Luis Alcoriza quien, de acuerdo a Marvin D'Lugo, innovó en su "intento de deshacer el aura del melodrama" mediante su recurrencia a "una compleja interrogación de la representación en vez de a un vaciamiento de la presumida autenticidad psicológica del melodrama" ("Luis Alcoriza" 126). Sin embargo, como he discutido anteriormente, el precio a pagar en la apuesta de Alcoriza fue una representación altamente problemática y derivativa de las clases populares, en la cual fueron sometidas a una dura mirada barbarizante y una descarnada crítica de su inmovilidad social y política.

Lo que hace a *Principio y fin* una película tan notable es que, en vez de articular una crítica radical del melodrama o crear un mundo neorrealista alternativo, optó por un tema que llevó los códigos emocionales del melodrama hasta el punto de la insuficiencia, en donde la decadencia inevitable de los personajes terminó agotando cualquier posibilidad de identificación afectiva con ellos. La película utilizó ciertos mexicanismos y giros que pertenecen al melodrama para así atrapar la atención emocional del público. Esto es particularmente cierto en el caso de Gabriel Botero (Ernesto Laguardia), interpretado por un actor con una prominente carrera en las telenovelas y en el entretenimiento televisivo. Laguardia llegó a la fama a principio de los años ochenta con un programa de variedades titulado *Cachún cachún ra ra*, y se hizo una estrella gracias a su interpretación del héroe y el principal interés romántico en la telenovela de 1987 *Quinceañera*, una telenovela histórica en la televisión mexicana. Para la fecha de lanzamiento de *Principio y fin*, Laguardia protagonizaba *Los parientes pobres*, la telenovela más exitosa de 1993, un hecho que sin duda contribuyó para atraer al público al cine. El *casting* de un actor altamente identificable, con una carrera que se construyó en torno a su interpretación de personajes amenos, y quien en el momento era considerado una de las figuras más atractivas de la televisión mexicana, Ripstein no sólo contribuyó al éxito de la película, llevándola a ser una de las pocas que alcanzó una distribución realmente comercial, sino que además escondió un anzuelo en el mundo visual de la película para atraer el compromiso afectivo de los consumidores del melodrama. La película presenta a Gabriel como un estudiante de la preparatoria alegre y dedicado, y abre con la llegada de alguien entrando al salón de clase para informarle de la muerte de su padre. Gabriel es considerado el miembro más prometedor de su familia, lo cual conecta directamente a las ideas mexicanas sobre la movilidad social, otro tema muy cercano al melodrama. La mirada de la película está, en un principio, atenta al sufrimiento de Gabriel, y nos muestra su incapacidad de entrar a la universidad debido a un acto de corrupción. Es entonces que Ripstein presenta la disonancia clave que fija el tono del resto de la película. Furioso ante su incapacidad de cumplir sus aspiraciones universitarias, Gabriel libera su ira sobre su novia, Natalia, en una incómoda escena en la que violentamente le rompe la ropa y le quita la virginidad forzando su mano en su vagina. La escena es brutal y vemos la mano de Gabriel cubierta con su sangre. La secuencia concluye con Natalie arrodillada a su lado, rogándole: "Házmelo todo."

Al crear un personaje agradable y darle el papel a un actor famoso por sus roles como héroe de telenovela, Ripstein efectivamente inserta un cortocircuito en todo el imaginario narrativo del melodrama. Ripstein quiebra el contrato afectivo con el público y escandaliza a los espectadores con un giro que es tan brutal como hábilmente construido a través del lenguaje melodramático, donde la mujer rogando por el amor del hombre violento nos lleva de vuelta a las famosas tramas del cine de la Época de Oro. De hecho, Ripstein aquí invoca un estereotipo fílmico que Sergio de la Mora ha llamado la "virgen de medianoche," siguiendo el famoso bolero (21–67). De acuerdo a de la Mora, los melodramas de la Época de Oro desarrollaron la figura de la prostituta como "una alegoría de la nación" que "revela las relaciones sociales que han dado forma históricamente a las regulaciones privadas y públicas de la agencia sexual de las mujeres" (67). Con las figuras femeninas de *Principio y fin*, Ripstein estratégicamente sigue esta estructura melodramática mediante el contraste del estatus de Natalia como virgen y el rol de Mireya como prostituta. No es de sorprender que, Mireya, la hermana de Gabriel, juegue un rol central aquí. Hacia el final de la película, Gabriel cae en la trampa de la corrupción, consigue una beca universitaria a través de una recomendación, y finalmente rechaza el amor de Natalia. Ya entonces, Natalia está embarazada y se niega a abortar. En una escena crucial, el hermano de Gabriel, Nicolás, acepta casarse con Natalia, lo cual lleva a Gabriel a tirar su último vestigio de honor por la ventana y decirle a su hermano, en un fragmento que recuerda el melodrama de los años treinta, "La dejé estrenada y entrenada para ti." La película termina cuando Gabriel intenta "rescatar" a su hermana de la prostitución. Gabriel finalmente persuade a Mireya a suicidarse, dado que, para él, ella es irredimible y ya incapaz de llevar a cabo el papel de una "buena esposa." Al ver el cadáver de su hermana, Gabriel sufre un golpe emocional que lo lleva, también, al suicidio. El sufrimiento de Gabriel está diseñado para interrumpir la identificación del público con su personaje, tal como lo encarna por Laguardia, y para agotar emocionalmente la tolerancia del espectador para con la narrativa melodramática. Ripstein nunca abandona los códigos narrativos del melodrama, pero los usa en vez para socavar el género mediante la construcción de Gabriel como una figura disonante. Más aún, es importante notar que la película es bastante larga, casi tres horas, lo cual contribuye a su intención de agotar a su espectador.

El acto de adaptación literaria es la base en la que se construye la película. Este le permite a Ripstein ser más exitoso en *Principio y fin* que en sus anteriores cintas. De hecho, *Principio a fin* es aún más exitosa que las películas de los contemporáneos de Ripstein que participaron en el "cine de la soledad" en cuanto a su enfrentamiento crítico con el melodrama. Ripstein utiliza la amplía saga familiar naturalista de Mahfouz y tópicos extraídos principales, la movilidad social y las restricciones morales, para utilizarlos a su vez como elementos disruptivos de la forma melodramática. En esto, Ripstein muestra el nuevo potencial de la adaptación literaria para revisar los códigos cinemáticos mexicanistas. Mientras que *Cabeza de Vaca* elude la aproximación tradicional a la historia con la comunidad imaginada, al usar la adaptación como un método para evitar la rendición melodramática y operática de la narrativa histórica, Ripstein muestra que la adaptación bien puede introducir a los elementos estructurales formas culturales recibidas que permiten a los cineastas socavar desde adentro las prácticas narrativas. Al extraer una historia que es lo suficientemente familiar a la cultura mexicana, pero que al fin y al cabo se produce en un contexto sociohistórico distinto, Ripstein logra adaptar ciertos elementos estratégicamente y así ir aún más lejos que antes en su crítica de las formas nacionales del cine. Mientras que *remakes* tales como *La mujer del puerto* no lograron alcanzar un uso verdaderamente autorreflexivo del melodrama, el sufrimiento de Gabriel incorpora códigos visuales y narrativos familiares a una trama de falta de los compromisos y las limitaciones socioculturales de la literatura mexicana nacional o de las películas nacionalistas heredadas. En otras palabras, al ir más allá de México para adaptar una novela escrita en Egipto, Ripstein logra salir de las redes de nacionalismo cultural que tuvieron tanto a escritores como cineastas a través de la mayor parte del siglo XX. La trama de *Principio y fin* desnaturaliza los códigos de significado del melodrama y le permite a Ripstein no sólo un verdadero ejercicio genérico autorreflexivo, sino también, y más importantemente, una de las exploraciones más apremiantes de sus límites como la estructura narrativa privilegiada del cine mexicano. Esta exploración, que se repetirá consistentemente en otras adaptaciones literarias, es parte esencial del proceso que permite a algunos cineastas mexicanos escapar de la jaula del melodrama.[27]

La comprensión de una geografía de adaptación tan única, en la que un novelista egipcio de medio siglo se transforma en un elemento de transformación en el México de fin de siglo, permite reconsideraciones importantes tanto del rol de la adaptación literaria en el cine mexicano como también de la conceptualización de la adaptación dentro de los estudios fílmicos. En su libro *De la literatura al cine*, Adriana Sandoval documenta una tendencia importante de numerosas novelas mexicanas que fueron adaptadas al cine entre 1918 y 1968. Aunque los intereses de Sandoval son marcadamente estrechos, mayormente enfocados en las películas como instrumentos de crítica literaria de los libros (9), sus objetos de estudio ofrecen un ejemplo significativo de las tendencias principales de la adaptación: la mayoría de las películas que intentaron realmente hacerlo se basaron a grandes rasgos en novelas románticas canónicas y naturalistas (tales como *Santa* de Federico Gamboa, la primera y más frecuentemente adaptada novela mexicana), con un subgrupo de películas basadas en ficciones de la Revolución Mexicana (tales como las novelas de Rafael F. Muñoz, *Vámonos con Pancho Villa*).[28] En otras palabras, la adaptación literaria no fue mucho más que la validación de códigos nacionalistas y mexicanistas que ya estaban presentes en la producción cinematográfica. Si acaso, el diálogo con la literatura de ese tipo no hizo más que enfatizar las estructuras narrativas ya presentes, y las variaciones entre las versiones del mismo libro, tales como los muchos *remakes* de *Santa*, fueron usualmente menores, y tuvieron más que ver con decisiones de *casting* que con reinvenciones estéticas mayores. Ripstein produjo lo que es tal vez la adaptación más interesante antes de los años noventa, *El lugar sin límites*, la cual fue crucial para la construcción de su estética personal, pero que no llegó a trascender las restricciones del "cine de la soledad," o de los códigos narrativos propuestos por la generación narrativa del *Boom*, a la que perteneció la novela de José Donoso en la que se inspiró.

Adaptar la ficción del *boom* bajo estos parámetros no produjo resultados particularmente interesantes en el cine mexicano, como lo demostró otra película de Ripstein, *El coronel no tiene quien le escriba* (1999), adaptada de la famosa novela corta de Gabriel García Márquez. A pesar de que la producción tuvo un presupuesto increíble y un elenco extremadamente fuerte que incluyó a Salma Hayek en su primera película mexicana posHollywood, y una fuerte campaña publicitaria, sin mencionar el reconocimiento que ya tenía el texto de García Márquez, la película recuerda a las producciones menos interesantes de los años setenta y ochenta. *El coronel no tiene quien le escriba* es una película aburrida que, a falta de la prosa precisa del libro, se transforma en una historia altamente segura y de ritmo lento, diluida aún más por una estética ripsteniana más apta para los paisajes sórdidos del inframundo donosiano que para los panoramas nostálgicos de la ficción de García Márquez. Yo hasta diría que el problema fue que la estética de García Márquez era un territorio demasiado seguro no sólo para Ripstein, sino también en comparación con el cine que ya se había producido. Puesta al lado de *Cabeza de Vaca* o *Principio y fin*, sin mencionar *El callejón de los milagros* o *El crimen del padre Amaro*, la película representa una involución en el potencial del cine neomexicanista.

La selección de Mahfouz por Alfredo Ripstein Jr. como sujeto de adaptación es aún más crucial porque muestra claramente que la selección de libros que fueran al mismo tiempo foráneos y traducibles le dio a su hijo Arturo y a Jorge Fons (el director de *El callejón de los milagros* [1995]), un escenario en el cual pudieron explorar problemas de clase, moralidad y género en términos que trascendieron los lenguajes del "cine de la soledad," a la vez que le permitieron mantener elementos claves de su estética visual y estructural. Uno de los retos teóricos que la conexión con Mahfouz permite yace en el hecho de que gran parte de los estudios de adaptación literaria, los cuales se han desarrollado en extensas bibliografías en inglés, francés, y español, ignoran el cine mexicano y latinoamericano por completo, y, tal vez con la excepción de algunas referencias pasajeras a la obra de Akira Kurosawa, no ofrece ninguna reflexión sostenida sobre la adaptación transcultural.[29] La cuestión que importa para mi argumentación no se halla en preguntas de fidelidad o intermedialidad, las cuales apuntarían a consideraciones formales secundarias más que al verdadero núcleo de estas películas. Más bien, yo propongo entender la adaptación transcultural en el contexto del cine mexicano de los años noventa como una práctica que permite la reconsideración de códigos culturales que puede imbricarse en el discurso fílmico, al presentar temas similares (o traducibles) en lógicas semióticas distintas a los compromisos ideológicos presentes en las tradiciones fílmicas nacionales. En su artículo preliminar sobre cuestiones de adaptación, Brian McFarle argumenta que el cine se nutre de una "batería de herramientas semióticamente cargadas" que le permiten explorar intereses similares a los de la novela, como lo es la representación del "interés en revelar 'vidas' a un nivel de plenitud tal vez negado a otras," de modos que "necesariamente implican una respuesta compleja del espectador atento" (23–24). De cierto modo, *Principio y fin* es un ejemplo primordial de esto, dado que lleva las vidas narradas por Mahfouz, las transforma en otras culturalmente diferentes, pero similares moralmente, como bien encarnan los Boteros, y, finalmente, usa esas vidas para causar una respuesta afectiva a través de instrumentos como la extensión de la película, la edición, y una paleta visual que reubica a esas vidas en un nuevo espacio semiótico significativo. Para usar la vieja noción del formalismo ruso, la adaptación transcultural provee un elemento de "extrañamiento" a los lenguajes visuales y cinemáticos existentes para así reconfigurar sus consecuencias estéticas e ideológicas.[30]

Principio y fin permanece quizás demasiado inscrita en las estéticas ripstenianas para ilustrar este punto claramente, pero *El callejón de los milagros* de Jorge Fons, adaptada para la pantalla grande por el dramaturgo y novelista Vicente Leñero, ofrece una percepción precisa sobre los roles desempeñados por la adaptación de la ficción de Mahfouz en una importante reinvención de las estéticas neomexicanistas. *El callejón de los milagros* cuenta la historia de un edificio de departamentos en el Centro Histórico de la Ciudad de México. La historia se estructura alrededor de los clientes de la cantina local y se enfoca en tres personajes. Don Rutilio (Ernesto Gómez Cruz), quien es un hombre casado que permanece en el *closet*, pero que comienza a seducir públicamente a un joven. Su familia escucha el rumor de esta y él reacciona con furia, dándole una violenta paliza a su esposa. Al final, su hijo, Chava (Juan Manuel Bernal), se tropieza con su padre y su amante en un baño público y, incapaz de contener la ira, asesina al amante del padre. La segunda historia gira en torno a Susana (Margarita Sanz), la casera del edificio, una mujer de cuarenta y tantos años de edad, seducida por un joven guapo, Güicho, que consecuentemente se casa con ella para estafarla. En el proceso, Güicho se enamora realmente de ella, pero se da cuenta demasiado tarde, y ella lo rechaza al descubrir que él le había estado robando. Por último, la historia más extensa se ocupa de Alma, el rol que hizo de Salma Hayek una estrella, una joven atractiva que, a pesar de haberle prometido a su novio Abel que se casaría con él tras su regreso de los Estados Unidos, decide casarse con un hombre de negocios mucho más viejo y mucho más rico. Cuando su comprometido muere antes de la boda, Alma acepta las insinuaciones de José Luis, quien poco a poco la convierte en una prostituta. Cuando Abel regresa, descubre la verdad, y enfrenta a José Luis, quien lo mata. En la última escena, Alma abraza a un Abel moribundo mientras su vida se desvanece.

Como muestra este breve resumen de la trama, *El callejón de los milagros* sigue fuertemente identificado con el melodrama, lo suficiente como para mantenerlo dentro de ciertos marcos familiares. Sin embargo, una mirada más cuidadosa muestra muchos de los puntos ideológicos y estilísticos innovadores que ilustran cómo adaptar a Mahfouz resultó en nuevos paradigmas de discurso neomexicanista. Tal vez el primer cambio significativo yace en la profunda transformación de las representaciones de las clases obreras. La estética buñuelista que determinó la representación de los pobres como *lumpen*, repetida por Alcoriza y hasta Ripstein, simplemente no está presente. Asimismo, la mirada de Fons no ejerce ningún tipo de valorizaciones morales o sentenciosas sobre sus personajes: a diferencia del marcado espiral de decadencia de Gabriel Botero en *Principio y fin*, los personajes de *El callejón de los milagros* se presentan en un marco ético y moral mucho más complejo, quebrando claramente la lógica narrativa del bueno-contra-el-malo del melodrama tradicional. Rutilio ilustra esto muy bien. Como espectadores, es fácil identificarse con su sufrimiento como un hombre homosexual atrapado en una cultura patriarcal y tradicional donde se espera que encarne el rol de padre y esposo. Rutilio, sin embargo, no es sólo una víctima del patriarcado, ya que él no tiene problema alguno con ejercer su rol patriarcal a través de la trama. Cuando su esposa descubre sus escapadas homosexuales y lo enfrenta, él la agrede, acertando así su autoridad masculina. Cuando su hijo regresa hacia el final de la película, casado y con un hijo, la decisión de si lo aceptan de regreso al seno familiar depende de Rutilio. Este claramente muestra cómo *El callejón de los milagros* se aleja de *Principio y fin*. Ripstein articula una crítica de la forma al estirar los límites del melodrama y utilizar sus personajes para conectar con los afectos y expectativas del público. En cambio, la cinta de Fons es menos compleja estilísticamente, pero da un fuerte énfasis en la vida de los personajes. Como resultado, en vez de ofrecer la trayectoria predestinada de Rutilio, la trama revela una persona ética altamente ambigua cuyas acciones no pueden ser totalmente aceptadas o toleradas. La historia de Rutilio no ofrece una moral evidente: más bien, presenta las complejidades de un hombre constantemente enfrentado por una estructura de poder de género que abraza tanto como intenta rehuir de ella.

Otro elemento importante aquí se encuentra en la leve pero significativa transformación de los usos del espacio urbano. Como Hugo Lara Chávez ha mostrado, *El callejón de los milagros* recupera una variedad de espacios que han sido canonizados en la historia fílmica nacional: la *vecindad* (un tipo de arreglo de vivienda de alta densidad y clase obrera), la cantina, etcétera (215). Históricamente, estos espacios han sido utilizados para representar los estereotipos que definían ciertos personajes populares dentro de paradigmas del ser mexicano (como las cantinas en el cine de Jorge Negrete y Pedro Infante), para enfatizar la marginalidad de los sujetos urbanos populares en la fábrica social de la ciudad (como en *Los olvidados* de Buñuel), o para presentar una comunidad que es capaz de trascender la adversidad a través de la solidaridad (como en la trilogía *Pepe el Toro* de Ismael Rodríguez). Fons se apropia de esta geografía urbana y popular para enfatizar la emergente confrontación entre el viejo orden social y un México que se moderniza. En vez de enfatizar las distinciones de clase típicas en los melodramas sociales de la vieja escuela (dos de las películas de *Pepe el Toro* se llamaban *Nosotros los pobres* y *Ustedes los ricos*), *El callejón de los milagros* nos muestra las historias de habitantes cuyos conflictos y decisiones tienen más que ver con los problemas sociales de los años noventa:

la igualdad de género y los derechos gay en el caso de Rutilio, o la inmigración a los Estados Unidos en el caso de Chava y Abel. De cierto modo, podría decirse que la clase popular de la Ciudad de México presentada en *El callejón de los milagros* es más cercana a la que vemos en *Danzón*, una clase obrera profundamente atada a sistemas valorativos tradicionales que se enfrenta a los retos de una modernización que hace obsoletas sus formas de vida.

David William Foster ha sugerido que Fons utiliza el callejón (el lugar donde ocurren las historias) como una sinécdoque de la Ciudad de México, representando tanto la cultura de barrio que define la ciudad y lo que tienen en común las clases obreras a través de su geografía (46–47). En estos términos, *El callejón de los milagros* se apropia de la narrativa de Mahfouz de una comunidad egipcia que enfrenta las presiones de modernización de la Segunda Guerra Mundial y la transforma en una reflexión sobre una comunidad que se deshace ante las presiones de un México cada vez más modernizado y liberalizado en el que las estructuras jerárquicas que sostienen la vida se están haciendo cada vez más anacrónicas. La decisión fundamental, en mi parecer, yace en el hecho de que Fons no apela a la nostalgia, ni tan siquiera del tipo reflectante. No hay paraíso perdido en *El callejón de los milagros*. A pesar de que somos testigos de una comunidad en un proceso gradual de decadencia, esta decadencia trae a colación una serie de estructuras económicas y de poder que son problemáticas en sí mismas. El hecho de que Alma termine como una prostituta tiene mucho que ver con las redes sociales que hacen de la madre soltera una figura inaceptable (llevando a su madre a intentar "colocarla" con un "buen" esposo) y con una clara dinámica de género jerárquica que obliga a las mujeres jóvenes a una posición inescapable de servidumbre sexual para los hombres. La derrota final de Abel en su intento idealista de casarse con Alma es más una condena del entorno social anticuado que de Alma misma. Abel, como muchos otros jóvenes mexicanos de los años noventa, busca una mejor vida en los Estados Unidos a través de la inmigración ilegal. La película reproduce una narrativa social en la que Abel finalmente logra su cometido, y regresa habiendo logrado el éxito económico. Sin embargo, el hecho de que Alma esté irrevocablemente enredada en la prostitución y que la vida alternativa de Abel no sea una opción para ella muestra que mantener las comunidades tradicionales intactas crea una trampa social que mantiene al sujeto de clase obrera sujeto a las dinámicas patriarcales de poder.[31] En fin, el increíble logro de *El callejón de los milagros* es localizable en su capacidad de recuperar los espacios del cine mexicano tradicional para una narrativa que ni pinta al barrio como un espacio idílico o solidario ni recae en la mirada intelectual sentenciosa del cine de los años setenta. El lenguaje neomexicanista de

Fons, empoderado por una trama que una vez más se origina en un texto en el que la economía de la desigualdad y del poder no está orgánicamente atada a la historia mexicana o a la ideología mexicanista, produce una cuidadosa reflexión sin precedentes sobre las clases urbanas populares.

En un inteligente análisis de la película, Andrea Noble sugiere que *El callejón de los milagros* surge de la conexión entre el cuerpo y el espacio urbano. En estos términos, Noble lee a Alma como una figura que conscientemente ensaya la tradición cinematográfica de la prostituta a la vez que registra "la inercia en esta narrativa cinematográfica nacional" (119). La lectura que hace Noble del film muestra la cuerda floja por la que camina el cine neomexicanista, como lo muestran las dos adaptaciones de Mahfouz. Por un lado, los cineastas están plenamente conscientes del peso de la tradición cinematográfica que les precede, y optan por un cine que usa los códigos visuales y estructurales heredados para socavar sus propias implicaciones ideológicas y sociales. Mientras que Alma y Mireya son personas similares a las prostitutas de las películas de Arcady Boytler o de "El Indio" Fernández, la representación cinemática de estas figuras enfatiza las estructuras implícitas de poder de género en sus vidas. Como resultado, la cinta no da paso a la misma respuesta afectiva o moral, ya que no opera dentro de los modos pedagógicos que definieron el cine de la Época Dorada. Por el otro, del mismo modo que *Danzón* o *Como agua para chocolate*, los legados cinematográficos invocados por Ripstein y Fons sostienen cierto *impasse*, ya que los cineastas de los primeros años de los años noventa seguían luchando en su búsqueda por lenguajes estéticos y narrativos que realmente escaparan de la tradición. Aun así, tanto *Principio y fin* y *El callejón de los milagros* abren un camino en el que la adaptación fílmica tradicional es un instrumento crucial en el proceso del desarrollo de tales lenguajes, un proceso que se desarrollará gradualmente a través de los noventa. Para ilustrar más extensamente el alcance de esta transformación, se me ocurre otra adaptación transcultural producida por Alfredo Ripstein Jr.: *El crimen del padre Amaro* (2002) de Carlos Carrera.

El crimen del padre Amaro, adaptada de una novela portuguesa del siglo diecinueve escrita por José María Eça de Quirós, tenía todos los elementos para convertirse en un éxito taquillero. Cuenta una historia de atractivos matices melodramáticos que revuelven en torno a un joven sacerdote que se enamora de una joven en el pueblo al que lo asignan. Cuenta con la presencia de dos estrellas del cine mexicano reciente (Gael García Bernal como Amaro, y Ana Claudia Talancón como su enamorada, Amelia), al igual que otros actores populares del cine y la televisión nacional (como Angélica Aragón y Pedro Armendáriz). Fue dirigida por Carlos Carrera, quien ya había producido algunas de las películas más importantes de los años noventa.[32] Aun así, la visibilidad de la película surgió de otra fuente: un escándalo político y cultural en el que figuras principales de la derecha mexicana, incluyendo la organización antiaborto nacional y la jerarquía de la Iglesia Católica, intentaron impedir el estreno de la película y boicotearon su distribución.[33] Misha MacLaird, quien narra el incidente con cuidado (*Aesthetics* 92–97), señala que tanto la producción como la derecha se beneficiaron grandemente de la exposición mediática.[34] En *El crimen del padre Amaro*, tenemos un ejemplo aún más claro de los modos en los que la adaptación literaria transcultural al cine crea lenguajes que impactan profundamente nociones socioculturales y cinematográficas recibidas.

A diferencia de *Principio y fin* y *El callejón de los milagros*, cuyas representaciones visuales están repletas de guiños al cine clásico y de elementos que cuestionan su carácter moderno (incluyendo la vestimenta, la música, y hasta la paleta de colores), *El crimen del padre Amaro* es sin duda una historia sobre el presente que, aunque toma lugar en un pueblo pequeño, se ancla firmemente en el tiempo contemporáneo. De este modo, Carrera logra un mundo visual bastante interesante que presenta los colores y las prácticas de comunidades provinciales sin recurrir a los códigos de la nostalgia. El punto aquí no es que el pueblo no es idílico, sino que está inscrito por completo en las dinámicas sociopolíticas de México en general. El amorío de Amaro está al centro del escándalo, provocado en parte por el final, en el que Amalia muere tras intentar terminar con el embarazo que resultó de su relación con el sacerdote mediante un aborto ilegal. Sin embargo, los elementos más significativos de la película yacen en una trama menor que está políticamente cargada. Mientras progresa la película, descubrimos que Padre Benito (Sancho Gracia), el sacerdote principal de la parroquia está teniendo su propia relación amorosa con la madre de Amalia (Angélica Aragón). Aún más, también financia la construcción de una facilidad moderna para enfermos utilizando el dinero que consigue del Chato Aguilar (Juan Ignacio Aranda), un narcotraficante local. Benito no sólo no se arrepiente de la conexión, sino que además tiene una relación abierta con el capo. También descubrimos que otro sacerdote, Natalio (Damián Alcázar), quien sirve a la comunidad en el medio de un paisaje tropical, puede que esté involucrado con los grupos de guerrillas compuestos por campesinos que se han armado para proteger sus intereses del cartel. Esta trama se despliega cuando Rubén (Andrés Montiel), el pretendiente original de Amalia, publica ambas historias en un periódico local. Como resultado, el obispo de la región (Ernesto Gómez Cruz) organiza una operación de encubrimiento en la que Amaro es cómplice y convence al alcalde del pueblo (Pedro Armendáriz), un político cínico de un partido conservador, para que diga que él es la fuente real del financiamiento. El obispo también expulsa y excomulga a Natalio de la iglesia por negarse a abandonar su comunidad.

Como vemos, *El crimen del padre Amaro* utiliza varios mecanismos del melodrama, desde su fuente decimonónica a la intensa historia de amor y la estructura telenovelesca de sus tramas principales y secundarias, para cuestionar la economía moral misma que el melodrama sostuvo por décadas. Maclaird señala correctamente que la película "está indiscutiblemente abierto a lecturas ambiguas" y no ofrece "una instrucción clara sobre ética personal más allá de desplegar la cantidad mínima de áreas grises sobre problemas presentados como maniqueos en la política y la instrucción religiosa" (*Aesthetics* 96–97). Como MacLaird también indica, la película no puede leerse exclusivamente como proaborto o provida (ya que la muerte de Amalia puede leerse de ambos modos), ni tampoco condena directamente a Benito por su uso del dinero del narcotráfico, ya que la existencia de un hospital de niños puede que genere empatía de parte de los espectadores (97). Es precisamente este tipo de ambigüedad que marca la innovación de la película en tanto a su uso de las estéticas neomexicanistas. Los tonos políticos de la narrativa son, en realidad, un resultado deliberado de la adaptación. Helena Bonito Couto Pereira muestra en su comparación del libro con la película que esta última "intensifica el interés ideológico de la novela" (99). Las conexiones entre iglesia y Estado fueron sin duda un objeto de interés para la narrativa naturalista del siglo XIX, pero su resurgencia en una producción cinematográfica del México del siglo XXI es algo inesperada, ya que esta selección narrativa había sido usada mayormente para sostener posiciones conservadoras. La tradición de adaptaciones naturalistas fue, como dije antes, marcada más comúnmente por textos que ejercían un juicio moral evidente sobre los personajes (como *Santa*), resultando en producciones que utilizaban la figura de la prostituta, o de "la virgen de medianoche," para presentar argumentos sobre la moralidad pública. En *El crimen del padre Amaro*, sin embargo, tenemos una narrativa naturalista en la que las figuras de la prostituta y la virgen están ausentes, reemplazadas a su vez por una joven que no cabe en ninguno de los dos estereotipos. Al hacerlo, el enfoque cambia a la doble moralidad de las instituciones religiosas, donde el encubrimiento final de los eventos es más significativo que la lección moral ofrecida por la figura femenina: al final de la película, Amaro oficia la misa funeral de Amalia y es evidente que la mayor parte del pueblo cree que el niño era de Rubén. Por otro lado, de acuerdo a Couto Pereira, Natalio es un personaje que no se parece a la figura correspondiente en la novela original (102). De modo que su supuesta participación en actividades guerrilleras claramente recuerda a la teología de la liberación, presente en el México contemporáneo a través de la revuelta zapatista. No obstante, al igual que Benito, la película no cuestiona directamente las razones de Natalio. Más bien, la historia enfrenta su compromiso al bienestar del pueblo con los intereses políticos de la estructura eclesiástica. Es un choque más ideológico que moral.

Lo que está en juego aquí es una crítica a las estructuras de poder que subyacen las prácticas morales católicas, desde el político corrupto que gana elecciones explotando su relación con la iglesia hasta el sacerdote que vende su alma para mejor servirle a su comunidad. Esto es significativo en el contexto del México post-2000. La victoria electoral de Vicente Fox empoderó una derecha cultural, representada por el partido de Fox, el Partido de Acción Nacional. En estos términos, la película se hizo una de las primeras intervenciones en contra de la narrativa de "transición democrática" que la administración de Fox utilizó para legitimar su poder.[35] Así, *El crimen del padre Amaro* activa una serie de figuras familiares (el sacerdote de pueblo, la anciana devota y algo loca, el político rural) y una red de estructuras narrativas y melodramáticas convencionales al investirlas con una carga política sin precedentes. Un punto significativo es que la película fue el resultado de figuras envueltas tanto en el "cine de la soledad" (como el productor Alfredo Ripstein Jr.) y en los tempranos intentos de la estética neomexicanista (como el guionista Vicente Leñero y hasta el director Carlos Carrera). *El crimen del padre Amaro* es tal vez el ejemplo más exitoso de una película que utiliza tanto las estéticas del cine tradicional sin abogar por un discurso particular del poder o de hegemonía. En vez de ceder a las narrativas políticas de la transición mexicana, como muchas películas que discuto en el Capítulo 3, *El crimen del padre Amaro* se hizo una de las más tempranas y más públicas críticas de la derecha como una institución de poder en México. Al resistir la tentación de la pedagogía y el moralismo, *El crimen del padre Amaro* marcó una instancia rara pero fundamental en la que una película comercial construida por los lenguajes cinematográficos heredados de la tradición nacional y los lenguajes literarios foráneos fue, al fin y al cabo, más crítica e innovadora que gran parte del cine político de la época.[36]

Provincia y las posteriores vidas del neomexicanismo

Una última, aunque importante, tendencia subyacente en las estéticas neomexicanistas es el rol del interior, la provincia, como un espacio cinemático que compite con la Ciudad de México por la representación del país. En muchas de las películas que he mencionado, la provincia es un concepto central, aunque un poco problematizado, un lugar que le permite a las estéticas e ideologías mexicanistas regresar al escenario. En *Danzón*, por ejemplo, el viaje de Julia Solórzano la lleva de vuelta a Veracruz, una ciudad que, a diferencia del espacio modernizante de la capital, sigue siendo un repositorio de la tradición y la solidaridad. En *Desiertos mares*, el protagonista se embarca en un viaje dirigido por la memoria hacia el interior como una parte necesaria para encontrarse a sí mismo. *El crimen del padre Amaro*, a pesar de rendir una crítica a las estructuras de poder, aún depende del espacio provincial para enfatizar de lleno la relación problemática entre fe y política. En un artículo sobre la representación de la provincia, Emily Hind ha mostrado que algunas películas presentan el interior "como un espacio permisivo que facilita la libertad social" ("*Provincia*" 26). En esta aserción, Hind describe el punto culminante de un proceso que, en mi parecer, comienza con *Danzón* y que requiere mayor exploración. El Veracruz de María Novaro presenta la provincia como un espacio liberador, pero esta liberación depende fuertemente del rol emancipatorio de la cultura tradicional popular y de espacios de género subterráneos que son productos de su estética y no tanto del marco de la fábrica social del interior. De hecho, a pesar de la calidez del Veracruz de Novaro para con sus personajes homosexuales, en realidad los homosexuales y las lesbianas tienen mayores probabilidades de ser aceptados en la Ciudad de México que en las capitales conservadoras de la provincia.[37] Históricamente, la provincia juega un rol tan prominente como el barrio en las fundaciones del nacionalismo cultural. Como Carlos Monsiváis ha demostrado, *Allá en el rancho grande* (1936) de Fernando de Fuentes, la primera película importante de la Época de Oro puede entenderse como una glorificación de los valores y las tradiciones del interior en contraste con el proceso de modernización al cual la revolución le dio la bienvenida (*Aires de familia* 58–61). El cine mexicano de los años noventa reactivó este discurso mediante una lectura paródica del interior en la que se produjeron algunas de las películas más significativas del periodo post-1990. Claro, el cine mexicano consistentemente produce películas en las que el regreso al interior es un factor en el redescubrimiento de personajes perdidos en la modernidad.[38] Aun así, la capacidad de usar la provincia como un espacio crítico es esencial para entender los aspectos finales de las transiciones cinematográficas del neomexicanismo.

La película más importante de esta tendencia es *Dos crímenes* (1995) de Roberto Sneider, una adaptación de una novela de Jorge Ibargüengoitia.[39] La película cuenta la historia de Marcos González (Damián Alcázar), un diseñador gráfico de la Ciudad de México que, debido a un malentendido, es implicado en un caso de asesinato. Marcos huye a la provincia ficcional de Cuévano, donde la mayor parte de las novelas de Ibargüengoitia ocurren, para refugiarse en la casa de su tío rico. La presencia de Marcos en Cuévano se revela disruptiva, ya que todos los otros miembros de la familia están esperando por la inminente muerte del tío para poder distribuirse sus pertenencias entre ellos. La mayor parte de la película se desarrolla con Marcos involucrándose más y más en esta situación, hasta que, al final, entrega su parte de la herencia después de su captura por la policía y de que uno de sus primos intente asesinarlo. El primer elemento para notarse aquí es que Marcos es un diseñador gráfico, lo cual conecta la producción con los tipos sociales desarrollados en las comedias románticas que discutiré en el Capítulo 2. Mientras tanto, el otro asunto importante es el hecho de que la película es esencialmente una parodia de la narrativa del regreso-a-provincia tan prevalente en películas como *Danzón*. Cuévano, el cual se inspira en el estado natal de Ibargüengoitia en el centro de México, Guanajuato, nunca se presenta como un repositorio de narrativas de origen o como un lugar al cual se puede regresar para encontrarse. Más bien, la localización simboliza la profunda corrupción y el absurdo cotidiano del México moderno.[40] Al adoptar un espacio ficcional que ya había acumulado prestigio como una instancia crítica en contra del conservadurismo provincial, Sneider activa un aparato representacional en el cine que cuestiona la idea del interior y, por extensión, de la nación, en tanto espacio redentor de origen al cual uno debe regresar. En *Dos crímenes*, Cuévano funge como sinécdoque de la provincia entera, diseñado para exponer las dinámicas de poder detrás del orden social tradicional. El tío de Marcos es, al fin y al cabo, un oligarca quien controla la economía y la política de la región, mientras que el resto de su familia ansía ese poder.

Al vivir en la Ciudad de México y trabajar en diseño gráfico, una industria que representa una fuente de dinero distinta de la vieja cultura adinerada de su familia de Cuévano, Marcos logra escapar del orden oligárquico y vivir una vida fuera de las restricciones de la moralidad local: pudo tener una relación sexual con una mujer sin el imperativo del matrimonio, montar fiestas en su apartamento y, en general, vivir en una ciudad que se presenta como un espacio de libertad social (aunque a veces superficial). Es revelador que el regreso de Marcos a Cuévano no sea el producto de una crisis de identidad, como la del protagonista de *Desiertos mares*, o por una búsqueda nostálgica de la cultura y la tradición, como la Julia de Novaro. La razón de su regreso es, en sus propias palabras, "una violación de la Constitución," una persecución policial. Es decir, el regreso a la provincia resulta de la pérdida del espacio de libertad de Marcos en la ciudad; su propósito es restaurar esa libertad mediante el dinero de su tío. Sin embargo, los infortunios de Marcos se intensifican en Cuévano, precisamente porque participa voluntariamente de la lógica corrupta de su familia al engañar a su tío para robarle una cantidad considerable de dinero a través de una inversión inventada. En estos términos, *Dos crímenes* establece lo que se convertirá en una tendencia significativa en el cine cómico, en el cual la crítica constante del interior como un repositorio de valores culturales anacrónicos y, en esta película en particular, de corrupción política y social deshace las ideas idealizadas y emancipadoras de la provincia. *El crimen del padre Amaro* opera dentro del mismo armazón ideológico, presentando un interior mexicano todavía sujeto a los poderes tradicionales de la iglesia y a la corrupción política, y a un recién llegado, Amaro, quien se involucra en esta misma lógica a expensas de su alma. Tanto *Dos crímenes* y *El crimen del padre Amaro* invierten la sinécdoque provincial utilizando los espacios del interior para denunciar la persistencia de lógicas culturales y políticas que pertenecen a los tiempos del PRI. En fin, *Dos crímenes* logra alcanzar un tono que moderniza la comedia regular e intercambia las tradiciones vulgares y cachondas de las *sexycomedias* de los años ochenta por formas de mejor gusto y por una ácida crítica política. La película se convirtió en una contribución importante en la reinvención de la comedia nacional. El crítico Jorge Ayala Blanco dijo esto mismo tras el estreno de la producción: "Ultimadamente, *Dos crímenes* representa el nivel medio que sería deseable en el cultivo de la comedia por el actual cine mexicano" (*La fugacidad* 174).

Una presentación aún más radical de la provincia se encuentra en *Santitos* (1999) de Alejandro Springall, adaptada por María Amparo Escandón de su novela homónima. *Santitos* cuenta la historia de Esperanza Díaz (Dolores Heredia). Después de que su hija muere tras una fracasada amigdalectomía, Esperanza comienza a ver la aparición de San Judas Tadeo, santo patrón de las causas desesperadas, en su horno. Esta aparición le informa que su hija aún está viva, lo cual, junto a un (falso) rumor de que un doctor secuestró a la niña para llevársela a un prostíbulo en Tijuana, da paso a una búsqueda que lleva a Esperanza desde su pequeño pueblo a la frontera, hasta llegar a Los Ángeles. Después de un viaje en el que se involucra con un lenón caricaturesco y se prostituye para recaudar fondos, conoce a "El Ángel de la Justicia," un luchador que se enamora de ella. Al regresar a casa, descubre que la mujer con la que comparte su residencia ha limpiado el horno, lo cual resulta en la imposibilidad de volver a ver santos en él. Sin embargo, su hija se le aparece en el espejo y le ayuda a lidiar con su pérdida. Al final, "El Ángel de la Justicia" la busca, y la película cierra con Esperanza y el luchador de camino a una nueva vida.

La película opera sobre la base de una imaginería completa que entrelaza el realismo mágico, la iconología religiosa, y la geografía cultural. Por ejemplo, Marilyn Ríos Soto subraya que el simbolismo detrás de los nombres: la protagonista se llama Esperanza; su hija, Blanca; el sacerdote del pueblo, Salvador; el luchador, Ángel; y el lenón, Cacomixtle, un término nahua etimológicamente conectado a la palabra "ladrón" (109n3). Visualmente, vemos a Ángel vestido en un traje con alas, a Cacomixtle caracterizado como el diablo, y los santos aparecen como reproducciones de sus efigies de barro y estampillas pictóricas. Aún más, el pueblo de Esperanza es un espacio idílico y tradicional que marca un contraste dramático con la vida sórdida de Tijuana y Los Ángeles. En breve, parecería tener todos los ingredientes de una película nacionalista construida sobre metáforas obvias y baratas. Lo que le da a *Santitos* su filo es su tono profundamente paródico y satírico. La exagerada actuación de Dolores Heredia caracteriza a Esperanza tanto como una mujer dulcemente inocente y como alguien cuya devoción religiosa abiertamente raya con lo absurdo. Las escenas de prostitución en Tijuana no recuerdan al drama sino a la farsa; el lenon (Demían Bichir) es un personaje bastante cómico también. Consecuentemente, la película no sostiene ninguna visión nostálgica o romántica de la provincia que representa. Como ha dicho Ayala Blanco, la película bien pudiera ser leída como "un sabroso testimonio extremo de la Era de la Perfecta Indefensión Nacional, una iluminación de la más feliz simplicidad artificiosa del folclor mexicano" (*La fugacidad* 451). Este "testimonio extremo" es un *reductio ad absurdum* de los códigos culturales de la identidad nacional. Al abrazarlos y sus extremos carnavalescos, *Santitos* muestra su insignificancia a la vez que construye un edificio cómico con sus íconos.

Algunos críticos, como Darryl Caterine, argumentan que la representación compasiva de Esperanza en la película puede ser entendida como un retrato positivo del catolicismo y como una redención del devocionalismo enraizado en la historia mexicana (290). Para mí, esta lectura pasa por alto la cuestión fundamental. Caterine tiene razón al argumentar que las prácticas religiosas de Esperanza tienen profundas conexiones en la historia popular mexicana, pero la película realmente articula una mirada crítica sobre esta misma historia. El punto clave para sostener mi lectura yace en el final de la película. Ríos-Soto señala que la misma concluye cuando Esperanza "substituye su mitología católica con su propia mitología," cuando Blanca se le aparece en vez de San Judas Tadeo, y cuando ella redirige su devoción hacia "El Ángel de la Justicia" (108). Ríos Soto llega a esta conclusión tras discutir el modo en el que la mirada femenina de Esperanza estructura la historia, insistiendo que Esperanza "es un objeto activo de la mirada" (108). Siguiendo esta línea, la cinta representa un paralelo a *Danzón*, en tanto a que el viaje de Esperanza resulta en su liberación como mujer. Me parece que esta lectura también pasa por alto la implicación crucial del final, ya que Esperanza ni se libera del patriarcado (dado a que ella no estaba sujeta a un hombre en primer lugar) ni de la economía neoliberal (ya que la película no hace referencia a la situación socioeconómica del personaje). Además, la tradición no es el instrumento de su liberación y anagnórisis. Todo lo contrario: Esperanza está existencialmente atada a su devoción. El final, por lo tanto, apunta al hecho de que la liberación radical de Esperanza se dio en relación con la religión y no con el luto de haber perdido a su hija. Mientras está en este estado de duelo, las voces de los santos colonizan su imaginación. Cuando su compañera de casa limpia el horno, se abre el espacio para que Blanca aparezca y para que Esperanza finalmente lidie con su muerte y pueda seguir hacia adelante.

En estos términos, podría argumentarse que la narrativa de género de *Santitos* toma, en comparación con *Danzón*, la ruta contraria. La liberación de Julia es, de cierto modo, enmarcada por la tradición que adora, y bailar con Carmelo al final de la cinta restaura la imaginería tradicional y el mundo idílico que la ayuda a escapar de su vida como operadora de teléfonos. En un marcado contraste, la emancipación de Esperanza es posible sólo cuando logra romper con el mundo imaginario que la lleva, entre otras cosas, a someterse a un lenón y a hacerse prostituta. Bajo el tono humorístico y comprensivo en el que se presenta el personaje, la película despliega una mirada bastante crítica sobre su fe. Al fin y al cabo, la película, al igual que *El crimen padre Amaro*, ofrece una lectura crítica de la práctica social del catolicismo.

Junto a la fe y la tradición, nuevas perspectivas sobre la narrativa histórica deshicieron cinematográficamente las anteriores construcciones de la provincia. Esto es evidente en *El tigre de Santa Julia* (2002) de Alejandro Gamboa, un recuento cómico de la historia de un bandido de la época de la revolución. La trama se desarrolla a través de sus rencillas con otros bandidos y con el gobierno federal, al igual que a través de sus aventuras sexuales y todas las mujeres que estuvieron atraídas a él y que lo siguieron al bandidaje. *El tigre de Santa Julia* regresa al mismo periodo que *Como agua para chocolate* y lo alumbra con una luz totalmente distinta. En lugar de presentar la cocina como el espacio privilegiado de emancipación femenina, la película adopta una figura revolucionaria femenina y presenta un grupo de mujeres que son abiertamente sexuales y totalmente partícipes del bandidaje. La cinta explota sin bochornos su contenido sexual: tanto el cartel publicitario como la portada del DVD presentan a todos los personajes principales femeninos desnudos y en la cama con El Tigre, mirando la cámara con miradas desafiantes. De hecho, la presentación del empoderamiento femenino en la película llega tan lejos que, como Hind ha sostenido convincentemente, los hombres "dependen de la orientación de mujeres inclinadas al crimen" que los manipulan a cometer crímenes ("*Provincia*" 33). Es relevante notar que hay una versión de 1974 de

El tigre de Santa Julia, dirigida por Arturo Martínez que está destacadamente atenta a un recuento nacionalista de la historia. El hecho de que la versión del 2002 sea una reinvención del mito tan inventiva y humorística es un testamento a cómo los cineastas de principios del siglo XXI trabajaban con una paleta mexicanista mucho más complicada que sus predecesores. Más aún, al igual que en *Santitos*, la crítica de la provincia está acompañada de una reconsideración de los roles de la mujer en las sociedades tradicionales: Esperanza escapa sus cadenas religiosas, mientras que muchas mujeres que pueblan la trama de Gambia asumen roles tradicionalmente masculinos y cargan gran parte del peso (y de la agencia) de la trama. Mientras que la versión de 1974 estuvo enfocada en los personajes masculinos, una gran cantidad de bandidas ocupan roles principales en la del 2002. Sin duda, como Hind señala con relación a *El tigre de Santa Julia* (33), películas como esta o como *Santitos* son contradictorias desde una perspectiva feminista, ya que su empoderamiento de personajes femeninos está acompañado de una relación a veces subordinada a los hombres. Aun así, de sus modos particulares, ambas películas atacan la red de valores tradicionales usualmente identificada con el interior.

Junto a cuestiones de género, la historia nacional es un punto principal de contienda en *El tigre de Santa Julia*. La película ocurre durante el comienzo de la Revolución, un momento fundacional de la nación, y enfrenta un periodo con un tono y un lenguaje visual que no sólo opera afuera de cualquier código imaginable de la "historia oficial," sino que también resiste la presentación romántica del bandido. Aun así, en un momento crucial de la película, descubrimos que el origen de la rebelión de El Tigre yace en un evento particular. Mientras servía en el ejército nacional, su superior le ordenó a su tropa a dispararle a manifestantes desarmados. El Tigre negó participar en la masacre y fue castigado con latigazos. Esta escena, el único momento serio de la película, muestra claramente su racha libertaria: el motor de la acción, como en *Dos crímenes*, es la entrada al espacio corrupto del interior en búsqueda de la libertad, algo que Esperanza también experimenta en Tijuana. En virtud de este mecanismo narrativo, el interior se presenta de tal modo que simultáneamente critica la corrupción y la hipocresía de sus valores tradicionales, y se convierte en el espacio del que los personajes de la película tienen que escapar para así verdaderamente encontrarse o emanciparse. Al utilizar un abanico de códigos culturales que van desde la religión hasta la historia política, muchas películas sobre la provincia emprenden una ruptura gradual pero decisiva con las políticas representacionales del cine del siglo XX. Cuando *El crimen del padre Amaro* se estrenó, unos años después de estas otras películas, el público y los cineastas ya estaban en sintonía con esta crítica, y el éxito de la producción de Carrera se debió, en parte, a la creación de un lenguaje cinematográfico que excedía la pulsión nostálgica que construyeron cintas como *Danzón*. Ayala Blanco aptamente caracteriza este estilo fílmico como "antiañoranza" (*La grandeza* 229). En él, no hay ninguna restauración deseada o reflexión sobre la pérdida, simplemente la representación humorística de una época que debe permanecer en el pasado.

Para concluir, es importante percatarse que, a pesar de las muchas transformaciones que sufrieron los distintos discursos del mexicanismo, el neomexicanismo permanece como una forma ambigua y aporética de las estéticas culturales. A pesar del trabajo crítico que han logrado algunas de las principales películas de las pasadas dos décadas, el neomexicanismo se representa aún como repositorio de autenticidad o de identidades nacionales o locales. Una cinta, trivial en todos los otros aspectos, puede ayudar a ilustrar este punto. En su película *Chiles xalapeños* (2008), Fabrizio Prada presenta a un elenco de personajes de la ciudad de Xalapa, capital del estado de Veracruz. La cinta tiene una relación ambigua con los pasados discursos de la provincia. Visualmente, la ciudad de Xalapa que presenta la película tiene todas las marcas de una ciudad moderna: vemos personajes vestidos en ropas contemporáneas y partícipes de profesiones contemporáneas, y la misma no hace ningún gesto hacia la historia o la nostalgia. Sin embargo, los personajes pretenden ser tipos sociales, y estos tipos cubren el espectro tradicional: desde vagabundos a políticos corruptos hasta una enfermera *sexy*. Al apelar a recursos sorprendentemente similares a los utilizados por el cine de mexplotación de los años setenta (tales como burbujas de habla en formas de jalapeños o mujeres en bikini bailándole a viejos), *Chiles xalapeños* ejerce una ideología incómodamente regresiva que encasilla a los habitantes de Xalapa en un espacio que se halla entre los estereotipos nacionalistas de las películas picarescas de la Época de Oro y los personajes baratos del cine de ficheras. Es el hecho de que este encasillamiento ocurra en una provincia moderna en todo sentido lo que hace que la producción sea tan desconcertante. Al fin y al cabo, muestra que los mismos lenguajes que ayudaron a deshacer algunos de los problemas más resistentes del cine nacionalista pueden también darle una segunda vida a estos mismos problemas y aporías.

Tal vez un buen ejemplo reciente de los muchos *impasses* que aún plagan las estéticas neomexicanistas, a pesar de sus dos décadas de retos y renovaciones, es *Arráncame la vida* (2008), la adaptación de Roberto Sneider de la famosa novela de Ángeles Mastretta, La producción disfrutó del mismo aparato publicitario que *El crimen del padre Amaro*, con excepción de la censura. También gozó de un elenco altamente reconocible, incluyendo a Ana Claudia

Talancón y Daniel Giménez Cacho, y se basó en uno de los *bestsellers* más serios de México. No es de sorprender que la película sea, actualmente, una de las más taquilleras en la historia mexicana. Lo más llamativo de *Arráncame la vida* es lo poco interesante que es, especialmente cuando se compara con *El crimen del padre Amaro*. La película ocurre en Puebla y fue filmada en una paleta nostálgica de tonalidades sepia. La trama, predecible por demás, gira en torno a una mujer, interpretada por Talancón, que se casa con un poderoso político de poco confiar pero que, luego, se enamora de un hombre más joven y pasional, un director de orquestas. La novela de Mastretta se basa mayormente en la figura de Maximino Ávila Camacho, un caudillo transformado en político de los años cuarenta que, además de ser el hermano del presidente y un hombre profundamente corrupto, tuvo la reputación de ser el hombre más poderoso en la historia de Puebla. Para cualquier espectador de películas como *Dos crímenes* o *El crimen del padre Amaro*, la presentación poco crítica de la corrupción llama la atención. En vez de usar la corrupción como un mecanismo para articular algún tipo de crítica social o política, la película lo presenta como un hecho, y decide enfocarse solamente en la búsqueda de la protagonista.[41] Al hacerlo, no sólo borra la sutil crítica que hace Mastretta de la política del régimen priista, que en Puebla permanecía fuertemente en su lugar cuando se filmó la misma, sino que también muestra cómo un lenguaje cinematográfico nostálgico y nacionalista, lleno de referencias a un perdido esplendor cultural, todavía hoy sostiene la imaginación de los cineastas y espectadores.[42] Esto se hace más evidente al considerar que Roberto Sneider, quien una década atrás cuestionó las políticas de la estética del nacionalismo cinematográfico, fue el director de la película. Es decir, *Arráncame la vida* resalta el hecho de que, en primer lugar, los cineastas aún enfrentan una serie de *impasses* creativos e ideológicos cuando trabajan dentro del marco del neomexicanismo, y, en segundo, que el nacionalismo aún apela fuertemente al público. La transformación del nacionalismo cinematográfico, como uno de los procesos resultantes del neoliberalismo, puede leerse como un espiral que de muchas maneras regresa a su lugar de origen. Comenzó con un libro popular, *Como agua para chocolate*, escrito por una mujer y construido en base a códigos nacionalistas y, en 2008, nos llega un producto similar: una película basada en otro libro famoso escrito por otra autora, uno cuyas críticas de los códigos tradicionales de la masculinidad y la identidad se transforma, en la versión fílmica, en una afirmación. La segunda cinta nos ofrece una mirada nostálgica de una época que, a pesar de la corrupción y los peligros, sigue siendo una alternativa preciosista al presente moderno. En el contexto de un país con una presidencia conservadora, y filmada en un estado donde el gobierno funciona bajo parámetros que no han evolucionado mucho desde los años cuarenta, este resultado cinematográfico muestra las limitaciones críticas y culturales del nacionalismo cultural en el México contemporáneo. A pesar de que las estéticas neomexicanistas siguen teniendo amplias posibilidades creativas, estas son fácilmente desarmables mediante el incesante regreso a semióticas familiares.

El resto de las transiciones discutidas en este libro pueden ser vistas como distintos intentos de enfrentar el problema. En el siguiente capítulo, discutiré películas que se alejan radicalmente del mexicanismo y promueven un México contemporáneo que rompe de lleno con el tradicionalismo del pasado y del interior. Dominado por la comedia romántica, este nuevo cine llega a término con la creciente norteamericanización y modernización de México en el contexto del TLCAN. Al hacerlo, logra muchas transformaciones importantes, aunque a veces controversiales, de la práctica fílmica.

2
Publicistas enamorados

La comedia romántica, la privatización de cines, y las estéticas de la clase media

En *Modern Love*, David Shumway ilustra la prevalencia cultural de la emoción mediante un estudio de los distintos modos en los que las "historias de amor permean nuestras vidas" (2). Shumway demuestra extensamente cómo la evolución de estas historias en la literatura y en el cine impacta de modo significativo los valores y las prácticas del amor en una sociedad. Más aún, la representación del amor en el cine es un síntoma de distintos tipos de dinámicas sociales, desde relaciones de género y clase hasta las economías sociales del afecto. Shumway restringe su análisis a lo que denomina "la crisis matrimonial"—es decir, la pérdida de significado del matrimonio que ha resultado de la gradual erosión de sus funciones sociales a la estela del feminismo. Para mis propósitos, el libro de Shumway llama la atención sobre los discursos del romance y la intimidad en tanto a que reflejan una gran serie de compromisos ideológicos, culturales, y afectivos que buscan los consumidores del romance en el cine y la literatura. Una intuición similar se encuentra al centro de una importante tradición de los estudios fílmicos en México, apuntalada por Carlos Monsiváis. En *A través del espejo*, Monsiváis y Carlos Bonfil argumentan que, en la Época de Oro, el cine fue el gran interlocutor de la sociedad (91). Monsiváis y Bonfil sostienen que un conjunto significativo de comportamientos sociales, incluyendo la moralidad sexual, la identidad nacional, y el amor, tienen una relación orgánica al espectáculo cinematográfico. La prevalencia del melodrama en el cine mexicano estableció un código cinematográfico que ocupó un lugar hegemónico en la educación sentimental del público nacional. Como Monsiváis y Bonfil han insistido en su libro, el melodrama es un vehículo privilegiado de la secularización cultural y la modernización, ya que crea imaginarios populares desconectados de la religión y atados a los procesos de urbanización. También establece fuertes lazos entre espectadores y la comunidad imaginada mexicana. Hacia finales de los años ochenta, a pesar del deterioro de la distribución cinematográfica, el melodrama permaneció como el principal discurso cultural de la educación sentimental, gracias a su reproducción en un gran cúmulo de géneros culturales, desde la *telenovela* hasta géneros musicales tales como el *bolero* y la *balada*.

La larga tradición que el melodrama ha tenido en México desde el siglo XIX explica sólo parcialmente el largo y profundo alcance del género en la conciencia cultural mexicana. Sin embargo, para entender el fenómeno también es necesario constatar la existencia de un monopolio *de facto* de los medios nacionales. En la última parte de los años ochenta, Televisa era la única gran compañía mediática con una presencia nacional, y controlaba casi el 90 por ciento de los *ratings* televisivos, al igual que la más importante compañía privada de cine (Televicine), las grandes estaciones de radio, y los principales puntos de venta para la distribución de música pop. Producían y distribuían todo el contenido de entretenimiento de mayor alcance, desde telenovelas hasta el cine comercial que diseñaban alrededor de su nómina de talento, al igual que las canciones más populares al aire. Este capítulo discute la consecuencia del desmantelamiento de este sistema y los modos en los que el cine rechazó la diversificación de los usos de los medios en la educación sentimental de los mexicanos. Claro, no quiero argumentar que las telenovelas ya no son relevantes o que el melodrama ya no existe; mi estudio del cine neomexicanista en el capítulo anterior debe hacer bastante claro que ambos todavía ocupan un papel central. Lo que quiero señalar es cómo, durante este proceso en el que se quebró, hasta cierto punto, el monopolio mediático casi total de Televisa, el cine logró dirigirse al público de clase media con nuevas estéticas que ofrecieron distintos lenguajes para la articulación de discursos, tales como los de la intimidad y el romance. Estos discursos afectaron el consumo y la identidad cultural de ciertos sectores de las poblaciones urbanas mexicanas. De modo que este capítulo explorará dos procesos simultáneos que están relacionados estrechamente el uno con el otro. Por un lado, trazaré cuando trascienden las comedias románticas al estilo norteamericano como el principal género del cine comercial y como un candidato para la representación y socialización del afecto. Por el otro, discutiré el creciente desplazamiento del cine mexicano de un género dirigido a las clases populares a un nicho cultural para el consumo de las clases medias y altas urbanas. Mientras que el melodrama fue esencial para que el cine se transformara en un género influyente a través del espectro social de la Época de Oro, la comedia romántica y otros géneros que se construyeron sobre sus estéticas produjeron un fenómeno contrario: una creciente separación entre los lenguajes culturales de distintas clases y geografías sociales. Esto, como demostraré, refleja muy de cerca dos elementos claves del proceso neoliberal en México: el surgimiento de una cultura adinerada y americanizada autorreferencial en la esfera de la clase media, y la exclusión económica y cultural de distintos sectores de la sociedad de esa misma clase media. En este contexto, sostengo que la transformación del afecto y la reconfiguración de lo que Shumway llama "discursos del romance" y "discursos de la intimidad" muestran las maneras en las que el cine mexicano excede su función tradicional como el vehículo de la identidad nacional, permitiendo así la aparición de un nuevo conjunto de estéticas visuales e ideologías culturales.

La tarea y la reconfiguración de la emoción cinematográfica

Al comienzo de los años noventa, algunos cineastas ya producían películas que desviaban el melodrama e intentaban explorar las dinámicas sociales de la interacción romántica desde otras perspectivas. Una de las más importantes que participó con esta tendencia fue *La tarea* (1991) de Jaime Humberto Hermosillo, uno de los primeros éxitos taquilleros del cine nacional con un alejamiento bastante atrevido de las lógicas del "cine de la soledad." Para 1991, Hermosillo ya era una figura principal en el cine mexicano y ya tenía una obra significativa, centrada mayormente en cuestiones de género y sexualidad. Como Aarón Díaz Mendiburo discute en *Los hijos homoeróticos de Jaime Humberto Hermosillo*, su cine es notable por su temprana discusión de la diversidad sexual en plena década de los años setenta, cuando el tema seguía siendo a grandes rasgos tabú en los círculos culturales.[1] Aun así, *La tarea* fue de cierto modo también un alejamiento de su propia obra, mostrando los primeros rasgos de tendencias que vendrían a dominar la producción cinematográfica en la última mitad de los años noventa. *La tarea* se arma alrededor de una situación bastante simple: Virginia (María Rojo), una estudiante de comunicaciones invita a su antiguo amante, Marcelo (José Alonso), a su casa. Virginia prosigue a instalar cámaras en su casa para grabar sus interacciones. La película funciona esencialmente en dos partes. Primero, Marcelo desconoce la grabación y lo vemos intentando seducir nuevamente a Virginia. A mitad de película, Marcelo se percata de la cámara y, tras una reacción en un inicio negativa, decide quedarse y seguirle la corriente a su anfitriona. La mayor parte de la acción ocurre en el departamento de Virginia, frente a la cámara. La cinta fue algo notoria por su explicitud, ya que contenía, entre otras cosas, una escena gráfica en una hamaca, que ocurre después de que Marcelo descubre las cámaras.

A pesar de que esta explicitud es típica del cine de Hermosillo y que no afectó de ningún modo las ganancias en la taquilla de la película, el interés crítico que genera en el contexto del cine mexicano contemporáneo yace en otro lugar. Lo primero que vale la pena notar es que la producción entera ocurre en un departamento urbano de clase media. La aproximación de Hermosillo a cuestiones sexuales normalmente desplaza las preocupaciones por la identidad nacional a un segundo plano, esquivando el imperativo de su generación a dirigirse a los sujetos urbanos populares. Por lo tanto, Hermosillo no sólo le da voz a prácticas de intimidad a las que apenas se dirige el cine mexicano de la época, sino que también a una clase urbana profesional que juega un rol inusualmente protagónico en su trabajo. Claro, el cine mexicano anterior a los años noventa está repleto de películas altamente sexualizadas, pero la obra de Hermosillo opera en un espacio mucho más sofisticado, a través de una reflexión en torno a la noción de lo privado, y sobre las prácticas eróticas no sancionadas por el discurso público. Aunque Hermosillo exploró estas cuestiones durante casi dos décadas antes de su inesperado éxito con *La tarea*, el hecho de que esta película en particular lograse el éxito es revelador en cuanto a los modos en los que representa formas emergentes de imaginar la socialización afectiva. Si se coloca junto a *Danzón* y *Como agua para chocolate*, las cuales también se estrenaron en los primeros años de los noventa, lo que sobresale es que en éstas los discursos melodramáticos se articulan en espacios nostálgicos e idealizados, mientras que los protagonistas de *La tarea* se enfrentan el uno al otro dentro del marco de un realismo deliberadamente sin adornos. En vez de operar en contextos culturales o históricos que utilizan la nostalgia para proveer cierto nivel de fantasía y solaz cultural, Hermosillo no articula ningún reclamo con relación a los lenguajes culturales que estructuran las identidades de sus personajes. El director más bien se enfoca de lleno en su afectividad y deseo interpersonal. Es importante tener esto en mente ya que, como mostraré, las comedias románticas operan de un modo similar, mediante una evasión total de cuestiones relacionadas a la identidad nacional, y una construcción de sus personajes en gran parte a través de discursos de romance e intimidad.

El hecho de que los personajes de Hermosillo no buscan representar ninguna forma particular de identidad nacional le da el espacio para enfocarse en personajes de clase media, quienes tradicionalmente no son representados por los discursos de mexicanidad. Mientras que el innovador trabajo que Hermosillo ha hecho anteriormente sobre el género ha llevado a los críticos a enfatizar su tratamiento de personajes mujeres y LGBTQ, no se puede perder de vista el hecho de que sea también uno de los grandes narradores de la clase media urbana. El éxito de *La tarea* no puede explicarse solamente mediante la atracción del público al escándalo sexual. Se debe también a su representación de vidas íntimas y de obsesiones de agentes sociales que raramente son el objeto del cine mexicano. La segunda cuestión está estrechamente relacionada a esta idea. Si uno intentara trazar *La tarea* hacia el cine mexicano de los años setenta y ochenta incluyendo el del mismo director, se daría cuenta de hasta qué punto ésta representa una anomalía. En términos de representación sexual, le falta la elaboración narrativa que caracteriza la obra anterior de Hermosillo, y claramente yace lejos del trabajo de contemporáneos como Ripstein, Cazals, Alcoriza, o Arau. De hecho, si uno lee el análisis de Ramírez Berg de algunas de las producciones de los años setenta dirigidas por Hermosillo en *Cine de la soledad* (81–88), lo primero que notaría es lo melodramático de su obra, repletas de familias disfuncionales, de hombres dominantes, problemas de virginidad, y hasta enfermedades. Todo esto está obviamente ausente de *La tarea* y su presentación austera y directa de la sexualidad y el deseo. Si nos enfocamos en el principal artificio estructural de la película, el uso metacinematográfico de la cámara dentro de la cámara, una referencia interesante se hace evidente: *Sex, Lies, and Videotape* (1989) de Steven Soderbergh, en la que el protagonista Graham (James Spader) lleva a cabo entrevistas filmadas con mujeres y las interroga con respecto a sus fantasías y experiencias sexuales. Si las comparamos, *La tarea* toma el poder de la mirada que reclama Graham en la cinta de Soderbergh y lo coloca en las manos de Virginia. Luego, en un giro característica de la aproximación crítica de Hermosillo a cuestiones de género, la trama utiliza este mecanismo para problematizar la relación de Virginia con la sexualidad. Mientras que ella controla la mirada de la cámara por gran parte de la película, al estar pendiente de su presencia y actuar para la misma, ella termina tan emocionalmente desnuda como lo hacen los sujetos de Graham: tras la partida de Marcelo, repentina e inesperadamente, ella se rompe en llanto.

Dicho de manera breve, Hermosillo se apropia del mecanismo de Soderbergh. No obstante, en vez de construir una trama de múltiples personajes alrededor de este, decide explorar el acto de filmación de lo privado. Al final, la resolución de ambas películas resulta en el mismo dilema. De acuerdo a Alice Templeton, en *Sex, Lies, and Videotape*, "en lugar de resolver sus problemas éticos y sexuales, la promesa de la liberación lleva a ambos personajes [protagónicos] a un tipo de libertad más complicada, cargada de significado moral y erótico" (18). Lo mismo puede decirse de Virginia y Marcelo: su aceptación de la libertad sexual ejercida en el dominio de lo privado sigue estando cargada de las fuertes semánticas de lo moral, lo erótico, y hasta de lo social. Aunque uno puede afirmar que hacer hincapié en esta influencia es problemático, *Sex, Lies, and Videotape* salió sólo dos años antes que *La tarea*; además, jugó un rol sobresaliente en tanto Sundance como en los Óscares, y gozó de amplia distribución comercial en México. Consecuentemente, es difícil imaginar que la película, que está tan cercanamente relacionado a las preocupaciones de Hermosillo, no estuviese en su radar. Además, la trama de Hermosillo utiliza un mecanismo metacinematográfico que, a pesar de ser prominente en *La tarea*, fue raramente utilizado en su trabajo anterior. La referencia implícita que hace Hermosillo a *Sex, Lies, and Videotape* provee una consistente explicación de esta divergencia.[2] Aun así, la conexión a Soderbergh es significativa más allá de los elementos específicos adoptados por Hermosillo, o aun de cualquier aseveración de influencia. Como James Mottram documenta extensamente en *The Sundance Kids*, "*Sex, Lies, and Videotape* no sólo impactó comercialmente a la industria. Su maestría artística también causó una impresión inmediata, dando paso a una serie de películas que vinieron a definir lo que la gente entiende por el término '*American indie*' [cine independiente norteamericano]" (17). Ante esto, yo iría tan lejos como afirmar que la anómala pero altamente exitosa estética de *La tarea* viene de su temprana suscripción a los códigos que vendrían a definir el cine independiente norteamericano contemporáneo. En el contexto de los argumentos que he venido desarrollando aquí, esta conexión tiene dos implicaciones importantes. Por un lado, la utilización de Hermosillo de un lenguaje de la intimidad proveniente de un nuevo tipo de cine americano independiente le permite representar los problemas eróticos de sus personajes desde fuera de los códigos del melodrama. Hermosillo logra desviarse aun de su propia fidelidad a los modos discursivos melodramáticos al poner en escena un lenguaje cinematográfico importado que le permite enfocarse en la dimensión sicológica de sus personajes en vez de en sus identidades sociales, lo cual es más típico de las tradiciones cinematográficas de los Estados Unidos. Más importante, esta puesta en escena también le permite poner mayor atención sobre su relación a las estructuras patriarcales de poder que se encuentran en el centro tanto de su obra anterior como del melodrama mexicano en general.

En sí misma, *La tarea* ocupa un lugar incómodo en la historia cinematográfica de México, ya que su trabajo sobre el género sigue siendo influyente, pero su desviación de los códigos neomexicanistas de la identidad no conseguiría seguidores hasta más adelantada la década, cuando la comedia romántica reintrodujo en el cine mexicano estéticas al estilo Sundance.[3] El mismo Hermosillo regresó a sus exploraciones narrativas del patriarcado en cintas tales como *Esmeralda de noche vienes* (1997)—una farsa sobre una mujer polígama que logra evadir su juicio a fuerza de su habilidad coqueta y finalmente seduce a su juez—que abandonan el elegante drama de una pareja de personajes que articuló en *La tarea*.⁴ Aun así, la recurrencia innovadora aunque rara de Hermosillo a los lenguajes y estéticas del cine independiente norteamericano hace de *La tarea* un precedente importante al trabajo de muchos cineastas; lo continuaré discutiendo a la vez que desarrollo mi tesis. Por ahora, la segunda implicación significativa es que Hermosillo abre la puerta para una nueva práctica cinematográfica que enfoca de cerca los discursos del romance y la identidad y se aleja de los modos alegóricos y simbólicos del discurso característicos del cine neomexicanista. El trabajo de Hermosillo es demasiado innovador como para establecer una pauta, de modo que la renovación de la representación de la clase media y de las aproximaciones afectivas del cine se desarrollará en otras latitudes. Mas, como mostraré en el resto del capítulo, Hermosillo sí logró crear una apertura para que la comedia romántica se transformara en el lugar de la reconfiguración de los discursos cinematográficos del afecto y el amor en México.

Las redes neoliberales del compromiso afectivo: *Sólo con tu pareja* y el nacimiento de la comedia romántica contemporánea

La comedia romántica es un género que se localiza en el mismo núcleo del cine de Hollywood, con representantes en obras clásicas de directores tales como Ernst Lubitsch, pero en el cine mexicano es una práctica algo reciente. Digo "algo" porque un subgénero de la comedia romántica, la comedia musical, tiene una larga historia en México, desde las muchas películas livianas de Pedro Infante hasta el cine del rock de los años sesenta, protagonizado por cantantes como Angélica María, hasta llegar a los vehículos de los años ochenta de estrellas auspiciadas por Televisa como Lucero y Manuel Mijares.⁵ Sin embargo, en México nunca surgieron realmente comedias románticas que no fueran musicales, construidas en base a su trama, en gran parte por la prevalencia del melodrama como el lenguaje del afecto y al uso de la comedia romántica como un vehículo de promoción de celebridades musicales. Los orígenes del género en México a principio de los años noventa sigue el importante éxito que este gozó en los Estados Unidos en los años ochenta.⁶ Dos notables fuentes se hallan en el amplio recuento de la comedia romántica de Frank Krutnik. Por un lado, la obra de Woody Allen, particularmente en películas como *Annie Hall* (1977) y *Hannah and Her Sisters* (1987), le dio al género un aura de prestigio cultural al socavar suposiciones y fórmulas básicas (Krutnik, "Love Lies" 23), y, al mismo tiempo, lo inscribió profundamente en códigos que luego vendrían a caracterizar el cine independiente americano.[7] Por el otro, *When Harry Met Sally* (1989) de Rob Reiner, la cual fue un éxito increíble tanto en términos comerciales como críticos, mostró el enorme potencial de la comedia romántica situacional como producto cultural masivo. A esta le siguieron muy pronto colosos como *Pretty Woman* (1990) de Gary Marshall y *Sleepless in Seattle* (1993) de Nora Ephron. Estas subsiguientes cintas hicieron de este tipo de comedia romántica un género visitado frecuentemente y altamente exitoso durante los años noventa.[8] La comedia romántica mexicana surgió entre ambas categorías: como un intento de renovar el paradigma del cine urbano a través de un discurso cómico sofisticado y centrado en el diálogo que contrastó drásticamente con las estéticas de explotación de la *sexycomedia*, y como un modo de apelar a las emergentes posibilidades comerciales de la clase media mexicana que se hicieron visibles tras los éxitos de *La tarea* y *Como agua para chocolate*. En tanto fue la primera comedia romántica de este periodo, la pionera *Sólo con tu pareja* (1991) de Alfonso Cuarón se sitúa en el punto en donde se encuentran las dos tendencias.

En *Sólo con tu pareja* conocemos a Tomás (Daniel Giménez Cacho), un Don Juan cuya vida se trastorna gracias a una broma: una de las mujeres con la que se acostó y a la que luego abandonó, una enfermera en una clínica altera los resultados de una prueba médica para que él piense que es HIV positivo. Consecuentemente, Tomás se enamora de una bella azafata, Clarisa (Claudia Ramírez), al verla practicar la demostración de seguridad de la aerolínea. Tras una serie de confusiones y mal entendidos, Tomás y Clarisa, cuyo novio la ha engañado con otra aeromoza, deciden saltar de lo más alto de la Torre Latinoamericana en la Ciudad de México. Al final, Silvia, la enfermera, dice la verdad con respecto a su broma, y previene el suicidio y le provee a la película un final feliz. Cuando la cinta se estrenó en 1991, la crítica estuvo dividida sobre qué pensar de la misma. Por un lado, Nelson Carro, un influyente reseñista de cine, halagó la producción, argumentando que "elevó las expectativas de un público que raramente va a ver las películas mexicanas pero que últimamente se ha visto atraído a ciertas películas [Carro se refiere a *La tarea* y a *Como agua para chocolate*] que presentan una nueva y diferente imagen a la que usualmente es vista en el cine mexicano" (citado en Mora 200). Inversamente, Jorge Ayala Blanco atacó la cinta argumentando que, detrás de sus "chistes neodesagradables," se encontraba una película sobre el SIDA de mal gusto (el título venía de una campaña gubernamental de sensibilización sobre la enfermedad) dirigida hacia "alindados jóvenes de clase media con aspiraciones de pirruris" (*La eficacia* 254). Estas dos opiniones, sin embargo, apuntan hacia la misma lectura: *Sólo con tu pareja* es una película que representa a un nuevo sector del público, y su atractivo es dirigido hacia aquellos que "raramente van a ver películas mexicanas"—a saber, la clase media cuyos gustos fílmicos se centraban en Hollywood. Lo que distancia a Carro y a Ayala Blanco es esencialmente un juicio de valor: Carro ve el atractivo de clase de *Sólo con tu pareja* como un elemento necesario en la modernización del cine, mientras que Ayala Blanco, un notable intelectual de izquierdas, lo rechaza como un reflejo de los valores de la burguesía local. Este temprano dilema, tal como lo reflejan estos dos críticos, muestra la naturaleza de la transformación que anunció la obra de Cuarón. Después de décadas de un cine dirigido a las clases populares, surge una cinta que directamente y sin vergüenza se dirige a la clase media. Como Armida de la Garza ha mostrado, esta película marcaría el inicio de una tendencia hacia la exhibición de un México más allá del mundo de las clases urbanas populares, con códigos morales distintos a los de las tradicionales representaciones conservadoras, y los de un país que parece ser tan occidental como lo es mexicano (146–49). Estos cambios finalmente contribuyeron en hacer la película ilegible aun para los críticos de cine. Nestor García Canclini muestra que, en las diecinueve reseñas publicadas en medios impresos de la época cuando se estrenó la película, "no sólo es imposible obtener... una valoración mínimamente compartida de la película. Ni siquiera hay un acuerdo entre los críticos acerca del tema vertebral" (*Los nuevos espectadores* 129). Hasta en el nivel estructural más básico, la película operó a partir de un lenguaje ideológico, cultural, y visual completamente distinto. García Canclini, sin el beneficio que provee la retrospección, lamentó la falta de una apreciación valorativa en la crítica de la película, pero teniendo en cuenta el futuro éxito de la comedia romántica como género en el cine mexicano, es evidente que lo más sintomático de la falta de consenso de los críticos resultó de la novedad de la película. La centralidad de *Sólo con tu pareja* para entender el impacto profundo del neoliberalismo como un mecanismo cultural en el México contemporáneo recae en el hecho de que registra grandes transformaciones en los niveles de subjetividad y consumo social y cultural justo en el momento que sucedían, aun antes de que la industria fílmica se transformara de acuerdo con estas. Fue una película predicada en los lenguajes estéticos de los años 2000, aprovechándose de lo que quedaba en pie de los sistemas de distribución y producción de los años ochenta. Al comprender los modos en los que la película prefigura la incorporación total de la cultura neoliberal en el cine, no sólo se hará más fácil apreciar su rol precursor sino también la transformación necesaria de los consumidores de cine para que la comedia romántica se convirtiera en el lenguaje fílmico hegemónico del cine mexicano contemporáneo.

Un elemento sorprendentemente significativo en la película de Cuarón es la profesión de Tomás Tomás: escribe *jingles* y *eslóganes* para una agencia de publicidad. Esta selección de oficio tiene muchas ramificaciones importantes. Primero y, ante todo, habla claramente de las transformaciones que subyacen la vida económica de las clases medias, las cuales contribuyen a su emergencia como sujeto de representación cinematográfica. En vez de optar por una profesión más tradicionalmente asociada a la clase media, tal como el derecho o la medicina, Cuarón le otorga a su protagonista un oficio claramente relacionado a las nuevas configuraciones económicas del neoliberalismo. Como Deborah Riener y John Sweeney han mostrado, el TLCAN y la naturaleza cambiante del mercado de consumo en México dieron paso a una gran transformación en la industria publicitaria: "Los anunciantes ahora deben pensar en términos del 'mensaje,' ya sea a través de la publicidad, el auspicio, o los anuncios de televisión y radio. El mercado exitoso ya no es una cuestión de comprar comerciales, debido a la creciente sofisticación del consumidor" (181). En su decisión de colocar a Tomás Tomás como un autor de *eslóganes* y como el creador de mensajes que apelan a una nueva generación de consumidores "sofisticados," Cuarón localizó su película de lleno en esta lógica. Por lo tanto, la clase media representada por Cuarón y las subsiguientes comedias románticas no es ni la familia tradicional recientemente modernizada que estuvo presente, por ejemplo, en los melodramas de la Época de Oro como *Una familia de tantas*, ni la clase media que reclamaba la inscripción de sus raíces en la historia nacional, como lo hizo la narradora de *Como agua para chocolate*. Más bien es una clase media cuya riqueza y estatus social surgen de las dinámicas sociales y económicas que resultan del neoliberalismo. El publicista será un personaje bastante ubicuo en la comedia romántica y en otros géneros, y figurará prominentemente en cintas altamente exitosas como *Amores perros* de González Iñárritu, donde el protagonista de la segunda parte es un publicista que tiene una aventura con una modelo, y en comedias románticas como *Ladies' Night* y *Cansada de besar sapos*, en las que la acción se desarrollará en agencias de publicidad. Hablaré de ambas producciones más adelante.

Este nuevo tipo de subjetividad cultural ha estado en el centro de muchos debates de la teoría cultural latinoamericana. Quizás el ejemplo más importante de esto sea *Consumidores y ciudadanos* de García Canclini, donde se argumentó que "los cambios en la manera de consumir han alterado las posibilidades y las formas de ser ciudadano" en Latinoamérica (29). El argumento de García Canclini se desarrolla en torno a dos ejes. En primer lugar, García Canclini propone entender el consumo como un acto crítico en la esfera pública del mercado, como un tipo de agencia ignorada por los viejos entendimientos del consumidor como un objeto pasivo de la publicidad. En segundo, propone revisar la noción de ciudadanía para pasar de viejas prácticas de participación política (tales como las elecciones y las demostraciones públicas) a un "consumo privado de bienes y de medios masivos" más prevalente en las subjetividades políticas que "en las reglas abstractas de la democracia o en la participación colectiva en espacios públicos" (29). Es revelador que el primer ejemplo de García Canclini, que marca el tono de su libro, viene del mercado, y del uso de la publicidad como una parte esencial de las campañas electorales. El creciente rol de la publicidad en la construcción de la ciudadanía y la agencia creó una nueva clase de ejecutivos de mercadotecnia famosos. Dos ejemplos principales son Santiago Pando, quien fue responsable de algunas de las más creativas campañas de publicidad de los años noventa y, como resultado, terminó manejando la campaña electoral de Vicente Fox, y Alejandro González Iñárritu, cuya exitosa carrera en la mercadotecnia en los años noventa le ayudó a financiar y lanzar su trabajo como director de cine.[9] La consistente presencia de los publicistas en el cine mexicano como un sujeto privilegiado de las clases medias claramente refleja estas nuevas aproximaciones a la ciudadanía. Al establecer al publicista como el representante de las nuevas subjetividades y afectos del cine mexicano, Alfonso Cuarón comienza una tendencia en la que el cine se enfoca en el "ciudadano-consumidor" descrito por García Canclini. Sorprendentemente, García Canclini pasa por alto este mismo punto en su breve aproximación al cine contemporáneo, cuando argumenta que películas como las de Cuarón son tan populares porque "tratan temas de interés para jóvenes" (161). Yo sostendría, en su lugar, que *Sólo con tu pareja* triunfa en tanto a que es capaz de reflejar las experiencias de una clase media cuyas identidades sociales y culturales están enmarcadas por los discursos del consumo, como aquellos de la publicidad. El título de la película ejemplifica aún más este punto: viene precisamente de una importante campaña de sensibilización casi omnipresente en materiales impresos y medios electrónicos durante la época. La experiencia del SIDA, tal como es representada en la cinta, no es médica ni física: es mediática. En ningún momento, la producción intenta ofrecer una mirada crítica a la epidemia del SIDA. Enmarca su historia de amor en el contexto del frenesí mediático que resultó de la campaña. Los sujetos de la película, entonces, son primero y antes que cualquier otra cosa personajes construidos por sus relaciones mediáticas al mundo en general. Esta es una de las razones por las que Cuarón puede optar por la comedia romántica: el controvertible tema del SIDA es un mecanismo cómico en la medida en la que proviene de la publicidad y no de ninguna perspectiva política o médica.

En *The Secret Life of Romantic Comedy*, el crítico Celestino Deleyto ofrece una definición del género que se muestra útil, notando que puede "ser descrito como la intersección de tres elementos estrechamente interrelacionados: una narrativa que articula puntos de vista específicamente históricos y culturales sobre el amor, el deseo, la sexualidad y las relaciones de género; un espacio de transformación y fantasía que influencia la articulación narrativa de esos discursos; y humor como la perspectiva particular desde donde los personajes ficticios, sus relaciones y la respuesta de los espectadores a estas son construidos como encarnaciones de esos discursos" (45–46). Algunas palabras claves de esta descripción hacen visible la maquinaria detrás de la recalibración del cine mexicano que tras bambalinas efectúa *Sólo con tu pareja*. El énfasis de Deleyto en "perspectivas culturalmente específicas del amor, el deseo y la sexualidad" ilustra casi al dedillo la naturaleza de los desplazos presentes en una película como esta. Armida de la Garza ha escrito que el comportamiento sexual de los personajes de la comedia romántica contemporánea en México diverge de los valores conservadores católicos que uno identifica con el país (148). Aunque esto es relevante, la lectura de De la Garza todavía apunta hacia la noción de una identidad nacional que está envuelta en un supuesto proceso de evolución. No obstante, la especificidad cultural de los discursos de romance e intimidad que están en juego en *Sólo con tu pareja* tiene que más que ver con los modos en los que los personajes experimentan el día a día y no tanto la identidad nacional. De hecho, la afirmación según la cual *Sólo con su pareja* se aleja de los códigos de moralidad no es tan acertada. Es cierto que Tomás Tomás es un Don Juan que se presenta favorablemente, pero, de hecho, la narración lo "castiga" con un susto de SIDA y se redime sólo cuando se compromete al amor y la monogamia.

El mensaje de la película yace en otro lugar, y se ejemplifica mejor en la figura de Clarisa. En uno de los momentos claves de la cinta, Clarisa abandona a su esposo después de que este la engaña con una azafata rubia que trabaja para Continental Airlines. La referencia de pasada al empleador de la otra mujer es significativa, en sí mismo, dado que la preferencia del marido por una azafata que trabaja para una compañía aérea estadounidense es una parodia sutil de la preferencia mexicana por la cultura norteamericana. Cuando está describiéndole sus sentimientos a Tomás después del rompimiento, Clarisa lo describe como "peor que un aterrizaje de emergencia" y como un recorte de sus "alas." Cuando surge la idea de llevar a cabo un suicidio doble, Clarisa enfatiza que quiere morir en el aire. La escena demuestra el punto de Deleyto en cuanto a la especificidad cultural de un modo revelador. A diferencia de Julia Solórzano en *Danzón*, la totalidad del mundo afectivo de Clarisa está configurado no por la cultura popular, sino más bien por su vida en el mundo corporativo del transporte aéreo. Sin embargo, Clarisa tiene un parecido interesante con Julia: la industria aérea, como la telefónica, fue uno de los blancos de la privatización. La película, de hecho, enfatiza el estatus de Clarisa como trabajadora: la muestra vestida en su uniforme en distintas escenas, incluyendo el momento en el que Tomás se enamora de ella. De modo que lo que define el lenguaje de sus experiencias es su vida dentro del capitalismo, en un oficio que, a pesar de sus conexiones al estado, no está identificado con las profesiones de las clases medias tradicionales, sino con el creciente estatus internacional de México. Lo mismo puede decirse de Tomás, cuya relación a la cultura está enteramente definida por su escritura de *eslóganes* y por los comerciales en los que trabaja. Al comienzo de la película, Tomás trabaja en un anuncio para una marca de chiles jalapeños, protagonizados por un hombre indígena que le da chiles a un conquistador. Estos dos personajes reaparecen luego durante un sueño que Tomás tiene tras una noche de tragos. El hecho de que su subconsciente esté completamente determinado por su trabajo publicitario ilustra cómo su imaginario afectivo está tan mediado por su relación de trabajo con el capitalismo y el consumismo.

El humor se hace un factor en este mismo punto. Ryan Long ha mostrado que la cinta sí utiliza los íconos de la identidad nacional, pero sólo a través de una "sátira sofisticada de clichés gastados de la cultura nacional mexicana." Long se refiere a una escena en particular: Mateo, el amigo y fisiatra de Tomás, le pide que entretenga a dos doctores japoneses mientras Mateo y su esposa van a ver una película de Akira Kurosawa. Tomás lleva a los doctores a Garibaldi, una plaza en la Ciudad de México famosa por sus cantinas y mariachis. Como señala Long, este sitio particular de la cultura nacional sólo aparece cuando Tomás valida "los estereotipos *kitsch* de su propia nación" (7). El sueño alcoholizado de Tomás también ocupa un lugar prominente en la tesis de Long, ya que está protagonizado no sólo por el conquistador del anuncio publicitario, sino también por un mariachi que canta ópera como un *castrato*, y un luchador enmascarado. Long lee esta secuencia como la aparición de un elenco de personajes del pasado de México cuya autenticidad puede ser tan enlatada y preproducida como los jalapeños del comercial (8). Este análisis correctamente señala la crítica devastadora de Cuarón a la identidad nacional, la cual, por supuesto, puede ser contrastada con muchos de los discursos nostálgicos del neomexicanismo que discutí en el Capítulo 1. No obstante, estas dos escenas también tienen otra dimensión importante ausente en el análisis de Long. Cuando Tomás está en Garibaldi con los doctores japoneses, comienza a hablar de sus viejos infortunios amorosos estando en una cantina, rodeado de licor. Esta escena actualiza un lugar estereotípico del cine mexicano de la Época de Oro: la cantina como un espacio homoerótico masculino en el que el alcohol y las interacciones masculinas son formas de lidiar con un corazón roto. El mecanismo cómico descansa en el hecho de que los doctores japoneses no hablan español y que la única palabra pronunciada por Tomás que logran entender es "harakiri," cuando Tomás menciona el suicidio. En este punto, uno de los doctores comienza a hablarle a Tomás en japonés, en un tono muy serio, aparentemente intentando disuadirlo de llevar a cabo el mencionado suicidio. El hecho de que las relaciones entre hombres trasciendan las diferencias culturales es, de cierto modo, un *reductio ad absurdum* de la escena de cantina típica de las masculinidades nacionalistas.

La parodia del género fílmico tradicional es también un factor en el sueño de Tomás. La aparición de un luchador apela a una larga tradición del cine nacional directamente conectada a la experiencia urbana popular. Como Doyle Greene ha mostrado, el cine de luchador proviene de la popularidad del deporte entre miembros de la clase obrera, y se basa en una narrativa del bueno contra el malo encarnada en dos estilos de lucha, "rudo" y "técnico" (54–55).[10] Al mostrar a un luchador con un parecido caricaturesco a El Santo, el protagonista de las más celebradas películas de luchadores, Cuarón no sólo cuestiona la identidad nacional, sino que además parodia otro género fílmico nacional importante. Tanto la secuencia en la cantina como la del sueño pueden ser leídas como un exorcismo: Cuarón utiliza el humor para librarse de los fantasmas del imaginario nacionalista. Mientras que los cineastas neo-mexicanistas como Carrera o Springall trabajan sobre la imaginería heredada de la nación como un modo de criticar estructuras preexistentes de poder, género y religión, la inversión paródica en la cinta de Cuarón del nacionalismo como algo que sólo interesa a los turistas o en el medio de un sueño alcoholizado asume que estos códigos culturales son inútiles en el cine mexicano contemporáneo. Por lo tanto, ya que la construcción afectiva de los personajes no tiene ninguna relación a la identidad nacional, estos habitan una esfera privada que sólo puede ser edificada por los lenguajes del capitalismo.

El tercer elemento en la definición de Deleyto entra en juego aquí: el "espacio de transformación y fantasía" en el que las relaciones románticas de los personajes toman lugar. Deleyto sostiene que el "espacio cómico" es el "espacio ficcional en el que [los personajes] existen, un espacio ficcional que representa el espacio social de los discursos culturales sobre el amor, la sexualidad y la intimidad" (36). Aún más, la comedia romántica opera en un espacio que "permite al espectador echar un vistazo a 'un mejor mundo', un mundo que no está gobernado por las inhibiciones y represiones pero que en su lugar está caracterizado por una expresión más libre y optimista del amor y el deseo" (36). El espacio en *Sólo con tu pareja* ha sido identificado principalmente por su localización en la ciudad, y la mayor parte de los estudios académicos de la cinta se centran en lo urbano. Miriam Haddu, por ejemplo, argumenta que Cuarón deliberadamente presenta lo urbano como "estéticamente placentero," a diferencia de la versión más áspera y oscura del cine de la Época de Oro ("Love on the Run" 196). Asimismo, Haddu ofrece una noción de la Ciudad de México como "postmoderna," un espacio en el que la identidad nacional, tal como es encarnada por el sueño de Tomás, coexiste con lo moderno (201). Esta lectura es problemática, ya que pasa por alto la evidente parodia de los íconos nacionales y entiende la referencia al cine de luchadores de Cuarón como un homenaje en vez de como una crítica. En otras palabras, podría decirse que la interacción de lo moderno con lo nacional en el lenguaje visual de Cuarón no resulta en una ciudad "híbrida" donde ambos coexisten, sino en un claro argumento en el que lo moderno existe como una cuestión de hecho, mientras que lo nacional es sólo objeto de la burla. Aun así, lo que es revelador de la lectura de Haddu es su idea de presentar la ciudad como el centro de la película, y su análisis de *Sólo con su pareja* está relacionado principalmente a este tema. Manuel F. Medina desarrolla una lectura intuitiva del espacio urbano en la película. Argumenta que la Ciudad de México es un "espacio público que atrapa a uno de sus habitantes," una situación que también extiende al departamento de Tomás y a otros espacios privados (252). La principal línea de argumentación de Medina es el contraste entre lo público y lo privado, lo cual, en mi parecer, es sugerente pero secundario. Aun así, al mostrar la predominancia de lo privado en la película, Medina involuntariamente trae a colación un elemento que cuestiona la centralidad de la Ciudad de México como un problema en la cinta, socavando su propia lectura al igual que la de Haddu.

Sin duda, *Sólo con tu pareja* es deliberadamente una película urbana. Sin embargo, la Ciudad de México es más un escenario que un personaje. Cuarón sí utiliza espacios icónicos de la ciudad, como por ejemplo la Torre Latinoamericana y el restaurante al tope del World Trade Center, pero las acciones no establecen ninguna sustancial conexión cultural a estos espacios. La Torre Latinoamericana es el escenario de la última escena en gran parte porque, en el momento, fue el edificio más alto y accesible al público, pero cualquier construcción de ese tamaño hubiese podido utilizarse para el mismo propósito. Además, como Medina muestra en su análisis, casi toda la película ocurre en espacios cerrados: el apartamento de Tomás y los edificios a su alrededor, la clínica de Mateo, la cantina (que podría ser vista como un espacio público, pero funciona como un privado ya que la escena se enmarca mediante unas tomas de primer plano de Tomás y los doctores japoneses), y así por el estilo. Siguiendo a Deleyto, podría argumentarse que el espacio central no es la Ciudad de México en sí, sino el espacio "transformacional" y "mágico" donde el amor entre los personajes se desarrolla y el cual el espectador puede leer como "mejor" que la realidad. Al enfocarse en espacios interiores, la película de hecho crea una historia amorosa donde el espacio es emocional y no cultural: lo que importa es el mundo íntimo de Tomás y no la Ciudad de México. La cinematografía altamente estetizada de Emmanuel Lubezki, repleta de oscuros colores exquisitos, comunica este mismo sentido. En vez de los ásperos panoramas urbanos del cine social de los años setenta, *Sólo con tu pareja* presenta una representación atractiva sin precedentes de los espacios urbanos, la cual quiebra claramente con cualquier noción del realismo social o cinematográfico. El estatus como comedia romántica de *Sólo con tu pareja* consecuentemente requiere de una ruptura con el asunto de la representación de la ciudad, ya que el espacio narrativo está más en sintonía con las experiencias y penas amorosas de los personajes que con cualquier afirmación visual o textual con relación a la Ciudad de México. La Torre Latinoamericana, por lo tanto, es sólo relevante en tanto a que juega un rol en la construcción del sufrimiento de los personajes y de la articulación de su relación romántica. Es en este espacio que Clarisa y Tomás se besan y hacen el amor por primera vez y donde la resolución del principal obstáculo de la película, su supuesta infección HIV, ocurre. De modo que, en estos términos, cualquier edificio alto (o cualquier ciudad) hubiera sido igual de útil para la trama.

Hasta este momento, gracias a los elementos de la comedia romántica, podemos ver que *Sólo con tu pareja* opera en un nicho radicalmente diferente a cualquier otra película producida en la primera mitad de los años noventa. Su superficialidad sin complejos y la negativa de negociar con los códigos afectivos del melodrama caló hondo en los paradigmas del mexicanismo y neomexicanismo descritos en el Capítulo 1. La película conlleva un desplazamiento importante de los personajes capaces de ser representados cinematográficamente al darle a los ciudadanos-consumidores descritos por García Canclini un lenguaje visual para desarrollarse como figura privilegiada de la imaginación neoliberal. Cuarón también provee una apertura importante para las posibilidades de la subjetividad fílmica en México. Mientras que *La tarea* muestra la posibilidad de personajes construidos únicamente sobre premisas psicológicas, separadas de cualquier lazo significativo a lo social y nacional, Clarisa y Tomás están minuciosamente articulados a través de una esfera de experiencia que desplaza lo social de lo nacional hacia el mercado. Como el resto de este libro mostrará, de todas las grandes películas que se estrenaron en México entre 1990 y 1992,

Sólo con tu pareja es al fin y al cabo la más visionaria, ya que anuncia la dirección que se privilegiará en el cine comercial por los próximos veinte años.[11] Aun así, hasta el estreno de *Cilantro y perejil* en 1995 de Rafael Montero, *Sólo con tu pareja* permanecería como una anomalía estética, completamente fuera de lugar en un panorama cinematográfico dominado por el neomexicanismo. Para que la comedia romántica se hiciera el género prevalente en México, una serie de transformaciones en la economía afectiva del público mexicano y la cartografía cultural del cine mexicano sería necesaria.

La reinvención del público: La privatización de la exhibición y el surgimiento del espectador de clase media

En los cinco a siete años que siguieron después del lanzamiento de *Sólo con tu pareja*, la comedia romántica operó dentro de un tipo de crisis de identidad. A pesar de que Cuarón había establecido un nuevo y atrevido camino para la construcción de personajes y de las estéticas visuales de los discursos de romance, la aproximación de muchas de las películas de mediados de los años noventa al nuevo género, fue vacilante. Esto es evidente en *La vida conyugal* (1993) de Carlos Carrera, la cual retroactivamente cuenta la historia de una vieja pareja casada tras el asesinato del esposo a manos de la esposa. A diferencia de Cuarón, Carrera opta por una construcción del mundo afectivo de sus personajes más tradicional, localizando su historia principalmente en los años cincuenta y los sesenta. *La vida conyugal* evita de este modo un enfrentamiento con las articulaciones contemporáneas del género y adopta una mirada retroactiva a través de la cual la esfera afectiva de los personajes se construye, como en *Danzón*, mediante la nostalgia reflectante. Otro ejemplo notable es *El anzuelo* (1996) de Ernesto Rimoch. Esta película se enfoca en el día de matrimonio de una pareja y en los conflictos que surgen tras la desaparición del dinero que se supone pague la música. Como en *La vida conyugal*, *El anzuelo* es una película que se articula claramente en los discursos que Shumway llama "la crisis del matrimonio," los cuales se encuentran en el corazón de la comedia romántica americana contemporánea. Aun así, Rimoch sigue una línea temática más cercana a la que desarrolló Hermosillo, con un personaje consistentemente grabando los eventos en la boda y con la acción centrándose, a grandes rasgos, en el departamento de clase media de la familia. Por supuesto, *El anzuelo* no incluye una exploración de la intimidad tan atrevida como la de Hermosillo, y su uso del elemento cinematográfico es artificioso, contribuyendo muy poco a la estructura o desarrollo de la cinta. Otro caso, quizás más abiertamente sintomático de la incapacidad de la comedia romántica de surgir de lleno como un género contemporáneo a mediados de los noventa, es *Alta tensión* (1997) de Rodolfo de Anda, una comedia romántica pobremente construida que sigue a una periodista guapa en sus intentos de reconquistar a su exnovio. El problema principal de *Alta tensión*, sin embargo, yace en otro lugar: es casi un infomercial para la industria eléctrica estatal de México, enmarcando la trama romántica en una presentación obviamente propagandística de la nueva planta eléctrica y su rol en el futuro de México. La película, que concluye con una dedicación a los trabajadores electricistas de México, es el punto más bajo del *impasse* creativo que plagó a los directores de la comedia romántica quienes parecían no querer o no poder asumir de lleno los retos creativos y cinematográficos planteados por *Sólo con tu pareja* o, inclusive, por *La tarea*.[12]

La falta de herederos inmediatos a la nueva estética creada por Cuarón está relacionada a una serie de problemas estructurales enfrentados por el cine de a mediados de la última década del siglo XX. Aunque la primera parte de la década se caracterizó por una impresionante ola de producciones que alcanzaron el éxito a pesar de la situación crítica en la que se encontraba la distribución de cintas en el país, la crisis financiera de diciembre de 1994 intensificó los obstáculos estructurales al catalizar una crisis paralela en la producción fílmica. Durante esta época, la industria cinematográfica mexicana se alimentó de un flujo consistente, aunque estéticamente cuestionable, de cintas de Televicine, la cual siguió produciendo películas de poco presupuesto utilizando el talento de Televisa. Estas se distribuyeron a través de sus canales televisivos y, en algunos casos específicos, en cines privados. Asimismo, aunque el financiamiento privado más allá de Televicine fue muy poco viable, el recién creado Consejo Nacional para la Cultura y las Artes mantuvo un presupuesto significativo para la producción de cine nacional. Cuando, en diciembre de 1994, México enfrentó la crisis económica más grande que había visto en décadas, tras un colapso financiero que requirió un rescate substancial de la tesorería de los Estados Unidos, el estado se vio paralizado en sus capacidades como productor cinematográfico. Como Misha MacLaird documenta, el estado produjo sólo cinco películas en 1995, y siete por año entre 1996 y 1997 (*Aesthetics* 28), disminuyendo la producción de la industria a menos de una docena de películas por año para 1998.[13] Es decir, a la estela de *Sólo con tu pareja*, simplemente no existieron las condiciones que hubieran permitido la producción de comedias románticas caras y altamente estilizadas. Como señala aptamente MacLaird, este periodo correspondió a la desaparición de las estructuras institucionales que habían hecho el cine accesible a las clases populares, dada la desaparición de los teatros estatales que cobraban precios de taquilla accesibles. Este *impasse* siguió en pie hasta por lo menos 1998, cuando la creación del FOPROCINE (Fondo de Producción Cinematográfica de Calidad), una entidad auspiciada por el gobierno le permitió a este regresar a su rol como fuente de financiamiento mediático.

Esta crisis de producción abrió el espacio en el que ocurrieron las más grandes transformaciones del público cinematográfico. Aunque es cierto que el cine no estuvo produciendo comedias románticas atractivas (ni cualquier otro tipo de cine) para conectar comercialmente con las audiencias, el estilo de Cuarón permaneció ajeno a los lenguajes mediáticos consumidos por la mayor parte de los mexicanos. La primacía de Televisa casi como el único proveedor de contenido audiovisual en las señales de transmisión significó que el público no tenía el lenguaje cultural para relacionarse a un cine que estuviera fuera de las estructuras familiares del melodrama y el mexicanismo. Sin embargo, a mediados de los años noventa, vieron una transformación en las ideologías y expectativas del público de audiovisuales en México. En 1994, un grupo de sociólogos dirigido por García Canclini produjo un importantísimo estudio sobre el público de cine y televisión en México, titulado *Los nuevos espectadores*, el cual registró una imagen extremadamente clara y sin precedentes de sus hábitos y opiniones. Los estudiosos presentados en el libro enfatizaron el rol de los videoclubs como un factor esencial en el distanciamiento del público de los teatros de cine. En un estudio de los públicos fílmicos en Mérida, Fanny Quintal y Guadalupe Reyes muestran que los videoclubs y los teatros comparten esencialmente el mismo público (García Canclini, *Los nuevos espectadores* 275), sugiriendo que esos dos canales de distribución compiten entre ellos por la misma demografía, lo cual explica por qué, a falta de teatros modernos, una gran mayoría optó por alquilar películas y verlas en su casa. No obstante, los hallazgos más reveladores del libro yacen no en los espacios del consumo cinematográfico, sino en las preferencias del público. En una encuesta de los asistentes a una retrospectiva del cine mexicano, los sociólogos encontraron que un grupo compuesto por amas de casa, dueños de pequeños negocios, y empleados de fábricas preferían el cine nacional por encima del extranjero, mientras que un grupo compuesto por profesionales autónomos y personas en posiciones gerenciales prefirieron justo lo opuesto. Los sociólogos resaltan un grupo compuesto de estudiantes, maestros, y artistas que mostraron no tener preferencia, dada que las personas en esos oficios solían enfocar sus gustos en parámetros críticos y no tanto nacionales (58–59). Este énfasis pierde de vista el hallazgo más significativo de la encuesta: la radical división de clase entre aquellos que prefieren cine nacional y aquellos que prefieren cine foráneo. La ausencia de un público para las comedias románticas comerciales producidas en México es obvia en esta encuesta. Un sorprendente 79.8 por ciento de los encuestados consideraron el cine de la Época de Oro como su época favorita del cine mexicano, mientras que el cine contemporáneo sólo fue mencionado por 1 por ciento (64). Aun con el éxito comercial de *Cómo agua para chocolate* y *Sólo con tu pareja*, el público del cine mexicano contemporáneo provenía en términos generales de un sector muy pequeño de la población.

Un punto llamativo aquí es que, a pesar de la supuesta calidad de las películas lanzadas a principios de los años noventa, el público fílmico no tenía la competencia cultural necesaria para conectar con los lenguajes desarrollados por Cuarón. Las clases trabajadoras seguían definiendo sus experiencias afectivas a través de los discursos románticos que ya habían sido constituidos por el melodrama, los cuales eran luego replicados en la presencia casi omnipresente de las telenovelas en ondas aéreas y en la transmisión constante de cine de la Época de Oro en los espacios de *prime time* que no estaban ocupados por telenovelas. De hecho, como Nora Maziotti ha mostrado en su estudio de la industria de las telenovelas, los culebrones mexicanos de principio de los años noventa eran notorios por su "modelo esencialmente melodramático," con una tradición de tramas conservadoras construidas alrededor de valores tradicionales de familia (47–51).[14] Al mismo tiempo, las clases medias y altas, el público implícito de *Sólo con tu pareja*, no tenía relación afectiva al cine nacional. En la encuesta de García Canclini, los miembros de estos estratos sociales mencionaron melodramas al estilo de Hollywood, como *Dead Poets Society* de Peter Weird cuando se les preguntaba qué película recordaba más que ninguna otra (García Canclini, *Los nuevos espectadores* 59). Películas como *La vida conyugal* y *El anzuelo* se configuraron a través de estéticas y narrativas sin peso alguno para ese público: las películas dependían parcialmente de los códigos tradicionales melodramáticos presentes en la tradicional cultura audiovisual mexicana, a la vez que tomaban algunos de los elementos de clase media desarrollados por Hermosillo y Cuarón. Como resultado, no fueron capaces de atraer a ninguna de estas demografías, forzándolos a depender de la circulación estatal en los festivales de cine internacionales para poder disfrutar un tiempo en el aire.[15] Aun así, lo que los estudios en *Los nuevos espectadores* revelan es la distancia radical entre la producción cinematográfica y el público que tenía que trascenderse para que el cine mexicano lograra alcanzar la viabilidad comercial.

La falta de estudios sociológicos o econométricos del público mexicano después de *Los nuevos espectadores* sigue siendo un obstáculo mayor para entender la naturaleza social del consumo cinematográfico en el país. Aunque este libro se concierne mayormente con los cambios estéticos e ideológicos que trajo el neoliberalismo, un estudio sociológico profundo queda fuera de mis metas dentro de mi entrenamiento académico. Sin embargo, es necesario resaltar un desarrollo evidente en las prácticas de ir al cine: la aparición de complejos cinematográficos privados. En el 1994, la compañía de exhibición estadounidense Cinemark abrió cuatro complejos cinematográficos en ciudades como Monterrey y Aguascalientes, y, en 1995, un teatro de doce pantallas en la Ciudad de México en el terreno del Centro Nacional para las Artes, un complejo que incluye foros de teatro, una escuela para las artes, una escuela de cine, y estudios cinematográficos.

Si se compara a la experiencia de ir al cine descrita en el inicio de este libro, este primer complejo de Cinemark en la Ciudad de México dio paso a una gran transformación de la experiencia de ver cine. Los teatros están limpios, los puestos de ventas tienen alimentos comestibles, los asientos son bastante cómodos, y la inversión en la tecnología es obvia. El complejo goza de sonido DTS *surround*, el primero en el país. Las pantallas son algo pequeñas en comparación con los viejos edificios de una sola pantalla, pero también lo eran los teatros mismos, de modo que una distancia más corta del asiento a la pantalla compensaba por la disminución del tamaño visual. Algunas consecuencias laborales también fueron bastante claras. La cadena se negó a contratar empleados del Sindicato de Trabajadores de la Industria Cinematográfica (STIC), un viejo sindicato que dominaba los teatros COTSA, y a pesar de las protestas de poca duración fuera de Cinemark, la fuerza de trabajo de los teatros ha constado de trabajadores jóvenes a quienes se le paga poco y quienes compensaban su falta de experiencia con una actitud positiva y bien entrenada, la cual contrasta con la casi proverbial irritabilidad de los viejos trabajadores sindicalizado. Claro, esto significa que, aunque el público está bastante satisfecho con las evidentes mejoras en la calidad del servicio al cliente, las condiciones de trabajo de la industria de exhibición se degradaron de su antiguo estatus de trabajos sindicalizados con salarios y beneficios, a posiciones precarias, de medio tiempo y pagadas por hora. Esta transición fue un ejemplo de la rápida transición de México de un estado de bienestar a una economía de servicio.

Por otra parte, Cinemark introdujo una nueva distinción de clase en la asistencia al cine, ya que abiertamente tenía como objetivo atraer a las clases medias para su nicho mercantil. Cinemark se benefició de una provisión a una ley de 1992 que libera los precios de taquillas. Esta reforma eliminó la ley de control de precios de 1952 que fue diseñada para hacer el cine accesible para las clases obreras (Berrueco García 1952). Como resultado de ello, los precios de las taquillas al Cinemark de la Ciudad de México se fijaron alrededor de treinta y cinco o cuarenta pesos mexicanos (alrededor de cuatro a seis dólares estadounidenses en ese momento), dos a tres veces más caros de lo que habían sido en los teatros de gobierno, y más o menos eran dos y medio días de salario mínimo (alrededor de 13.97 pesos al día en 1994 y 16.42 en 1995). Elocuentemente, este Cinemark en particular fue claramente diseñado para propietarios de automóviles: constó de un inmenso estacionamiento, y fue casi inaccesible a través de transportación pública. Localizado en Río Churubusco, en un circuito interior, llegar a él implica una larga caminata poco segura desde la más cercana estación del metro, además de quedar fuera de cualquier otra ruta principal de transportación pública. Claro, se podía llegar en taxi, pero era casi imposible conseguir uno a la salida. El mensaje era claro: ir al cine había comenzado a transformarse en una actividad para los privilegiados.

El éxito de Cinemark hizo la exhibición de películas un negocio atractivo desde muy temprano: los teatros se enorgullecían de tener tantas salas totalmente vendidas y de las largas filas en sus estacionamientos. Un poco después, en 1994, la Organización Ramírez, un operador basado en Morelia de teatros de una a tres pantallas alrededor del país, introdujo Cinépolis, su propio concepto de complejo cinematográfico. Estos complejos cinematográficos fueron construidos agresivamente alrededor del país, haciendo de Ramírez el exhibidor más grande a nivel nacional, posición que retiene hasta la fecha. Además, como documenta MacLaird, un grupo de graduados de la Escuela de Negocios de Harvard se organizó alrededor de una oferta fracasada para comprar COTSA, pero finalmente decidió organizar su propia cadena. Aun durante la crisis financiera, el grupo logró asegurar suficientes inversiones para abrir su primer complejo, Cinemex Manacar, en 1995 (*Aesthetics* 48). Cinemex vendría a ser el tercer operador más grande de México y el segundo más grande en los principales mercados urbanos como la Ciudad de México y Guadalajara. Finalmente, MM Cinemas, una empresa basada en Monterrey que surgió de un conglomerado de pequeños teatros en el interior del país, entró también decididamente al mercado en la última mitad de los años noventa. A pesar de que no tuvo un complejo en la Ciudad de México, se convirtió en la segunda cadena más grande del país, gracias a su marcada presencia en el interior. Cinemex y MM Cinemas se fusionaron en el 2009, bajo nueva gerencia, en un intento de vencer a Cinépolis. En el 2013, Cinemex adquirió la cadena de cines Lumière, y Cinemark anunció que se vendería a Cinemex, estableciendo un duopolio en la exhibición cinematográfica. De acuerdo a los datos del 2011 de Canacine, un gremio profesional que incluye a los exhibidores, distribuidores, productores, y compañías de video, Cinemark, Cinemex MMMC, Lumière y

Cinépolis operaban 4,595 pantallas, 89 por ciento de todas las que había en el país.[16] En otras palabras, en menos de una década, la exhibición cinematográfica pasó a ser controlada exclusivamente por un modelo de negocios que exitosamente atrajo a las clases medias y se transformó en una industria bastante lucrativa, en manos de un pequeño cumulo de compañías. De acuerdo a la página de internet Box Office Mojo, que sigue las ventas taquilleras a nivel internacional, una semana típica en México rinde entre seis y once millones USD en taquillas, y algunas películas de Hollywood han llegado a recaudar más de treinta millones USD en el mercado nacional. Esta asistencia masiva a los cines, por supuesto, se traduce a puestos de concesión extremadamente rentables y a la atracción de clientes a los restaurantes y centros comerciales circundantes.

Asimismo, el éxito comercial de las empresas de los complejos cinematográficos produjo exactamente lo que la industria de producción cinematográfica necesitaba: un público más confiable con la fuerza económica como para ir al cine (y pagar taquillas más caras). En el 2002, por ejemplo, *El crimen del padre Amaro* recaudó más de dieciséis millones de dólares en el mercado doméstico, una cantidad impensable anteriormente. De acuerdo a las cifras recopiladas por Lucía Hinojosa Córdova, en 1995, el momento más débil del mercado, la asistencia total a los cines fue de alrededor de sesenta y dos millones. Para el 2001, esta había incrementado a 138 millones (481). A pesar de que todos los cines lucraron, un grupo significativo fue particularmente exitoso. De acuerdo a las figuras de Canacine, el complejo de Cinépolis de Plaza Universidad por su cuenta atrajo más de dos millones de asistentes en el 2008. El otro factor clave aquí es la increíble multiplicación en los números de pantallas, que pasó de alrededor de 1,400 en el momento más débil del mercado en el 1993 a casi más de cinco mil hoy en día. Junto a una ley de 1999 que requiere a los teatros que use el 10 por ciento de sus pantallas para mostrar cine mexicano, esto significa que la cantidad de espacio de pantalla casi se cuadriplicó, diversificando así las ofertas de cine más allá de éxitos de Hollywood y creando una nueva demanda de cine mexicano para llenar los requisitos de tiempo de pantalla.[17] Esto hizo posible, desde el principio, una cantidad de espacio sin precedentes para el cine nacional. Tan pronto abrió Cinemark, el cine mexicano fue capaz de obtener espacio en las carteleras: durante su primer año de operación, el complejo cinematográfico de la Ciudad de México exhibió *Dos crímenes* de Roberto Sneider y *La orilla de la tierra* de Ignacio Ortiz.

Aun así, el crecimiento en el número de pantallas y del tamaño del público potencial, debe entenderse junto a la redefinición irreversible del ir al cine como una actividad reservada para las clases más pudientes del país. Al controlar el 89 por ciento de todas las pantallas, los complejos cinematográficos significaron la evolución de las prácticas de asistencia al cine a partir de lo que Ana Rosas Mantecón llama "los nuevos procesos de segregación urbana." Rosas Mantecón, una de las pocas académicas que ha tratado la cuestión del público fílmico desde una perspectiva sociológica, lamenta la pérdida de la exhibición de cine como un espacio de sociabilidad masiva y argumenta que el efecto más importante de la expansión de los complejos cinematográficos en la Ciudad de México ha sido la transformación del ir al cine en una actividad "elitista" ("New Processes" y "Auge"). En un estudio similar llevado a cabo en los teatros de Monterrey, Hinojosa Córdova nota que la actividad de ir al cine está atada a la posesión de un alto nivel de educación y de un empleo, por lo que un gran número de la población permanece excluida de la misma (91). Esta apreciación, sin embargo, simplifica demasiado el rol de los complejos cinematográficos en las nuevas geografías culturales de las ciudades mexicanas. El hecho de que los nuevos teatros mexicanos no son accesibles para las clases trabajadoras no quiere decir que no constituyan espacios de sociabilidad. De hecho, como Charles Acland ha mostrado en un estudio de los complejos cinematográficos en Canadá, "los complejos de cine son ejes de comunidad y de la vida pública. Estos no sitúan las condiciones sólo del espectáculo; también construyen relaciones entre el público y las prácticas cinematográficas" (119). Lo que esto quiere decir para el contexto mexicano es que el ir al cine ha reaparecido como una práctica social de las clases medias, relacionada a actividades tales como las citas y el entretenimiento para después de la escuela. La segregación económica que reapareció es desafortunada e indeseable, pero en lugares como en la Ciudad de México, donde la clase media está compuesta por millones de personas, también dio paso a la restauración del cine como entretenimiento para una parte significativa del público. Este es, más o menos, el caso hoy en día, ya que los precios de taquillas han aumentado a una tasa inferior a la inflación: hoy, las taquillas rondan los cincuenta y cinco a los setenta pesos, más o menos lo mismo que un día de trabajo en salario mínimo. En otras palabras, el costo de la taquilla en relación al ingreso hoy en día es aproximadamente la mitad de lo que fue en 1995. Más aún, si uno sigue el análisis de Acland, esta transformación ha permitido el resurgimiento de la práctica de ir al cine a pesar de la competencia de la televisión, el video, y el internet: "A la luz de la convergencia histórica y económica de industrias, es fundamental que consideremos los enlaces intramediáticos de textos, producción y recepción y veamos los procesos que establecen la especificidad y la distinción en esos tres dominios, ya sean públicos o no" (122). Cuando se aplica al caso mexicano, este argumento muestra por qué el surgimiento del complejo cinematográfico fue tan importante para el surgimiento de la comedia mexicana o la transformación del discurso mexicanista: fue la condición de posibilidad del desarrollo de una industria viable y un público confiable necesarios para la reformulación estética e ideológica del cine mexicano.

Precisamente porque el público nuevo se identifica con las clases medias educadas, a mediados de los años noventa, los códigos tradicionales del melodrama y el mexicanismo, dirigidos más a las clases populares, fueron gradualmente desplazados a las afueras del cine mexicano. Algunas películas que llevaron a cabo este desplazo de códigos melodramáticos hallaron nuevos y tempranos espacios en el nuevo mercado comercial, a pesar de que aún faltaba una muy necesaria transformación en los gustos y en los valores de producción. *Los nuevos espectadores* apuntan a un elemento que puede ayudarnos a comprender la evolución del gusto en el nuevo público de clase media: la televisión de cable. En el estudio de Mérida antes mencionado, los autores muestran que Cablediversión tuvo alrededor de veintidós mil clientes que pagaban por sus servicios en sus dos primeros años de operación, localizados mayormente en barrios de altos ingresos (García Canclini, *Los nuevos espectadores* 273). Un proceso similar se observó en Tijuana, donde los siete mil suscriptores de cable en 1993 residían en áreas de altos ingresos (313). Finalmente, en la Ciudad de México, las suscripciones combinadas de cable, satélite, y sistemas directos al hogar se encontraban en 1.25 millones de residencias (Sinclair, *Latin American Television* 57), un número que concretamente ilustra el tamaño del público añorado por las comedias románticas y los complejos cinematográficos. Algunos estudios tempranos acerca del impacto del TLCAN en los medios mexicanos, como el que compiló Emile McAnany y Kenton Wilkinson en *Mass Media and Free Trade*, exploran esta cuestión en términos de identidad nacional, preguntándose si la llegada de nuevos proveedores de medios que ofrecían contenido americano tendría un efecto en redefinirla. Claro, este marco permanecía dentro de las ideologías teóricas de la mexicanidad y, en retrospectiva, el valor central de estos estudios sigue estando en cómo demostraron la consistente preferencia del público por el contenido nacional. Estudios posteriores sobre los medios y los estudios de comunicación, sin embargo, mostraron que la verdadera consecuencia de la expansión de la televisión pagada en el consumo mediático dependió de la estratificación de clases del público del país. De acuerdo a Joseph Staubhaar y Luiz Duarte, los datos de mercadotecnia en Latinoamérica muestran que el 90 por ciento de suscriptores de la televisión de cable o satélite están en la parte superior del 50 por ciento de la escala de ingresos

(228). En otras palabras, la llegada de la televisión pagada, representada por compañías locales de cable y satélite repetían los patrones observados en la formación del público de complejos cinematográficos. Estos son mayormente clientes profesionales y urbanos que utilizan estas nuevas avenidas culturales como una forma de evadir el contenido tradicional ofrecido por la televisión abierta.

Como ha mostrado John Sinclair, el crecimiento del mercado hispanohablante latinoamericano le permitió a las compañías de medios transnacionales operar canales de televisión dirigidos a Latinoamérica, pero con un alto nivel de contenido producido en los Estados Unidos. Mientras que MTV creó un canal específico para México, y mientras que algunas cadenas regionales tuvieron canales propios, en 1996 el 90 por ciento del contenido venía de los Estados Unidos ("International Television" 2000). La importancia de estos datos para mi argumento yace en la naturaleza del contenido que presentaron las nuevas redes de cable en cuanto a géneros de ficción. Además de los canales de películas y deportes, uno de los desarrollos más interesantes fue el surgimiento de canales altamente exitosos cuyo contenido estaba mayormente compuesto de programas americanos de ficción *prime time*. Estos canales, los cuales incluían al Sony Entertainment Television, el Warner Channel, y Fox Latin America, comenzaron la distribución de programas ya clásicos de los años noventa como *Seinfeld*, *Friends*, *Mad about You*, y *Ally McBeal*, con una gran acogida por el público local.[18] Una observación de este panorama mediático emergente permite un entendimiento de los modos en los que el cable contribuyó a la consolidación de la comedia romántica en el gusto del recién conseguido público de clase media. Las personas que van al complejo cinematográfico fueron esencialmente las mismas que se subscriben a sistemas costosos de cable, con precios de suscripciones que alcanzaban alrededor de 50–100 por ciento del salario mínimo mensual. Mientras que uno de los asuntos de la expansión de cable, tal como fue estudiada en *Los nuevos espectadores*, fue la creación de avenidas alternativas para la distribución de cine de Hollywood, este contenido ya estaba disponibles en los teatros y lugares de alquiler de video. Los seriales de televisión, por el otro lado, fueron una cuestión distinta. La televisión de antena sí le dedicó algunos de sus canales, por ejemplo, XHGC de Televisa, a programas como *Dallas* o *Dynasty*, pero, en ocasiones, estos salieron al aire años después de su estreno estadounidense, doblados al español y transmitidos en espacios que no compitieran con las horas pico de las telenovelas.[19] Sony Entertainment Television y Warner Channel trajeron a los suscriptores un arsenal importante de series de televisión que no ofrecían los canales mexicanos de antena. Esto significó no sólo que hubo una creciente disponibilidad de contenido que permaneció accesible sólo a la clase media, pero también que el producto principal ofrecido a este público de la época fue la comedia situacional, o *sitcom*, el cual nunca había sido parte del panorama mediático mexicano. Si uno considera que entre *Sólo con tu pareja* y el *boom* de comedias románticas en México a final de los años noventa, los *sitcoms* fueron uno de los dos nuevos productos mediáticos introducidos al mercado mexicano (el otro fue el video musical a través de MTV Latinoamérica y estaciones locales como Telehit), es posible sostener que el público que vendría a hacer al género exitoso en los años 2000 se formó, por lo menos en parte, a través de este nuevo tipo de programación.

En su estudio de los *sitcoms*, Brett Mills extrapola un artículo de Larry Mintz y enfatiza tres aspectos que ayudaron a definir el género: un arreglo "enfocado en lugares y personajes recurrentes," una estética basada en la "artificialidad" del texto, y una narrativa construida en torno a la repetición (28). Aunque Mills no se subscribe totalmente a esta definición, ya que los elementos también podrían aplicarse a otros géneros televisivos, el encuentro es útil en tanto a que ayuda a entender las fórmulas narrativas y visuales traídas por los canales de cable a México. Si uno regresa a *Sólo con tu pareja*, los méritos de esta definición son evidentes. Vemos un arreglo claramente definido y centrado alrededor del departamento de Tomás y un pequeño elenco de personajes que circulan a través de él; una artificialidad sostenida por la fotografía estetizada de Lubezski y por las instancias carnavalescas como el sueño de Tomás y la actitud exagerada de los doctores japoneses; y una narrativa construida en torno a las convenciones del género de la comedia romántica. Claro, Mills se enfoca en un cúmulo de *sitcoms*, y no sólo en aquellos que se basan en interacciones románticas. Sin embargo, los programas concretos trasmitidos exitosamente por Sony y Warner efectivamente muestran una fuerte preferencia por los *sitcom*s que articulan discursos de romance e intimidad: *Friends*, con sus muchas interacciones románticas entre sus personajes; *Mad about You*, una serie arquetípica que se enfoca en una pareja casada; o *The Nanny*, cuya historia central traza el desarrollo de una relación romántica entre el personaje de Fran Drescher y su jefe. Aun en seriales que casi no encajan con la estructura cómica del *sitcom*, el armazón romántico sigue siendo bastante evidente: *Dawson's Creek* es un buen ejemplo de ello. Mi punto es que los programas *prime time* norteamericanos trasmitidos por el cable mexicano familiarizó al público con un nuevo tipo de estéticas que giraban alrededor del discurso romántico, permitiéndole tanto al público como a productores a crear un nuevo espacio mediático en el que las relaciones entre el melodrama y el afecto no son ya predominantes. Los sectores de la sociedad con acceso a este nuevo modo de producción mediática y consumo desarrollarían sus gustos a favor de estas nuevas formas de involucramiento cultural.

Un temprano ejemplo de esta tendencia se halla en uno de los pocos éxitos taquilleros de la mitad de los años noventa, *Cilantro y perejil* (1995) de Rafael Monter. La película se enfoca en la separación y reunión final de una pareja casada, Susana (Arcelia Ramírez) y Carlos (Demián Bichir). La existencia de esta película en sí ilustra puntos significativos en relación con las transiciones que ocurrían en la década. Coproducida por IMCINE y Televicine, la cinta fue la primera de estas colaboraciones entre dos gigantes de la producción mexicana. *Cilantro y perejil* fue una divergencia importante de las películas respaldadas anteriormente por ambas compañías. Por el lado de IMCINE, marcó un cambio con relación a la prevalencia de obras neomexicanistas producidas por el estado e indicó un nuevo impulso de parte del instituto a apoyar la producción privada. Este sistema mixto de financiamiento se convertiría en un elemento corriente de muchas de las producciones de los próximos años. Para Televicine, *Cilantro y perejil* significó el surgimiento de una nueva filosofía de producción bajo el liderazgo de Roberto Gómez Bolaños, un comediante televisivo legendario al que se le nombró como director en 1995. Antes de esta película, las producciones de Televicine consistieron de sexicomedias dirigidas al debilitado, pero todavía lucrativo mercado urbano popular, y de vehículos para explorar el éxito del talento de telenovelas o comedias de Televisa. *Cilantro y perejil* no perteneció a ninguna de estas categorías: se enfocó en un mundo de clase media que había sido ignorado por las producciones anteriores de Televicine, y los protagonistas fueron interpretados por actores cuyas carreras en el cine trascendía cualquier trabajo hecho para la televisión. Gran parte de las películas importantes de mediados de los años noventa se llevarían a cabo bajo este tipo de esquema de producción público-privado, dirigido hacia un mercado similar, incluyendo *Salón México* de García Agraz, *Entre Pancho Villa y una mujer desnuda* (1996) y *Elisa antes del fin del mundo* (1997) de Juan Antonio de la Riva. Aunque Televicine gradualmente dejaría de ser una fuerza importante en la producción cinematográfica, esta transición mostró como la estética fílmica que había sustentado hasta este momento se hacía a grandes rasgos anticuada. El nuevo público de cine ya no buscaba películas pobladas por aquellos actores y actrices de televisión que habían sido poco a poco desplazados de las nuevas opciones de cable. El hecho de que Televisa decidiera invertir en esta nueva forma de cine de comercial de clase media es revelador: hasta una fuerza principal de la producción mediática tuvo que reconocer y responder a las nuevas tendencias en los gustos y preferencias del público.

A pesar de su éxito comercial y su rol en la historia del cine de los años noventa, muy pocos críticos y académicos se han ocupado de *Cilantro y perejil*. No aparece en la historia exhaustiva del cine mexicano de Carl Mora, ni tampoco en estudios importantes como los de Miriam Haddu y David William Foster. Aunque Misha MacLaird la considera, correctamente en mi opinión, como una película transicional, no logra notar su rol en la reinvención de los esquemas de producción, ni tan siquiera considerando que su libro se enfoca fuertemente en los desarrollos institucionales de la industria cinematográfica (*Aesthetics* 51–53). En México, Jorge Ayala Blanco la descarta como una representación de una "feminidad recalentada" y de las irrelevantes crisis nerviosas de "una pareja de *yuppies*" (*La fugacidad* 378). En mi opinión, la película es mucho más significativa. Está inscrita, como MacLaird misma nota (52), en una tendencia mayor de la representación de la crisis matrimonial, y tanto ella como Ayala Blanco (*La fugacidad* 380) comparan el tema de la película con el de *El anzuelo*. A pesar de algunas similitudes superficiales, como el uso del vídeo y del tema de la decadencia matrimonial, estas películas tienen diferencias mucho más sustanciales que muestran exactamente porque *Cilantro y perejil* vendría a jugar un marcado rol en la definición del género de la comedia romántica. La exploración de la película de los malentendidos de la pareja trabaja dentro de un lenguaje totalmente distinto al de *El anzuelo*, en la cual la estructura de la boda tiene fuertes guiños a la identidad mexicana y la sociabilidad de la clase obrera (por ejemplo, los músicos tocan piezas tradicionales).[20] Yo argumentaría que una fuente narrativa y estética de los elementos principales de *Cilantro y Perejil* se encuentra en *Mad about You*, el sitcom protagonizado por Paul Reiser y Helen Hunt, el cual se estrenó en Estados Unidos y México durante la temporada de 1992–1993. Tanto la película como el *sitcom* están protagonizada por una pareja casada que forma parte de la "clase creativa": Paul Buchman, el personaje de Riser, es un cineasta documentalista, y Jamie Buchman, la personaje de Hunt, es una especialista en relaciones públicas.[21] En ambos casos, la relación social más cercana de la pareja es la hermana menor de la esposa, interpretada en *Mad about You* por Anne Ramsay y por Alpha Acosta en *Cilantro y perejil*. Las dinámicas entre la pareja son también similares. Paul y Carlos son relajados y distraídos, y a ambos se le hace difícil llevar a cabo cualquier tipo de trabajo doméstico sin la ayuda de sus respectivas esposas: el título de *Cilantro y perejil* se refiere a la incapacidad de Carlos de distinguir entre las dos hierbas, mientras que *Mad about You* recurre a menudo a chistes relacionados al contraste entre el orden de Jamie y el caos de Paul, al igual que a la dependencia de Paul. Finalmente, la acción de la película ocurre en el mismo tipo de localizaciones que el *sitcom*, como departamentos, supermercados, y restaurantes.

Aunque algunos lectores piensen que esta afirmación de la influencia del uno sobre el otro es problemática, el hecho es que el lenguaje estructural de *Cilantro y perejil* está construido sobre los mismos paradigmas narrativos de *Mad about You*. El éxito de esta última en la televisión por cable mexicana indica, por lo menos, que Televicine tenía como objetivo llegar al mismo público que consumía ese tipo de sitcoms y el cual no sintonizaba sus canales de antena. La razón por la cual *Cilantro y perejil* puede considerarse como una película de transición no es sólo porque es una comedia romántica. Tiene más que ver con los cambios en las interpretaciones mexicanas del género que ocurren en la producción. *Sólo con tu pareja* se construyó sobre un código estético que le debía más a las comedias románticas de Woody Allen que a algún discurso de la televisión, mientras que los valores de producción de *Cilantro y perejil* provenían claramente de la televisión: contaba con un estilo de fotografía limpio y sin pretensiones (que contrastaba marcadamente con el rico trabajo de Lubezki en *Sólo con tu pareja*), una serie de tramas y subtramas que se parecían a muchas narrativas de la televisión (*Sólo con tu pareja* no tenía subtramas), y una estructura narrativa que, muy similar a los sitcoms sobre matrimonios al estilo de *Mad about You*, se enfoca en ramificaciones y malentendidos que, al fin y al cabo (y sin sorpresa), se resuelven en el final.[22]

Indudablemente, muchos cineastas resintieron esta nueva transición, y consideraron inaceptables las nuevas presiones comerciales. El ejemplo más irónico de esta resistencia es la atrevida *Bienvenido/Welcome* (1995) de Gabriel Redes, una acusación de la comercialización y poca libertad que sentían los cineastas de las viejas generaciones. La película, que utilizó el mecanismo de una película dentro de una película, cuenta la historia de un grupo de cineastas mexicanos que intentan producir una película sobre el SIDA, una clara alusión a *Sólo con tu pareja*.[23] Esta historia dentro la historia se enfoca en un hombre casado que se acuesta con una mujer rubia en un viaje de negocios y se contagia de una infección HIV que le destruye la vida. El título de la película viene de esta subtrama, ya que la rubia abandona al hombre tras escribirle en el espejo, "Bienvenido al mundo del SIDA." El lenguaje es el elemento clave entre ambas tramas: la historia principal ocurre en español, mientras que la película dentro de la película es en un inglés fuertemente marcado por un acento mexicano. La película tiene un tono agrio de principio a fin. Las secciones en inglés son largas y artificiosas, y claramente se burlan de una clase media profesional y urbana: vemos a un hombre a quien se castiga esencialmente por preferir a una mujer que parece norteamericana sobre su esposa mexicana, y quien es finalmente despedido de su trabajo en una corporación transnacional por su infección. Este personaje tiene claros paralelos al comprometido infiel de Clarisa en *Sólo con tu pareja* y su preferencia por azafatas norteamericanas y europeas. En un marcado contraste, la sección en español está plagada por un fuerte didactismo que enfatiza *ad nauseam* las limitaciones que enfrenta el grupo de cineastas. Mientras que críticos como Ayala Blanco muestran una fuerte preferencia por *Bienvenido/Welcome* sobre cualquier comedia romántica, Retes al fin y al cabo está protestando en contra de una crisis creativa inevitable e inminente: es un cineasta con una larga trayectoria de cine político cuyo trabajo gradualmente se hace anacrónico y poco viable. A la larga, la película persiste como un documento raro y valioso de la transición que sufrió el cine mexicano de mediados de los años noventa. También ilustra claramente, por lo menos desde la perspectiva de directores como Retes, que la victoria de la cultura de clase media y la comedia romántica ocurrió a expensas de libertades creativas y posibilidades políticas que fueron permitidas dentro de los paradigmas del "cine de la soledad."[24]

Quizás la consecuencia más importante de las estéticas del *sitcom* de *Cilantro y perejil* es su reconocimiento del efecto que el nuevo panorama mediático podía tener sobre el consumo cinematográfico. La película fue lanzada en el momento más débil del mercado, cuando la infraestructura de exhibición que haría posible el desarrollo económico del cine mexicano estaba en pleno proceso de construcción. Me parece que *Cilantro y perejil* muestra que la comedia romántica a mediados de los años noventa estaba también en proceso de construcción, ya que la película constó de un momento incómodo e innecesario de autorreflexión. Nora (Alpha Acosta), la hermana de Susana está filmando un documental sobre el amor, y la separación de Carlos y Susana ocurre parcialmente porque él llega tarde a la sesión donde hablarían de su amor frente a la cámara. Como he dicho antes, este elemento narrativo viene de *La tarea* y reaparece en otras comedias románticas. Sin embargo, en *Cilantro y perejil*, este elemento metacinematogáfico se percibe como una artificiosidad fuera de lugar, ya que contribuye poco a la trama principal. Mientras que la historia de Nora se enfoca en sus intentos de volverse una profesional del video, a la película le falta el fuerte trabajo sicológico con el que Hermosillo logró impregnar su mirada cinematográfica. La incómoda presencia de este elemento muestra como *Cilantro y perejil* todavía era víctima de cierta crisis de identidad. Por un lado, buscaba explotar el potencial comercial de la comedia romántica.[25] Por el otro, justo como *Sólo con tu pareja*, se basaba en algunos elementos del cine independiente que, en este caso, no correspondían a su naturaleza comercial. La consagración de la comedia romántica requería más trabajo para filtrar estas pretensiones artísticas que le sobraban y redefinirse para responder a las nuevas realidades comerciales del consumo mediático. *Sexo, pudor y lágrimas* (1998) de Antonio Serrano tomó el próximo paso.

El ascenso del capitalismo emocional: *Sexo, pudor y lágrimas* y la mercancía fílmica

En *Cold Intimacies*, la socióloga israelí Eva Illouz propone una lectura del capitalismo y la modernidad a partir del estudio de las emociones: "Mi tesis es que la construcción del capitalismo fue de la mano con la construcción de una cultura emocional intensamente especializada y que cuando nos enfocamos en esta dimensión del capitalismo—y de sus emociones, por así decirlo—nos colocamos en una posición para desenterrar otro orden en la organización social del capitalismo" (4). Illouz pasa a fundamentar su tesis en términos más específicos, argumentando que "los repertorios culturales basados en el mercado le dan forma e informan las identidades interpersonales y emocionales, mientras que las relaciones interpersonales yacen en el epicentro de las relaciones económicas" (5). El trabajo de Illouz provee un lenguaje apto para estudiar la comedia romántica mexicana en relación al surgimiento del cine como una práctica reservada para clases sociales más pudientes. En primer lugar, al nivel del análisis fílmico, ofrece una aproximación para conceptualizar las articulaciones afectivas en las películas más allá de los vocabularios de la psicología, así permitiendo la identificación de elementos socioeconómicos y culturales que están en juego en las representaciones cinematográficas de las relaciones interpersonales. En segundo, en tanto a que las comedias románticas pertenecen a un orden del discurso que le da forma a las prácticas románticas e íntimas de su público, ayuda a explicar el modo en el que las articulaciones afectivas del público cinéfilo en México pasaron de ser un sistema fuertemente controlado y enlazado a la identidad nacional y social a ser la creación de mercancías culturales que se aproximan al afecto a través del mercado. Antes de 1998, la comedia romántica mexicana ya había experimentado el proceso involucrado en las nuevas representaciones cinematográficas del amor, como he mostrado en los casos de *Sólo con tu pareja* y *Cilantro y perejil*. No obstante, la capacidad de estas películas de participar de lleno en el mercado de productos culturales, especialmente con la profundidad necesaria para retar al melodrama como el lenguaje de las configuraciones públicas del afecto, todavía tenía grandes limitaciones. Los cambios en la exhibición y constitución del público, a mediados de los años noventa, crearon nuevos espacios culturales para el cine, pero ya que en ese momento se producían la menor cantidad de películas en la historia, el medio fue incapaz de aprovechar la oportunidad en términos de producción. Esto cambió en 1998, cuando el lanzamiento de *Sexo, pudor y lágrimas* de Serrano creó un nuevo manual de instrucciones de cómo debía interactuar el cine con el nuevo público.

Sexo, pudor y lágrimas es una comedia de costumbres sobre dos parejas y dos personajes solteros. La historia se centra en la relación entre Ana (Susana Zabaleta) y Carlos (Victor Hugo Martín), la cual está despedazándose por la falta de interés sexual de parte de Carlos. Significativamente, Carlos pertenece a la clase creativa (es un aspirante a escritor), y su frigidez es paralela a su incapacidad de finalizar su libro. La acción comienza cuando el exnovio de Ana, Tomás, un aventurero de espíritu libre, se muda con ellos temporalmente tras haber vivido en Singapur. A la vez, la película se enfoca en el matrimonio conflictivo de Miguel (Jorge Salinas) y Andrea (Cecilia Suárez), el cual es abiertamente disfuncional y hasta se torna violento en ocasiones. Miguel es otro miembro de la clase creativa: trabaja como un ejecutivo de cuentas internacional en una agencia de publicidad. A diferencia del desinterés sexual y la impotencia profesional de Carlos, Miguel es un Don Juan infiel y un profesional exitoso, lo cual establece un paralelo notable entre la proeza sexual masculina y el éxito económico. Esta segunda historia se desarrolla después de que la exnovia de Miguel, María (Mónica Dionne), una zoóloga regresa de Kenya tras separarse de su esposo británico. El mecanismo cómico central de la producción ocurre cuando, después de una serie de peleas, todos los hombres se mudan al departamento de Carlos, mientras que las mujeres se mudan al otro lado de la calle, con Andrea. La película está enraizado a grandes rasgos en las convenciones de la comedia romántica, aunque también carga con un fuerte peso dramático, debido a la creciente violencia de Miguel hacia Andrea y a la crisis nerviosa de Tomás, la cual da paso a su suicidio casi al final de la cinta. Este último giro, yo sostendría, tiene más que ver con el origen de la película como una obra teatral, donde el drama se entiende como más artístico, y es bastante disonante en el contexto de la película, la cual suaviza el impacto dramático de muchas de las escenas originales de la obra de Serrano.

Como podemos ver, la película construye a ambas parejas de acuerdo a una formula precisa y simétrica. Ambas parejas tienen relaciones de larga duración, y los triángulos amorosos se definen a partir de los conflictos de Ana y Miguel entre sus relaciones socialmente aceptables y los restos de sus amores por personas que ya no pertenecen al panorama económico y social de la clase media de la Ciudad de México. En otras palabras, tenemos aquí personajes quienes pertenecen a un espacio socioeconómico claramente delineado y cuya construcción afectiva está enraizada en la decisión de ajustarse a las expectativas sociales de sus situaciones o romper con ellas para regresar a una relación con una persona que nunca logró integrarse totalmente a los valores neoliberales. Esto es evidente en la reunión entre Miguel y María. Después de un encuentro accidental en una fiesta, María le pregunta a Miguel por qué no dirigió finalmente la película en la que había estado trabajando cuando rompieron su relación. Miguel responde que se había visto obligado a "cambiar" y aceptó la realidad, lo cual tomó la forma de aceptar una oferta para trabajar en la publicidad. María le pregunta a Miguel, "¿Y el compromiso social?," una pregunta que Miguel no puede responder. Esta conversación enfatiza la decisión social que enfrentaron muchos miembros de la clase media mexicana después de los años ochenta. María y Tomás representan aquellos quienes decidieron seguir sus ideales, lo cual, significativamente, es sólo posible abandonando el país. Carlos y Miguel representan a aquellos que permanecen en el país y se conforman a los estándares sociales del México neoliberal. Es interesante que cuando Tomás y Ana tienen una conversación similar, ella enfatiza que el departamento en el que vive es propiedad de la madre de Carlos, y que ella no pertenece allí. Tomás le responde: "¿No es esta mi casa?" Ana añora una alternativa, mientras que Tomás busca ocupar la vida de clase media de Carlos. *Sexo, pudor y lágrimas* finalmente se trata sobre los modos en los que la clase media define su esfera afectiva, en el espacio entre los ideales culturales de una clase creativa perteneciente al centroizquierda y las realidades sociales del neoliberalismo.

Al final, la película definitivamente establece el orden social neoliberal, sacando a los personajes rebeldes de la escena. Al fin y al cabo, Tomás se revela incapaz de adaptarse al "mundo real," y decide suicidarse. En la última escena, Carlos y Ana regresan y él expresa su deseo sexual por ella, lo cual restaura totalmente su relación. No se hace referencia alguna a Tomás y ninguno de las dos muestras alguna marca visible de luto. María abandona México, acepta un trabajo en el zoológico de San Diego, e intenta reconciliarse con su esposo británico, indicando que ella finalmente no quiere pertenecer a la esfera social mexicana. Miguel intenta regresar a Andrea, admitiendo sus errores y aceptando su vida a pesar de haber sacrificado sus ideales. Sin embargo, en esta trama, Andrea lo abandona, ya que sus abusos definitivamente deben ser castigados. Aun así, Andrea sí consigue un trabajo, claramente mostrando que su redención personal también debe ser enmarcada dentro de su incorporación al sistema económico (se podría hasta afirmar que fue vulnerable a los abusos y al alcoholismo de Miguel porque no estaba empleada). El desarrollo de los personajes, en todos los casos, apunta a la misma idea: la aceptación del orden de la clase media ya sea a través del rendimiento final de las personas que ya están dentro de él o a través de la expulsión o muerte de aquellos que se atrevieron a retar los estándares de la sociedad para seguir sus ideales.

Esta representación sin arrepentimientos de los valores sociales de la clase media ha llevado a algunos críticos a atacar el mundo cinematográfico de Serrano. David William Foster, por ejemplo, lamenta que "las dificultades de sobrevivir en la Ciudad de México posmoderna no sean problema alguno en la película de Serrano" (38), mientras que Jorge Ayala Blanco regaña a la película como una película "insustancial" y "caricaturesca" construida en torno a un "lenguaje fílmico irresponsable, y basada en la vida de las élites (*La fugacidad* 439–44). El crítico Francisco Sánchez también lamenta la estética de la película, al presentarla como paradigmática de lo que él llama "el género light" (*Luz* 226–27). Es importante notar aquí que estos tres críticos escriben desde una postura intelectual que se posiciona de algún modo en una ideología política que va en contra de los valores que la película pone en escena mediante su aceptación alegre de la cultura neoliberal: tanto Sánchez como Ayala Blanco son intelectuales de izquierda quienes suelen celebrar películas abiertamente políticas, mientras que Foster, un académico americano clave para los estudios de género, claramente prefiere el trabajo innovador de Hermosillo sobre las mujeres y los problemas sociales LGBTQ por encima de la utilización superficial y elitista de la obra de Serrano. Se compartan sus perspectivas o no, el hecho de que *Sexo, pudor y lágrimas* fue la película mexicana más exitosa en la historia para entonces, con una taquilla doméstica de más de doce millones de dólares, obliga a leerla más allá de cualquier preferencia estética o ideológica.

Como hemos visto en el análisis del contenido de la película, las relaciones interpersonales de los personajes encajan únicamente con el capitalismo emocional definido por Illouz, ya que "los repertorios culturales basados en el mercado" del México contemporáneo son tan evidentes aquí como lo son en *Sólo con tu pareja*: las profesiones de la clase creativa (diseñador, publicista, escritor), la adopción autorreferencial de una parte pudiente de la Ciudad de México como su localización, la presentación de la riqueza de los personajes mediante el uso de sus lujosos departamentos como los lugares centrales de la película, y hasta la construcción de prácticas de amor en las que el matrimonio es opcional (Carlos y Ana no están casados, ni tampoco Clarisa y su novio, mientras que Andrea se redime mediante el divorcio). De hecho, tanto Ayala Blanco como Foster subrayan la localización de *Sexo, pudor y lágrimas* en Polanco como evidencia de la vacilación de la película en cuanto a representar los conflictos sociales y de clase que plagan a la Ciudad de México contemporánea. No obstante, leer esta decisión como un simple síntoma del elitismo pierde de vista el punto de muchas maneras. Al nivel formal, la película responde al espacio idealizado y autorreferencial del género de la comedia romántica tal como lo describe Deleyto, siguiendo de este modo una tendencia a representar la ciudad desde las perspectivas afectivas de los personajes y no ya a través de alguna posición sociopolítica sobre la ciudad misma. Foster muestra que en *Sexo, pudor y lágrimas* el balcón "funciona como un pasillo que da acceso a una vista panorámica de la ciudad, con el efecto de "adueñarse" o "controlar" la ciudad como un correlativo del estatus financiero de los residentes del departamento" (40), un argumento similar al de Haddu y Medina sobre el departamento de Tomás Tomás en *Sólo con tu pareja*. Esta lectura correctamente se enfoca en el estatus económico de los personajes, pero Foster atribuye la autoreferencialidad del espacio a una similitud con las telenovelas.[26] Preferiría afirmar que, a diferencia de las telenovelas, cuyos mundos ficticios usualmente están construidos sobre representaciones más amplias y diversas del espectro social, las comedias románticas son particularmente aptas para presentar la vida entre miembros de las nuevas clases pudientes, en tanto a que éstas se auto-aíslan de otras secciones de la Ciudad de México. Mientras que Foster acierta al señalar que Polanco es más diverso de lo que muestra la película, también es cierto que, en el momento en el que se lanzó la producción, una de las tendencias más obvias de urbanización era la construcción de calles privadas y complejos residenciales, mostrando la voluntad de las clases medias altas a aislarse del resto del espectro social. Si acaso, el espacio autorreferencial de la comedia romántica surge como un mecanismo adecuado para reflejar cinematográficamente esta aspiración, la cual a su vez muestra que criticar su falta de realismo pierde de vista el objetivo central.

Las objeciones al elitismo de *Sexo, pudor y lágrimas* también pasan por alto cómo la producción marcó y estableció una tendencia en las estrategias de mercado, las cuales ayudan a explicar el éxito financiero y el modo en el que la comedia romántica comenzó a participar en la imaginación afectiva del nuevo público fílmico. La película sigue el ejemplo de *Cilantro y perejil* al construirse sobre un esquema de coproducción público-privada, aunque los participantes del diseño financiero de *Sexo, pudor y lágrimas* representen una manifestación más compleja de este esquema. Misha MacLaird los describe: "los fondos FOPROCINE de IMCINE; la advenediza fílmica Titán Producciones. . . . Argos Cine, que era parte de la empresa más grande, Argos Comunicación, cuya parte televisiva coproducía las dos telenovelas; y Tabasco Films, una de las casas productoras más exitosas de México desde inicios de los años noventa, responsable de producir el trabajo de María Novaro y Carlos Carrera, respaldada por el multimillonario Carlos Slim" (*Aesthetics* 54).

Esta descripción muestra aptamente la nueva combinación de financiamiento detrás de la película, pero es también importante subrayar algunas implicaciones y ramificaciones significativas de tal esquema. FOPROCINE, la cual se creó como el resultado de una reforma a la legislación fílmica en 1996, operaba dentro de nuevas fórmulas de financiamiento que redefinieron la producción cinematográfica al moverse del modelo más centralizado que sostuvo IMCINE en la primera parte de la década a un modelo de subcontratación que apoyaba iniciativas privadas de producción. Esta se transformaría en la forma principal de financiamiento en los siguientes años. Como MacLaird también documenta, Titán Producciones era propiedad parcial de Christian Vladelièvre, antes un corredor de bolsa en JP Morgan, quien jugó un rol principal en la fundación de la cadena Cinemex y quien, de acuerdo a MacLaird, estaba completamente consciente del potencial económico del nuevo público (48). Tabasco, un estudio con un récord exitoso, proveyó más experiencia cinematográfica, al igual que el apoyo financiero del empresario, Carlos Slim, uno de los hombres más ricos en el mundo.

Aun así, Argos Cine es, para mí, el jugador más significativo. Fundada por el poderoso productor de medios Epigmenio Ibarra, Argos Comunicaciones fue responsable de dos de las más importantes e innovadoras telenovelas en el México de los años noventa: *Nada personal*, una telenovela inusualmente política basada en los escándalos del Presidente Salinas de Gortari y su familia, y *Mirada de Mujer*, la cual rompió los esquemas tradicionales del melodrama al ocuparse de una historia de amor entre una mujer y un hombre mucho más joven. Es significativo que a Serrano se le atribuye la dirección principal de *Nada personal*, lo cual muestra que, al lanzarse a la producción cinematográfica, Argos expandía, en parte, su existente nómina de talento de actuación y producción. Asimismo, las telenovelas de Argos se basaron en los intentos de Ibarra de cambiar los lenguajes culturales del mercado audiovisual mexicano. Tanto *Nada personal* como *Mirada de mujer* atacaron la prevalencia de melodramas sobre valores familiares en el panorama mediático mexicano. El hecho de que, en su punto más alto, ambas telenovelas lograron sobrepasar las producciones de Televisa en cuanto a *ratings* dice mucho de un público que quería trascender las fórmulas de producción que caracterizaban la televisión de antena tradicional. *Sexo, pudor y lágrimas* extendió este proceso al cine, al romper con las estéticas neomexicanistas privilegiadas por las producciones anteriores de IMCINE y al mejorar los valores de producción que prevalecían en los trabajos apoyados por Televicine o Tabasco Films. Aunque es posible entender y criticar este proceso, como lo hace MacLaird en tanto el desplazamiento del público de una sociedad civil a un mercado meta (*Aesthetics* 45–49), el asunto significativo aquí es la inédita capacidad de la película de realmente conectar con este público, teniendo en cuenta que la construcción de un mercado meta había sido una preocupación de Televicine, al igual que de todas las demás casas de producción fílmicas privadas desde los años cuarenta. Lo que le falta al recuento de MacLaird y a las lecturas de críticos como Ayala Blanco y Foster es una consideración de la manera en la que *Sexo, pudor y lágrimas* opera al nivel de la economía cultural neoliberal al igual que su construcción de una nueva forma del capitalismo emocional. Argos es el caso paradigmático aquí, ya que es la compañía que, a diferencia de Tabasco (que produjo las películas de Novaro y Carrera), se atrevió a enfrentar de frente las tradiciones melodramáticas del discurso romántico y del compromiso afectivo que siguen siendo parte del negocio de la televisión.

Una clave para entender el éxito de *Sexo, pudor y lágrimas* de un modo sistemático yace en el mecanismo de la mercadotecnia que jugó un rol importante en su éxito: su banda sonora. De acuerdo a MacLaird, los productores de la película utilizaron intencionalmente la banda sonora como un mecanismo de promoción, incluyendo su producción dentro del presupuesto de la película, siguiendo "un modelo de negocios estadounidense"; mediante el cual vendieron 120,000 copias del CD (*Aesthetics* 54), un número notable en un país donde la piratería de música es endémica. El uso de la banda sonora como un mecanismo de promoción maduró en el mercado estadounidense, de hecho, no sólo con la llegada del CD como el instrumento principal para la distribución musical, sino también debido al hecho de que la utilización de la música en campañas de publicidad se había hecho estándar. Hallamos ejemplos en todos los frentes, desde el mundo independiente (como la icónica banda sonora de *Pulp Fiction* de Quentin Tarantino) a éxitos de Hollywood (como "I Will Always Love You" de Whitney Houston, en *The Bodyguard* y "My Heart Will Go On" por Celine Dion de *Titanic*). La banda sonora de *Sexo, pudor y lágrimas* fue estelarizada por una canción del mismo nombre, escrita e interpretada por Aleks Syntek, un artista exitoso tanto en la música pop como en el rock alternativo. Las letras de la canción estaban claramente diseñadas para corresponder al atractivo de comedia romántica de la película, con un mensaje que se enfocó en el deseo de rendirse ante un amante tras haber fracasado anteriormente. La narrativa de la canción se aproxima claramente al arco afectivo de Carlos en la película, desde su incapacidad de amar a Ana a su entrega última al amor y la insistencia de Ana de quedarse con él a pesar de su frialdad. La banda sonora construye un panorama en torno al atractivo *mainstream* (cultura popular) de Syntek, acompañándolo con canciones de baile como "No te extraño" de Kitzy, y piezas que se burlan de géneros de música popular y los incorporan a paradigmas más cercanos a los gustos de la clase media. El disco también incluye "Supermambo" de la banda argentina La portuaria, y hasta el clásico "You Sexy Thing" de Hot Chocolate. Esto trae a colación una dimensión de la banda sonora que MacLaird pasa por alto y que ha sido totalmente ignorado por todos los otros críticos de la película: el uso de la música en la construcción de la película como una mercancía afectiva.

Desde muy temprano en su desarrollo, la música ha sido una característica de la comedia romántica, a pesar de que no fue hasta los años noventa que comenzó a ser utilizada como mecanismo promocional. Pensemos, por ejemplo, en los musicales clásicos de Hollywood y sus paralelos en las películas de mariachi de la Época Dorada. En los años ochenta y noventa, muchas comedias románticas utilizaron la música como el lenguaje de articulación del romance y la intimidad y como un vehículo de expresión del mundo afectivo de los personajes. El caso paradigmático es la icónica película de Cameron Crowe *Say Anything* (1989), en la cual Lloyd Dobler (John Cusack) famosamente expresa su amor para Diane Court (Ione Skye) parándose fuera de su ventana con un estéreo portátil (*boom box*), reproduciendo la canción de Peter Gabriel "In Your Eyes." Asimismo, los creadores de importantes comedias románticas dirigidas al público juvenil contrataron músicos populares para escribir canciones utilizando el mismo título de la película, tal como lo hicieron los Psychedelic Furs para la película *Pretty in Pink* (Howard Deutch, 1986). Finalmente, las comedias románticas escogieron estratégicamente música que correspondiera a los gustos musicales tanto de los personajes representados como de su mercado meta. Un caso cuyas estrategias se asemejan a las utilizadas en *Sexo, pudor y lágrimas*, es la película de 1994 *Reality Bites*, dirigida por Ben Stiller, en la que la canción principal de la banda sonora, "Stay" de Lisa Loeb, corresponde a una forma emergente y popular de música alternativa de adultos dirigida a mujeres de veintitantos años. Como Chuck Klosterman ha argumentado, *Reality Bites* se hizo icónica gracias a su capacidad de transmitir la cultura detrás del "ideal hiperconvencional de una época de tan poca duración" (155). La banda sonora de la película formó parte esencial de ese ideal al apelar a los códigos emocionales de su mercado meta juvenil y profesional. En estos términos, la banda sonora fue una parte integral de los códigos afectivos expresados por la película. Mientras que los usos de la música como mecanismo promocional funcionan a través de un gran espectro de géneros, la identificación afectiva de la audiencia con las canciones promocionadas para una película es particularmente crítica para la comedia romántica, ya que el género requiere una identificación afectiva sostenida para funcionar como mercancía.

La comparación con *Reality Bites* nos ofrece pistas adicionales para entender *Sexo, pudor y lágrimas*. La película de Stiller presenta a su personaje principal, Lelaina (Winona Ryder), con una decisión similar a la enfrentada por los personajes de Serrano. La trama sigue la relación de Leilana con Troy (Ethan Hawke), un músico desempleado, y un exitoso ejecutivo de video, Michael (Ben Stiller). Puede ser evidente que aquí nuevamente nos enfrentamos a personas que articulan la relación de la clase creativa con el capitalismo. Lelaina, quien aspira a ser directora de video, debe escoger entre un músico "auténtico" quien, como Carlos, vive disfuncionalmente fuera del sistema capitalista, y un ejecutivo de medios que, como Miguel, ha reconciliado exitosamente sus talentos creativos con las exigencias de la esfera social neoliberal. La resolución aquí es, elocuentemente, la contraria, ya que Lelaina finalmente escoge a Troy, reflejando la decepción de su generación con el sistema neoliberal tal como fue experimentado en la transición entre la primera presidencia Bush y la administración de Clinton. Como Klosterman explica, esta decisión reflejó la aspiración generacional a trascender las presiones económicas enfrentadas por la Generación X (155), respondiendo así a las aspiraciones de la desilusionada clase media joven que conformó el público a quien la película se dirigía. La larga vida de esta película en el imaginario cinematográfico de los Estados Unidos es un testamento a ello. A la inversa, *Sexo, pudor y lágrimas* pertenece a un momento sociocultural en el que la clase media está viviendo un nuevo *boom* económico y cultural tras la crisis de 1994. La película fue claramente representativa de los jóvenes profesionales urbanos cuyo mundo cultural era marcadamente distinto y distante de las clases obreras y de los mandatos históricos de la identidad nacional. Si "Stay" de Lisa Loeb ofreció el vehículo ideal para expresar la idea romántica de estar enamorado a pesar de tiempos difíciles, "Sexo, pudor y lágrimas" de Syntek, por el otro lado, identificó el éxito final del amor con la capacidad de hacerse una parte funcional de la sociedad. Estos ejemplos muestran que la comedia romántica es, en su núcleo, una codificación y una articulación cultural del sufrimiento social de un sector específico de la sociedad. Por lo tanto, su éxito yace en la capacidad de las películas de crear una identificación afectiva con un público que pertenece a un sector social codificado por su discurso romántico. Es por esto por lo que, comprender la banda sonora sólo como un simple mecanismo de publicidad deja la historia a medias: el análisis de sus componentes evidencia los lenguajes culturales que se articulan en el dominio de la comedia romántica.

En *Consuming the Romantic Utopia*, Illouz muestra que la consolidación del amor como un tema del cine vino de la mano con el surgimiento de la industria publicitaria y su uso del romance para motivar el consumo (31–39).

Su argumento descansa en la idea de que las ideologías del amor y las prácticas del capitalismo no están sólo estrechamente relacionadas, sino que además influyen en sus respectivos funcionamientos y estructuras. Mientras que el análisis de Illouz se centra en la construcción de una sociología de relaciones interpersonales en general, sus reflexiones siguen siendo útiles para entender el asunto del verdadero impacto del neoliberalismo en la cultura, y el modo en el que la comedia romántica juega un rol central en la integración del cine a este. La relación simbiótica entre las películas y sus bandas sonoras operó en contra del trasfondo de prácticas emergentes de identificación afectiva, las cuales estuvieron muy cercanamente ligadas a la transformación del panorama mediático que describí antes.

Además de la comedia romántica, otro factor mediático importante que estuvo en juego fue la llegada del género del video musical como un lenguaje para articular la identidad afectiva. García Canclini ubica el surgimiento de MTV en Latinoamérica como parte de una "redefinición del sentido de pertenencia e identidad" a través de la participación en "comunidades desterritorializadas de consumidores" (*Consumers* 24). Esto fue un factor importante en la constitución del capitalismo emocional mexicano, particularmente al nivel de las clases medias urbanas, precisamente porque estas nuevas comunidades de consumidores se construyeron a sí mismas en relación con canales mediáticos que ofrecían formas alternativas de identidad a aquellas que habían sido promovidas por los monopolios mediáticos y estatales de la década anterior. La efectividad del uso de *Sexo, pudor y lágrimas* de la música pop dependió de la existencia de tales canales mediáticos. Mientras que Syntek había disfrutado de cierto grado de éxito antes de la participación en la banda sonora de la película, su música no perteneció a ninguno de los paradigmas promovidos por Fonovisa, el brazo musical de Televisa, y estuvo muy lejos del género de la balada que dominaba la música pop mexicana hasta muy entrados los años noventa. Fue muy significativo, por lo tanto, que su canción "Sexo, pudor y lágrimas" encontrase fanáticos tanto en MTV como Telehit, las dos estaciones musicales más importantes en el cable mexicano de la época, lo cual permitió la distribución de un video que ligaba muy de cerca la música a clips de la película. Cuando la canción se popularizó antes del lanzamiento de la película, el video musical ayudó a atraer al público de clase media a los cines, al identificar la película con las estéticas urbanas de los canales musicales, las cuales era claramente distintas a los paradigmas del cine neomexicanistas rechazado por el público como aquel representado en las encuestas de a mediados de los años noventa.[27]

En fin, *Sexo, pudor y lágrimas* preparó el camino para las nuevas tendencias del cine mexicano y les permitió enlazar el nuevo mundo cultural de sus estéticas a una conexión exitosa con el público tanto a nivel comercial como a nivel emocional. La película trasmite el sufrimiento de una clase media que se conforma a la vida y los valores traídos por el neoliberalismo. A diferencia del desencanto con la economía neoliberal que yace en el centro de *Reality Bites*, *Sexo, pudor y lágrimas* al fin y al cabo valida la decisión de conformarse a los nuevos estándares sociales, tal como lo muestra el destino inusualmente cruel de Tomás, el cual introduce una disonancia dramática dentro del tono más light del resto de la cinta. Como Emily Hind propone en una lectura muy sugerente de esta escena, Tomás puede leerse como un personaje con un "*queerness* potencial" y, mientras que "su presencia en Polanco aviva la comedia... el barrio hace honor a sus orígenes conservadores y elitistas cuando Tomás intencionalmente se tira al pozo del ascensor que los personajes que observan pasivamente la acción saben que está descompuesto" ("Pita Amor" 157). Asimismo, Hind argumenta que "el rápido regreso de los personajes a la normalidad ilustra lo fácil de la recuperación del ensimismamiento" (157). La sorprendente eliminación del personaje que menos pertenece al nuevo México es por lo tanto una precondición necesaria para la validación del nuevo orden social, aun a expensas de introducir un elemento narrativo excesivamente sobrio que no corresponde al resto del tono fílmico. Es revelador que esta validación conectó con un público masivo, al presentarse a sí misma en un lenguaje del afecto y el romance que resonaba profundamente dentro de los lenguajes culturales consumidos a través de los *sitcoms* y las comedias románticas norteamericanas. Además, respondía a un nuevo conjunto de ideales sociales encarnados por la romantización de la clase creativa como sinécdoque de las aspiraciones de los jóvenes profesionales urbanos. *Sexo, pudor y lágrimas* representa la culminación de la mercantilización del cine mexicano en dos niveles: mediante su transformación en un producto fílmico construido en torno a estrategias intermediáticas, tales como su banda sonora y la promoción en MTV, y a través de los imaginarios afectivos de la emergente clase media en un producto cultural confiable que vendría a ser empacado de distintos modos en muchas otras comedias románticas. En la sección final, exploraré la normalización de este fenómeno a través del surgimiento a mediados de la primera década del siglo XXI de películas que abrazaron de lleno el aspecto comercial del capitalismo emocional.

Perdido en la ciudad, encontrado en la mercadotecnia: El triunfo de la comedia romántica

La prevalencia de la comedia romántica como un género principal en los años 2000 es ejemplificada por uno de los giros estéticos más reveladores y drásticos en el trabajo de un director de cine. En el 2002, Nicolás Echevarría, el director de *Cabeza de Vaca*, lanzó su primera y única comedia romántica, *Vivir Mata*. Como discutí en el Capítulo 1, Echevarría se hizo popular a principios de los años noventa mediante una película que rompió con muchas de las limitaciones detrás del discurso neomexicanista, la cual se convirtió en una atrevida posición en torno a la colonización y la historia en plena celebración del Quinto Centenario. Después de *Cabeza de Vaca*, Echevarría trabajó mayormente en documentales y telenovelas hasta dirigir *Vivir Mata*, su segunda y única otra película. La decisión de Echevarría de aventurarse en un género tan distinto a su trabajo anterior es sintomática del creciente alcance y poder de la comedia romántica como un punto de referencia para los estilos fílmicos en México. El género le ofrecía muchas ventajas a los cineastas: permitía la construcción de mundos narrativos liberados de los imperativos del mexicanismo, al igual que la oportunidad de crear un cine económicamente viable, con una potencial distribución comercial. *Vivir Mata* constituye otro logro importante que puede ayudarnos a comprender la articulación de la comedia romántica en la industria de cine nacional, ya que representa un caso casi único de una película dirigida por alguien que jamás había estado envuelto en una producción tan comercial, lo cual resultó en un producto que balancea la superficialidad y el atractivo visual del género con las pretensiones artísticas de sus creadores.

Vivir Mata descansa enteramente en un malentendido entre sus personajes. Los protagonistas, Hugo (Daniel Giménez Cacho) y Silvia (Susana Zabaleta), se encuentran por accidente en el lobby de un hotel, donde una reportera va tarde a una entrevista con un escritor. Al escuchar a la reportera preguntar por el escritor, Silvia decide reemplazarla, y ella también empieza a buscarlo. Ella le pregunta a Hugo si él es el escritor; y él pretende que lo es, ya que se siente atraído a ella. Después de pasar la noche juntos, ambos admiten que no son quienes dicen ser, lo cual culmina en la salida de Silvia. Sin embargo, Silvia revela su verdadera identidad como una locutora de radio, lo cual le permite a Hugo buscarla en las caóticas calles de la ciudad, siguiendo un vehículo que la estación de radio, para la cual Sylvia trabaja, utiliza para distribuir regalos a sus oyentes. Además de una serie de *flashbacks* a su encuentro, la mayor parte de la película ocurre en dos espacios: en la estación de radio, donde vemos las conversaciones de Silvia con su compañera de trabajo; y en el carro, donde Hugo se encuentra atorado en el tráfico con dos compañeros pintores. La fórmula de la trama yace enteramente dentro de los parámetros de la comedia romántica urbana.[28] Sin embargo, si se compara con otras comedias románticas de la época, su ejecución presenta algunas divergencias importantes.[29]

El primer elemento significativo es el guion, escrito por el famoso novelista Juan Villoro. La película está repleta de diálogo, claramente inspirado en las comedias románticas neoyorquinas de Woody Allen y la propia estética urbana de Villoro. Ya que la trama requiere muy poco movimiento a través del espacio, la película recurre fuertemente al discurso reflexivo y autorreflexivo de los personajes, particularmente a sus constantes especulaciones sobre la naturaleza del amor. Es también una película cuyo desarrollo de personajes ocurre mayormente a través de la autoconstrucción y la reflexión retrospectiva. Como Manuel F. Medina argumenta, el concepto central de la película es un mensaje en el cual mentir es mejor que exponerse (255). Por lo tanto, todos los personajes constantemente discuten la tensión entre sus verdaderas identidades y las máscaras que se han puesto para funcionar en la sociedad. Hugo, un artista frustrado, va en el carro acompañado por otros dos artistas, Chepe (Luis Felipe Tovar) y Heliut (Emilio Echevarría), cuyas conversaciones se centran en torno a la disyuntiva de si producir un arte lucrativo o mantenerse fieles a los valores estéticos personales. En esto, *Vivir mata* muestra un sesgo literario raramente desarrollado en la comedia romántica mexicana. Claro, *Sexo, pudor y lágrima* se basó en una obra teatral, y también se enfocó en el diálogo. Sin embargo, *Vivir mata* depende en un texto más artificioso, por lo que el diálogo, en ocasiones, sobrepasa la verosimilitud, y, a diferencia de las conversaciones cotidianas de *Sexo, pudor y lágrimas*, claramente privilegia el texto por encima de la interacción entre personajes.

El guion altamente literario de *Vivir Mata* le permite a sus personajes de la clase creativa presentar una inusual perspectiva crítica. La trama privilegia al artista frustrado, Hugo, sobre Chepe, quien se ha entregado a la publicidad. Es una ocurrencia algo irregular, dado que el Tomás de *Sólo con tu pareja* era un publicista exitoso, y el Miguel de *Sexo, pudor y lágrimas* no veía problema alguno en trabajar como un ejecutivo publicitario. La subtrama que se desarrolla entre los tres pintores en el carro, mientras están atrapados en el tráfico, implica una confrontación entre Heliut y Chepe. Heliut, un artista de una generación anterior reprende a Chepe por su voluntad de trabajar en la publicidad. No obstante, Heliut tampoco se presenta como una figura inmaculada: descubrimos que Heliut diseñó un mural de grafiti (el cual era ilegal), le pidió ayuda a Chepe y Hugo, y luego no apareció para ayudarlos a pintar su propia obra. Hugo y Chepe fueron arrestados mientras llevaban a cabo la obra, y resienten a Heliut por ello, aun ese mismo día en el carro. La película presenta a Chepe bajo una luz hasta más descarnada. Este participa en una campaña para una compañía de calzado basada en anuncios publicitarios centrados en el slogan "¡Viva Zapato!," el cual ata la mercancía al nombre de Emiliano Zapata, una figura central en la Revolución Mexicana, y al movimiento Zapatista. Al mostrar esta campaña, la película no sólo critica la trivialización de la política mexicana en el mundo de la publicidad (Medina 255–56), sino que más importantemente, también expone el absurdo y la superficialidad de los productos culturales en el nuevo mundo mediático. Este punto refleja simétricamente el mundo de Silvia, quien, a pesar de sus talentos como locutora, tiene que pasar un día de cada mes en una camioneta carnavalesca que regala pavos y microondas a radioescuchas que repitan los eslóganes de la estación de radio. El guion de Villoro crea un paralelo evidente entre la crisis de identidad de sus protagonistas y la crisis cultural del México neoliberal. A diferencia de *Sólo con tu pareja*, la cual abiertamente construye su personaje en los términos de la ideología y cultura neoliberal, *Vivir mata* presenta el potencial redentor del amor como una forma de resistencia en contra tanto de la inmensidad de la ciudad y la superficialidad de la cultura mediática. Utilizando los términos de Illous, *Vivir mata* representa un ejemplo único de una "utopía romántica," una ideología del afecto que "afirma el privilegio de los sentimientos por encima de los intereses sociales y económicos" (9). En esto, *Vivir mata* está más cerca de la ideología de *Reality Bites* que de la aceptación de la gramática cultural neoliberal implícita en *Sexo, pudor y lágrimas* y la mayoría de las comedias románticas mexicanas.

Vivir mata también ofrece una crítica atípica de la imaginería urbana creada por la comedia romántica mexicana. Las tres comedias románticas paradigmáticas de los años noventa (*Sólo con tu pareja, Cilantro y perejil*, y *Sexo, pudor y lágrimas*) presentaron un panorama urbano que colocó el caos demográfico de la Ciudad de México bajo tachadura, privilegiando los espacios cerrados del día a día de la clase media sobre las activas calles de la ciudad. Echevarría opta por lo opuesto, colocando la trama de Hugo en un embotellamiento de tráfico hiperbólico a través del centro de la Ciudad de México. Asimismo, el director no restringe la película a barrios embellecidos y pudientes como Polanco. La escena final de la película, en la que Hugo y Silvia finalmente se reúnen, ocurre frente al monumento *Cabeza de Juárez*, una gigantesca y horrible estatua de la cabeza de Benito Juárez que está localizada en un sobrepoblado barrio de clase obrera. Algunos académicos han criticado el paisaje urbano de la película, considerándolo abrumador y exagerado (Ayala Blanco, *La grandeza* 45), mientras que otros lo presentan como un espacio bello y liberador (Medina 258). El asunto, sin embargo, yace en el hecho de que la ciudad no es sólo la localización placentera a través de la cual los personajes articulan sus afectos. El complejo y plural tejido social citadino juega un rol crucial en definir a sus habitantes, ofreciendo una experiencia de la modernidad que no necesariamente cumple con los códigos impuestos por el neoliberalismo. Aun si Hugo y Susana resisten los placeres comerciales de sus esfuerzos y quehaceres, el caos de la ciudad mantiene la continua amenaza de la incertidumbre producida por el capitalismo tardío. Aunque la película no fue tan comercial o críticamente exitosa como otras comedias románticas claves, *Vivir mata* sigue siendo un uso original tanto de la comedia romántica como del espacio urbano, una rara alternativa en un mundo cinematográfico atrapado entre los anacrónicos códigos del neomexicanismo y las ansiedades postmodernas de la clase creativa.

Al fin y al cabo, *Vivir mata* vendría a ser un espejismo de la posibilidad de utilizar la comedia romántica para criticar el statu quo neoliberal, y el género alcanzaría el pico de su prominencia a mediados de los años 2000, con una serie de películas que repitieron en modos derivativos las fórmulas creadas por Cuarón, Montero, Serrano y Echevarría. Esto generaría un increíble número de producciones sobre los problemas amorosos de la clase creativa, cementando así la centralidad de temas fílmicos que emergieron durante la privatización y el desplazamiento de clase del cine mexicano. Las películas alcanzaron distintos grados de visibilidad comercial, pero vale la pena dar algunos ejemplos aquí para ofrecer un rápido panorama de las películas que aparecieron en los siguientes años. *Sin ton ni Sonia* (2003) trataba de las tribulaciones amorosas de un hombre que trabajaba en una compañía de doblajes fílmicos; *7 mujeres, 1 homosexual y Carlos* (2004) es una película torpe sobre un joven ejecutivo publicitario que inexplicablemente se vuelve popular con las mujeres tras casarse; *Efectos secundarios* (2006) de Issa López, un refrito de la fórmula de dos parejas y dos departamentos utilizada en *Sexo pudor y lágrimas*, se enfoca en la reunión de un grupo de personas veinteañeros que fueron juntos a la preparatoria, y su DVD incluye un CD con la banda sonora; *Corazón marchito* (2007) de Eduardo Lucatero vuelve a visitar el tema de los amigos que se enamoran; *Amor letra por letra* (2008) de Luis Eduardo Reyes es una comedia de errores sobre un joven escritor que erróneamente recibe un depósito monetario de una mujer de la que finalmente se enamora; *Te presento a Laura* (2010) de Fez Noriega cuenta la historia de una joven a la que le quedan treinta días de vida porque contrata a un asesino para que la elimine, y conoce a un joven actor a quien la vida se le cae en pedazos.

Esta muestra revela el desarrollo repetitivo del género después de *Vivir mata*, en el que el modelo de producción siguió la fórmula básica desarrollada en los años noventa (personajes de clase media interesados por el arte o la publicidad; el reto de encontrar el amor en la ciudad moderna; el retrato de la crisis matrimonial o de las dificultades de la vida soltera) y muy pocas veces se alejó de esta.[30] Algunas manifestaciones del género han demostrado como la comedia romántica se ha agotado gradualmente como decisión estética. Películas recientes han comenzado a repetir las tramas de las anteriores: *Volverte a ver* de Gustavo Adrián Garzón, una de las producciones más populares del 2009, se enfocó en el director creativo de una compañía de modas que tiene la oportunidad de conocer a una locutora que usa un pseudónimo, una evidente repetición de la idea básica de *Vivir mata*. En otros casos, algunas comedias románticas han incluido elementos disonantes en sus intentos de crear obras originales. Esto es lo que sucede en *Divina confusión* (2008) de Salvador Garcini, donde las vidas de los personajes están determinadas por la voluntad de versiones mexicanizadas de los dioses griegos, una idea sacada de *Mighty Aphrodite* (1997) de Woody Allen. Esfuerzos similares se ven en *Tú te lo pierdes* (2005) de Salim Nayar, en la que el protagonista pasa la película en el más allá, y *Mosquita muerta* (2007) de Joaquín Bissner, un intento fracasado de revivir la comedia romántica musical. A pesar de que la comedia romántica renació a través de la obra de directores que tenían una evidente aproximación estética al cine, como Cuarón y Echevarría, el género se volvió predominante precisamente porque se estableció a sí mismo como *middlebrow*. La comedia romántica ha sido, por lo menos en los últimos veinte años, un género confiable que regularmente produce películas comercialmente exitosas (*No eres tú, soy yo*, una comedia romántica de Alejandro Springall, fue la película más taquillera del 2010) y que ha influenciado la ética y la estética del cine mexicano en general.

A pesar de los decepcionantes casos mencionados en los dos últimos párrafos, la comedia romántica sigue siendo un punto focal interesante para entender las culturas cinematográficas del neoliberalismo. Algunos directores de a mediados de los años 2000 lograron utilizar el género fructuosamente para crear cintas exitosas con un atractivo comercial y elementos cinematográficos interesantes. Una película muy popular de este estilo es el éxito taquillero *Ladies' Night* (2003) de Gabriela Tagliavini. La película comienza con Alicia (Ana Claudia Talancón), una joven escritora de *comics* (cuentos), en la víspera de su matrimonio con Fabián (Fabián Corres), quien se siente sexualmente atraído a Ana (Ana de la Reguera), una editora de revistas cuya sexualidad abierta y personalidad explosiva contrastan con el retrato virginal e inocente de Alicia. La vida de Alicia se transforma cuando Ana contrata a Roco (Luis Roberto Guzmán), un stripper, para su despedida de solteras, lo cual lleva a que Alicia se enamore de este. Prediciblemente, la película concluye cuando Ana confiesa su *affaire* con Fabián, lo cual consecuentemente lleva a Alicia a buscar a Roco. La producción sigue muchas de las fórmulas narrativas y comerciales desarrolladas por

Sólo con tu pareja y *Sexo, pudor y lágrimas*. Vemos, nuevamente, un triángulo amoroso entre miembros de la clase creativa que se enfrentan a un conflicto entre sus sentimientos reales y lo socialmente aceptable. Al nivel de producción, *Ladies' Night* es notable por ser la primera apuesta mexicana de Miravista, una compañía de producción financiada por el gigante español de las telecomunicaciones Telefónica y por Disney (Gabriela Martínez 92). En competencia con Tabasco Films de Carlos Slim, Miravista estableció un acuerdo de coproducción con tanto Argos y Videocine, el nuevo brazo fílmico de Televisa. A nivel de la mercadotecnia, el éxito de la película puede atribuirse en parte a su canción titular, "Desde que llegaste," de Reyli Barba, una balada contenida pero intensa que alcanzó el tope de las listas mexicanas de éxitos y que le dio la oportunidad a Barba de abandonar su antigua banda de rock alternativo y establecer una carrera como solista. *Ladies' Night* recaudó casi siete millones de dólares, un logro notable cuando se considera que su exhibición comercial tomó lugar durante la temporada navideña y que superó los lanzamientos de cintas de Hollywood tales como *The Cat in the Hat*, *Mystic River*, y *Stuck on You* en su fin de semana de estreno. Desde esta perspectiva, *Ladies' Night* es, sin duda, uno de los ejemplos más exitosos tanto de los esquemas de producción como de las fórmulas narrativas de la comedia romántica en México.

Por otra parte, *Ladies' Night* es una producción significativa porque retó la economía de género de la comedia romántica mexicana. No sólo fue la primera gran comedia romántica dirigida por una mujer, sino que además la primera en enfocarse en personajes femeninos. Los protagonistas se representan de modos algo esquemáticos (la niña inocente versus la mujer sexualmente experimentada) pero su oposición se sintetiza hasta formar una alianza en la que ambas se ayudan para trascender sus conflictos, a pesar de la relación de Ana con Fabián, el comprometido de Alicia. El elenco enfatiza aún más su enfoque en las mujeres: Ana Claudia Talancón interpreta a Alicia, su primer gran rol desde el éxito de *El crimen del padre Amaro*, mientras que Ana de la Reguera ocupa el otro rol protagonista, habiéndose establecido a través de su participación en *Por la libre* (2000) el *road movie* (película de viaje) de Juan Carlos de Llaca.[31] Por lo contrario, los actores que interpretan los roles masculinos no tienen perfiles públicos tan marcados. De modo que la película construye su atractivo a través de sus mujeres, lo cual es tanto un reconocimiento de la necesidad de apelar a un público femenino que históricamente ha constituido el grueso de la comedia romántica, y una apertura en el espacio cinematográfico para la representación femenina, la cual en los años noventa estuvo mayormente definida dentro y en contra de los discursos neomexicanistas.

El personaje de Alicia es particularmente revelador. De entrada, su persona se basa en una versión altamente fantaseada de *Alicia en el país de las maravillas*, y se sostiene dentro de la noción deliberadamente estereotípica de la "niña buena." Bajo la superficie yace una realidad que la película presenta sin juicio alguno: su comprometido la engaña con una mujer que representa exactamente los valores contrarios a ella, y Alicia da la sensación de estar atrapada en el mundo de fantasías de las clases altas. Si leemos la película como el proceso de la liberación de Alicia de sus restricciones sociales, el hecho de que un hombre stripper sea el vehículo de su emancipación lleva consigo algo de significado: Roco representa una noción de la masculinidad diametralmente opuesta a la del marido ideal y evidentemente pertenece a una clase social distinta que Alicia. Aunque la película parece sostener la lógica de clases que yace detrás de la comedia romántica, estos elementos sutilmente la socababan desde el interior. Es a través de la misma superficialidad que la película logra renovar las convenciones de género de la comedia romántica. Hasta Ayala Blanco reconoce esto cuando argumenta que la "bipolaridad" de los personajes protagonistas es original, porque "imbrica dos películas distintas pero complementarias" (*La fugacidad* 250). Otro elemento interesante en la ecuación de género de la película es el hecho de que Ana, la "chica mala," es la narradora de la cinta, dándole la voz principal a una mujer que no corresponde a los estándares de feminidad idealizados en personajes como la Clarisa de Cuarón o la Silvia de Echevarría. A Ana le falta lo etéreo que la mirada masculina confiere a las mujeres en muchas comedias románticas mexicanas, y Tagliavini la presenta como una personaje refrescantemente vulgar y muy inteligente. Son las decisiones éticas de Ana las que hacen que la trama se mueva, ya que ella contrata a Roco para agobiar a Alicia. Aun así, cuando llega el momento de restablecer su relación con Alicia, las acciones de Ana se convierten, hasta el final de la película, en la condición de posibilidad para que Alicia se busque a sí misma y a Roco. El impecable trabajo de dirección de Tagliavini y la capacidad de la película de obrar sobre asuntos de género dentro de convenciones genéricas tan adversas como las que presenta la comedia romántica mexicana son notables, y muestran el potencial que esta estética puede desarrollar cuando se desdobla hacia afuera de los discursos íntimos y románticos.

Antes de desarrollar este último punto, debo mencionar otra película: *Cansada de besar sapos* (2006) de Jorge Colón. Esta producción cuenta la historia de Martha (Ana Serradilla), una joven publicista que, cansada de la infidelidad de su comprometido, se conecta al internet para establecer una relación abierta con un grupo de hombres cuyos rasgos cómicos rayan en lo absurdo. Este plan fracasa cuando comienza a enamorarse de Javier (José María de Tavira), un aspirante a actor que trabaja como barista en el café de su tío. Es importante notar que ella no conoce a Javier por el internet, lo cual puede ser visto como una defensa del cortejo en persona en contra del surgimiento del cortejo virtual y sus implicaciones neoliberales de "ir de compras" por una pareja. Esta película no es tan original en su tratamiento del género fílmico como *Ladies' Night*, pero sí tiene algunos elementos sobre los que vale la pena detenerse, particularmente cuando nos hallamos en la tarea de trazar el rol de la comedia romántica en el cine mexicano contemporáneo. *Cansada de besar sapos* es, como todas las otras películas, decididamente urbana. Sin embargo, esta presenta una rendición visual única—y problemática—de la ciudad. En vez de ocurrir en Polanco o en otro barrio de clase media o alta, Colón opta por los edificios coloniales del recién restaurado Centro Histórico de la Ciudad de México. La parte interesante es que nunca llegamos a ver el Centro "real," las calles caóticas y ajetreadas que rodean el centro de la ciudad. En su lugar, Colón transforma la arquitectura colonial en un barrio ficticio construido sobre un contraste de espacios. El departamento de Martha, localizado en un edificio colonial en una calle que mira hacia una vieja iglesia, está en el interior de un *loft* moderno con una estética altamente diseñada. El café de Javier ofrece otro ejemplo del contraste de espacios: es un lugar espacioso y bohemio lleno de arte en una calle donde este tipo de establecimientos no existe en verdad. La Ciudad de México de Colón transforma la autorreferencialidad espacial de la comedia romántica en un instrumento proactivo de la creación del espacio cinematográfico. No sólo vemos el hábitat de las clases privilegiadas vistas en el Polanco de *Sexo, pudor y lágrimas*, sino que también una ciudad totalmente redefinida en la que la mirada fílmica apropia y reinventa geografías altamente identificables como el Centro Histórico o Coyoacán.

Cansada de besar sapos también introduce un giro en la economía de género de la comedia romántica. No sólo es su protagonista una mujer, sino que además es una ejecutiva publicitaria, una posición que en las otras películas casi exclusivamente se le asignaba a hombres (la otra excepción, por supuesto, es Ana en *Ladies' Night*). Si volvemos a ver las películas que hemos discutido hasta este punto en el capítulo, aun cuando las mujeres tenían trabajos en los medios, seguían siendo las musas de hombres creativos: Clarisa inspira a Tomás Tomás en *Sólo con tu pareja*, Ana es la modelo del libro de Carlos en *Sexo, pudor y lágrimas*, y así por el estilo. En *Cansada de besar sapos*, sin embargo, la figura creativa es Martha, y Javier es su musa: se reversan los roles de género construidos a través de los retratos de la clase creativa. Cierto, la película no puede ser caracterizada como feminista, especialmente si consideramos que, hacia el final, Martha persigue a Javier hasta Barcelona para buscar su perdón por haber salido con otros hombres a quienes conoció por el internet. Aun así, dentro de los parámetros del discurso romántico Martha sigue siendo una mujer independiente, creativa y trabajadora que tiene un trabajo deseado gracias a sus propios talentos. En el dominio problemático de la representación de género en la comedia romántica mexicana, esto lamentablemente sigue siendo una excepción. A Martha la complementa otro personaje femenino, Andi (Ana Layevska), su vecina. Andi es una psicóloga cuyo diálogo está dedicado casi enteramente a un análisis detallado de su vida amorosa y la de Martha. Además de ser otra mujer independiente profesional, Andi está aún más en control de su vida romántica que Martha. Después de deliberadamente evitar una relación seria, Andi se enamora de uno de sus pacientes, un narcoléptico—una virazón cómica del arquetipo de la Bella Durmiente.[32] Al hacer esto, Andi resiste el romance del cuento de hadas perseguido por la mayoría de las mujeres en la comedia romántica, afirmando abiertamente su capacidad de seleccionar su pareja aun cuando Martha la cuestiona.

Aunque la comedia romántica todavía tiene un largo camino que andar en su representación de mujeres, estas dos películas recientes muestran el potencial que tiene el género para evolucionar gradualmente mediante un cuestionamiento de sus propias suposiciones. De hecho, las comedias románticas con un personaje femenino fuerte como *Te presento a Laura* continúan apareciendo en México. Esto es un punto crucial, dada la prevalencia de la estética de la comedia romántica en muchas áreas del cine mexicano. El proceso que he descrito hasta este punto se refiere a una forma de cine que se ha desarrollado hábilmente dentro del género: un lenguaje visual que habla al nuevo público y construye arreglos afectivos e identidades sociales sin enfrentar directamente los legados del mexicanismo y el neomexicanismo. El gran impacto que el género ha tenido en la creación de muchas otras áreas del cine—incluyendo el cine político, las películas de acción, el cine feminista y hasta el de autor—no puede ser subestimado.[33] En este sentido, puede que la comedia romántica se transforme en un lenguaje que permita el surgimiento de más perspectivas críticas en torno a la cultura neoliberal. Esto nos lleva a otro proceso que merece discusión: el cine político y la forma en que el advenimiento del neoliberalismo ha reformulado el sentido mismo de la relación entre la política y el cine. Este será el tema del Capítulo 3.

3
La mirada neoliberal

La reformulación de la política en la "transición democrática"

Una de las funciones del cine más discutidas y tal vez más importantes dentro de la nación y su sociedad civil reside en su rol de formular y reformular los límites discursivos y visuales del discurso político. A finales de los años ochenta, mientras México entraba en las tempranas etapas de su "transición democrática," *Rojo amanecer* (1989) de Jorge Fons jugó justo ese rol. La producción fue el primer largometraje que se enfocó de lleno en la masacre de estudiantes en la Plaza de Tlatelolco en Octubre del 1968 y lo hizo a través de la construcción de una inigualada aproximación a un evento que se silenció efectivamente por el control oficial de la memoria pública. Sin duda, el "cine de la soledad" se aventuró a la articulación de algunas formas de discursos políticos antigubernamentales, incluyendo alegorías veladas a la masacre—recordemos, por ejemplo, la proverbial *Canoa* (1976) de Felipe Cazals, una recreación del asesinato de cuatro estudiantes de la Universidad de Puebla en un pueblo conservador de la sierra. Sin embargo, hasta ese momento, ninguna película de circulación comercial había producido un retrato tan franco de los oscuros eventos del 2 de Octubre de 1968.[1] Como describe Francisco Sánchez (*Océano* 88), *Rojo amanecer* opera igualmente como un testimonio y como una recreación de la vida de la clase media citadina en la víspera del evento. Esta doble articulación puso en juego un conjunto diverso de temas del cine mexicano en los últimos momentos de la ola del "cine de la soledad." Algunos académicos ya han analizado algunos de los asuntos relacionados a *Rojo amanecer* y a la imaginación de la masacre de Tlatelolco en la cultura pública: la crítica de la urbanización masiva gubernamental promovida en los años sesenta y setenta (Gallo; Foster 2–13); los límites del discurso cinematográfico en su enfrentamiento con los traumas del pasado (Haddu, "Historiography"; Maciel 217–18; Rojo; Steinberg); las conexiones de la película con otras (Rangel); y la producción como una representación de los tempranos momentos de la "transición democrática" mexicana (Velazco, "Rojo amanecer"; Porras Ferreyra). En tanto la masacre de 1968 se volvió un tema de las discusiones y debates públicos en los años subsiguientes, es ahora posible decir que la verdadera importancia de *Rojo amanecer* en la historia del cine mexicano reciente yace en su localización crucial entre el cine de los años setenta y los emergentes paradigmas cinematográficos de finales de los años ochenta y a principio de los años noventa. El trabajo de Fons opta por contar la masacre a través de un punto de vista mediado por la experiencia de una familia de clase media. En otras palabras, en vez de producir una narrativa testimonial del evento, o una narrativa de un personaje directamente envuelto en la masacre misma, Fons presenta una mirada cuasi-costumbrista de la masacre como una interrupción de la vida cotidiana en el ámbito de la clase media. Con esta decisión, Fons yuxtapone los compromisos ideológicos de izquierda que caracterizaron el "cine de la soledad" con una nueva mirada cinematográfica que coloca al cine mexicano en las experiencias de la clase media. De modo que el rol de *Rojo amanecer*, al enmarcar el discurso político en el cine mexicano, no sólo se conecta a la representación de la masacre por sí mismo, sino también, y quizás más importante, en su construcción de un sujeto de clase media urbana como testigo privilegiado de lo contemporáneo. El desvanecimiento de las estéticas mexicanistas tradicionales y de las estructuras melodramáticas del sentimiento, tal como fueron descritas en los dos capítulos anteriores, se complementa por el desvanecimiento de los paradigmas de izquierdas heredados de los años sesenta y del correspondiente auge de una política transicional que se define por preocupaciones en torno a la democracia, la economía, y la corrupción. El cine político, a la estela de *Rojo amanecer*, se ocupa de la política de una clase media que se siente en un estado de asedio constante en medio de una crisis que nunca parece alejarse.

Si viéramos el cine político mexicano desde esta perspectiva, un importante obstáculo surgiría de las deficiencias de los lenguajes analíticos y teóricos existentes sobre el tema. El cine político latinoamericano ha sido discutido, a grandes rasgos, bajo el amparo del Tercer Cine, un concepto que responde a los entendimientos geopolíticos y geoculturales de los años sesenta que presentaron la tradición cinematográfica no-occidental de compromiso social como resistencia necesaria al "Primer Cine" (es decir, el cine comercial) y el "Segundo Cine" (es decir, el cine de autor y de arte). A pesar de que la noción del "Tercer Mundo" ha desaparecido básicamente de las discusiones más serias sobre las articulaciones globales de América Latina, la idea del "Tercer Cine" sigue siendo un concepto bastante activo. En su libro del 2001, *Political Film*, el crítico Mike Wayne llama a una recuperación de este vocabulario conceptual en función de sus relaciones dialécticas—en pocas palabras, del modo en el que estos tres conceptos se problematizan entre sí e interactúan en la esfera global. Estas nociones parecerían anacrónicas en el contexto de una industria fílmica global que ha mercantilizado efectivamente tanto el "Segundo Cine" como el "Tercer Cine" en un singular espectro de capital cultural. Al fin y al cabo, el libro de Wayne ilustra claramente el *impasse* conceptual que surge de una definición estrecha del cine político en torno a "compromisos" sociales e ideológicos. El libro produce un argumento válido y apasionado en defensa de la recuperación de las formas del cine político, pero también nos deja con un modelo crítico muy limitado para la lectura de verdaderas películas políticas en contextos históricos en los que ya no es aplicable la noción de los años sesenta de un cinema comprometido.

Este problema se puede extender a otras formas y prácticas de la crítica fílmica: está presente en el ya citado trabajo de Jorge Ayala Blanco, el crítico de cine más influyente en México, cuyo gravamen del cine político suele estar conectado a su habilidad de conformarse a un conjunto estrecho de expectativas ideológicas que se construyen más o menos en torno de los mismos parámetros que definen el "Tercer Cine." De cualquier modo, yo sostendría que tanto el libro de Wayne como la obra de Ayala Blanco son ejemplos sintomáticos de un sesgo profesional e ideológico que plaga a muchos de los practicantes de la crítica cinematográfica y de los estudios fílmicos. Por esto, el "cine político" en Latinoamérica se identifica tradicionalmente con la representación de grupos sociales subalternos y marginalizados y sus luchas por justicia, o con la producción de cintas abiertamente identificadas con los paradigmas de la izquierda cultural de los años sesenta, como vemos en películas icónicas como *La hora de los hornos* (1968) del argentino Fernando Solanas, o *El coraje del pueblo* (1971) del boliviano Jorge Sanjinés. De hecho, esta comprensión del cine político es reveladora cuando estudiamos a autores de izquierda como Solanas, Sanjinés, Fernando Birri, o Glauber Rocha, pero en México, donde los cineastas ni tan siquiera produjeron un cine nacional tan politizado como el de sus contemporáneos sudamericanos (Mora 105–49), esta aproximación teórica parece errar. En cierto sentido, *Rojo amanecer* es tal vez la última gran película mexicana que permite leerse desde una perspectiva del "Tercer Cine," ya que fue una producción financiada independientemente que tuvo que trascender la censura y otros obstáculos para lograr presentar un tema políticamente urgente al público del cine.

La construcción de un nuevo conjunto de instituciones cinematográficas en México, con complejas redes interconectadas al estado, a la inversión privada, y a los cineastas individuales, requiere un nuevo entendimiento del cine político. El "Tercer Cine" representa un paradigma idealista para la aproximación del cine como un instrumento de cambio social directo o, por lo menos, como un testimonio de voces silenciadas por años de represión y marginación. Esta no es la historia del México post-1968, donde las películas políticas llegaban a su público a pesar de que la censura permanecía como un problema. Asimismo, las políticas enmarcadas por el cine mexicano después de los años noventa, tenían muy poco que ver con las voces subalternas o con el compromiso social radicalizado. El tema de las películas es la lucha diaria de mexicanos de clase media con un sistema en declive constante y crisis perpetua. Vale la pena recordar que el estado todavía es una fuente central de financiamiento, aún en un momento en el que el financiamiento privado se hace prominente, de modo que las cintas que presentan a México bajo una luz excesivamente negativa son algo escasas. En este contexto, el cine mexicano raramente se enfoca en perspectivas marginalizadas y silenciadas, por eso de utilizar un término cercano a los paradigmas del "Tercer Cine." Ser político en el cine mexicano contemporáneo significa enfrentarse con el fracaso sistemático del Estado Mexicano de preservar los espacios de modernidad que disfruta el nuevo público del cine. Aunque la idea de que el Estado financie algunas de estas películas, por más críticas que sean de él, puede sonar desconcertante, este financiamiento de perspectivas moderadamente críticas ha sido históricamente parte del reclamo del gobierno mexicano de que fomenta la democracia y la libertad de expresión. Como mostraré en casos individuales, la censura y la controversia surgen de modos distintos, pero en el nuevo mercado de la distribución privada, suelen contribuir al éxito de una película y ya no tanto a su silenciamiento.

Teniendo todos estos factores en cuenta, creo que el cine político mexicano contemporáneo es legible sólo a través de un acercamiento que comprenda su relación orgánica y problemática con las políticas y economías del neoliberalismo, a la vez que reconozca las consecuencias ideológicas del cambio de clase socioeconómica en el público cinematográfico que se delineó en el Capítulo 2. Al dirigirse al corpus de cine político producido en México después de *Rojo amanecer*, es importante resistir la tentación de leer algún poder transformacional en estas películas al igual que el impulso para romantizar cualquier acercamiento a los pobres o los marginalizados como inherentemente político. De hecho, como mencioné en el Capítulo 1 con referencia al cine de Luis Alcoriza, las representaciones de las clases trabajadoras y marginalizadas en México apenas son progresivas, y leerlas como tal suele resultar en la proyección de un ideal político sobre cintas que quizás representen la perspectiva opuesta. Más bien, "cine político" debe comprenderse en este contexto como una práctica que utiliza al cine para la formulación de políticas e intereses de un público que recurre al género para poder comprender la transición del régimen posrevolucionario tal como se experimentó tras la elección de 1988 y las consecuencias de este movimiento histórico en las configuraciones de la clase media urbana.[2]

La noción de leer el cine político en relación a su legibilidad frente al público promedio, en vez de enfocarse en el poder de negociación del cineasta en su misión de promulgar un argumento político, tiene una historia significativa en la crítica fílmica no académica. Este acercamiento está muy bien documentado, por ejemplo, en *Movies as Politics* de Jonathan Rosenbaum, una compilación de tres décadas de reseñas y artículos sobre películas aparentemente políticas. En el prefacio, Rosenbaum entrelaza el placer y la política de un modo sugerente y sostiene que "lo que es diseñado para hacer a las personas sentirse bien en el cine tiene una relación profunda a cómo y qué piensa y siente este público sobre el mundo a su alrededor" (3). Esta intuición apunta a un asunto central en la comprensión de películas en las que lo comercial y lo político se intersecan: existe una relación cercana entre el compromiso afectivo y el compromiso ideológico. En una perspectiva más teórica, Mas'ud Zavarzadeh sostiene que "ver películas políticamente" es cuestión de concentrarse en "las condiciones ideológicas de posibilidad de lo formal" y del modo en el que las películas producen "tipos de realidad solidarios con el arreglo socioeconómico existente" (8). Es importante aclarar los medios a través de los cuales las películas articulan sus "condiciones ideológicas de posibilidad"—es decir, los ideales políticos y culturales traídos por el neoliberalismo y compartidos por los grupos demográficos específicos que van a los cines. También deben leerse las interacciones entre el "arreglo socioeconómico existente" que apoya las estructuras económicas y sociales del neoliberalismo (y su correspondiente contraparte política en la idea de la "transición a la democracia") y los lenguajes afectivos construidos por cada película para así poder identificar el modo en el que las películas apelan a un público verdadero o presunto. Desplegaré, por lo tanto, estas dos perspectivas en una lectura de las producciones cinematográficas que participaron en momentos críticos del arco del neoliberalismo mexicano.

El año de 1988 fue crucial en el imaginario político mexicano y también es descrito normalmente como un año transicional en el panorama social mexicano. Matthew Gutmann describe la atmósfera de la época en su estudio del espectáculo público de la "democracia" en el México post-1968: "Los expertos y los proletarios uniformemente miran hacia 1988 como un año decisivo que, literalmente, abrió las compuertas a las posteriores victorias de la oposición" (162).³ El cine político en México debe ser entendido en parte como resultado de la reconfiguración de las fuerzas e ideologías políticas después de este episodio. La candidatura de Cuauhtémoc Cárdenas, en particular, fue un evento importante para la política de la izquierda mexicana por dos razones paradójicas. Por un lado, permitió la incorporación de un vasto panorama de corrientes políticas—marxismo, socialismo, comunismo, movimientos urbanos populares, y las acciones de las antiguas guerrillas, entre otras—al proceso electoral formal tras años de marginalización y cooptación. Por el otro, en tanto a que Cárdenas y muchos miembros de su grupo político eran antiguos miembros del PRI, significó la desactivación de los componentes más radicales de la izquierda mexicana.⁴ No es trivial recordar que Cárdenas es el hijo de Lázaro Cárdenas, el presidente socialista de los años treinta, a quien se le atribuye la formación del estado mexicano moderno. Este hecho fomentó una perspectiva nostálgica no sólo del rol de la izquierda en la construcción de la hegemonía política posrevolucionaria, sino también en su comprensión de la candidatura de Cuauhtémoc Cárdenas como una restauración de las ideas políticas revolucionarias justo en el inicio de un proyecto neoliberal que amenazaba importantes logros revolucionarios. La candidatura de Cárdenas también significó una transformación clave en las políticas de izquierda, en la que las prácticas asociadas a las posturas más radicalizadas (tales como los movimientos de guerrilla en los años setenta) migraron hacia el segundo plano de la sociedad y la cultura. Como tal, la política de izquierda fue capaz de articular su reclamo a través de políticas nostálgicas nacionalistas que recuerdan, por ejemplo, a las ideas culturales puestas en escena en *Danzón* y otras producciones neomexicanistas discutidas en el Capítulo 1. En el dominio de discursos culturales como el cine, esto creó una vorágine ideológica que le permitió al cine a convertirse en el medio perfecto para representar tanto el sentimiento de pérdida que experimentaron los miembros de generaciones más politizadas y las nuevas agendas de ciudadanos que se criaron y estuvieron consecuentemente insertos de lleno en el momento neoliberal. Así, mientras el proceso del desplazamiento del público se desarrolló como describí en el Capítulo 2, y mientras el uso del mexicanismo como un discurso cultural privilegiado entró en el declive gradual que se describe en el Capítulo 1, el cine se convirtió en el medio para la articulación de temas y subjetividades que vinieron a dominar los discursos culturales en la época del neoliberalismo.

Creo que mi contienda del cine como un género orgánico al proceso neoliberal se confirma en su sentido más literal en las películas políticas del periodo. Ningún otro discurso cultural articuló una adopción de los temas del neoliberalismo desde tan temprano en su implementación política y económica. De hecho, el cine político en México registró la idea de la transición de las estructuras tradicionales del estado en las más tempranas etapas del proceso neoliberal. Un ejemplo interesante es la película de 1992 *Playa azul* de Alfredo Joskowicz, la historia de un político que se aísla en el hotel de su familia tras un escándalo de corrupción. El político, interpretado por el icónico actor del "cine de la soledad" Sergio Bustamante, nunca logra recuperarse de las acusaciones, una situación impensable en la realidad de los años del dominio del PRI. Aún más significativo es el hecho de que el personaje nunca logra redimirse en la cinta. A pesar de que la producción sigue profundamente inscrita en la estética dura del "cine de la soledad," el uso de la corrupción como un síntoma del declive del orden político existente, y la historia de este político como una alegoría de un sistema incapaz de trascender sus deficiencias, anunciaría películas de los últimos años de la década. De cualquier modo, entender los modos en los que las principales preocupaciones del neoliberalismo infiltran y colonizan el cine es vital para entender las transformaciones de la industria en los años noventa y después. Antes de entrar al dominio de la política neoliberal, es fundamentalmente necesario analizar los modos en los que el cine registró la erosión de paradigmas anteriores de cine político. Dos cintas cruciales, *El bulto* (1992) de Gabriel Retes y *En el aire* (1995) de Juan Carlos de Llaca, nos ofrecerán una apertura hacia este problema.

Paraíso perdido: *El bulto, En el aire,* y la erosión de lo político

El bulto es un espécimen bastante peculiar entre las películas mexicanas que se produjeron en 1990–1992. A diferencia de neófitos como Alfonso Cuarón y Carlos Carrera, o de cineastas con éxitos comerciales y críticos *bona fide* como Arturo Ripstein y Alfonso Arau, Gabriel Retes era un director y productor independiente bastante bien establecido cuyo trabajo había enfrentado múltiples obstáculos relacionados a la censura y el fracaso económico en los años setenta y ochenta.[5] Aun así, Retes fue uno de los inesperados beneficiarios del proceso de privatización de la exhibición. Tras ser rechazado por IMCINE y FOPROCINE, *El bulto* se produjo finalmente a través del financiamiento independiente que Retes y su compañía de producción, Cooperativa Río Mixcoac, lograron reunir; Retes recaudó el presupuesto de $700,000 necesario para la película hipotecando su residencia familiar. Retes y su esposa, la guionista Lourdes Elizarrás, interpretaron respectivamente al protagonista y su interés amoroso, una decisión sin duda dirigida a ahorrar el salario equivalente de dos actores. *El bulto* fue capaz de recuperar su inversión inicial gracias al hecho de que, a la vez que COTSA decaía, la cadena privada

Organización Ramírez se encargó de su distribución, lo cual hizo de la cinta la primera película mexicana que no pertenecía a Televicine en ser distribuida por el sistema privado de exhibición. *El bulto* también fue precursora de otra estrategia de viabilidad financiera: las ventas de video, las cuales, como Retes mismo admitió, ayudaron a que la película fuera rentable (Medrano Platas 282). El hecho de que una película abiertamente política y autofinanciada se convirtiera en la primera en beneficiarse del declive de las estructuras estatales de exhibición dice mucho sobre la repentina libertad de expresión que vino de la mano con la privatización. Mientras que COTSA había tenido el poder de relegar películas incómodas (como *La ciudad al desnudo* del mismo Retes a mediados de los años ochenta) a teatros marginales, los programadores de una industria privada como Ramírez verían los beneficios económicos de traer películas controvertidas para el público. Y, a pesar de que *El bulto* fue claramente objeto de la censura estructural heredada de los marcos del financiamiento echeverrista, finalmente alcanzó un público mayor a través del incipiente sistema privado de distribución.

El bulto gira en torno a una premisa ingeniosa, aunque familiar. El protagonista, Lauro (Gabriel Retes), un periodista inclinado a la izquierda cae en coma en 1971 durante su cobertura de un encontronazo entre activistas de izquierda y grupos de choque derechistas. La película se enfoca en su despertar en 1991, mientras éste tiene que ajustarse a las realidades de un México en la cúspide del salinismo. Junto a su recuperación física, debe enfrentarse a una realidad en la que sus amigos, quienes fueron anteriormente de izquierda, están completamente institucionalizados en el estado neoliberal o en la comunidad de negocios y donde sus ideales políticos son irremediablemente anacrónicos. Carl Mora (207) y Patricia Hart (28) nos recuerdan que este dispositivo narrativo se remonta a "Rip Van Winkle" de Washington Irving, algo que Lauro mismo resalta. Por supuesto, *El bulto* no es la única cinta que utiliza este aparato para representar el *shock* de la transformación social asociada a las reformas mercantiles y democráticas: en años recientes, *Good Bye Lenin!* (2003) de Wolfgang Becker lo utilizó para hacer una crónica del colapso del socialismo en la Alemania del Este. Es posible también trazar una conexión entre el melodrama *Awakenings* (1990) de Penny Marshall, donde Robert De Niro interpreta a un paciente que despierta después de treinta años en coma. Considerando el tiempo que le tomó a Retes recaudar el dinero para filmar su película, es difícil decir que *Awakenings* lo influenció, pero no totalmente imposible. De hecho, el tono melodramático de Retes y el enfoque de parte de su película en las dinámicas familiares hacen eco a algunos de los temas desarrollados en *Awakenings*. Las similitudes de *El bulto* a formas de un discurso melodramático más afín a Hollywood hablarían del agotamiento de los modelos nacionales del melodrama en el cine mexicano, ya que el enfoque en la crisis familiar de Lauro definitivamente se aleja de los melodramas románticos de la tradición cinematográfica mexicana. De todos modos, al construir su narrativa sobre esta premisa, Retes es capaz de evitar el imperativo de una presentación realista del *Halconazo*, ya que coloca la masacre de junio 10 del 1971 como el principio de un paréntesis en el discurso político que se cierra en 1991.[6] La película es, de cierto modo, una reflexión sobre cómo los mismos manifestantes reprimidos en los años setenta se hicieron cómplices de las reformas neoliberales que, a los ojos de Lauro (y de Retes), traicionan los ideales de izquierda del pasado. La película puede hasta ser leída como una refutación implícita a *Rojo amanecer*, ya que sugiere que el evento verdaderamente sorprendente no fue la masacre de 1968 o su irrupción en la vida cotidiana de la burguesía. Más bien, lo que a Retes le parece aún más sorprendente es que el proceso político que comenzó con Tlatelolco y el *Halconazo* finalmente resulta en el rendimiento total del país al capitalismo neoliberal.

En una reveladora conversación con su amigo Alberto (Héctor Bonilla), Lauro se entera de los eventos posteriores al 10 de junio de 1971. Descubre que un amigo mutuo fue desaparecido por el gobierno. Poco después, Alberto le regala la historia contracultural de José Agustín, *Tragicomedia mexicana* y una copia del vídeo de *Rojo amanecer*, como para ayudarlo a resumir el tiempo transcurrido. Alberto también resalta el terremoto de 1985, que se presenta como la evidencia de formas de organización social que sobrevivieron, a la vez que corea "El pueblo unido jamás será vencido." Lauro se asombra al percatarse que la Unión Soviética ha caído y que México, después de la candidatura de Cárdenas, ya no tiene un partido comunista. El hecho de que la transformación radical que desapareció por completo al México que Lauro conoció pudo ser resumida en el transcurso de una breve conversación está claramente dirigido a mostrar el rol que el neoliberalismo y las ideologías de transición tienen en la destrucción de los valores sostenidos por la generación de Lauro (y Retes). A medida que Alberto narra la muerte del dictador español Francisco Franco, la persistencia en el poder de Fidel Castro, y la existencia de televisión comercial en la que las personas bailan con zapatos marca Canadá en la Plaza Roja de Moscú, se hace evidente que el presente hace insignificantes los pasados ideales políticos de Lauro. Si algo, es en esta escena que *El bulto* contradice fuertemente a *Rojo amanecer*, desactivándola tras presentarla como nada más que un videocassette, de este modo poniendo en escena la futilidad de la memoria en la política y cultura contemporánea. Si películas neomexicanistas como *Danzón* reclamaron la nostalgia para resistir las ráfagas del cambio neoliberal, el tono general de *El bulto* es uno de resignación y derrota frente a una lucha que, en retrospectiva, se vacía de cualquier importancia.

Esta representación del asunto de la memoria histórica es única en el contexto de los primeros años de la década de los noventa. Muestra cómo el cine mexicano desarrolla desde muy temprano una política de la memoria bastante distintiva, a diferencia de las tradiciones posdictatoriales como la del cine argentino. Asimismo, pone en evidencia los modos en los que el cine, aún en sus manifestaciones más politizadas, representa una sociedad subsumida en el proceso neoliberal, mientras que otras producciones culturales emprenden la tarea que Claudio Lomnitz llama "narrar el momento neoliberal" con una reverencia excesiva por la historia: "Dado el rol prominente que jugaron los intelectuales en esta transición, no es sorprendente que un tipo de "exceso de historia" marque el periodo en general o que un número de historiadores profesionales fueron reclutados por la prensa y la televisión. . . . [La historia] proveyó a los políticos y a los intelectuales públicos con un vocabulario moral sucinto y abreviado y con una serie de imágenes que podían fácilmente ocupar el lugar de argumentos de largo cuño o hasta de doctrinas enteras" (54).

En este punto el cine contrasta marcadamente con la ficción literaria, la cual produjo una ola de novelas históricas a través de los años ochenta y noventa. No es de sorprender que la más importante y exitosa novela de los primeros años de la década de los años noventa haya sido *La guerra de Galio* de Héctor Aguilar Camín, la cual ofreció una larga recreación histórica del mismo periodo que Retes reduce a anécdotas. Uno de los protagonistas de la novela es también un periodista e historiador de los años setenta, y su destino es enfrentar esos años de decadencia política que Lauro perdió mientras estuvo en su coma. La trama presentada por Aguilar Camín se ocupa de la traición de los ideales de los años sesenta o, como Alberto Moreiras nota, una de un momento de "sutura" entre la ética y la política (80). Una comparación de la película de Retes con el libro de Aguilar Camín muestra que *El bulto* finalmente funciona a contrapelo de la tendencia historiográfica del discurso público y cultural mexicano de la época. El cine se convierte, en casos como *El bulto*, en un sitio único para resistir las políticas neoliberales de la historia. Retes opta por una historia que enfatiza el presente a expensas del pasado. La película nunca utiliza *flashbacks* como mecanismos narrativos. De hecho, el pasado de Lauro permanece completamente ausente en tanto sujeto de la representación narrativa y la única escena del pasado es una presentación del *Halconazo* en blanco y negro al estilo documental que acompaña los créditos iniciales. Al representar sólo este evento pasado en un estilo deliberadamente distinto al resto de la película, sin ninguna otra conexión referencial a la trama misma, Retes resiste el impulso a narrar el pasado o a hacer alguna referencia sobre este. Así, el punto de la película y su empuje ideológico yace solo en la historia presente de Lauro, mientras que su pasado está tan ausente de la película como lo está de la conciencia pública del México neoliberal. Esto hace que *El bulto* sea sorprendentemente más política que la novela de Aguilar Camín o el trabajo de historiadores como Enrique Krauze, blanco del ataque de Lomnitz.[7] A diferencia de las obras que se produjeron en el apogeo del salinismo, en las que el periodo de 1968–1988 fue narrado como una transición a la democracia y el principio de una modernidad "deseable"—una idea que en la película escenifica Toño, el hermano de Lauro—*El bulto* narra el presente contra la corriente teleológica de la historiografía del periodo y, al fin y al cabo, sostiene que el neoliberalismo no es el resultado del movimiento de 1968 sino el testimonio de su vencimiento. Algunos comentadores han llevado esta intervención política aún más lejos: Miriam Haddu, por ejemplo, sugiere que el desenmascaramiento de las inequidades sociales implícitas al neoliberalismo y al espejismo de la prosperidad salinista anuncia la rebelión zapatista (*Contemporary Mexican Cinema* 22–27). Esta interpretación es un ejemplo del tipo de voluntarismo que critiqué anteriormente: conecta la película de Retes a partes del proceso político mexicano totalmente conectadas a él (los Zapatistas). Sin embargo, Haddu tiene razón en enfatizar que *El bulto* se encuentra casi a solas en el discurso público de 1992 en tanto es una denuncia de la falsedad detrás de la narrativa neoliberal de la modernidad.

Una de las características sobresalientes de *El bulto* es su descuido técnico. La película está editada bruscamente, con transiciones improbables y ángulos de cámara incómodos. En el único artículo académico sobre la cinta, Patricia Hart interpreta algunos de estos rasgos como formalización de la marginalización de Lauro en el presente y en la dicotomía mayor entre realidad e ideal en la estructura narrativa de la producción (29–35). Esta lectura le atribuye, me parece, demasiado crédito a las habilidades técnicas de Retes, dado que todas sus películas tienen grandes deficiencias técnicas, incluyendo diálogos sermoneadores, edición malhecha, trabajo de cámara titubeante, y narrativas inverosímiles. El hecho es que, más allá de los límites presupuestarios que se hacen obvios en algunas partes de la producción, la película tiene elementos importantes de disonancia formal que revelan la naturaleza anacrónica del cine de Retes. El ejemplo más claro de esto es su música de fondo. El hábil uso de bandas sonoras por el cine comercial de finales de los años noventa está ausente aquí. En lugar de ello, la película consistentemente regresa a una señal anacrónica e innecesaria: cada vez que una revelación dramática ocurre, la película le presenta al público una melodía estridente de aspecto telenovelesco. Aunque la trama de Retes resiste la nostalgia, lo mismo no puede decirse de sus mecanismos formales. A diferencia de la cinematografía sofisticada de otros directores de los primeros años de la década como María Novaro y Alfonso Cuarón, esta obra muestra claros signos de agotamiento formal y narrativo. Asimismo, la obra de Retes puede leerse en contraste con la habilidad técnica de *Sólo con tu pareja*, que contó con la extraordinaria cinematografía de Emmanuel Lubezki, un ritmo narrativo mucho más fuerte, y una edición diestra. La diferencia entre la estética de Retes y la de Cuarón no es casual, por supuesto: hace hincapié en el contraste entre un cineasta, Retes, cuya prioridad es la transmisión de un mensaje político sin consideración de los límites técnicos, y otro, Cuarón, quien está evidentemente más consciente de la conexión entre el estilo de una película y su viabilidad comercial en los emergentes ecosistemas cinematográficos.

El final de *El bulto* ofrece algunas pistas para leer los retos formales y conceptuales con los que se encuentra un director como Retes, quien se formó en los márgenes del "cine de la soledad," al enfrentarse a la nueva realidad contemporánea. Tras desarrollar una relación con una de las amigas de su hija y recuperar su trabajo como periodista, Lauro—afeitado por primera vez en la película—regresa a casa, donde encuentra una fiesta organizada por todos sus amigos y su familia. Una vez saluda a algunas personas y tras una cálida reconciliación con su hijo enajenado, todos los personajes comienzan a rapear una canción sobre su historia. Luego de la sorpresa, Lauro se integra a la canción y la película se desvanece hasta dar con los créditos finales. Patricia Hart lee esta conclusión como una narrativa de redención en la que Lauro finalmente encuentra "flexibilidad y perdón." Hart concluye: "Y donde esta reconciliación es posible para un individuo, quizás lo sea para un país, si el país logra enfrentar al pasado" (35). Aunque esta interpretación es posible a primera vista, gracias en parte al fuerte subtexto melodramático que expresa la banda sonora hasta este punto, una conclusión redentora contradice directamente la narrativa de desencanto ideológico que yace en el centro de la película. La escena final sorprende por su naturaleza surreal, casi sin sentido. Una canción de *rap* (género musical) que surge de la nada al final de una película que sigue convenciones narrativas realistas no puede ser representativa de un acto de reconciliación dentro del marco estético de la cinta. Una mirada más aguda muestra que la letra de la canción no es para nada redentora, sino bastante agresiva. Tras reconciliarse con Lauro, su hijo, Daniel, hace un prefacio a la escena musical al decir, de la nada, "Es por tu culpa que abuela no puede vivir en paz," lo cual otro personaje continúa al repetir, "Tenemos que ir al hospital todas las mañanas para darle terapia a este animal." En vez de representar algún tipo de redención, el "*rap* del bulto" se burla del predicamento ("una mañana no le fue tan bien," "por ser tan entrometido, lo pusieron a dormir"). Finalmente, cuando Lauro interviene en la canción, se critica a sí mismo ("era tan viejo"). En el último cuadro de la película, vemos a Lauro reírse violentamente. Su expresión, que comunica tanto alegría como ira, se congela por un momento antes de que los créditos y la melodramática banda sonora tomen control. Este final puede ser interpretado de dos maneras alternativas. Si se estiran las posibilidades de la última escena un poco, la naturaleza muy surrealista de la canción y el enfoque en su coma, sin mencionar el hecho de que todos los otros cantantes del *rap* lo ignoren básicamente, apunta a la posibilidad de que Lauro realmente no se despertó y que soñaba el presente. Esta lectura puede que sea inverosímil, y la violencia del "*rap* del bulto" y de la risa desenfadada de Lauro, pueden interpretarse de una segunda manera: como la forma en la que Retes niega el cierre ideológico que su historia de redención es capaz de sugerir. El hecho de que la última escena sea pasmosa, y una forma torpe para culminar la película, especialmente si se considera que la escena anterior ya había proveído una conclusión redentora en tanto reconcilió a Lauro con Daniel y el resto de sus amigos y familia. No es tan descabellado argumentar que Retes, un director cuyas películas suelen tener grandes taras narrativas, no sabe cómo terminar su obra. Al final, la simpatía de Retes por Lauro resulta en su redención, pero esta redención, como Hart muestra, puede que sea finalmente la aceptación del presente neoliberal, encarnado en su regreso al periódico y en una última conversación en la que su hermano intenta reclutarlo al proyecto neoliberal. Esto parecería contradecir la perspectiva ideológica que se presenta en la primera parte de la cinta. Yo sostendría que en la torpe prolongación de la película más allá de los momentos de reconciliación, y en concluirla de un modo tan extraño, Retes mantiene la lucha heroica de Lauro con su realidad personal sin abrazar de lleno un cierre que muestre al presente neoliberal como aceptable.

De todos modos, *El bulto* es una narrativa de la derrota, una película muy consciente de la imposibilidad de una política del pasado. A pesar de sus defectos técnicos, los cuales la hacen casi imposible de ver para cualquier persona acostumbrada a las estéticas de la comedia romántica que se desarrollaban justo en ese momento, el éxito comercial de la película en un momento tan poco propicio para el cine nacional atestigua la resonancia de su mensaje político. La narrativa triunfalista del salinismo estaba aún a un año y medio de su caída en 1994, pero las contradicciones sociales del periodo eran obvias para muchas personas en México. No muy diferente a los trabajadores telefónicos de *Danzón*, las clases obreras y medias de México sufrían el desmantelamiento radical de las redes sociales de protección, a la vez que el malestar político para con el régimen priísta se incrementaba tanto entre una izquierda hostigada por Salinas de Gortari y una derecha liderada por recién llegados como Vicente Fox, la cual encabezó una nueva forma de política de la confrontación. La articulación del desencanto de *El bulto* resonó claramente con su público, tal como evidenció su éxito en la taquilla y en el alquiler de videos. Fue también el primer paso en una nueva tradición de cine político que luego vendría a enfocarse en el desmoronamiento de la ideología política posrevolucionaria.

Un fenómeno sorprendente después del *El bulto* es que, en los años noventa, los cineastas restantes del paradigma del "cine de la soledad" se abstuvieron del cine político por completo. Fons pasó a dirigir *El callejón de los milagros*, donde hallamos críticas al neoliberalismo que se encuentran muy lejos del discurso de su controvertible *Rojo amanecer*; Retes mismo optó por una película metacinematográfica, *Bienvenido/Welcome* (la cual discutí en el Capítulo 2), seguida por una adaptación de una novela no política de Eusebio Ruvalcaba, *Un dulce olor a muerte* (1999); Cazals, después de filmar una cinta histórica basada en el Padre Kino, una figura colonial, desapareció de la vista por el resto de la década, un hecho sorprendente si consideramos lo prolífico que fue de otro modo; y las exploraciones de género y sexualidad de Hermosillo nunca estuvieron realmente preocupadas por las transformaciones políticas o económicas. *El bulto* marcó el desgaste de cualquier ideal político de la generación de los años setenta que hubiese sobrevivido la censura estructural del echeverrismo y el lopezportillismo.

Esto no quiere decir que el cine político estuvo totalmente ausente; todo lo contrario, aún durante la crisis de producción y exhibición de mediados de los años noventa, aparecieron algunas películas políticas. Un buen ejemplo es *Los vuelcos del corazón* (1996) de Mitl Vladez, una adaptación libre de un relato del escritor marxista José Revueltas sobre las vicisitudes del Partido Comunista Mexicano de los años cuarenta. La producción es una pieza de época muy exitosa y detallada que resiste la idealización del pasado para presentar tanto los conflictos afectivos como ideológicos que asedian a sus personajes. Aun así, la cinta es más que nada un estudio de las contradicciones de una izquierda ya pasada, un movimiento político definido por sus debates en torno al dogmatismo. Es también una recreación de la cultura afectiva atada al radicalismo político. La manera en la que la música de *danzón* rebasa la trama en algunos momentos se aleja hasta de la inversión nostálgica del presente, vista en el cine de Novaro. Aunque filmar una rememoración del momento más radical de la izquierda mexicana en plena tormenta neoliberal puede leerse como un acto político en sí mismo, el hecho es que *Los vuelcos del corazón* finalmente evade al presente.

A mediados de los años noventa, el cine político mexicano estaba claramente asediado por el vacío dejado atrás por la institucionalización de la izquierda en el Partido Revolucionario Democrático (PRD) al igual que por la caída del Muro de Berlín y el subsiguiente fallecimiento de la política radical como vehículo de articulación social. Este es el caso de producciones menos exitosas tales como *En medio de la nada* (1993) de Hugo Rodríguez, un *thriller* de mala calidad, centrado en el secuestro de la familia de un líder sindical jubilado. La trama se refiere a la desaparición de la organización laboral en México. Los líderes sindicales de la película, al igual que los comunistas en *Los vuelcos del corazón*, evidencian un orden político anterior, aunque de un modo más contemporáneo. Uno de los resultados más sobresalientes del salinismo fue el desmantelamiento de muchos sindicatos poderosos a través de la encarcelación de poderosos líderes sindicales como Joaquín Hernández Galicia, el presidente del sindicato de trabajadores del petróleo. Por lo tanto, *thrillers* como *En medio de la nada* intentaron crear el asedio en contra de la organización laboral en sus alegorías narrativas. Una estrategia similar fue desplegada por una película posterior y mucho mejor, *Fibra óptica* (1997) de Francisco Athié. Esta cinta se centró en un periodista, interpretado por Roberto Sosa, a quien contratan para investigar el asesinato de un líder sindical tras la falsa acusación de una mujer brasileña. *Fibra óptica* es una producción elegante que se ocupa de los bajo mundo corrupto de la política mexicana. El título de la misma hace referencia a un México cada vez más envuelto en comunicaciones electrónicas (los teléfonos celulares se convertían en un prominente negocio secundario para Carlos Slim y otros industrialistas). Esto es un factor importante, ya que la cinta se distancia de un modo interesante de otras películas políticas en tanto a su voluntad de asumir nuevas formas de modernidad desarrolladas bajo el neoliberalismo. Así, *Fibra óptica* presenta una premisa casi única: la adopción de una estética y la subjetividad urbana de la nueva clase media para denunciar las estructuras subyacentes de intriga y corrupción que yacen en la base del nuevo proyecto moderno.

Aun así, el hecho es que a mediados de los años noventa, la mayoría de las películas permanecían atrapadas en el vacío que dejó atrás el fallecimiento de la política radical. En este sentido, la película más sintomática del periodo es *En el aire* (1995) de Juan Carlos de Llaca. Esta se enfoca en Alberto (Daniel Giménez Cacho en el presente; Plutarco Haza cuando joven; Sebastían Hiart de niño), un DJ para un programa de radio psicodélico que recuerda su pasado como *hippie* en los años setenta mientras trasmite su último programa antes de que la estación de radio cierre. La trama principal se refiere directamente a la erradicación del pasado que lleva a cabo el neoliberalismo. La estación, llamada "Radio Púrpura" (lo cual puede ser leído como una referencia a la "Purple Haze" de Jimi Hendrix), es parte de un conglomerado de comunicaciones más grande, y Juan (Alberto Estrella), el gerente general, le dice a Alberto al comienzo de la misma que la estación sólo permanecerá abierta si él y su equipo acceden a incluir programación más comercial en el programa, tales como clases de inglés y un programa de trivia.[8] Alberto se niega de inmediato y decide cerrar la estación a la media noche y abandonar la corporación mediática. Este marco general puede leerse como una alegoría de la erradicación de la historia política radical en la víspera de la implementación del TLCAN.

Radio Púrpura sólo tenía nueve meses de vida cuando deciden cerrarla y había sido fundada como un intento de visitar de nuevo a los ideales perdidos de la cultura mexicana de los *hippies*. Al intentar "modernizar" la estación a través de demandas que responden al creciente comercialismo detrás de los medios, la corporación tal como la que representa Juan, finalmente ejerce una presión de mercado que hace que el pasado sea poco rentable. Es importante notar que Juan también había sido un *hippie*, y que conoció a Alberto cuando ambos vivieron en la misma comuna en los años setenta. Juan, como el hermano de Lauro en *El bulto*, simboliza a una generación de estudiantes de clase media radicalizados que al fin y al cabo fueron cooptados por el capitalismo neoliberal. Juan, ahora un gerente de medios, originalmente acepta el establecimiento de Radio Púrpura como alguien que entiende la nostalgia de Alberto por la cultura de la época *hippie*, pero termina rindiéndose a las presiones de mercado del entorno mediático corporativo. El éxito de Juan en los medios no es más que un golpe a Alberto, un castigo por su incapacidad de integrarse a la nueva realidad económica.

En su estudio sobre la relación entre la memoria y la redención en el cine contemporáneo, Russell J. A. Kilbourn argumenta que "el valor irónico característico de la redención en las narrativas de muchas películas de la memoria contemporánea, se revela como una promesa hueca, un mito, una ficción," que resulta en dos situaciones: "(a) el protagonista aprende este conocimiento pero sigue insatisfecho al final, sin adquirir un desenlace justo; o (b) él o ella fracasa profundamente en esta búsqueda aunque (¿por lo tanto?) adquiere un tipo de conocimiento negativo que le otorga a la narrativa un desenlace irónicamente negativo" (97). *El bulto*, tal como la describí en este capítulo, llena de cabo al primer resultado, como sugiere la expresión congelada de aparente desesperación en el rostro Lauro que captura el última toma de la cinta, a pesar del proceso tumultuoso de reconciliación con su país y su familia. *En el aire* nos presenta una versión del segundo resultado. La trama se desarrolla a través de dos historias: el cierre de Radio Púrpura y una serie de *flashbacks* relacionados a la relación titubeante de Alberto con Laura (Dolores Heredia), el amor de su vida. Los *flashbacks* también se remontan a los años setenta, una época en la que Alberto fue un *hippie* que escapó de su vida de clase media para unirse a una comuna en Guerrero, semillero de actividad guerrillera durante esa década. Alberto no fue un individuo particularmente comprometido. Su autoexilio de su familia burguesa estuvo completamente relacionado a Laura. Alberto y Laura fueron forzados a un matrimonio para hacer su relación socialmente aceptable, aunque muy pronto la situación se hizo insostenible, y Laura huyó. Como resultado del papel de su familia en su separación con Laura, Alberto decide irse y abandonar su vida burguesa. Más adelante, Laura reaparece en la comuna del teatro popular en la que Alberto vive, reavivando su relación. Laura se va nuevamente al final de este tiempo, tras unos meses; no reaparece hasta que Alberto la invita a la estación de radio durante la última transmisión de Radio Púrpura. Al final de la película, tras un breve encuentro, Laura se va una vez más, esta vez parecería que para siempre.

En el aire tiene un final tan extraño como el de *El bulto*. Mientras persigue el taxi de Laura, Alberto se tropieza con una niña de su pasado, una compañera del kínder que lo protegió de los *bullies*, que reaparece en múltiples secuencias oníricas de la película. De modo que De Llaca no concluye su película ni con un momento de redención ni con un enfrentamiento con la realidad. Más bien, concluye la cinta con una última secuencia onírica y con un personaje que le ofrece solaz a Alberto sólo en el reino de la fantasía, lo cual resulta en lo que Kilbourn llama "un desenlace irónicamente negativo." Los dos objetos de deseo de Alberto en la película—la estación de radio que preservaba los últimos vestigios de sus valores *hippies*, y la mujer con la que quiso reavivar una relación—se pierden al final, dejándolo sin rastro alguno de esperanza o futuro. Aun así, al permitirle regresar al momento fundacional de su vida que se encarna en la niña, el punto de cierre negativo apunta a un futuro indefinido, pero quizás redentor, en gran parte porque De Llaca opta por concluir su producción con un tipo de secuencia onírica. El "conocimiento negativo" de Alberto descansa en la realización de la banalidad de sus valores pasados. En esto, *En el aire* señala a una perspectiva más resignada a enfrentar al neoliberalismo que *El bulto*.

Es relevante notar que, mientras que De Llaca activa el mismo momento radical de los años setenta que *El bulto*, lo hace de un modo más deliberadamente tangencial. La estadía de Alberto en la comuna teatral es interrumpida por el conflicto político. El hermano de Juan, Paco, participa de una célula guerrillera en las montañas de Guerrero, donde se basó el movimiento dirigido por Lucio Cabañas. La célula de Paco secuestra al hijo de un embajador y atrae así la atención de la policía mexicana. A la luz de esto, Paco le pide a Juan y a la comuna que escondan las armas de la célula para no tener que cargarlas a través de los retenes militares. Aunque la compañía teatral está claramente dividida en cuanto si ayudar a Paco o no, eventualmente aceptan, bajo la premisa de que están ayudando al hermano de un amigo y que están contribuyendo a la realización material de las ideas de liberación encarnadas en el estilo de vida de la comuna. A pesar de ello, el resultado de este evento es el rompimiento del grupo tras el arresto de Paco. La pasada utopía en la que residen los ideales de Alberto, se destruye paradójicamente cuando lo forzan a moverse de la teoría política (la comuna) a la política real (ayudar la guerrilla). En este sentido, la comuna puede leerse como un *mise-en-scène* para el retrato de la naturaleza efímera de los ideales *hippies* mexicanos, al igual que de la interrupción brutal que la política radical significó en un estilo de vida utópico que también fue una forma de vida burguesa. El desenlace de este evento es el reconocimiento del vacío de los ideales de izquierda. Mientras, en el pasado, Alberto contempla en su habitación en la víspera de abandonar la comuna, una voz en *off* que pertenece al Alberto presente claramente identifica el punto final de los valores que lo sostuvieron: "Con la comuna, la ilusión del *hippismo*, del cooperativismo y el romanticismo terminó. El escepticismo, el posmodernismo, y el individualismo sobrevivieron. Destruimos una forma de vida, pero no tuvimos tiempo de construir una nueva." En esta reflexión, Alberto comunica el modo en el que su generación, como la de Lauro en *El bulto*, entiende el neoliberalismo como una demostración palpable del fin de sus ideales y sus sueños. La subsiguiente carrera de De Llaca, de hecho, muestra que su obra logró trascender cualquier nostalgia por los valores de los años setenta. Su producción del año 2000, *Por la libre*, es una *road movie* ligeramente tramada en la que dos jóvenes van a Acapulco a regar las cenizas de su abuelo—una alegoría perfecta para la necesidad de trascender el pasado—, mientras que su película más reciente, *Así es la suerte* (2011), es una comedia abiertamente comercial sobre un hombre que repentinamente pierde la suerte. En breve, el completo alejamiento de De Llaca del cine político es indicativo del impacto que los cambios en la industria que vimos en el Capítulo 2 tuvieron en los cineastas que intentaron articular asuntos políticos en su obra anterior.

Precisamente por esta razón, es importante evitar leer *El bulto* o *En el aire* desde una perspectiva idealista que entiende a Alberto y a Lauro como héroes caídos en la lucha contra la historia. Se debería recordar siempre al ver películas como *El bulto* y *En el aire* que ambos personajes son hijos revoltosos de la clase media tradicional y, por ello, que las películas contribuyen tanto como lo hacen las comedias románticas de los años noventa a establecer a la clase media urbana profesional como el sujeto privilegiado del cine mexicano post-1988 y a privilegiar su mirada como el punto de vista primario para la elaboración y visualización de la historia y lo contemporáneo. Los mecanismos de la memoria en *En el aire* se enfocan mayormente en la experiencia cultural de la burguesía. Radio Púrpura, por ejemplo, se concibe como un vehículo para preservar la ética izquierdista de la generación de 1968, en su mayoría jóvenes universitarios atrapados en el activismo político o en la revolución sexual. Aun así, la estación de radio es, desde su incepción, parte de la organización mediática corporativa que finalmente la absorbe. El hecho de que De Llaca sitúa el último intento libertario de Alberto en la radio— es decir, en los medios electrónicos—no es accidental, ya que exhibe otra dimensión de la clase creativa representada por los publicistas en las comedias románticas discutidas en el Capítulo 2.[9] En una coincidencia reveladora, Daniel Giménez Cacho, el actor que interpreta a Alberto, también interpreta a Tomás Tomás, el protagonista de *Sólo con tu pareja*. De cierto modo, el publicista de Cuarón y *el hippie* De Llaca son dos lados de la misma moneda social, miembros de la clase creativa mediática idealizada por el neoliberalismo. De hecho, los locutores de radio, al igual que los publicistas, aparecen ambos en películas que están alineadas con los ideales del público cinéfilo acomodado (como la protagonista de *Vivir mata*, discutida en el Capítulo 2, una locutora que pasa su tiempo trasmitiendo promociones comerciales a través de la Ciudad de México) y opuestas a ellos (como en *Las buenas hierbas*, la película del 2010 de María Novaro, donde la protagonista trabaja medio tiempo como locutora en una estación de radio independiente de izquierda). Estas instancias de la priorización de la personalidad mediática como el tema de la representación, a pesar de la postura ideológica de las cintas y sus directores, añaden a uno de los mejores y más precisos ejemplos del modo en el que el neoliberalismo reconfigura las ideologías y las prácticas del espacio cultural contemporáneo en México. Las películas no todos comparten las mismas políticas, pero comparten un mismo lenguaje cultural creado a grandes rasgos por las transformaciones sociales y políticas que encuentran su articulación ideológica en las aspiraciones de la clase media. No es de sorprender que una de las carreras más populares en las universidades privadas mexicanas durante los años noventa fueran las ciencias de la comunicación: ahí residía la aspiración de los jóvenes miembros de la clase media que consideraban los medios como el espacio fundamental del éxito social. En este sentido, es muy claro que el cine político en México, a pesar de sus muchos intentos de cuestionar al neoliberalismo, ya para 1997, estaba atado a un lenguaje cultural en el que la agencia política, de un modo similar a la agencia afectiva explorada en el Capítulo 2, era la prerrogativa exclusiva de un sujeto social bastante preciso: los profesionales urbanos de las clases medias.

La redefinición del cine político: *Entre Pancho Villa y una mujer desnuda*

Los desplazamientos de clase que se hallan en el corazón del cine y la cultura mexicana a raíz de las elecciones de 1988 fueron un síntoma del fallecimiento del amplio alcance ideológico del nacionalismo posrevolucionario, el cual había logrado mantener a grandes sectores de la sociedad mexicana dentro de una cultura común a pesar de las diferencias de clase, género y raza. El declive de las "redes imaginarias del poder político" (por eso de utilizar el concepto de Roger Bartra discutido en el Capítulo 1) que habían dominado el país por muchas décadas estuvo detrás de la creación de espacios culturales de clases particulares ejemplificada tanto por la comedia romántica como por las formas emergentes del cine político. Aun así, mientras el sentido cohesivo de identidad nacional históricamente fomentado por la cultura mexicana comenzó a perder su lugar hegemónico, nuevas formas de identidad social crearon espacios de articulación para grupos anteriormente marginalizados. En la sociedad mexicana en general, esto fue representado por el levantamiento zapatista, que le dio voz a los grupos indígenas de las montañas de Chiapas. Sin embargo, mientras el acceso a la producción y el consumo cinematográfico se hizo una prerrogativa de la clase urbana intelectual y de la ciudadanía de clase media, la articulación de identidades sociales en el cine fue reclamada por una ideología y práctica intelectual que se había hecho prominente en el México de los años ochenta: el feminismo. En su libro *Mexican Masculinities*, Robert McKee Irwin muestra la penetrante relación de mucho tiempo entre la masculinidad e identidad nacional, cuya cúspide llegó tras la Revolución, con el argumento de intelectuales conservadores como Julio Jiménez Rueda de que una cultura realmente nacional tenía que ser "viril." La complicidad simbólica entre masculinidad y cultura nacional significó que la agencia cultural de las mujeres estuvo limitada a una serie de mujeres "conspiradoras," por eso de usar el concepto de Jean Franco, capaces de operar dentro de las narrativas maestras masculinas de la cultura moderna. Aun así, como Franco misma reconoce, la hegemonía masculina de la enunciación cultural comienza a hacerse pedazos al mismo tiempo que el edificio del nacionalismo revolucionario sufre sus primeros grandes quiebres tras el movimiento estudiantil de 1968.

Según Franco, la entrada de los medios masivos a la cultura mexicana dio paso a una "internacionalización" que permitió el debilitamiento del nacionalismo mexicano y que, luego, dio paso al desarrollo de formas de cultura alternativa de género, que resultó en la reacción de una "esfera pública feminista" a mediados de los años setenta (*Plotting Women* 184). Para el final de los años ochenta y principio de los años noventa, intelectuales y artistas feministas ya ocupaban un rol importante en la *intelligentsia* urbana mexicana: habían artistas de performance como Jesusa Rodríguez y Astrid Hadad quienes construían representaciones irónicas de la mexicanidad, introduciendo actualizaciones de género al repertorio cultural nacionalista, al igual que intelectuales como Marta Lamas, fundadora de la revista *Debate feminista* y hasta hoy la cara pública del feminismo en México.[10]

No es coincidencia que, en este panorama, el cine tuvo el potencial de transformarse en un vehículo central para la expresión de mujeres, dado no sólo el rol que los medios tuvieron en la ruptura con nociones tradicionales de género en México, sino también de la existencia de artistas de performance y críticos culturales que insistieron en el género y que proveyeron a una nueva generación de actrices y directoras los discursos ideológicos y lenguajes culturales necesarios para la creación de una práctica cinematográfica. Además de *Lola* y *Danzón* de María Novaro, las cuales encabezaron una nueva ola de cine de mujeres cineastas, podríamos recordar también *El secreto de Romelia* (1988) de Busi Cortés, en la que una mujer de clase media divorciada explora los secretos de la matriarca de su familia, y *Novia que te vea* (1994) de Guita Schyfter, una cinta sobre la educación sentimental de dos mujeres judías jóvenes en el México de los años sesenta. En *Palabra de mujer*, la crítica Isabel Arredondo documenta el periodo cronológico que enmarca estas dos películas, el cual estuvo particularmente caracterizado por un incremento en la producción de películas por directoras. Es revelador que este periodo coincide perfectamente con la presidencia de Salinas Gortari, lo cual puede ser leído como una indicación que la socavación de las instituciones culturales que vino de la mano con la reforma neoliberal fue una de las condiciones de posibilidad para la irrupción decisiva de las mujeres y el feminismo en ciertas partes del panorama cultural. Aun así, las mujeres directoras de esta época estuvieron sujetas a los límites de los discursos culturales heredados y el cine por mujeres de a principios de los años noventa, no fue tan políticamente radical como el trabajo de Jesusa Rodríguez o Astrid Hadad, tal vez por las limitaciones que imponían los costos de producción de una película.[11] Si consideramos *Danzón*, como lo hice en el Capítulo 1, como un ejemplo clave de la nostalgia cultural, y luego la comparamos con la fijación con entender el pasado de *El secreto de Romelia* y la idealización en *Novia que te vea* del legado inmigrante judío que fue eclipsado por las ideas mexicanas de identidad nacional, podría concluirse que las principales películas de directoras de la época fueron incapaces de articular una fuerte crítica de los significantes culturales del México posrevolucionario, tal como la que ejercieron muchas feministas en el arte de performance, en el periodismo, o en la literatura. Podría argumentarse que, puesto que las directoras comenzaron a participar en el cine en un momento en el que el discurso cinematográfico estaba en una fase de profundo estancamiento, fueron en última instancia incapaces de proveer de manera decisiva lenguajes fílmicos alternativos que permitieran al cine romper con los *impasses* de una industria en plena crisis estética. Esto es obvio no sólo en las directoras antes mencionadas y su enfoque en la nostalgia, sino también en realizadoras como Maryse (Marisa) Sistach, quien dirigió *Anoche soñé contigo* (1992), discutida en el Capítulo 2, una representación tímida de las relaciones afectivas, profundamente enraizada en el melodrama tradicional, en un momento en el que Jaime Humberto Hermosillo y Alfonso Cuarón estaban reinventando el discurso del amor y la sexualidad en el cine.

Tal vez el ejemplo más icónico es *Ángel de fuego* (1991) de Dana Rotberg, una película buñuelista sobre una trapecista de catorce años (Evangelina Sosa) quien, tras percatarse que está embarazada con el hijo de su padre recientemente difunto, se lanza en una odisea que la lleva a sobrevivir un intento de "redención" de un grupo fundamentalista de titiriteros cristianos. Al final, la protagonista se suicida mientras quema el circo en el que trabajó, algo que la película presenta como una redención desde el punto de vista del protagonista, pero como una derrota desde la perspectiva del espectador. La cinta de Rotberg sin duda tiene méritos artísticos e ideológicos, tales como las increíbles actuaciones y el coraje de presentar una narrativa de la más abyecta pobreza urbana en pleno triunfalismo salinista neoliberal. Sin embargo, en este punto de mi análisis, es obvio que la directora trabajaba dentro de un callejón sin salida estético, más cercano a los lenguajes del "cine de la soledad" que al discurso cinematográfico *mainstream* que se volvió predominante unos años antes. Al presentar a un *lumpen* proletariado irredimible definido por su existencia sórdida (la trama trazada aquí lo atestigua), Rotberg se halla más cerca de las caracterizaciones desdeñosas de Luis Alcoriza de las clases bajas que a cualquier modalidad del cine político de los años noventa.

Novaro misma pasaría a dirigir tres películas—*El jardín de Edén* (1994), *Sin dejar huella* (2000), y *Las buenas hierbas* (2010)—en las que su estilo e ideologías fueron presentadas notablemente y sin concesiones, sin por ello sacrificar un éxito comercial aceptable.[12] Sin embargo, la primera película por una mujer cineasta que realmente entró en el dominio del cine neoliberal no vino de la generación salinista, sino de una dramaturga cuyos problemas del género y del neoliberalismo la hicieron una de las figuras centrales del feminismo contemporáneo en México: Sabina Berman, cuya adaptación de su exitosa obra *Entre Villa y una mujer desnuda* a la película *Entre Pancho Villa y una mujer desnuda* (1996), con la asistencia de la codirectora Isabel Tardán.[13]

A raíz del *boom* de mujeres cineastas durante el salinismo, la película de Berman y Tardán es un artefacto cultural altamente refrescante, una narrativa rápida y humorística que marca un contraste drástico con el ritmo parsimonioso que favorecen tanto Novaro como Rotberg. Esto quizás se debe a que Tardán y Berman eran forasteras a la escena fílmica mexicana. Berman había hecho su carrera como dramaturga y novelista, y *Entre Villa y una mujer desnuda*, que estrenó en 1993, fue un éxito taquillero sin precedentes y disfrutó de una exhibición de dos años en la escena teatral de México, un logro pocas veces alcanzado por el teatro mexicano. Mientras tanto, Isabel Tardán era una consumada productora de televisión cuyo trabajo en telenovelas claves de finales de los años ochenta y principios de los noventa, al igual que en importantes campañas publicitarias, le dio un instinto del tipo de producción mediática comercial que faltaba en los proyectos de directoras como Novaro y Cortés. La combinación de las experiencias de Berman y Tardán produjo una película innovadora en el contexto fílmico de mediados de los años noventa: *Entre Pancho Villa y una mujer desnuda* es un punto de encuentro entre el agudo entendimiento de las contradicciones dentro del feminismo neoliberal de Berman y la habilidad de Tardán de apelar a un público formado en los paisajes mediáticos emergentes. Por ello, *Entre Pancho Villa y una mujer desnuda* es una película innovadora que finalmente atravesó la nostalgia que plagaba tanto al cine político producido en el arco entre *Rojo amanecer* y *Fibra óptica*, y la obra de las mujeres cineastas del salinismo.

Entre Pancho Villa y una mujer desnuda se enfoca en la relación entre Gina (Diana Bracho), una mujer de negocios exitosa, y Adrián (Arturo Ríos), un historiador y periodista de izquierda intelectualmente obsesionado con Pancho Villa. Su relación es casual en un inicio, mostrada como una serie de ciclos en los que Adrián se aparece en casa de Gina, tiene sexo apasionado con ella, y desaparece por largos periodos. La trama comienza a desarrollarse cuando Gina expresa su necesidad de una relación más seria, lo cual la lleva a romper con Adrián y buscar a un pretendiente más joven, Ismael. Mientras Adrián pierde su rol dominante en la relación, Pancho Villa (Jesús Ochoa) aparece a su lado y le aconseja en cómo restaurar su poder masculino. No es de sorprender que gran parte de la crítica sobre el trabajo de Berman se enfoca más en la obra teatral que en la fílmica y da un rol predominante a asuntos de género y subjetividad feminista. La obra de teatro ha sido leída como un *collage* contradictorio de varias representaciones de feminidad (Rogers), como una representación de un giro en el balance del poder basado en el género (Wehling), y como un escrito revisado de la "familia mítica" de la nación a través de la reinscripción de mujeres borradas por una historia masculinizada (Magnarelli 145–70). Entretanto, la película ha sido discutido como la construcción de una mirada y una espectadora feminista en el contexto de la representación de la violencia de género (Forcinito 211–22). Aunque los asuntos de género son sin duda claves para comprender la obra de Berman, en la traducción de la obra teatral al cine las implicaciones políticas de su narrativa y su postura formal con relación al cine producido por mujeres en la primera mitad de la década se hacen igual de relevantes. En particular, yo sostendría que el asunto crucial en tanto la película como la obra teatral es la clase. Mientras que María Novaro y Dana Rotberg optaron por contar historias de mujeres de clase trabajadora y *lumpen*, la protagonista de Berman y Tardán es miembro de una clase alta privilegiada por el neoliberalismo, dueña de una maquiladora.

Gina representa por lo tanto un desplazo importante en la subjetividad de clase de los personajes cinematográficos femeninos, similar al que llevaron a cabo las comedias románticas frente a frente con la clase creativa. En vez de enfocarse en mujeres rezagadas por las políticas neoliberales, *Entre Pancho Villa y una mujer desnuda* construye un absurdo mundo de clase media alta en el que la ambigua relación de Gina con su liberación sexual—en tanto mujer divorciada que intenta transformar a su ocasional amante en una pareja más seria—se enmarca en el hecho de que su participación directa en la economía neoliberal es la misma condición de posibilidad de su agencia de género. En otras palabras, los dos amantes de Gina, Adrián e Ismael simbolizan el conflicto de la clase media alta entre la lealtad a los ideales izquierdistas-nacionalistas de la generación de los años sesenta (representados por Adrián y literalmente encarnados en Pancho Villa) y los privilegios y las emancipaciones sociales producidos por el auge de la clase creativa (a la cual Ismael, en tanto diseñador gráfico, pertenece). En el México post-1988, *Entre Pancho Villa y una mujer desnuda* transforma esta alegoría en una película que es política en dos niveles: la política de género de una mujer de clase media que enfrenta los obstáculos y la deseabilidad de la masculinidad tradicional mexicana y la elección de la clase media alta entre preservar el estatus quo posrevolucionario y la promesa de modernización neoliberal. Podría hasta sugerirse que es posible leer alegóricamente a Adrián e Ismael como la opción entre Cuauhtémoc Cárdenas, hijo de la figura fundacional del populismo de izquierda en México, y Carlos Salinas de Gortari, el candidato del PRI que propuso una plataforma de modernización económica. Esto no quiere decir que esa haya sido la intención de Berman. Sino el tema es que los objetos del deseo de Gina son una representación del dilema enfrentado por la clase media alta en México, entre una nostalgia por un pasado nacionalista y las ideologías seductivas y la promesa de un futuro más dinámico que implicaba entregar algunas de las pasiones propias del presente. Al poner en escena esta tensión, Berman y Tardán crearon un giro radical en el cine político mexicano, dejando atrás las posturas de izquierda de directores como Retes y la fascinación con los marginalizados que había dominado el cine mexicano desde *Los olvidados* de Buñuel.

Este giro hacia la clase media alta en tanto perspectiva para el cine social mexicano quizás no es sorprendente, dado que el declive de las ideologías mexicanistas y el surgimiento del sistema privado de exhibición discutido en los dos capítulos anteriores. No obstante, la ocultación de las clases obreras que lleva a cabo esta nueva perspectiva de clase es un elemento clave que distingue el cine mexicano de los años noventa al compararse con las otras dos industrias fílmicas principales en Latinoamérica, aquellas de Argentina y Brasil. De acuerdo a Joanna Page, el realismo documental fue una tradición central en el cine argentino de los años noventa, y balanceó una visión escéptica del rol del arte social en el mundo contemporáneo con una perspectiva nostálgica de las tradiciones cinematográficas según la cual este rol se asumía (35). Esto permitió el surgimiento de grandes directores, como Adrián Catano y Pablo Trapero, quienes se enfocaron en el deterioro de la clase trabajadora y la juventud marginalizada de un modo similar al que en México habían llevado a cabo María Novaro y Dana Rotberg durante el inicio de la década. Asimismo, el cine argentino, como nos recuerda Gabriela Copertari (23), permaneció inserto en procesos culturales altamente preocupados por el legado de la dictadura y sus lazos con el proyecto neoliberal. Por ello, los cineastas argentinos tuvieron un sentido de responsabilidad social distinto al de sus contrapartes mexicanas, ya que México había tenido un pasado reciente menos traumático si se le compara a la Guerra Sucia (aun si consideramos 1968), y su público de clase media que no compartía un tropo cultural unificador para la politización radical.

En el caso de Brasil, el cine comercial de los años noventa permaneció sólidamente arraigado en las tradiciones populistas heredadas de los años sesenta. La producción más exitosa de la década, *Central do Brasil* (1998) de Walter Salles, no sólo mantuvo el contraste entre el *sertão* (la semiárida zona interior brasileña) y la ciudad como un tema central, pero también construyó su narrativa a través del melodrama. Este es también el caso de las películas sobre las *favelas*, como *Cidade de Deus* (2002) de Fernando Meirelles, otro éxito internacional. Es posible mirar otras tradiciones menores, como la de Colombia, en la que directores como Víctor Gaviria construyeron un estilo único para representar a los marginalizados. A diferencia de estos cines, la decisiva coyuntura estética elaborada entre 1993 y 1996 por un trío de películas cruciales—*El callejón de los milagros* en tanto el agotamiento del mexicanismo, *Cilantro y perejil* con el surgimiento de la comedia romántica de clase media, y *Entre Pancho Villa y una mujer desnuda* en el contexto del cine político—se basó precisamente en el distanciamiento de las gastadas tradiciones de cine social heredadas de los años setenta y ochenta. Hasta *El callejón de los milagros*, con su vago subtexto de emigración (discutido en el Capítulo 1), termina siendo una representación altamente estetizada de la clase obrera, carente del filo social desarrollado por Gaviria o Caetano.

En el contexto del tema de este capítulo, la generación de películas de 1993–1996, la cual fue pequeña en cantidad (menos de diez cintas por año), estuvo muy poco interesada en el cine social. La gran mayoría de las producciones de esos años podría ser clasificada en tres categorías: las últimas películas de la tradición del "cine de la soledad" (la más sobresaliente sería *Mujeres insumisas* [1994] de Alberto Isaac), películas que reflejan los últimos años de Televicine como una fuerza principal en el cine comercial dirigido a las clases obreras (representados por la saga de películas de cámara cándida *La risa en vacaciones*), y las raras pero importantes producciones de directores que obraban nuevos caminos para el cine mexicano (*El callejón*, *Cilantro y perejil*, y *Entre Pancho Villa*, junto a cintas como la estilizada película de horror de Daniel Gruener *Sobrenatural* [1996] y la poética *La orilla de la tierra* [1994] de Ignacio Ortiz). Significativamente, el único gran proyecto de IMCINE que trató las desigualdades del neoliberalismo durante la época fue *Jonás y la ballena rosada* (1994) de Juan Carlos Valdivia, la cual fue una película boliviana en la que México sólo contribuyó con recursos de coproducción.[14]

En este contexto, *Entre Pancho Villa y una mujer desnuda* fue una bisagra entre el cine político de izquierda de la parte temprana de la década y el cine dirigido a la clase media de la parte posterior. Estéticamente, Berman y Tardán se encontraban más cercanas al paradigma emergente de la comedia romántica a finales de los años noventa que a cualquiera de sus precursores de los primeros años de la década. A pesar de las aspiraciones izquierdistas de Adrián, los sectores obreros y marginalizados están totalmente ausentes de la cinta y, en el estilo de *Sólo con tu pareja* de Cuarón, la mayor parte de la película ocurre en lugares cerrados de la Ciudad de México: el departamento de Gina, su oficina de negocios, un restaurante, un parque nocturno vacío, y así por el estilo. En su análisis de este uso del espacio urbano y el hecho de que Gina posee una maquiladora, David William Foster sugiere que los habitantes de la cinta "viven en una separación desdeñosa del resto de México" (148). Se podría llevar esta aseveración más lejos y señalar que Gina también está retirada de su maquiladora, la cual jamás vemos. Esto no es un detalle trivial, y podemos recordar aquí el punto de Celestino Deleyto, discutido en el Capítulo 2, según el cual la comedia romántica construye un "espacio fuera de la historia (pero cercana a ella)" (30). Berman y Tardán utilizan hábilmente los espacios cerrados de la Ciudad de México de una manera que no llega a borrar del todo la circundante realidad histórica para el espectador, pero preserva el aislamiento de clase de los personajes principales. Foster, por ejemplo, subraya el hecho de que la maquiladora de Gina esté localizada en Ciudad Juárez, el estado natal de Pancho Villa (148). Además, es de notar que las únicas escenas en las que aparece el México rural y la pobreza ocurren en *flashbacks* al pasado de Pancho Villa, un espacio que permanece fundamentalmente desconectado del presente. En su lectura de la obra teatral, Priscila Meléndez sugiere que Villa, junto a otras figuras históricas desplegadas a través de la trama y el diálogo, son "seres textuales e intertextuales, históricos y metahistóricos que intentan corporalizarse e interactuar en el marco del presente y el futuro mexicano" (533).

En estos términos, Berman y Tardán crean un espacio autorreferencial para las interacciones románticas de sus personajes—un "espacio fuera de la historia," en los términos de Deleyto—bajo el asedio de una historia que nunca abandona el presente completamente. Mientras que algunos críticos como Maricruz Castro Ricardo han argumentado que Villa es más relevante aquí como un ícono de masculinidad que como una figura histórica (11), yo sostendría que las implicaciones políticas de la selección de Villa como el mentor imaginario de Adrián son bastante significativas. A pesar del su constante grandilocuencia política y sus quejas con respecto a la traición de la revolución y la derrota de los movimientos sociales izquierdistas, Adrián está completamente absorbido en el estilo de vida de la clase media burguesa: sus despliegues intelectuales toman lugar en su mayoría en los medios electrónicos y comerciales, de un modo similar a los miembros de la clase creativa que trabajan en la publicidad. Adicionalmente, Gina, su amante, representa el tipo de iniciativa empresarial que sería anatema a cualquier intelectual nacionalista de izquierda. Las intervenciones fantasmáticas de Villa están dirigidas de hecho a ayudar a Adrián a dominar a Gina, pero lo más importante aquí es realmente su fracaso total. En una escena crucial, el último intento de Adrián de recuperar el amor de Gina fracasa, y la victoria no sólo pertenece a la capacidad de Gina de defenderse de la masculinidad alfa de Adrián, sino de la victoria de la iniciativa empresarial neoliberal por encima de los ideales nacionales revolucionarios. El lugar de Villa en la tradición literaria y cultural, en tanto indomable fuerza emancipadora que resiste la institucionalización de la revolución, es esencial para la conclusión de la película.[15] Como tal, su derrota es una alegoría significativa que ilustra una paradoja: la capacidad de Gina de trascender la desigualdad de género en el amor y la sexualidad va de la mano con su posición exitosa en la industria de las maquilas, la cual se construye sobre el deshacimiento mismo de las conquistas sociales de la Revolución Mexicana y sobre la explotación laboral de las mujeres de clases inferiores que conforman gran parte de su fuerza laboral. El punto es que, en tanto los conflictos románticos y los espacios cerrados de la clase media triunfan sobre los legados ideológicos del nacionalismo revolucionario, *Entre Pancho Villa y una mujer desnuda* crea un lenguaje en el que lo político puede ser completamente sujeto a las costumbres amorosas y afectivas de la ciudadanía privilegiada de México. A diferencia de las películas históricas discutidas en el Capítulo 1, y a diferencia de las películas de Gabriel Retes o de Juan Carlos de Llaca, *Entre Pancho Villa y una mujer desnuda* utiliza la farsa y la comedia para resaltar el hecho de que no existe una nostalgia deseable o posible por las ideas emancipadoras perdidas del pasado. Esto se enfatiza con más fuerza por el hecho de que el único personaje nostálgico de la trama también es el más demonizado: Adrián.

Aunque originalmente fue escrito para el teatro, Adrián es un personaje que encaja perfectamente con el canon del hombre emasculado que protagoniza el cine mexicano de los años noventa. Al igual que Alberto de *En el aire*, Adrián es un hombre de la izquierda cuyo trabajo intelectual encarna la erosión gradual de los ideales de los años sesenta y setenta. Su masculinidad enfática no es muy distinta a la de Lauro en *El bulto* en tanto a que es una forma de compensar su falta de relevancia social en un país que trasciende las ideologías revolucionarias a las que él permanece leal como periodista e historiador. El hecho de que ambos, Lauro y Adrián, sean periodistas es relevante para entender las articulaciones de las ideologías políticas emergentes de los años noventa en estas películas. Como Sallie Hughes documenta, el periodismo sufrió grandes cambios durante el periodo neoliberal, pasando de una institución mediática monolítica y autoritaria a un sistema "híbrido" que abarca "organizaciones mediáticas autoritarias, cívicas, mercantiles y adaptables" (10). Lauro se presenta esencialmente como un hombre formado en el modelo cívico; ve al periódico como la organización mediática con principios. El caso de Adrián es más complejo, ya que parece negociar con los distintos aspectos de este nuevo modelo híbrido. A través de la película, vemos a Adrián expresar sus puntos de vista a través de la palabra escrita y los medios electrónicos, lo cual deja claro que su preeminencia como intelectual, muy similar a otros intelectuales mexicanos centrales en los años noventa, depende de su capacidad de negociar estos nuevos paisajes mediáticos. El proyecto de Adrián sobre Villa es uno de los híbridos de Hughes: es un tema de investigación cívicamente orientado que intenta recuperar los viejos valores políticos, pero estos son sólo valiosos en tanto Villa es una figura fácilmente mercantilizable y por lo tanto simplificada. De hecho, la película debilita la idealización del valor político de Villa en la primera escena, la cual no pertenece a la obra teatral. Gina e Ismael están sentados en una habitación oscura, observando material de archivo en el que Villa monta un caballo hacia la cámara. Mientras Villa se aproxima, escuchamos a Gina gimiendo rítmicamente hasta que alcanza un orgasmo y dice, "¡Tanta virilidad! Es la representación perfecta de mi relación con Adrián." La incapacidad de Gina de leer política alguna en la figura de Villa y de privilegiar su virilidad, junto a la brillante y absurda interpretación que hace Jesús Ochoa del general revolucionario, presenta al villismo de Adrián como políticamente vacío, reducido a una masculinidad incapaz de insertarse en la contemporaneidad mexicana. En pleno rompimiento con Gina, vemos a Adrián hacer concesiones ideológicas. En un debate televisivo, dos intelectuales confrontan a Adrián, atacándolo por abandonar su villismo. Adrián argumenta que, a diferencia de lo que expresa en su libro, opina que sólo una revolución que alcance a las mujeres y que cambie la vida privada podrá ser verdaderamente democrática. Lo interesante aquí es que la democracia surge justo cuando la figura de Villa se retira de la escena: las ideas revolucionarias radicales encarnadas en la figura de Villa a través de gran parte del siglo XX ya no son válidas. Una verdadera democracia es sólo posible cuando el villismo se retira. El villismo de Adrián recibe un paradójico *coup de grâce* cuando descubrimos, a través de una de sus anteriores esposas, que su libro está a la venta en los supermercados: que el general revolucionario vive sólo como una mercancía en el mercado cultural neoliberal. En estos términos, la película logra transformar a Villa en una mercancía de un modo similar al que lo hace el libro de Adrián tanto en la película como en la obra teatral: en el contexto de una modernidad mexicana que busca escapar su legado revolucionario, Villa puede sólo ser un personaje cómico o una pieza de mercancía cultural disponible para su vacuo consumo.[16] Por más antipático que sea, detrás de la parodia del machismo mexicano que encarna, Adrián representa, como Lauro y Alberto, la futilidad de ideales disueltos por la modernización neoliberal. En sus líneas más reveladoras, Adrián le dice a sus hijas que una de ellas será la presidente electa de México. Las cuatro niñas responden entusiasmadas que quieren ser presidentes, lo cual exaspera a Adrián. Enfadado, las silencia y concluye: "Seguro venderán el país a Norteamérica." El declive de la masculinidad es el declive de la revolución, y los intentos de Adrián de hacerse más democrático y menos macho son, paradójicamente, signos de la derrota de los sueños emancipadores detrás del nacionalismo revolucionario.

La obra de Berman sitúa la acción en la colonia Condesa (160), una decisión significativa dado que la clase media alta profesional que resultó de la economía neoliberal reinventó el significado social de este barrio. Además, como Emily Hind señala, la Condesa "denota una actitud de vive-y-deja-vivir que es, a la vez, marginal y marcadamente comercial. Por lo tanto, la Condesa provee un trasfondo ideal para el *camp* porque la idea del espectáculo y la alteridad es una que el barrio abraza, por lo menos para aquellos que pueden pagarlo" ("Pita Amor" 152). La selección de la Condesa—la zona en el que, sugerentemente, Berman y muchos otros intelectuales mexicanos viven—le provee a la cinta tres elementos importantes: un marco cómico que permite la construcción de una historia absurda, un contexto determinado por clase que claramente expresa el estatus social de los protagonistas, y un barrio que, a diferencia del Polanco de *Sexo, pudor y lágrimas*, está cargado de un nivel necesario de prestigio cultural que le permite a Berman construir intelectualmente sus pretensiosos personajes. Es importante recordar aquí el argumento de Celestino Deleyto según el cual la comedia romántica no es tanto un género en sí mismo, sino un aparato narrativo que puede ser desplegado dentro de otros géneros (38). *Entre Pancho Villa y una mujer desnuda* es, en el fondo, una comedia romántica absurda que se aprovecha de las innovaciones que el género trajo al cine mexicano. Por lo tanto, la Colonia Condesa es parte de la arquitectura genérica de la película ya que la mayor parte de la trama se enfoca en la comedia de errores construida por el triángulo amoroso entre Ismael, Adrián, y Gina. Lo que es importante, sin embargo, es que la comedia romántica aquí se expande hasta el cine político, y la comedia romántica de errores, como he intentado mostrar hasta este momento, llega a ser una alegoría polisémica del presente social y político de México desde la perspectiva de la nueva élite urbana.

La adaptación de Berman y Tardán de la obra teatral al cine incluye muchos cambios reveladores que muestran tanto la modificación del texto al canon de la emergente comedia romántica y el hincapié en los subtextos políticos de la trama a expensas de otros asuntos de género que presenta la obra teatral. La mayor parte de la obra gira en torno a la interacción de dos personajes: Gina y Andrea, Gina e Ismael, Gina y Adrián, Andrea y Adrián, y así por el estilo. La película ofrece muchas escenas en las que se profundiza en el carácter de Adrián y las cuales nos dicen mucho más sobre su desviación ideológica: tanto el debate televisivo como la interacción con sus hijas son exclusivos a esta versión. La trama también se basa en la irresoluble tensión entre la ideología de Adrián y el rol de Gina en la nueva economía neoliberal, lo cual nunca se resuelve. El final confirma esto claramente: un enfurecido Adrián, seguido por un Villa reencarnado, se aparece en el departamento de Gina. Después que Adrián la confronta con respecto a un aborto que ella supuestamente llevó a cabo, Gina termina corriendo al baño y encerrándose, y Adrián y Villa parecen dispararle desde afuera. Brevemente vemos una imagen de Gina con un disparo en la cabeza, pero la escena regresa a Adrián justo cuando abre la puerta del baño y encuentra a Gina sentada en la tina. En la última línea de la película, él pregunta, "¿Por qué no te casas conmigo?"

Este final es radicalmente distinto al de la obra teatral (en el que Adrián está a punto de hacer el amor con Andrea, pero finalmente se retira, diciendo que jamás será capaz de olvidar a Gina) y resalta la naturaleza inescapable de la contradicción que subyace su relación. Esto es particularmente significativo si consideramos la observación de Stuart Day de que Andrea es un personaje práctico que finalmente deletrea el hecho de que para alcanzar cualquier cambio en las relaciones de género también tenemos que entregar los aspectos positivos de la ideología revolucionaria mexicana. En su análisis de la obra teatral, Sharon Magnarelli argumenta que al quitar a Gina de la escena y dejar a Andrea interactuar con Adrián, Berman hace aparente un "rompimiento en la mítica familia "nacional y personal" (169). En contraste, al remover a Villa de la película, el contrapunto de género entre Gina y Adrián permanece en el fondo y nos retiramos con su renuencia a abandonar a la familia mítica. En otras palabras, creo que la película sacrifica algo del filo de los argumentos sobre género de la obra teatral para darle prominencia al subtexto político mediante la preservación de la coexistencia ambigua de la modernidad neoliberal y los ideales revolucionarios encarnados en la relación de Gina y Adrián. Más en la película que en la obra teatral, esto es un conflicto que enfrentan las clases sociales representadas por los paradigmas emergentes del cine mexicano de mitad de los años noventa.

La adaptación fílmica de *Entre Villa y una mujer desnuda* ilustra muy bien los cambios que enfrentó el cine durante el periodo de 1993–1996, entre el colapso de COTSA y la apertura de Cinemark y otras cadenas de exhibición privadas. La película, como *Cilantro y perejil,* fue producida por Televicine, el brazo de producción de Televisa, lo cual en sí mismo demuestra sus aspiraciones comerciales. La película se llevó a cabo tras la exitosa carrera del guion en los teatros mexicanos, lo cual garantizó su atractivo para las clases medias y altas. En esto, *Entre Pancho Villa y una mujer desnuda* precede las estrategias comerciales que hicieron a *Sexo, pudor y lágrimas*, otra obra teatral adaptada al cine, el éxito taquillero del cine comercial mexicano en la última parte de la década. También, al igual que *Cilantro y Perejil*, *Entre Pancho Villa* recurrió a una actriz reconocida, Diana Bracho, quien tuvo una exitosa carrera tanto televisiva como fílmica y quien pertenece a una de las principales dinastías del cine mexicano.[17] En estos términos, no es de sorprender que el producto final fuera tan cercano a la estética de la comedia romántica, dado que *Sólo con tu pareja* ya había construido un camino viable y que *Cilantro y perejil* siguió un patrón similar de historias de amor y humor como fuentes de un lenguaje fílmico atractivo para el público de clase media. *Entre Pancho Villa y una mujer desnuda*, sin embargo, sigue siendo única, precisamente porque fue capaz de reconfigurar el discurso político como parte del lenguaje del cine mexicano comercial, algo que ninguna otra película de la primera mitad de los años noventa había sido capaz de hacer.

Esto no quiere decir que la recepción de la película fue del todo positiva; de hecho, algunos críticos atacaron su política. Jorge Ayala Blanco, por ejemplo, lamentó que: "Cierto discurso político tangencial pero bastante perverso se articula sobre la verborrea del personaje masculino" (*La fugacidad* 374). Ayala Blanco descarta la película como una mala representación de una "feminidad prendida" que acompañaba la "feminidad recalentada" de *Cilantro y perejil*. La lectura de Ayala Blanco es pertinente porque colocó ambas películas dentro de un paradigma de representaciones problemáticas de la mujer en el cine romántico. Sin embargo, más revelador que sus conclusiones, es el hecho que, en su lectura, como muchas de las lecturas tanto de la obra como de la película, el argumento político se presenta a manera de una ocurrencia de último momento, o como una consideración secundaria a la presentación de la película de asuntos de género. Yo diría que *Entre Pancho Villa y una mujer desnuda* es quizás más significativa como una película política que como una feminista. Dentro del marco ideológico del feminismo cultural mexicano, Gina es mucho más plana que cualquier mujer construida en el cine de María Novaro. Sin embargo, el retrato de Adrián como un fracasado intelectual de izquierda y de Pancho Villa como un mito político vacío abre una puerta fundamental en el cine mexicano comercial: la capacidad de pensar las perspectivas de un público emergente que enfrenta el agotamiento del proyecto revolucionario mexicano y su relación equívoca con una promesa neoliberal que está a punto de enfrentar su primer gran obstáculo (es decir, la crisis de 1994). La importancia principal de *Entre Pancho Villa y una mujer desnuda* yace en su redefinición radical de lo que constituye la presencia de la política en el cine mexicano: muestra el agotamiento del cine abiertamente político y logra insertar mensajes políticos en formas de cine (como la comedia romántica) antes inadecuados a ellas dentro de la tradición mexicana. Esto podría ser el resultado parcial del estatus excéntrico de Berman y Tardán: esta fue su primera y única aventura como directoras, y, tras ella, volverían al cine sólo como guionistas para *Backyard / El traspatio* de Carlos Carrera.[18] Al introducir los grandes cambios genéricos y temáticos de la obra teatral de Berman, y los ajustes estilísticos del trabajo televisivo de Tardán, *Entre Pancho Villa y una mujer desnuda* abre un espacio para un cine político viable dentro de los parámetros del nuevo cine comercial. Dos de las más importantes películas del cine mexicano comercial emergen de este espacio: *Todo el poder* (2000) de Fernando Sariñana y *La ley de Herodes* (1999) de Luis Estrada. El resto del capítulo se lo dedicaré a ellas.

El mito del ciudadano: *Todo el poder* y las políticas del miedo

Discutir *Todo el poder* como una película política, quizás uno de las más importantes en los pasados veinte años en México, implica un entendimiento de las profundas transformaciones que experimentó la noción de cultura política a mediados de los años noventa. Mientras que el cine político permaneció escaso en la segunda parte de la década, Fernando Sariñana fue capaz de ensamblar una producción dentro de los parámetros estéticos del cine comercial y los parámetros políticos creados por las ideologías de las clases medias urbanas mexicanas después de 1994. Los productores culturales, entre los cuales se encontraron algunos de los directores analizados en este capítulo, permanecían escépticos ante las desigualdades dentro del modelo político y económico neoliberal, pero la administración de Salinas gozaba de amplio apoyo en círculos políticos y sociales. Como Alexander Dawson documenta, la "Salinastroika" logró grandes reformas y cambios sísmicos en las estructuras políticas y sociales, mayormente a través de su éxito en desmantelar las estructuras organizacionales laborales y rurales, las cuales constituían la base popular del PRI (23–45). Los científicos políticos leen las reformas de Salinas como una "revolución tecnocrática" que, en palabras de Miguel Ángel Centeno, logró una "democracia dentro de lo razonable." La base de esta transición fue la capacidad de las élites educadas de tumbar los liderazgos sociales heredados por la estructura burocrática posrevolucionaria. Esta élite, Centeno nota, compartió dos elementos claves: "la medida en que es dominada por personas de estratos sociales extremadamente selectos y la creciente homogenización del grueso de la élite" (144). Esto explica en parte el surgimiento de las clases medias altas como sujetos privilegiados de la representación en el cine, ya que personajes como la Gina de Berman y el Miguel de Serrano son definidos por los valores sociales y los trasfondos educacionales de la élite tecnocrática. El giro que permitiría la politización en las esferas de la clase media fue el fracaso de este modelo, tal como se encarnó en la crisis económica y política de 1994.

Jorge Castañeda ha descrito a el año de 1994 como el "*shock* mexicano," un año en el que colapsaron las narrativas de éxito y modernización propuestas por la administración de Salinas de Gortari. La secuencia de eventos de ese año ominoso sigue siendo asombrosa en retrospectiva: la revuelta zapatista en Chiapas; los asesinatos de Luis Donaldo Colosio, el candidato presidencial del PRI, y de José Ruiz Massieu, el líder de los diputados, y el colapso del peso mexicano en diciembre. Estos sucesos socavaron profundamente la legitimidad que había alcanzado la élite tecnocrática. Notablemente, sin embargo, el único cambio que no tomó lugar en 1994 fue electoral. Ernesto Zedillo, una figura connotada del ala tecnocrática del PRI, fue finalmente elegido presidente y presidió el país por el resto de la década. El resultado fue un estado de incertidumbre política y social, en el que, como Castañeda sugirió en 1995, no estaba claro si México se encontraba en un proceso de transición, de crisis, o en un nuevo estado de situaciones entre estos dos polos (241–54). Los contratiempos del modelo de desarrollo neoliberal fueron complementados por un vacío político en la izquierda mexicana. La derrota de Cárdenas en las elecciones de 1988, la persecución de los políticos y periodistas de izquierda bajo el gobierno de Salinas, y el desmantelamiento de las estructuras de organización laboral y rural arrojaron unos decepcionantes resultados electorales para Cárdenas en 1994: alcanzó sólo el tercer lugar, con 17 por ciento del voto. La situación se exacerbó por el desarreglo general de la izquierda latinoamericana tras la caída del Muro de Berlín, lo cual llevó a muchos izquierdistas, entre ellos Castañeda, a hablar de una "utopía desarmada" que se basaría en la transición democrática en vez del cambio político radical.[19]

Aunque entrar en una discusión detallada del giro político me desviaría de mi tema, vale la pena hacer hincapié en dos grandes consecuencias que tuvo el año de 1994 en la construcción del cuerpo ciudadano mexicano, ya que son esenciales para entender *Todo el poder* y su impacto en el cine político.[20] Primero, el desencanto de las clases medias con respecto al gobierno de la élite tecnocrática y la retirada de los aparatos oficiales de organización social, junto al concepto de democracia como un ideal a alcanzarse en México, llevó al surgimiento de la "sociedad civil" como un gran mito de organización social entre los ciudadanos educados de la clase media. En el cine, este desarrollo fue esencial porque creó una distinción simbólica entre la clase media profesional (lo que he llamado la "clase creativa" desde el Capítulo 2) y los estratos sociales superiores. La "sociedad civil," en otras palabras, fue en parte el surgimiento de una tensión dentro de la élite, la cual enfrentó a las clases profesionales y creativas contra las clases de negocios y políticas. Muchos de los discursos políticos sobre la sociedad civil en México fueron enunciados por una crítica de los primeros a los segundos. En este contexto, Leonardo Avritzer argumenta que el proceso detrás de la formación de la sociedad civil en México tuvo dos rasgos definitorios: "(1) la disputa con el régimen autoritario con respecto a las reglas del juego político, en particular, la determinación de las reglas electorales, y (2) la disputa con el régimen en torno a las formas de organización social y de mediación estatal y social" (43). Esta descripción claramente muestra cómo el proceso de la sociedad civil favoreció las agendas sociales de las clases medias educadas, dado que la participación electoral y la organización social en los años noventa fueron dos grandes áreas del desarrollo entre la *intelligentsia*. En el contexto del cine mexicano, yo sostendría que *La Ley de Herodes* y *Todo el poder* tuvieron éxito porque cada una fue capaz de articular una narrativa sobre una de estas áreas (reforma electoral y organización social respectivamente). En ambos casos, las películas resonaron fuertemente con el desencanto de las clases medias urbanas ante los contratiempos políticos y sociales enfrentados por la élite económica y política neoliberal. Discutiré *La Ley de Herodes* y los asuntos de la política electoral en la siguiente y última sección del capítulo. Por ahora, es importante recordar que, durante los años noventa, la noción de "sociedad civil" fue prácticamente omnipresente.

Las dos principales revistas intelectuales, *Vuelta* de Octavio Paz y *Nexos* de Héctor Aguilar Camín, proveyeron foros para la traducción y discusión de importantes figuras en las teorías transnacionales de la sociedad civil, incluyendo a Norberto Bobbio, Jürgen Habermas, y Edgar Morin.[21] Además, muchas figuras destacadas del movimiento de la sociedad civil surgieron de estas publicaciones y alcanzaron una mayor visibilidad mediática, a través de la televisión, la radio, y la prensa, al igual que posiciones dentro del Instituto Electoral Federal y en las administraciones locales y federales: Enrique Krauze, José Woldenberg, Castañeda, y Santiago Creel son algunos de los más importantes. La idea de una sociedad que se organizaba a sí misma en México había comenzado a tomar forma y ganar impulso a partir del fracaso del estado en responder al terremoto de 1985, y adquirió una creciente importancia a la vez que el gobierno gradualmente se retiraba de áreas cruciales de la vida pública, tales como las telecomunicaciones, al igual que del cine mismo.[22] Esto, por supuesto, se conecta directamente con el proceso neoliberal en tanto a que la sociedad civil es finalmente un espacio en el que el mercado interviene en la organización social. Como John Ehrenberg señala en su discusión de Habermas, "la mercantilización de la esfera pública yace detrás de la 'crisis de legitimación' de un orden político que es incapaz de proveer la justificación racional para el poder estatal que alguna vez pudo" (221). La pérdida de legitimidad del estado mexicano tras el *shock* de 1994 incentivó a la clase media a utilizar la cultura como un lenguaje a partir del cual construir ideales alternativos de organización y mediación social, un proceso en el que los medios jugaron un papel central.[23]

El segundo asunto relevante para entender el rol del cine en este proceso es el surgimiento del consumo cultural como un marco alternativo de articulación social y ciudadanía en los tiempos neoliberales. Aquí nuevamente podemos regresar a *Consumidores y ciudadanos* de Néstor García Canclini para orientarnos. De acuerdo con García Canclini, las identidades "socioespaciales" definidas por territorios (como la identidad nacional) tienen que ser complementadas por una definición sociocomunicacional" que reconozca "las localizaciones de producción de información y comunicación que juegan un rol en darle forma y renovar las identidades" (29). El cine es un vehículo fundamental en este proceso ya que, como discutí en el Capítulo 2, el acceso a este se restringió a la élite socioeconómica capaz de costear los nuevos precios de entrada. Esto inscribió al cine en uno de los "circuitos socioculturales" definidos por el trabajo de García Canclini, la "cultura de élite," que "no es reconocida ni apropiada por la totalidad de la sociedad." García Canclini añade que, en décadas recientes, la cultura de élite "ha sido integrada a los mercados internacionales y los circuitos de valoración" (30). A pesar de que García Canclini se refiere en este fragmento mayormente a la literatura y las artes visuales, es importante notar que el cine en los años noventa pertenece a la cultura de las élites no debido a algún requisito educacional particular para su acceso, sino por el simple hecho de la economía.

El gran argumento de García Canclini es que el consumo redefine la ciudadanía en la época del TLCAN, pero un punto aún más fundamental es que tal ciudadanía sólo puede ser ejercida por aquellos con la capacidad de acceder al consumo. El proceso resultante, del cual *Todo el poder* es el ejemplo más importante dentro del cine, es la creación de limitadas identidades sociales atadas tanto por su clase (sectores medios y superiores) como por demarcaciones socioespaciales no-nacionales (e.g., ciudades, la Ciudad de México privilegiada entre ellas) definidas por las dinámicas económicas y las prácticas sociales del ir al cine. Partiendo de la investigación de García Canclini, Lucila Hinojosa Córdova identifica seis modelos de consumo relacionados al cine. Tres de estos modelos operan dentro del cine político en México: "el consumo como el lugar donde las clases sociales y los grupos compiten por la apropiación del producto social"—es decir, donde la estructura desigual de la producción económica se convierte en un factor de la distribución de bienes simbólicos y materiales; "el consumo como el lugar de diferenciación social y de distinción simbólica entre grupos," lo cual permite la creación de una clase media y alta distinta de todos los otros sectores sociales dentro de la nación; y "el consumo como un sistema de integración y comunicación," donde los sujetos sociales articulan identidades comunes a través de la práctica cotidiana y los intercambios de significados (70–71).

Todo el poder es una película en el que coinciden la ideología de la sociedad civil y la posibilidad de consumir una nueva identidad de clase. La película toma la historia de Gabriel (Demián Bichir), un fracasado documentalista que se convierte en una víctima serial de delitos menores. Gabriel se encuentra en proceso de filmar un documental sobre el crimen cuando, durante una entrevista en el parque, una pareja de clase baja le roba la cámara. La acción de la película se despliega cuando Gabriel toma prestada la todoterreno Grand Cherokee de su adinerada exesposa para llevar a su hija a un evento. La noche antes de este, va a un restaurante a encontrarse con sus amigos. Un escuadrón armado asalta el lugar y roba la Grand Cherokee durante su escape. Cansado de ser la víctima y ante la incapacidad de la policía de resolver los crímenes, Gabriel decide perseguir a los criminales él mismo cuando los ve manejando la Grand Cherokee en las calles de la ciudad. Poco a poco, Gabriel descubre que la pandilla de criminales sostiene lazos estrechos con la policía y con los más altos estratos del aparato de seguridad de la Ciudad de México.

Esta descripción ya muestra muchos de los elementos relevantes que colocan la película dentro del cine político mexicano en particular y el cine de los años noventa en general. Gabriel es un personaje claramente inscrito en la tradición de la representación cinematográfica de la clase creativa. Sin embargo, a diferencia del Tomás Tomás en *Solo con tu pareja* de Cuarón, su trabajo como creador no le lleva a alcanzar ningún estatus social: está desempleado, y depende tanto de la riqueza de su exesposa, Tere (Claudia Lobo), y la generosidad de su amistad con Octavio (José Carlos Rodríguez), un hombre de negocios de clase alta con una considerable fortuna y muchísimas conexiones políticas. A diferencia de *Entre Pancho Villa y una mujer desnuda*, donde un miembro de la clase creativa (Adrián) habita el mismo espacio social que un miembro de la élite de negocios (Gina), Gabriel claramente pertenece a una realidad social distinta que Tere y Octavio, y su habilidad de interactuar con la élite nunca resulta de sus éxitos personales. Un momento clave para entender la posición social de Gabriel ocurre en la primera mitad de la película, cuando su hija preadolescente, Valentina (Ximena Sariñana) utiliza las conexiones de su madre para conseguirle a su padre una entrevista de trabajo, en la que él lee que tendrá que trabajar en una nueva campaña publicitaria para Luna (Juan Carlos Colombo), el nuevo jefe de seguridad pública de la Ciudad de México. Cuando Gabriel se percata que el plan es hacer publicidad de un declive en las tasas del crimen, se niega a participar en la campaña de lleno y huye de la reunión. El mundo de la publicidad es así presentado no como un espacio para la integración de Gabriel a la sociedad civil, sino como una entidad cómplice con el estado en su incapacidad para luchar con el problema criminal.

El rechazo moral de Gabriel de la oferta de trabajo señala a una subjetividad de clase media que rechaza los supuestos beneficios económicos de la modernización neoliberal (de la cual la publicidad es un símbolo principal, como hemos visto), gracias al fracaso de la élite de negocios y política en tratar las preocupaciones del "ciudadano promedio." Esta posición social es también ilustrada cuando el interés romántico de Gabriel, Sofía (Cecilia Suárez), una aspirante a actriz y vendedora de seguros de medio tiempo a la cual Gabriel conoce en una agencia de publicidad. A diferencia de Tomás y Clarisa en *Sólo con tu pareja*, Gabriel y Sofía registran el desempleo y el subempleo enfrentado por la clase media urbana tras la crisis de 1994.[24] Esto, por su parte, subraya su diferente posición social frente a aquellos de estratos sociales más acomodados, cuya riqueza y privilegios permanecieron intactos. Claramente, la relación de Gabriel y Sofía sigue la economía simbólica de la comedia romántica de los años noventa en muchos aspectos. Ambos son miembros raros de la clase creativa y son interpretados por dos actores identificables en su trabajo con el género: como los lectores pueden recordar del Capítulo 2, Bichir interpretó el rol principal en *Cilantro y perejil* y el rol del rechazado Tomás en *Sexo, pudor y lágrimas*, la misma película con la que Suárez consiguió éxito nacional a través de su interpretación de Andrea, la esposa abusada. Al ofrecerle los papeles, Sariñana no sólo apela a su nuevo prestigio comercial tras el éxito taquillero de *Sexo, pudor y lágrimas*, sino también al mundo simbólico de los personajes de clase media construidos por películas anteriores. Aquí, Sariñana utiliza este núcleo de la comedia romántica para cultivar la identificación humorística y afectiva (dos elementos cruciales en el género) y así poder traer a los miembros del público a un mundo expandido en el que el "espacio fuera de la historia" es interrumpido por la amenaza del crimen y el desempleo.

De hecho, hasta cierto punto, Gabriel y Sofía se enamoran porque su inconformidad ante la contemporaneidad de México resulta de una incapacidad similar a integrarse a las presiones de la modernización neoliberal. Cuando Sofía hace su audición para la agencia de publicidad, reproduce perfectamente una escena de la película *Thelma and Louise*. Al terminar, la persona encargada de las contrataciones le informa que la audición era para un comercial de maquillaje. Sofía, como Gabriel, intentar ser miembro de la clase creativa a través de la autoexpresión (actuar, dirigir), pero su único trabajo viable es en la publicidad, el cual implica venderse. Asimismo, es también revelador que el trabajo verdadero de Sofía, como vendedora de seguros, no es comúnmente identificado con la clase media: en México, es un trabajo sin seguridad ni beneficios y con un ingreso menor en comparación con la mayoría de los trabajos profesionales. El hecho de que Sofía maneje un viejo Jetta de la marca Volkswagen, el cual tiende a averiarse, a diferencia de la recién-comprada Grand Cherokee de Tere, vehículo favorecido por las clases acomodadas, enuncia esta situación claramente.[25] No llegamos ni tan siquiera a ver a Sofía vender exitosamente una póliza de seguros: pasa toda la película recibiendo llamadas del mismo cliente potencial.

La clase media de *Todo el poder* está bajo el asedio no sólo de la incertidumbre económica y social sino también de un gobierno disfuncional y corrupto que es representado por dos personajes, Luna y el teniente de la policía "Elvis" Quijano (Luis Felipe Tovar). La caracterización que hace Tovar de Quijano transforma a este en uno de los personajes más memorables del cine contemporáneo: es un oficial de orígenes de clase obrera que se caracteriza por su constante personificación de Elvis Presley. Cuando lo conocemos por primera vez, tras el asalto al restaurante, encarna los estereotipos de incompetencia y sordidez asociados a la policía de la Ciudad de México. Entra a escena caminando, cantando "Don't Be Cruel" de Presley, y burlándose de los clientes del restaurante (que tuvieron que quedarse en sus ropas interiores, según le ordenaron los ladrones). Más adelante, cuando Gabriel persigue la Grand Cherokee y obliga a Quijano a actuar, el comandante de la policía culpa por el crimen a personas que claramente no estuvieron involucradas, y parece que encuentran el vehículo todoterreno. Mientras progresa la trama, descubrimos que Quijano es de hecho el líder de la pandilla criminal y que todos trabajan bajo el comando de Luna. En el mundo simbólico de *Todo el poder*, el estado es mayormente una institución policial fracasada que abdicó de su obligación de proveer seguridad a las clases medias y altas. Un punto importante aquí es que las otras obligaciones del estado—justicia social, bienestar social, etcétera—están también totalmente ausentes en este retrato. Esto no es trivial si consideramos que, en 1997, Cuauhtémoc Cárdenas fue elegido alcalde de la Ciudad de México, tras lanzarse bajo una plataforma de justicia social y desarrollo. En el mundo de *Todo el poder*, sin embargo, el crimen no es un resultado de la desigualdad social, sino de la corrupción individual e institucional. Más aun, el estado es representado aquí como una alianza perversa entre la clase obrera que puebla la burocracia y la clase alta de tecnócratas igualmente corruptos. Por un lado, la estación de policías aparece aquí como un inframundo de individuos sin educación. Cuando Gabriel llega a la misma, una secretaria visiblemente molesta por su interrupción lo saluda de mala gana. Quijano mismo es de una clase inferior: su lugar de ocio es un club nocturno llamado *La mazmorra*, un bar de ficheras en el que las mujeres bailan con los clientes a cambio de tragos y fichas. Debemos subrayar el hecho de que las barras ficheras tengan una larga reputación en el cine mexicano como lugares para criminales y gente pobre. Todos los oficiales de la policía y los burócratas son identificados de muchas maneras como pertenecientes a una clase inferior a la de Gabriel: estas incluyen su patrocinio del club nocturno, sus idiolectos identificablemente populares, su piel oscura, y, en el caso de Elvis, su intento brusco y *kitsch* de adoptar una cultura norteamericana claramente anacrónica.

Al final, la película le da a Elvis un peculiar golpe de gracia, cuando descubrimos que el verdadero nombre de Quijano es Eleuterio, un nombre identificablemente popular.[26] Por otro lado, Luna es un miembro de la plutocracia, un político altamente educado con conexiones en los niveles más altos del gobierno y de los negocios (es amigo de Octavio), quien sin embargo es tan cómplice en el crimen como Elvis. El estado es, por lo tanto, una estructura corrupta donde tanto las clases altas y bajas atacan a la clase media interrumpiendo su vida cotidiana con el crimen. La pandilla criminal en la cinta es un ejemplo evidente: sus atracos incluyen robar clientes en restaurantes y cines, ambos centros del consumo económico de la clase media. Al fin y al cabo, desde la perspectiva del personaje de Gabriel, el problema es la incapacidad de tener una vida normal de clase media.

La teoría cultural latinoamericana de los años noventa se dirigió enfáticamente a la cuestión de la relación entre inseguridad e identidades sociales. En su introducción a la clásica colección crítica, *Citizens of Fear*, Susana Rotker argumentó que la "violencia reescribe las condiciones de la ciudadanía en el cuerpo expuesto y crea a la *víctima potencial*" (15, énfasis en el original). En otras palabras, más allá de las identidades sociales creadas por la ciudadanía liberal tradicional y la ciudadanía consumista—en palabras de García Canclini, "los consumidores del siglo veintiuno, ciudadanos del siglo dieciocho" (*Consumidores* 15)—existe una ciudadanía que emerge de la solidaridad entre individuos que están unidos ante un sentimiento compartido de vulnerabilidad y victimismo. Rotker sostiene que esta solidaridad ocurre a través de clases, ya que las personas pobres y las personas acomodadas están igualmente expuestas a la violencia (16). Sin embargo, como Rotker misma reconoce, el resultado es el retraimiento del *"practitioner of the city"* del espacio público (19)—es decir, de la clase media que primariamente utiliza el espacio público como una instancia de la socialización (el restaurante, el parque, y el cine donde los habitantes de clase media son atacados en la película).

A pesar de que la vulnerabilidad ciertamente afecta a todos los sectores sociales bajo el neoliberalismo, el hecho es que la cultura del miedo privilegia la perspectiva de las clases medias, en tanto que la enunciación cultural es a grandes rasgos la prerrogativa de una *intelligentsia* de clase media y el consumo cultural la actividad de un público similar. El entendimiento de este factor en *Todo el poder* subyace su éxito comercial. Su narrativa de fracaso estatal y su uso de la ciudadanía del miedo para construir la posición subjetiva de los personajes permite a la película leer lúcidamente las ansiedades sociales experimentadas por la clase media mexicana post-1994. El aspecto político de la película se basa, por lo tanto, no en tomar cierta posición ideológica perfilada, como los directores del paradigma del "Tercer Cine," sino en registrar el descontento social general definido en la oposición a la esfera política en general.

Este tratamiento de la política como oposición de lleno a la clase política es central a las narrativas de la sociedad civil en México. En su importante exploración teórica de la noción de sociedad civil, Jean Cohen y Andrew Arato identifican la desobediencia civil como uno de sus componentes esenciales. Cohen y Arato defienden una noción de desobediencia civil basada en la ejecución de "actos ilegales . . . que son públicos, con principios, y simbólicos en su carácter, involucran principalmente formas no violentas de protesta, y apelan a una capacidad de la razón y del sentido de justicia de la población" (387). En México, este tipo de acto es una forma favorecida de acción política por las clases medias, y se representa debidamente en *Todo el poder*. En una escena, justo después del asalto al restaurante, vemos a Gabriel en un taxi de camino a su entrevista de trabajo. Durante el viaje, el tráfico se detiene para darle paso a una protesta anticrimen. Este tipo de protesta era común en los tardíos años noventa, y tomaba la forma de manifestaciones públicas que bloqueaban avenidas principales (esta es la parte ilegal), con todos los manifestantes vestidos de blanco. En plena demostración, Gabriel y el taxista se percatan que un ladrón le roba el bolso a uno de los manifestantes. Tras ver esto, el taxista le muestra un arma a Gabriel y dice que lo han asaltado varias veces, pero que la próxima vez matará al ladrón.

Esta escena en particular está cargada de implicaciones. En primer lugar, es un ejemplo particularmente perspicaz de la determinada naturaleza de clase de la sociedad civil. Mientras que los manifestantes de clase media se visten de blanco y marchan por las calles para apelar a la racionalidad de la ciudadanía, el hombre de clase inferior que maneja el taxi (una vez más conocemos su estatus social gracias a su acento y su apariencia) opta por la violencia. Sin embargo, la escena también comenta la futilidad de aserciones puramente simbólicas de la ciudadanía. Si acaso, la ciudadanía del miedo y la ciudadanía consumista desplegadas por la cinta abogan por una acción más práctica para contrarrestar la corrupción del estado. La conclusión necesaria es la gradual transformación de Gabriel en un justiciero. Sólo si el ciudadano confronta al estado directamente, en vez de hacerlo a través de manifestaciones y elecciones, puede solucionarse el problema. Es necesario, sin embargo, recordar que *Todo el poder* es una comedia y que la odisea de Gabriel en contra del poder es más una fantasía, habilitada por las ideologías que subyacen a la ciudadanía del miedo, que un camino de acción realista. Aun así, la experiencia catártica de Gabriel crea un lenguaje afectivo con el que el público fílmico puede relacionarse. Es revelador que, al final, cuando Gabriel y Sofía logran desenmascarar a Luna frente a los medios, se resuelven inmediatamente todos los problemas. Durante los créditos, descubrimos que Gabriel finalmente está libre para venderse a una agencia de publicidad y hacerse rico grabando comerciales, mientras que Sofía logra una carrera exitosa de actuación. Una vez que la clase media se libre de las interrupciones del crimen y la violencia (es decir, por la intervención de las clases altas y bajas en la esfera social), sus miembros por fin podrán desenvolverse de acuerdo a sus sueños.

Es importante notar que la afiliación de Gabriel y Sofía a la clase creativa es finalmente el vehículo para su liberación. Gabriel logra desenmascarar a Luna mediante su incansable insistencia de grabarlo todo. Cuando Luna descubre que Gabriel no se detendrá hasta exponer a su pandilla criminal, decide secuestrar a Octavio como un acto de intimidación. Para rescatarlo, Gabriel y Sofía deciden, a su vez, secuestrar a la esposa de Luna y su perro—en un giro humorístico, es a este último a quien Luna realmente quiere recuperar—y entrampar a Quijano, mediante la explotación de sus tendencias mujeriegas, para que confiese la participación de Luna. La actuación de Sofía se hace clave en este momento, ya que es ella quien hace que Quijano salga de *La mazmorra* y la acompañe a un cuarto de hotel, pretendiendo ser una norteña ingenua recién llegada a la ciudad. Quijano inesperadamente muere durante la interrogación de Gabriel, de una condición cardiaca, pero la habilidad cinematográfica de Gabriel le permite producir un video en el que el policía parece confesar el involucramiento de Luna en el secuestro. Este video obliga a que Luna acuerde un intercambio con Gabriel, el cual también es filmado. Al final, escuchamos a una locutora de radio—de hecho, Fernanda Tapia, una verdadera personalidad de la radio—anunciar el surgimiento de un video que muestra a Luna disparándole al cadáver de Quijano y confesando su involucramiento en el secuestro de Octavio.

Si miramos cuidadosamente la trama, lo que sobresale es que la capacidad de Gabriel de defenderse depende totalmente de sus habilidades cinematográficas, del mismo modo que la involucración de Sofía en la investigación depende de su capacidad de actuación. La premisa latente es la existencia de las habilidades emancipadoras de una identidad social profundamente definida por los ideales sociales neoliberales, pero autodefinida en oposición al estado. Esta premisa registra un gran desplazo del discurso político cinematográfico en México. En *El bulto*, por ejemplo, es claro que la reforma neoliberal es una acción del estado y que el rol del intelectual de clase media, Lauro, es resistir sus presiones modernizadoras. Por eso es por lo que el hermano de Lauro, Toño, el hombre que ha sido capaz de abrazar la modernización neoliberal de lleno, es un miembro del gobierno, mientras que Lauro permanece vacilante hasta el mismo final antes de finalmente aceptar la derrota de sus ideales políticos. En *Todo el poder*, la lógica opuesta prevalece: ciudadanos como Gabriel y Sofía son los agentes de una modernización y reforma que los empodera, y lo son mediante sus habilidades individuales como miembros de la clase creativa. Aquí, el estado, tanto en su encarnación burocrática como tecnocrática, es el mayor obstáculo que trascenderse.

Es bastante revelador que el vehículo para la agencia ciudadana en *Todo el poder* son los medios. Si seguimos la antes mencionada tesis de Sallie Hughes con respecto a la transformación del periodismo en México, podríamos decir que Gabriel es el ejemplo perfecto de lo que ella llama un periodista "cívicamente orientado," un documentalista que expone los escollos del poder. Los medios están presentes a través de la película. Dos de los locutores de radio más famosos en la Ciudad de México, Fernanda Tapia y Olallo Rubio, constantemente intervienen en las voces en *off*, mientras que Gabriel se percata de las contradicciones de la realidad de la organización policial y su rostro público a través de un noticiero ficcional llamado *Visión 2000*, animado por la verdadera reportera televisiva Paola Rojas. Al utilizar figuras reales e identificables de los medios mexicanos, Sariñana apela a una noción de sociedad civil en la que la comunicación es crucial para la mediación entre estado, sociedad civil, y realidad social. Como Jesús Martín-Barbero argumenta, "la verdadera influencia de la televisión reside en la formación de imaginarios colectivos, es

La mirada neoliberal 165

decir, una mezcla de imágenes y representaciones de lo que vivimos y soñamos" ("City" 29). Al ofrecerle a los medios de la vida real y sus personalidades una presencia central en la cinta, *Todo el poder* se percata del rol que juegan la radio y la televisión en la construcción de las percepciones sociales habitadas por los personajes de la película y su público. El miedo es tanto creado como aliviado mediante la mediación de la televisión y la radio. En el primer monólogo de Fernanda Tapia, al inicio de la película, la locutora pregunta a su supuesto público si "les fue bien" en "su experiencia criminal diaria," un comentario que satíricamente refleja la posibilidad de ser un blanco todos los días. Al final, Tapia misma anuncia la caída de Luna. A través de su intervención en el espacio de los medios a través de su trabajo documental—y es importante aquí recordar el argumento de Hughes de que todos los medios en el México neoliberal son un híbrido compuesto por el periodismo cívicamente orientado, el periodismo de mercado, y el periodismo autoritario—Gabriel es también capaz de intervenir en las ideologías sociales del crimen. En tanto "el cine es uno de los más potentes analizadores de las transformaciones sociales y uno de los mecanismos más eficientes para la reflexividad en la sociedad contemporánea" (Reguillo 199), la meta-representación de los medios de Sariñana en la cinta registra apta y reflexivamente la importancia de los medios en la definición de la experiencia diaria de los sujetos de clase media. No sorprende que la clase creativa sea un sujeto privilegiado en el cine mexicano post-1994: al crear los medios, se crea la realidad.

Más allá de las agendas y paradojas políticas, es también importante notar aquí que el uso de elementos de la comedia romántica para tratar los asuntos sociales mexicanos en *Todo el poder* resulta de una expansión significativa de los vocabularios culturales desplegados por el cine comercial mexicano. En la tendencia que va de *Sólo con tu pareja* a *Sexo, pudor y lágrimas*, incluyendo por supuesto *Cilantro y perejil* y *Entre Pancho Villa y una mujer desnuda*, una técnica común fue la creación de espacios cerrados y autorreferenciales en los que los personajes de clase media y alta podían existir aislados de las realidades contradictorias del México contemporáneo. *Todo el poder*, y el cine de Sariñana en general, crea una mirada más expansiva del espacio urbano, donde los barrios de clase obrera se hacen visibles, aunque lo hagan de una manera limitada y torcida.[27] Precisamente porque la narrativa central de la película se ocupa de la invasión de los espacios de clase media, Sariñana es capaz de expandir el panorama urbano que representa la película. No es una coincidencia que los créditos iniciales de la película rueden ante una toma aérea de la ciudad que comienza en las periferias, llega hasta el World Trade Center, y finalmente localiza el punto de comienzo de la acción en la Colonia del Valle, un barrio de clase media. La misión de Gabriel lo lleva a cruzar las líneas de clase urbana en ambas direcciones. En su persecución de la Grand Cherokee, llega a un barrio industrial en el que circunda un almacén presuntamente utilizado por la pandilla para esconder la mercancía robada. Del mismo modo, en su investigación sobre Quijano, Gabriel y Sofía llegan a *La mazmorra*, el decadente club nocturno en el que van disfrazados para pasar desapercibidos entre los clientes de clases inferiores. Este local se inspira claramente en las películas ficheras de los años setenta, en las que una serie de barras sórdidas llenas de policías y prostitutas se hallaban en el centro de la trama.[28] En el otro extremo del espectro de clase, la cinta nos lleva al restaurante palaciego en el cual el asalto ocurre, al igual que a la mansión ostentosa de Octavio, y a la compañía de publicidad, localizada en un edificio que es un ejemplo de la arquitectura posmoderna. En otras palabras, el uso de espacios públicos y abiertos en la película—también vemos parques y monumentos públicos, y la película invierte una cantidad considerable de tiempo viajando por las calles citadinas—hace un marcado contraste con la utilización de espacios y otros lugares privados en la comedia romántica como su localización privilegiada. *Todo el poder* abre una nueva cartografía o interacción urbana que, como discutiré en el Capítulo 4, será esencial para la representación de la Ciudad de México en las películas transnacionalizadas de Alfonso Cuarón y Alejandro González Iñárritu.

Un argumento final con respecto a *Todo el poder* es que expande la noción misma de la clase media en el cine, particularmente a través de usos claves de los lenguajes culturales que utiliza para enmarcarla. Como mencioné en mi discusión de *Sexo, pudor y lágrimas* en el Capítulo 2, la banda sonora fílmica se había vuelto esencial no sólo para la promoción de películas comerciales, sino también para la creación de identidades temáticas. *Todo el poder* usó la banda sonora de un modo que enfatizó la cultura de clase media como contracultural y como un sitio de contestación del mito neoliberal del progreso y la paz social.[29] La película abre con "Dormir soñando" de El Gran Silencio, una pieza de *ska* de ritmo rápido en la que el cantante principal rapea sobre la incertidumbre de la vida. Un poco después, escuchamos "Clandestino" de Manu Chao, una canción con matices *hippies*, que insiste que al fin y al cabo todo el mundo está más allá de la ley.[30] El resto de la banda sonora es compuesta por canciones por bandas alternativas experimentales y contenciosas como Molotov, Plastilina Mosh, Ozomatli, y Azul Violeta, todas ellas bastante exitosas en círculos de clase media y caracterizadas, ya sea por su discurso social inconformista o por su cuestionamiento formal de las estéticas imperantes de la música *pop*. Mientras que la contribución de Aleks Syntek a

Sexo, pudor y lágrimas resultó en una forma atractiva del *pop* y *mainstream*, la banda sonora de *Todo el poder* es un recuerdo constante de la ira y la incertidumbre que se experimenta en la vida diaria de Gabriel y del público objetivo de la película.

En *Performing Rites*, Simon Frith argumenta que "la música construye nuestro sentido de identidad a través de las experiencias que ofrecen al cuerpo, tiempo y a la sociabilidad; experiencias que nos permiten localizarnos en narrativas culturales imaginarias" (275). En estos términos, una banda sonora como la que utiliza Sariñana es parte de un lenguaje cultural que busca enmarcar los distintos aspectos que definieron la identidad de la clase media mexicana de finales de los años noventa: inseguridad social y económica, miedo, desconfianza del poder, y un ideal basado en la autoexpresión individual y la emancipación creativa a través de los medios. El lenguaje fílmico de Sariñana, el cual se complementa por su uso de personalidades reales de la radio y la televisión, la participación de Trino Camacho (un caricaturista famoso entre la clase media) en el arte del póster de la película y el DVD, se construye en torno a su capacidad para crear mundos familiares que representan los valores y las políticas de su público.[31] Como señala el crítico Rafael Aviña, la película logra un "tono entre el drama y la comedia, que no está exento de suspenso, que permite al espectador dar un paso atrás y disfrutar mientras, al mismo tiempo, se envuelve en la tragedia cotidiana de sus personajes" (122). Aun así, el filo político de Sariñana se mitiga por los límites impuestos por el estilo que toma prestado de la comedia romántica. En última instancia, el éxito de la película se debe a la creación de un producto comercial efectivamente familiar en vez de un comentario social completamente elaborado. En el nuevo mundo cinematográfico, Luis Estrada será el director que finalmente logrará convertirse en la voz de la disidencia social del cine mexicano.

Enmarcar la descomposición: *La ley de Herodes* y el colapso de la modernidad mexicana

A finales de los años noventa, el cine político mexicano se encontraba en plena retirada. El desplazo de directores abiertamente políticos ya fuese a retiros temporales (como Felipe Cazals y Sabina Berman) o hacia las afueras de los circuitos comerciales (como Retes) retaron severamente la capacidad del cine mexicano de participar en las difíciles conversaciones políticas del México post-1994. Aunque *Todo el poder* aptamente registró la frustración de la ciudadanía ante la inefectividad y la corrupción del estado, su mordida no fue dirigida a ninguno de los partidos políticos en contienda: las figuras políticas de la película no tienen afiliaciones partidarias abiertas. La película fue una diatriba en contra de un estado de contornos vagos, en vez de un ataque a las fuerzas políticas realmente existentes. Este vacío resaltó el atrevido mensaje político de *La ley de Herodes* cuando esta llegó al mercado. En un acto de censura inesperada, el cual ha sido documentado por Misha MacLaird (*Aesthetics* 88–90), IMCINE intentó boicotear el lanzamiento de *La ley de Herodes* mediante la cancelación de los anticipos, la limitación de su distribución, y el uso de copias de la cinta de muy mala calidad. Esta estrategia finalmente fue contraproducente y le garantizó a la *Ley de Herodes* un éxito improbable de otro modo, el cual resultó en números taquilleros que sumaron más de cuatro millones de dólares. Este fenómeno en sí mismo provee un vistazo significativo a la relación entre cultura y el estado en un momento crucial de tensión entre los valores democráticos y el autoritarianismo heredado del estado mexicano. Sin embargo, ya que MacLaird provee lo que para mí es un análisis inteligente y suficiente de esta cuestión (88–92), mi análisis de la obra de Luis Estrada se enfocará en su habilidad de darle forma a una película política, y sus contribuciones en renovar el cine mexicano dentro de un contexto en el que los cineastas se encontraban cada vez más reacios o incapaces de darle a lo político un rol central en su obra.[32]

La ley de Herodes es una farsa mordaz que se enfoca en Juan Vargas (Damián Alcázar), un burócrata mediocre reclutado para convertirse en el alcalde de un pequeño pueblo en medio del desierto llamado San Pedro de los Saguaros. Su reclutador es López (Pedro Armendáriz Jr.), el ambicioso secretario de gobierno de un anónimo estado de provincia. La trama no ocurre en el periodo contemporáneo, sino a finales de los años cuarenta, durante la presidencia de Miguel Alemán. Descubrimos al inicio de la película que la mayoría de la población indígena del pueblo linchó al último alcalde tras cansarse de su corrupción. En un principio, Vargas ve la posición como una oportunidad para escalar el escalafón del partido y llegar a ser diputado. Sin embargo, cuando Vargas llega y contempla el ruinoso estado del pueblo, los retos comienzan a decepcionarlo y abrumarlo. Enfrentándose a una falta de recursos económicos—un resultado de las proezas del anterior alcalde y de la renuencia del gobierno estatal de proveer fondos—Vargas comienza a abusar sus poderes legales para hacer tributar a la población local. En última instancia, Vargas cae en el ciclo de corrupción del pueblo y se hace aún más corrupto que cualquier otro alcalde anterior. La controversia que surgió en torno a esta película descansó principalmente en el duro retrato que hizo Estrada de todos los oficiales corruptos como miembros de las mismas organizaciones a cargo del presente de México. López encarna las prácticas políticas del PRI. Lo vemos vestir la insignia del partido en su solapa, y sus argumentos para reclutar a Vargas atan consistentemente los intereses del país con la agenda del partido.

Mientras la cinta progresa, descubrimos que López aspira a convertirse en el nuevo gobernador estatal, y cuando el gobernador actual (Ernesto Gómez Cruz) escoge a un sucesor distinto para el puesto, López intenta organizar un atentado a la vida del nuevo candidato. Así, la película define al PRI de acuerdo a la percepción preexistente del público: como un partido altamente corporatizado en el que los candidatos para los puestos políticos son escogidos a través de la tradición del *dedazo*, el derecho de los gobernadores y los presidentes de escoger a sus sucesores.[33] López representa al político priísta por excelencia, un hombre corrupto, hambriento de poder, cuyo ascenso político dicta sus acciones y quien actúa a expensas de sus obligaciones gubernamentales. Aun así, el PRI no es el único blanco de Estrada. El antagonista de Vargas en el pueblo es el Dr. Morales, un hombre hipócrita, conservador y candidato eterno del PAN, el partido de oposición, para la alcaldía. La película inicialmente presenta a Morales como un hombre cuyos valores cristianos y posición moral le permiten articular una crítica creíble de Vargas. Sin embargo, cuando Vargas comienza a investigar a su adversario, en búsqueda de alguna debilidad potencialmente explotable, descubre evidencia fidedigna de que Morales es un pedófilo y lo exilia del pueblo. Esta crítica a la oposición política conservadora se lleva más lejos a través de la representación del sacerdote del pueblo (Guillermo Gil), que recoge sobornos de Vargas para comprar un Mercedes Benz y utiliza las confesiones de sus feligreses como instrumento de extorsión. En otras palabras, la derecha mexicana se retrata como un aparato político igualmente corrupto cuya cristiandad vocal y moralista apenas logra esconder su hipocresía y sus ambiciones. Si se considera que la película se lanzó un año antes de las anticipadas elecciones presidenciales del 2000 y que los dos partidos políticos atacados en la sátira de la cinta estaban destinados a ser las dos opciones más viables en las papeletas, el intento de censura y la resonancia de la película con el público no es para nada sorprendente.

Mientras que la historia pudo perfectamente haber tomado lugar en la época contemporánea, Estrada escogió un periodo histórico bastante significativo para la misma: la presidencia de Miguel Alemán (1946–1952). Miguel Alemán encabezó una gran transformación ideológica del régimen posrevolucionario. Mientras que su predecesor, Manuel Ávila Camacho, se inclinó hacia la derecha del camino progresista establecido por el populismo cardenista, el cual fue responsable de la nacionalización del petróleo y de la movilización de los sindicatos laborales y el campesinado en la política partidista mexicana, Alemán reconfiguró de lleno el estado posrevolucionario y lo dirigió hacia un discurso de modernización al estilo americano, con un enfoque en el desarrollo urbano y una postura negativa con respecto al populismo propio de Ávila Camacho. Asimismo, como Tzvi Medin ha mostrado, a Alemán se le atribuye la institucionalización final del PRI como un reforzado aparato estatal exento de cualquier rastro de sus raíces marxistas y sindicales (172). *La ley de Herodes* se construye en torno a su capacidad de presentar la presidencia de Alemán como una alegoría de la política mexicana contemporánea. Daniel Chávez argumenta que la película encarna un "nuevo modo de representación" dentro de las tradiciones de mostrar al estado mexicano en la pantalla cinematográfica mediante su articulación de formas de crítica política "impensables" en películas como *El bulto* (134–137). De este modo, la película de Estrada muestra un franco retrato del funcionamiento interno del momento de la fundación del PRI como manera de sugerir que, a finales de los años noventa, el sistema sigue funcionando del mismo modo. La alegoría funciona en distintos niveles. Las pretensiones de modernidad de Alemán son bastante similares a las de las administraciones de Salinas de Gortari y Zedillo en los años noventa. En ambos casos, la consolidación política y la legitimidad económica del estado se basó en la inclinación de la balanza en contra de las ideas de políticos nacionalistas populistas quienes, después de las elecciones de 1988, fueron forzados a abandonar el PRI y crear un nuevo partido, el PRD, del mismo modo que la izquierda radical abandonó el PRI bajo Alemán para crear los partidos socialistas y comunistas. Este giro privilegió una forma capitalista de desarrollo a favor de las clases medias urbanas, y rezagó las áreas rurales, que no se beneficiaron de estos modelos económicos. Además, la presentación de Estrada del PAN sigue otro logro de la presidencia alemanista, la "institucionalización" de la oposición (Medin 80)—es decir, la capacidad de hacer que los partidos de oposición consientan las reglas de los juegos políticos. Tanto el sacerdote del pueblo y el Dr. Morales son parte del aparato de corrupción de San Pedro de los Saguaros. El sacerdote muestra la complaciente relación de la iglesia con el poder político, mientras que el Dr. Morales es claramente un retrato crítico del rol de las burguesías locales privilegiadas en el sufrimiento de los pueblos profundamente empobrecidos. La activación del pasado alemanista en *La ley de Herodes* es, a fin de cuentas, una manera ingeniosa para sugerir que el PRI y el PAN que lideran la supuesta transición democrática no se diferencian del PRI corporativo y el PAN corrupto de los años alemanistas. El público de la película, como sus censores, puede ver claramente que el PRI de López y el PAN de Morales reflejan muchos rasgos y prácticas de las versiones contemporáneas de ambos partidos.[34]

Un elemento clave en *La ley de Herodes* que lo distingue de la mayoría del cine comercial a finales de los años noventa es su uso de la provincia. Una de las tendencias latentes presentes en el corpus analizado hasta ahora en este libro es la creciente centralidad de la Ciudad de México como el espacio privilegiado del cine.[35] Esto, por supuesto, se conecta directamente al ascenso de la clase media como el sujeto privilegiado ya que una parte desproporcional de este sector social se concentra en la Ciudad de México. También tiene que ver con el tipo de lógica que Estrada intenta enunciar; el hecho de que la modernización neoliberal privilegia las áreas urbanas. Películas como *La ley de Herodes* deben simultáneamente enfrentar tres realidades: que las estructuras económicas e institucionales del cine tienden a surgir de la Ciudad de México, que la considerable clase media de la Ciudad de México conforma el grueso del público del cine mexicano, y que el imaginario social del neoliberalismo tiende a privilegiar a la Ciudad de México como un ejemplo de sus logros modernizadores. *La ley de Herodes* es la primera gran disrupción de la primacía de la Ciudad de México en el cine mexicano. En la cinta, Estrada lleva a cabo una importante expansión de la geografía cultural del cine mexicano y, como discutiré cuando analice el cine de Carlos Reygadas en el Capítulo 4, abre la posibilidad del uso de regiones más amplias de México para representar la naturaleza contradictoria del proyecto neoliberal de modernización. Además, un pueblo rural ficcional como San Pedro de los Saguaros hace hincapié en un punto importante dentro de la representación satírica que hace Estrada de los discursos de modernización: su realidad de los años cuarenta no es muy distinta a la contemporaneidad de los pueblos rurales en muchos estados provinciales.

En otras palabras, la Ciudad de México es un significante efectivo para la modernización neoliberal porque la ciudad ha experimentado históricamente transformaciones vertiginosas en su tejido social y su estructura económica. En contraste, las áreas rurales viven realidades notablemente estancadas, aisladas de la mayoría de los proyectos de desarrollo económico. Al desplazar el lugar del cine mexicano de la Ciudad de México a un pueblo tan rural cómo es posible—pobre, dependiente de una agricultura apenas existente, y mayormente indígena—Estrada subvierte el espejismo cultural construido por la comedia romántica. Los sitios de modernización y sus clases privilegiadas ya no son el único foco de la atención cinematográfica.

Al representar a San Pedro de los Saguaros, la cinta de Estrada logra una importante divergencia del *mainstream* de las estéticas del cine de los años noventa y se aleja de los lenguajes sociales y políticos construidos por la comedia romántica y por películas como *Todo el poder*. Los críticos de *La ley de Herodes* se han enfocado significativamente en la cuestión del estilo cinematográfico y en posibles genealogías de la película dentro de la historia del cine mexicano. Académicos como Salvador Velazco ("*Rojo amanecer*" 74–78) y Jaime Porras Ferreyra (97) han señalado continuidades entre Estrada y directores como Retes y Fons, localizados en las últimas corrientes del "cine de la soledad." Liz Consuelo Rangel hace una comparación sugerente entre la icónica *Río Escondido* (1947) de Emilio Fernández, donde la clásica actriz María Felix interpreta a una maestra la cual, siguiendo una comisión del presidente, intenta incorporar a un pueblo indígena rural al sistema nacional de educación. Esto, dice Rangel, construye un paralelo con el envío de Vargas a San Pedro de los Saguaros por el gobierno estatal, por lo menos en tanto a que, en ambos casos, involucran a un gobierno centralizado que busca llevar a un pueblo rural a la modernidad (64). Rangel también sugiere que Estrada toma prestado del estilo de Fernández, particularmente para construir la iconografía de San Pedro (66). Podría hasta llegar a argumentarse que *La Ley de Herodes* tiene raíces profundas en todos los periodos del cine mexicano. Daniel Chávez propone convincentemente que la efectividad de la cinta yace en parte en su capacidad de combinar estilos cinematográficos familiares: vemos, de acuerdo a su análisis, un estilo picaresco similar a aquel de los años cuarenta, la presencia de la *sexycomedia* de los años setenta en las presentaciones gráficas de las escapadas sexuales de Vargas, y el discurso cultural desmitificador de los noventa ("Eagle" 137). Todos estos análisis sugieren una lectura de la obra de Estrada como parte de un proceso continuo del cine nacional mexicano, y también como una reactivación política de los legados estilísticos de las principales tradiciones mexicanas para utilizarla a contrapelo de las estéticas creadas por el cine comercial. Aunque estos argumentos y comparaciones tienen el mérito de señalar la gran divergencia de Estrada de los lenguajes visuales del cine neoliberal, yo titubearía antes de conectar *La ley de Herodes* con las tradiciones cinematográficas mexicanas anteriores a 1998. Claramente, Estrada juega con elementos iconográficos, en parte para darle credibilidad histórica a su retrato de los años noventa, pero la película también funciona a través de formas de género y de un tono cómico que son ajenos a la tradición cinematográfica mexicana.

El contraste con *Río Escondido* es apto para ilustrar la correlación entre la modernización y el México rural durante el *alemanismo*. Sin embargo, es igualmente importante recordar que la película de Fernández preserva la idea del "estado como el *guardián justo* de la Revolución," mientras que sus críticas principales al estado no son a su corrupción sino a la desviación de este con los ideales revolucionarios (Terney 158; énfasis en el original). En contraste, *La ley de Herodes* no ve ningún valor redimible en el estado y su tono profundamente satírico está diseñado para evadir el tipo de identificación emocional invocado por los matices melodramáticos de *Río Escondido*. Este mismo tono satírico marca un distanciamiento significativo de los directores comprometidos de los últimos años de los ochenta. A diferencia de Retes y Fons, Estrada claramente evita la presentación de cualquier alternativa a o compromiso con el *impasse* social. Además, la credibilidad de una cinta como *Rojo amanecer* se basa en su veracidad testimonial—en su capacidad de presentar una verdad silenciada a través de un estilo tan realista como sea posible. Al contrario, *La ley de Herodes* presenta una versión deliberadamente artificiosa del pasado, ya que la realidad testimonial figuraría como un obstáculo para la conexión alegórica entre el alemanismo y el neoliberalismo. También debe decirse que las obras anteriores de Estrada—el *western Bandidos* (1991), cuyo nombre utilizó para su compañía de producción, y la película de fantasía *Ámbar* (1994)—jamás mostraron algún interés en la tradición cinematográfica mexicana. El único rasgo sobresaliente de estas producciones es su brillante ejecución técnica, con una dirección artística cuidadosamente articulada que corresponde a las normas de sus respectivos géneros. *La ley de Herodes* es también una producción engañosamente artística, en la que están ausentes los rasgos visuales de los estilos ásperos de los años setenta o del "cine de la soledad" de los años ochenta o de los valores de producción visiblemente baratos de las *sexycomedias*. Hasta la deteriorada realidad de San Pedro de los Saguaros se construye cuidadosamente a través de una fotografía habilidosa y un diseño inteligente de los personajes. Esto muestra que Estrada trasciende las implicaciones puramente políticas de su película y que su obra se hace efectiva a través de una reflexión cuidadosa acerca de la forma cinematográfica.

Luis Estrada sigue el camino de cineastas mexicanos anteriores al mirar hacia el cine independiente norteamericano en búsqueda de lenguajes para transformar la cinematografía nacional. En el Capítulo 2, discutí la influencia de Steven Soderbergh en *La tarea* de Jaime Humberto Hermosillo, al igual que la importancia de Woody Allen para comprender el trabajo de Cuarón en *Sólo con tu pareja*. En el Capítulo 4, discutiré el diálogo entre la obra de Alejandro González Iñárritu y el cine de Quentin Tarantino al igual que el impacto del fenómeno Sundance en la creación de un cine mexicano transnacionalizado. Para los propósitos del capítulo presente, sin embargo, es importante enfatizar que la obra de Estrada tiene grandes afinidades con un paradigma importante del cine independiente mexicano, uno que alcanzó éxito transnacional a mediados de los años noventa: el cine de Joel y Ethan Coen. Aunque recibieron el reconocimiento de la crítica gracias a películas como *Raising Arizona* (1987) y *Barton Fink* (1991), la película que realmente los llevó a ser reconocidos internacionalmente fue *Fargo* (1996), mayormente porque esta le consiguió a Joel Coen la Palme d'Or como Mejor Director en el Festival de Cannes de 1996. *La ley de Herodes* comparte elementos clave con *Fargo*: la presentación del interior rural como atrasado y violento, el uso de la violencia y de un humor negro como núcleo de su estética, la naturaleza imperfecta y picaresca de sus personajes, y la corrupción que implica a todos los miembros de una comunidad.

Aunque Estrada no es tan manierista como los hermanos Coen, la detallada iconografía de su obra se construye tan cuidadosamente como la distopía invernal de *Fargo*. David Sterritt dice de Fargo: "El uso paródico de los patrones regionales del habla . . . nos lleva a uno de los más importantes factores para contextualizar su trabajo: su actitud oscuramente ambivalente para con la cultura americana y, más particularmente, su perspectiva de la *Americana* como una expresión y encarnación de las capacidades humanas para el error, la inmoralidad, y el mal" (22). Un argumento similar puede hacerse sobre *La ley de Herodes*: su uso paródico de la provincia construye una realidad mexicana caracterizada por la inescapable corrupción de sus habitantes, desde Pek (Salvador Sánchez), el hombre indígena bilingüe que silenciosamente atiende a todos los alcaldes a expensas de su propia gente, hasta el gobernador estatal (Ernesto Gómez Cruz), quien trata al gobierno como su terreno personal. Si las tradiciones del cine mexicano identificadas por los críticos antes mencionados están presentes de algún modo, estas funcionan del mismo modo que la *Americana* de los hermanos Coen: como un testamento al mal, a la corrupción, y la injusticia incrustadas a la cultura nacional.

Christopher Sharett señala que *Fargo* encarna "la bancarrota de la escena americana posmoderna" y sus solicitudes de "una añoranza nostálgica, aunque burlona, de un dudoso tiempo de inocencia, cuando la comunidad de un pueblo pequeño supuestamente representaba una cultura de apoyo mutuo y valores colectivos" (56). Estrada similarmente socava la iconicidad de la identidad mexicana en su película al colocar un momento de la fundación del nacionalismo revolucionario como la fuente de la corrupción política. A diferencia de la nostalgia de Retes y Llaca por los ideales políticos de los años sesenta y los setenta, Estrada no encuentra ningún factor redimible en la historia, en el pasado, o en el interior mexicano: no hay esperanza en el mundo rural de San Pedro de los Saguaros. Jerold J. Abrams sugiere que *Fargo* es una puesta en escena del "fin de la modernidad" (214) que se manifiesta por la falta de profundidad subjetiva en el trabajo detectivesco de la protagonista y en la ausencia nihilista de la cultura a través de la cinta. *La ley de Herodes* construye un mundo similarmente sin sentido, en el que los personajes son estafadores que no valoran nada que no sea para su propio enriquecimiento (como el secretario López, el sacerdote que usa el diezmo para comprarse un auto, o el hombre norteamericano que repetidamente intenta embaucar a Vargas y que finalmente se lleva a su esposa y el dinero que robó del pueblo) o personas como Vargas mismo, un idealista mentecato que no tiene otra opción que corromperse. No es una coincidencia que el *slogan* publicitario de la producción haya utilizado una frase popular para hacer hincapié en esto: "El que no tranza, no avanza." El giro magistral de Estrada a la idea de Abrams es precisamente que, en su obra, el fin de la modernidad no se halla en el mundo contemporáneo, sino en su mismísimo comienzo, cuando se formularon originalmente las promesas de un México desarrollado. En el mundo de Estrada, la modernidad mexicana siempre se ha encontrado en su fracaso final.

La conclusión de la película presenta este argumento de un modo inequívoco que muestra que la originalidad verdadera de Estrada yace en integrar los lenguajes del cine mexicano y el cine independiente americano en una acusación despiadada del sistema político mexicano, articulando un tipo de crítica social aún más mordaz que la que construye *Fargo*. Cuando fracasa el intento de López de asesinar a su adversario político, este último huye a San Pedro de los Saguaros e intenta extorsionar a Vargas para obtener el dinero que el alcalde había conseguido a través de su propia extorsión de la gente del pueblo. Al hacerlo, López subestima a Vargas, quien lo asesina tras descubrir que el americano se había escapado con su esposa y el dinero. En una repetición de la escena de apertura, una turba de linchamiento persigue a Vargas y está a punto de atraparlo cuando unos policías estatales lo rescatan. La película culmina con la yuxtaposición de dos escenas. Por un lado, vemos a un hombre con un gran parecido a Vargas llegando a San Pedro para ser el nuevo alcalde. El secretario municipal, Carlos Pek, lo espera obedientemente y tiene la mismísima conversación que había tenido con Vargas cuando este llegó por primera vez. Por el otro lado, vemos a Vargas quien estrena su puesto de diputado y ofrece un discurso a todo el congreso, después del cual recibe un estruendoso aplauso de los otros políticos. El mensaje es claro: la corrupción de Vargas no fue más que su educación en el funcionamiento de la política mexicana. Tras dominar las técnicas de la supervivencia política al matar a López y convertir el asesinato en una historia acerca de cómo logró enfrentar al asesino del candidato finiquitado, Vargas está listo para entrar al escenario nacional. Al mismo tiempo, San Pedro de los Saguaros permanece devastado, y nuevamente recibe a un oficial gubernamental que se asemeja a aquellos que arrasaron el pueblo anteriormente.

La ley de Herodes fue una película única en el cine mexicano, y hasta el día de hoy, ninguna otra película política logra alcanzar el éxito taquillero y la relevancia cultural que consiguió Estrada en 1999. Esto ciertamente se debe a la ausencia de películas políticas significativas en los años 2000. Entre los pocos que intentaron una intervención política se hallan el relato de Maricarmen de Lara sobre la corrupción, *En el país de no pasa nada* (2000); el *thriller* político de Jorge Ramírez Suárez, *Conejo en la luna* (2004); y la cinta biográfica sobre la activista Digna Ochoa de Felipe Cazals, *Digna, hasta el último aliento* (2004). Estas cintas recibieron muy poca atención crítica e interés comercial y no lograron generar ningún interés significativo o de controversia. De hecho, dos documentales—*Fraude 2006* de Luis Mandoki (2007) y, especialmente, *Presunto culpable* (2008) de Roberto Hernández y Geoffrey Smith—causaron un impacto mucho más profundo en el público.[36] Sin embargo, el otro factor fue que el triunfo electoral de Vicente Fox en el año 2000, el cual culminó el dominio del PRI, hizo insignificantes muchas de las críticas tradicionales en contra del PRI. Como resultado, los productores culturales tuvieron que explorar nuevas opciones para construir una crítica política efectiva. Estrada mismo se halló atrapado en este *impasse* cuando intentó seguir *La ley de Herodes* con *Un mundo maravilloso* (2006). En esta cinta, Estrada ridiculiza el retrato optimista de México bajo el neoliberalismo. La película se basa en la contradicción entre la idea de un México en camino al Primer Mundo y la miseria profunda que experimenta casi la mitad de la población del país. En la película, Lascuráin (Antonio Serrano), el ministro de economía del país proclama internacionalmente que México ganó la guerra contra la pobreza. Este optimismo se desafía cuando se piensa que el intento de suicidio de un vagabundo llamado Juan Pérez (Damián Alcázar) se debe a su pobreza. Un periódico de izquierda promueve la historia para humillar a Lascuráin, lo cual lleva a este último a intentar ayudar a Pérez para así salvar su propia imagen. La trama se transforma en una historia carnavalesca debido a la resistencia de Pérez ante los esfuerzos de Lascuráin de subsumirlo a una narrativa de desarrollo.

Un mundo maravilloso tiene muchos elementos que pudieron llevarla a la controversia y al éxito. La selección de actores fue brillante. Más allá de la increíble interpretación de Alcázar, la película goza de Serrano, el director de *Sexo, pudor y lágrimas*, como Lascuráin—un chiste que puede ser entendido como una crítica de la alianza estilística del cine mexicano al neoliberalismo— y Cecilia Suárez como Rosita, una joven muchacha de los barrios pobres. Si tenemos en cuenta el estatus icónico de Suárez como una actriz en las películas mexicanas más exitosas, primordialmente comedias románticas, su interpretación de Rosita subvierte no sólo su imagen sino, más importante, la economía de personajes del cine comercial mexicano. *Un mundo maravilloso* también lleva a cabo una sátira del discurso histórico de la modernidad mexicana (Lascuráin se asemeja a Yves Limantour, el ministro de economía de Porfirio Díaz) y una presentación sin tapujos de los barrios pobres; los cuales, como San Pedro de Saguaros, son un duro recordatorio de las promesas rotas de la modernización mexicana. El final es aún más sorprendente que el de *La ley de Herodes*. Vemos a Juan Pérez junto a sus amigos vagabundos en plena cena de día de fiesta en una limpia casa suburbana. La escena inicialmente nos lleva a pensar que son dueños de la residencia, quizás como resultado de los intentos de Lascuráin de evitar que Pérez lo humille en los medios. Sin embargo, a la vez que la cámara se retira, y mientras escuchamos "What a Wonderful World" de Louis Armstrong, vemos los cuerpos asesinados de los dueños de la casa—una familia, incluyendo niños—tirados en el patio, estableciendo así un corolario chocante con la narrativa fílmica de desigualdad social y una sátira mordaz de los discursos del miedo que discutimos anteriormente. Aun así, más allá de las evaluaciones entusiastas de algunos críticos (Francisco Sánchez, *El cine nuevo* 104–10), la película no logró dejar rastro en la taquilla y pasó desapercibida a grandes rasgos. Esto se debe parcialmente a que no tuvo la publicidad que *La ley de Herodes* gozó debido a la censura, aunque la razón principal es que para el 2006 *Un mundo maravilloso* decía lo obvio, ya que las desigualdades del neoliberalismo estaban lejos de parecer impactantes para el espectador promedio de cine. En tal contexto, el cine político mexicano tenía muy poco que decir y ningún diálogo que sostener con la sociedad civil del país.

En todo caso, existe la posibilidad que el cine político aún tenga un rol que jugar, como sorprendentemente mostró la película reciente *El infierno* (2010) de Estrada. La película es una sátira mordaz de la violencia del narco en México que se enfoca en Benny (Damián Alcázar), un hombre de edad media que, tras su deportación de los Estados Unidos, se hace parte del cártel local de su pueblo. Como el trabajo anterior de Estrada, la película se construye en torno a la premisa de que todo el mundo es cómplice en el deterioro del país. Vemos que el líder del cártel (Ernesto Gómez Cruz) es un hombre de conexiones profundas, mientras que el principal investigador policíaco (Daniel Giménez Cacho) también trabaja para la organización criminal. La cinta presenta un círculo de violencia tan inescapable como la corrupción en San Pedro de los Saguaros y, al igual que en el pueblo rural y en los barrios urbanos de *Un mundo maravilloso*, no tiene reparos en presentar la destrucción total de un pueblo norteño y su rendimiento inevitable al cartel. *El infierno* fue una película muy exitosa, parcialmente gracias a su lanzamiento durante las celebraciones del Bicentenario como un recuerdo de los fracasos mexicanos (el *slogan* comercial de la cinta fue "Nada que celebrar") y finalmente consiguió

6.7 millones de dólares en la taquilla. Significativamente, la película más taquillera en el 2010, el año del Bicentenario, no fue *El infierno* ni ninguna de las películas históricas promovidas por el estado, sino una comedia romántica: *No eres tú, soy yo* de Alejandro Springall, que recaudó 9.9 millones de dólares.[37]

Aun si se considera su notable éxito taquillero, *El infierno* fue una suertuda excepción. El cine político desapareció en la primera década del siglo XXI, justo cuando el cine mexicano estaba a punto de alcanzar—gracias a Guillermo del Toro, Alfonso Cuarón, Alejandro González Iñárritu, y Carlos Reygadas—su cúspide como una industria fílmica transnacional. Esto es visible, por ejemplo, en *El efecto tequila* (2011) de León Serment, una recreación torpe e inconvincente de la corrupción detrás de la crisis económica del 1994. El final sermoneador e inverosímil de la película, en el que un financista caído en desgracia desenmascara cómo un político importante y un hombre de negocios se beneficiaron de la crisis, es de muchas formas el mismo final que vimos en *Todo el poder*, excepto que no goza de la dura mirada de Sariñana ni de la calidad de los actores. Puede notarse aquí que la producción anterior de Serment, *Kada kien su karma* (2008), fue una débil comedia romántica sintomática del hecho de que los pocos directores que intentan el cine mexicano desarrollaron sus carreras a través de estilos y géneros que los incapacita y los hace menos aptos de producir un cine político efectivo. Es interesante que Serment fue el director de una función televisiva sobre la Virgen de la Guadalupe y un breve documental sobre Manuel Clouthier, una figura icónica en el PAN, lo cual sugiere que sus posturas políticas se encuentran a la derecha del centro. De modo que la trama de *El efecto tequila*, construida en su totalidad en un *flashback* que sugiere que 1994 fue el epicentro de la corrupción económica mexicana, parece haber sido un intento de atacar al PRI para distraer al público de los doce años de dominio panista. En todo caso, lo que queda claro en *El efecto tequila* es la rareza del cine político y la incapacidad general del cine político de construir un discurso cinematográfico convincente. Paradójicamente, el fracaso del cine mexicano de construir un lenguaje duradero para el debate político fue esencial para la legibilidad de sus productos tanto nacional como internacionalmente. El menguante retrato de las ideologías mexicanistas, la triunfante estética de la comedia romántica, y la gradual disolución del cine político mexicano, discutidos en los primeros tres capítulos, son las condiciones de posibilidades fundamentales para el recién hallado éxito del cine mexicano en los circuitos internacionales. Este éxito, y los elementos que permitieron a las transformaciones del cine mexicano bajo el neoliberalismo crear directores verdaderamente globales, serán el tema de mi último capítulo.

4

Los tres amigos y el llanero solitario

"Auteurs globales" mexicanos en el escenario nacional

Entre los muchos momentos icónicos del cine mexicano de los pasados veinte años, el que mejor representa el punto de llegada de todos los procesos que he descrito ocurrió en la emisión del programa *Charlie Rose* del 20 de diciembre del 2006. Durante el episodio, Rose entrevistó a Guillermo del Toro, Alejandro González Iñárritu, y Alfonso Cuarón, tras los éxitos de sus más recientes estrenos de entonces, *El laberinto del fauno, Babel,* y *Children of Men,* respectivamente. Los tres ya se habían convertido en los directores más representativos y exitosos en la historia mexicana, y su obra disfrutaba el reconocimiento internacional de la crítica y el público. Su ascenso simultáneo en las filas del cine global, junto a la estrecha relación personal entre ellos, llevó a la acuñación del apodo "los tres amigos," el cual en poco tiempo se popularizó en la prensa.[1] Sin embargo, independientemente de su presencia pública colectiva, del Toro, González Iñárritu, y Cuarón son cineastas muy diferentes, con agendas estéticas radicalmente distintas y muy pocas similitudes en sus procesos formativos. Si algo, lo único que parecerían tener en común es el hecho de que participaron en un proceso similar de integración al cine internacional, y que, como resultado de este proceso, ahora colaboran en la producción de sus proyectos. De acuerdo a Salvador Velazco, los tres produjeron películas que rompieron con las fórmulas y los estereotipos del cine mexicano del momento, lo cual consecuentemente los hizo visibles en los festivales internacionales. Como resultado, filmaron sus segundas cintas en los Estados Unidos, dando paso a un proceso de consagración transnacional que resultó en el éxito de cada uno en Hollywood y en el circuito de cine de arte internacional ("Cineastas mexicanos" 192–97). El punto más significativo de la trasmisión de Charlie Rose fue que, aunque el episodio se presentó como una entrevista con "cineastas mexicanos," ninguna de las tres películas discutidas puede realmente denominarse una "película mexicana":

El laberinto del fauno es una coproducción española-mexicana que se ocupa de la Guerra Civil española, filmada en España con un elenco totalmente español; *Children of Men* es una coproducción estadounidense/británica que circuló ampliamente en cines de arte internacionales; *Babel* fue coproducida por la compañía de González Iñárritu, Zeta, pero es finalmente una película multilingüe que toma lugar en distintas localizaciones globales y que fue financiada por el ala de especialidades (Paramount Vantage) de un principal estudio de Hollywood.

Resaltar este último punto es clave ya que la visibilidad internacional de los tres directores ha dado paso a una ráfaga de interés crítico, tanto académico como periodístico, que oscurece los orígenes de estos tres directores en el cine mexicano post-1988. La mayor parte de la literatura crítica sobre "los tres amigos" se enfoca en sus producciones no-mexicanas, y en algunos casos los críticos desconocen plenamente su obra mexicana anterior. Estas omisiones resultan en grandes interpretaciones erróneas y en malentendidos de su obra, ya que los inscriben en dinámicas culturales—desde la cultura posdictatorial española en el caso de del Toro a las tendencias de cine independiente al estilo Sundance en el caso de González Iñárritu—en las que, en el mejor de los casos, a duras penas encajan. En este último capítulo, me enfocaré en la obra de estos tres directores, junto a un cuarto, Carlos Reygadas, para mostrar cómo es imposible entender el éxito internacional de cineastas mexicanos sin una consideración del modo en el que las transformaciones que he descrito en los primeros tres capítulos son las mismísimas condiciones de posibilidad de su producción cinematográfica. Incluyo a Reygadas, un director único en el panorama del cine mexicano contemporáneo, porque esto muestra otra ruta a la internacionalización, a través de un cine ferozmente de autor, el cual problematiza las narrativas del cine mexicano que se centran en los "tres amigos." Mi análisis de del Toro, González Iñárritu, y Cuarón se enfocará en sus principales películas mexicanas: *Cronos* (1993), *Amores perros* (2000), e *Y tu mamá también* (2001), respectivamente. Mostraré que estas tres cintas se enfrentan de formas distintas a los asuntos principales que subyacen los primeros tres capítulos de este libro: la decadencia del mexicanismo, la transición hacia el público de clase media, y la erosión del discurso político en el cine. Su internacionalización se presentará por lo tanto como un proceso que surge de la intersección entre el cine mexicano post-1988 y las lógicas emergentes del cine globalizado, particularmente con relación al surgimiento del "cine global de arte," al igual que al giro del cine independiente estadounidense al *mainstream* cultural. Finalmente, concluiré el capítulo analizando la obra de Reygadas como una narrativa alternativa al cine mexicano y a su proyección transnacional para argumentar que su presencia en la escena fílmica contemporánea apunta al agotamiento de las estéticas e ideologías abarcadas por la idea de "cine mexicano."

El éxito internacional de estos cuatro directores, junto al surgimiento de otros directores (Patricia Riggen, Gerardo Naranjo), actores (Gael García Bernal, Salma Hayek, Diego Luna), y cinematógrafos (Emmanuel Lubezki), es también una señal de un cuarto proceso clave en el cine mexicano post-1988: sus crecientes conexiones con los mercados fílmicos y los flujos culturales internacionales. La internacionalización cultural es una de las más prominentes consecuencias del periodo neoliberal. Está profundamente atada a la creciente circulación de capital económico y simbólico a través de las fronteras en tanto las películas son mercancías que pertenecen a un mercado económico desigual y en expansión. Los teóricos fílmicos Jyotsna Kapur y Keith B. Wagner han conceptualizado recientemente la transición de una idea de "cine mundial," entendido como agregado de tradiciones que se definen por su origen nacional, a una comprensión del "cine global," en tanto "la expresión localizada de la integración global" (6). En otras palabras, "cine global" se refiere a películas que se construyen tanto por la circulación internacional de prácticas culturales como por las herencias fílmicas nacionales, regionales, y locales. La internacionalización, por lo tanto, no es una borradura de lo nacional, sino una negociación intensa de lo nacional con lo global. Elizabeth Ezra concluye algo similar desde una dirección relativamente distinta: "El cine no es inherentemente nacional . . . pero está constantemente restringido a categorías genéricas artificiales en las que se exprime para propósitos mercantiles" (38). En estos términos, el estudio de directores mexicanos internacionalizados debe finalmente ser un acercamiento a los modos en los que su obra negocia las restricciones y ataduras de la identidad nacional, también reconociendo su capacidad de circular a través de las redes de "integración global" y de las diferentes instancias de "expresión local" que se hallan en su obra. A pesar de las importantes diferencias entre ellos, del Toro, Cuarón, González Iñárritu, y Reygadas rompieron con las presiones del mexicanismo al involucrarse con distintas formas de cinematografía globalizada en México y en otras localidades globales (como España en el caso de del Toro, y el Reino Unido en el caso de Cuarón). Al mismo tiempo, "los tres amigos" resistieron las presiones de la norteamericanización al construir un arsenal diverso de espacios localizados. Al enfocarnos en sus películas mexicanas, podemos explicar no sólo las condiciones materiales de posibilidad de su internacionalización, sino también los modos en los que su obra ilustra el rol del cine mexicano en el proceso de globalización.

Una de las consecuencias de la interacción entre lo global y lo local es el surgimiento de directores individualmente identificables, los cuales negocian este encuentro de maneras únicas y a veces idiosincráticas. Me parece que los cuatro directores que analizo en este capítulo han logrado estilos y carreras distintivos debido a los mismos procesos tácitos: una negociación de las tendencias del cine mexicano post-1988 con las cambiantes realidades del cine a escala global. Aquí tomo prestado el término de "*auteur* global" de Brian Michael Gross para poder balancear la naturaleza individual de la obra de cada director con los paralelos y las similitudes en sus trayectorias al nivel de instituciones y prácticas. Enfocándose en Pedro Almodóvar, Michael Winterbottom, y Lars von Trier, Goss utiliza el término para discutir la intersección de estilos individuales y motivos temáticos con "la economía política del cine, los patrones de colaboración, las corrientes de financiamiento, el clima sociopolítico, y la respuesta crítica" (53). Yo añadiría que la noción de "*auteur* global" también debería reconocer que los componentes individuales del concepto, al igual que los institucionales, siempre resultan de la negociación de las ataduras nacionales del cineasta con las presiones de la cultura globalizada. Las películas que analizaré son respuestas de los cineastas a los desafíos surgidos de esta negociación, desde la decisión de del Toro de filmar cine de horror y de género en una tradición nacional en el que estas prácticas no tenían peso intelectual a la decisión de Reygadas de trabajar con un elenco internacional de menonitas de *Plautdietsch* para cuestionar la idea de que el cine mexicano debe ser filmado en español. El argumento principal aquí es que, aunque es posible enfatizar la naturaleza transnacional de cineastas como Cuarón o del Toro, el trabajo académico sobre los procesos mexicanos subyacentes que definió su cine sigue siendo una tarea central para comprender su estilo y su lugar en el cine mundial.

La idea de la autoría global también apunta a una importante paradoja que surge cuando se consideran películas que circulan tanto en los mercados nacionales como internacionales: el cine que se produce como empresa comercial a veces se convierte en "cine de arte" al alcanzar el mercado global. Rosalind Galt y Karl Schoonover señalan que el "cine de arte articula una relación ambivalente a la localización. Se trata de una categoría claramente internacional, a menudo un código para una película extranjera. Aunque cierto tipo de películas populares pueden circular globalmente . . . para la mayoría de los países, el cine de arte ofrece el único contexto institucional en el que las películas pueden encontrar un público en el extranjero" (7). Esta estructura peculiar de enmarcar y comercializar el cine para un público internacional tiene profundas implicaciones en el estudio de cineastas como los que analizamos en este capítulo. Su éxito está enraizado en la impresionante capacidad de cada cineasta de apelar tanto al público urbano de clase media que se formó a través de la comedia romántica en México (no debemos olvidar el rol fundador en este proceso de *Sólo con tu pareja* de Alfonso Cuarón, discutido en el Capítulo 2) como a las ideologías del cine de arte y del cine independiente en contextos transnacionales. Por supuesto, la circulación internacional del cine mexicano en estas instancias no es nueva. Como lo documenta *Premios internacionales del cine mexicano, 1938–2008*, México ha presentado películas consistentemente a todos los principales festivales de cine desde el 1938, y películas mexicanas han conseguido premios principales, incluyendo la Palma de Oro y el Premio del Jurado en el Festival de Cannes, el Oso Plateado en el Berlinale, y la Concha Dorada en el Festival de San Sebastián (142). Lo que ha cambiado es el hecho de que los directores contemporáneos estén circulando más efectivamente en el mercado nacional y en el transnacional. Aquí debemos considerar a Arturo Ripstein y Paul Leduc. Aunque ambos ganaron algunos de estos mismos premios, ninguno de los dos tuvo una cinta que consiguiera el nivel de éxito comercial de *Amores perros* o de *Y tu mamá también*, ni tampoco produjeron obras capaces de entrar al mercado de cine independiente en los Estados Unidos.

González Iñárritu, del Toro, Cuarón, y Reygadas también señalan una transición importante en la noción misma del autor de cine en México y Latinoamérica. Los autores formados en los paradigmas de la Época de Oro (como Emilio Fernández y Fernando de Fuentes) o los del "cine de la soledad" (como Ripstein, Jaime Humberto Hermosillo, y Felipe Cazals) trabajaron dentro de prácticas de cine nacional muy bien establecidas, las cuales entraron a los circuitos fílmicos mundiales como representativas de sus especificidades locales. Como Marvin D'Lugo ha dicho, tan temprano como en los años ochenta, muchos autores latinoamericanos se enfrentaron a las presiones de la disminución del público nacional, al igual que a las presiones de alcanzar el público internacional, lo cual llevó a grandes directores como el argentino Fernando Solanas y el cubano Tomás Gutiérrez Alea a producir películas con conexiones al público y estéticas internacionales más fuertes ("Transnational Film Authors" 119–29). D'Lugo concluye: "En tan fluido contexto, el autor fílmico se convierte en un lugar privilegiado para la transformación de mercados, una mediación entre una cultural local estrechamente definida y la 'otra' cultura dominante" (129). Como mostraré en mi análisis, es por esta razón que el estudio de autores mexicanos transnacionales en el contexto nacional es un paso fundamental para entender tanto las implicaciones de su obra en el cine global o mundial, al igual que para entender cómo los cambios ocurridos en el cine mexicano post-1988 permitieron a sus cineastas y actores trascender las barreras nacionales de modos inéditos. Al seguir la formulación de D'Lugo, sostengo que, en el estudio individual de los cuatros directores que he escogido, es posible localizar tanto las consecuencias ulteriores en el cine mexicano de los procesos descritos en los tres capítulos anteriores y la influencia mutua del cine mexicano post-1988 y el cine de arte global.

Antes de lanzarme al análisis de cineastas específicos, quiero proveer un poco más de contexto con respecto al mercado transnacional que es relevante para los cuatro directores. Hay dos espacios particularmente importantes en los que el cine mexicano interseca con el cine mundial y mi análisis se limitará a ellos. El primero es el de los festivales de cine y cómo insertan películas de modos distintos en el mercado internacional. El crítico de cine de *Los Angeles Times* Kenneth Turan propone una taxonomía útil para los festivales de cine. De acuerdo a Turan, los festivales tienen tres tipos de agendas. El festival de "negocios" es el punto de convergencia de distintas películas y distribuidores de cine y busca encontrar oportunidades de mercadotecnia para películas fuera de los espacios nacionales. Los dos más notables son Cannes y Sundance. Los festivales con agendas "geopolíticas" recogen películas en relación a preocupaciones ideológicas o geoculturales. Estos incluyen FESPACO, dirigido a la promoción de los cines nacionales africanos en contextos continentales, y el Festival de Cine de la Habana, el cual promueve cine latinoamericano con implicaciones a la izquierda del centro bajo la ideología continentalista de la Revolución Cubana.[2] Finalmente, Turan identifica los festivales fílmicos de nicho con agendas "estéticas," los cuales buscan promover formas específicas de cinematografía. Algunos ejemplos incluyen el festival Pordenone, dedicado al cine mudo, y el Festival de Cine Telluride, dedicado al "alto" cine independiente de arte. A pesar de que México participa activamente en los tres tipos de festivales, lo que ha definido a los cineastas mexicanos contemporáneos en el escenario internacional es su gradual retiro de los festivales geopolíticos y su creciente éxito en los festivales de negocios. Cineastas anteriores como Ripstein y Cazals acumularon muchos premios del Festival de Cine de La Habana, al igual que de festivales abiertamente dedicados a la cinematografía en español, como el de San Sebastián y Cartagena. Aun cuando escapan de la zona de confort latinoamericana, suelen hacerlo en festivales geopolíticos o estéticos, como el Festival de Cine Internacional Amiens, el cual está dedicado al cine alternativo europeo, africano, y latinoamericano. Por el contrario, del Toro, González Iñárritu, Cuarón, y Reygadas se han convertido en presencias establecidas en los principales festivales de negocios, adquiriendo grandes premios en Cannes y Sundance, y hasta han logrado nominaciones y premios en los Premios Óscar en los Estados Unidos.[3] De hecho, mientras escribía este capítulo, Reygadas recibió el premio de Mejor Director en el Festival de Cannes del 2012, por su película *Post tenebras lux*.

Para los cineastas mexicanos, existe una correlación importante entre exposición en los festivales y el éxito alcanzado en los mercados nacionales y transnacionales. No es trivial, por ejemplo, que la película mexicana con la mayor cantidad de premios en el circuito de festivales de cine (treinta y cinco en total) es *Amores perros*. La película de González Iñárritu puede presumir de haber sido exitosa en Cannes (donde ganó dos grandes premios), en los principales festivales en el circuito de cine independiente en los Estados Unidos (tales como el festival de American Film Institute y el de Chicago), en principales festivales geopolíticos dirigidos al público latinoamericano (Bogotá, Habana), y en festivales estéticos europeos y asiáticos (Lodz, Tokyo, Porto). La película también ganó un premio BAFTA en la Gran Bretaña y un premio de American Latino Media Arts del National Council of La Raza. Los logros internacionales de *Amores perros* descansan en su capacidad de agregar a este público diverso, lo cual consecuentemente le dio a la película suficiente capital cultural como para atraer a un inmenso público mexicano sin precedentes.

El segundo factor importante para comprender la reciente internacionalización del cine mexicano es su participación en el auge del cine independiente durante los pasados veinte años en los Estados Unidos. Tal como lo han documentado ampliamente críticos y periodistas como Peter Biskind, James Mottram, Geoff King, John Berra, y Michael X. Newman, el cine norteamericano sufrió una gran transformación institucional que abrió ampliamente las puertas de la cinematografía y la distribución a agentes que se encontraban en las afueras del sistema de estudios.[4] El surgimiento de instituciones como el Festival de Cine de Sundance, el Independent Film Channel (IFC), Miramax, y divisiones de especialidades en los principales estudios fílmicos permitieron una expansión del registro estético del cine estadounidense *mainstream* y el surgimiento de figuras centrales como Steven Soderbergh, Quentin Tarantino, y los hermanos Coen. En los capítulos anteriores, sostuve que algunos de estos cineastas fueron referencias esenciales para cineastas mexicanos post-1988 que buscaron romper las limitaciones del "cine de la soledad."[5] A su vez, los cineastas discutidos en este capítulo han conseguido éxito internacional en parte gracias al escenario independiente estadounidense. Muchos académicos han argumentado repetidamente que el cine independiente en los Estados Unidos creó un renovado interés en la autoría fílmica, y que Hollywood ha buscado activamente nuevas formas de hacer cine mediante el reclutamiento de directores y productores extranjeros e independientes (King, *Indiewood* 148, y *New Hollywood Cinema* 85–115; Dixon y Foster 124–66). El hecho de que del Toro es un importante productor del cine de género en Hollywood y que Cuarón fue contratado para dirigir *Harry Potter and the Prisoner of Azkaban* (2004), una entrada en una de las franquicias más exitosas de Hollywood es un reflejo de ello. Esta reconfiguración de lo que Toby Miller ha llamado "la división internacional del trabajo cultural" en el cine (*Global Hollywood* 2; "National Cinema Abroad") no sólo evidencia la capacidad de los cineastas mexicanos a trabajar en otros lugares, sino también lo que sucede cuando reinvierten su capital cultural transnacional en empresas fílmicas mexicanas.

Finalmente, es importante recordar que los cuatro directores de cine que analizaré participan de nuevas formas de distribución que han transformado al cine de arte, independiente, e internacional en un exitoso nicho del mercado. Shyon Baumann ha acuñado el concepto de *Hollywood Highbrow* para presentar la creciente acumulación de capital cultural llevada a cabo por el cine en los Estados Unidos. Baumann argumenta que, aunque el número de cines de arte ha disminuido, el mercado de DVD permite la construcción de públicos especializados (167) y que el público de clase media y alta exhiben su conocimiento de las tendencias del cine como "capital cultural" y como "una señal de alto estatus cultural" (171). Los cineastas mexicanos se han beneficiado de estas tendencias, ya que han sido capaces de participar de las conversaciones culturales construidas por instituciones dentro de este mercado. IFC Films, por ejemplo, se convirtió en la pasada década en un principal distribuidor del cine mexicano en los Estados Unidos, particularmente tras su éxito con *Y tu mamá también*.[6] Criterion Collection, sin duda el distribuidor más prestigioso de cine de arte en el video casero, añadió *Cronos* y *Sólo con tu pareja* a su catálogo, mientras distribuidores de nicho como Desert Mountain Media distribuyen películas mexicanas dirigidas a los mercados estadounidenses de latinos en DVD, Blu-ray, y *streaming*. Hasta Carlos Reygadas participa de estos arreglos: sus películas son vendidas por Tartan Video (ahora Palisades Tartan), una distribuidora de nicho responsable por la distribución de, entre otros, el nuevo cine rumano y películas de culto de Asia del Este.[7] La creciente influencia de este mercado crea una variedad más amplia de ecuaciones estéticas que estos directores tienen que balancear, a diferencia de directores como Fernando Sariñana quien sólo buscó éxito mayormente en México.[8] Para mejor evaluar su posicionamiento dentro del cine mexicano contemporáneo, al analizar a estos cuatro directores, distinguiré los aspectos relacionados específicamente a procesos del cine mexicano de aquellos que negocian los marcos establecidos por el cine de arte global y el cine independiente americano.

Guillermo del Toro, el género, y la reinvención de la genealogía fílmica

El lanzamiento en 1998 de *Cronos*, la melancólica película de horror de Guillermo del Toro es tal vez, la mejor indicación de las libertades creativas recién adquiridas que surgieron de la crisis del cine en los años salinistas. Como he mencionado en capítulos anteriores, la diversidad de películas que se produjeron en este periodo (incluyendo *Danzón, El bulto, La tarea,* y *Sólo con tu pareja*) señaló una crisis en los modelos de cine nacional heredados del paradigma de "cine de la soledad." En todo caso, una película como *Cronos*, la cual se encuentra fuera del alcance estético de la producción fílmica hasta el día de hoy, provee un buen estudio de caso de los límites de los paradigmas de renovaciones post-1990, y de las ventajas conseguidas por los cineastas mexicanos a través de su acceso a los archivos y prácticas del cine de arte global.[9] Del Toro no era un *outsider* (persona ajena) de por sí. A *Cronos* le precedió su éxito en el importante serial televisiva *Hora marcada* (1986–1989), una producción de Televisa que seguía los pasos del serial estadounidense *The Twilight Zone*. Del Toro también fungió como productor ejecutivo de *Doña Herlinda y su hijo* (1985) de Jaime Humberto Hermosillo, una de las películas icónicas del tardío "cine de la soledad." Más bien, su innovación resultó de la identificación de los géneros de horror y fantasía con algunos de los momentos más *camp* de la historia fílmica mexicana, desde las adaptaciones de bajo presupuesto de *Drácula* por Fernando Méndez y Abel Salazar en los años cincuenta, a las muchas películas de monstruos dentro del género del luchador enmascarado.[10] Este tipo de cine alcanzó nuevas profundidades con películas tales como *Alucarda, la hija de las tinieblas* (Juan López Moctezuma, 1978), en la que la rendición del horror de baja calidad se mezcla con la vulgar y gráfica sexualidad de la *sexycomedia*. Para un director como del Toro, cuyo trabajo era, en parte, un intento de redimir estéticamente una tradición fílmica la cual no tenía capital simbólico entre el público de clase media y de los circuitos artísticos, fue crucial alejarse de esta tradición. Por lo tanto, lo que me permite mostrar el trabajo de del Toro en el contexto de este libro son las maneras en las que, en el momento mismo del desplazamiento de clase del público a principios de los años noventa, directores como él utilizaron su voz autorial para reconfigurar las tradiciones cinematográficas del cine nacional, lo cual a su vez abrió un espacio a través del cual el cine mexicano decididamente se cruzó entre sí de con las formas post-Sundance del cine de arte global.

Cronos cuenta la historia de Jesús Gris (Federico Luppi), un anticuario el cual descubre en su tienda un artefacto de la época colonial—la invención de Cronos—que parece otorgar vida eterna a través de la mordida de un insecto que aparentemente vive en su interior. Mientras interactúa con el artefacto, Gris involuntariamente comienza a transformarse en una criatura parecida a un vampiro, una metamorfosis que nunca se entiende de lleno. Además, se convierte en el objetivo de Dieter de la Guardia (Claudio Brook), un capitalista moribundo quien envía a su sobrino, Ángel (Ron Perlman), en búsqueda del artefacto. Acompañado por su nieta, Aurora (Tamara Shanath), quien no ha pronunciado palabra alguna desde la muerte de sus padres, Gris decide destruir el artefacto e inmolarse a sí mismo para vencer el mal y su creciente e insoportable deseo de consumir la sangre de Aurora. No es sorprendente que el estatus icónico de *Cronos*, al igual que el éxito de del Toro en el cine internacional, ha resultado en una copiosa bibliografía crítica.

El punto que más me interesa en el vasto panorama de lecturas de otros críticos es el alcance del archivo de cine de terror que del Toro utiliza en su película. En primer lugar, como Héctor Fernández L'Hoeste sostiene, es posible interpretar la película dentro de la larga tradición de películas de vampiros que mencioné anteriormente (43). Personalmente, no estoy tan convencido de que este sea el caso, ya que me parece que la voz autorial de del Toro busca escapar precisamente este legado. En todo caso, el asunto es que aquí hay un extenso archivo de referencias vampíricas. Ann Davies, por ejemplo, utiliza la iconología de la película para desarrollar una teoría del vampiro como una "heterotopía encarnada"—es decir, como una "negociación de las tensiones inherentes a las dislocaciones del espacio encarnado que resulta en la proximidad aterradora a lo perverso" (*Cronos* 403 de Guillermo del Toro). John Kraniauskas lleva este punto más allá, al sugerir una lectura altamente teórica en la que la heterotopía del vampiro está conectada al retorno de los espectros del pasado de México (encarnados en la tienda de antigüedades de Gris) ante la amenaza del capitalismo avanzado ("*Cronos*"). Sin buscar desautorizar estas lecturas, creo que todas parten de la suposición de que el personaje es de hecho un vampiro y proceden a aplicar formulaciones teóricas desarrolladas en torno al vampirismo europeo y estadounidense a la película. El punto verdaderamente significativo en esta bibliografía es que, como Brad O'Brian observa, la película "contiene muy pocas convenciones del cine de vampiros moderno y parodia muchas de las que sí contiene" (172), o, como lo expone Anne Marie Stock, "en vez de sólo incorporar las muy usadas convenciones [de las historias de vampiros], la película las distorsiona y reformula" ("Authentically Mexican" 277–78).

Como señala Laurence Davies, *Cronos* recurre a una estética gótica que no puede anclarse claramente en la alegoría, haciéndola una película "mercurial" y "elusiva" en la que "los cambios son más importantes que aquello que permanece" (95–97). Al hacerlo, del Toro de hecho abre un espacio para construir una mitología en la que el vampirismo es sólo un elemento entre muchos. O'Brian mismo argumenta que el discurso de la ciencia (el cual recurre al mito de Frankenstein en vez del de Dracula) es crucial aquí, algo que tiene eco en la obra de críticos como Raúl Rodríguez Hernández y Claudia Schaefer, quienes hacen hincapié en la naturaleza tecnológica del artefacto, o Geoffrey Kantaris, cuyo análisis se aleja de los anteriores y considera el artefacto Cronos en términos de la teoría *cyborg* ("Cyborgs" 54–60). En todo caso, *Cronos* y su trabajo dentro de la vasta genealogía de los significantes del horror señala la libertad creativa al encontrarse en las bases de algunas de las tendencias del cine mexicano post-1988 y en su renuencia de ser una película de género formulista. Más bien, el uso del archivo del género de horror por parte de del Toro pone en cuestión el asunto del "*auteurship*" o autoría en tanto un componente esencial en los procesos de renovación del cine mexicano en la época del neoliberalismo. Esto, por supuesto, no se debe a una supuesta "libertad creativa" que "resiste" los paradigmas de la industria. Por el contrario, lo que parece subyacer la originalidad de *Cronos* es su desplazamiento de la función social del cine. La naturaleza formulista del cine de horror *Mexploitation*, particularmente en sus encarnaciones comerciales tales como el cine de luchador, lo enlaza a una idea colectiva y populista del cine que dominó México durante gran parte del siglo XX. Como Andrea Noble argumenta convincentemente, el ascenso del cine y otros medios masivos en México estuvo relacionado a la "migración masiva a los centros urbanos," que a su vez dio lugar a una cultura construida para responder a las "movilizaciones masivas de la Revolución y al acelerado paso de vida que vino con la modernización" (11).

Cronos es una película posibilitada por la decadencia de este uso populista del cine nacional, no sólo en términos del declive de la validez social de la mexicanidad en el discurso cultural que discutí en el Capítulo 1, sino también por el desplazamiento de clase en el consumo detallado en el Capítulo 2 y 3. En este contexto, *Cronos* es parte de una tendencia mayor de películas que gradualmente erosiona las formas de producción fílmica principalmente dirigidas a las clases populares y las transforma en objetos de consumo intelectual que apela finalmente al público de clase media y alta y hasta a las transnacional. Stock señala que "al utilizar el lenguaje transnacional del cine, *Cronos* se comunica efectivamente con fanáticos del género a través de fronteras geopolíticas" ("Authentically Mexican" 280). En esto, del Toro registra en última instancia la misma operación que realizó *La tarea* con respecto al cine independiente estadounidense o *Sólo con tu pareja* ante la comedia romántica (ver Capítulo 2), una reapropiación de los códigos fílmicos y de género transnacionales que da paso a una liberación de la herencia del cine nacional.[11] O, para ponerlo en palabras de Daniel Chávez, el particular talento de del Toro es su capacidad de "reapropiar, reprocesar y renovar" géneros y tradiciones fílmicas para crear universos fílmicos específicos ("De faunos" 379). Para los propósitos de este capítulo, mi argumento es que la internacionalización de directores mexicanos como del Toro descansa de lleno en los procesos de diversificación de los archivos y las genealogías de cine disponibles para los cineastas. La consecuencia de esta diversificación es la creación de marcos de interpretación que permiten al cine mexicano conectar con aquel público ajeno a las tradiciones de cine nacional y del "cine de la soledad." Este público incluía no solo a la clase media y alta en las que me he enfocado hasta este momento sino también al público transnacional del cine de arte global, el cual se hace crucial en la reinvención del cine mexicano. En estos términos, *Cronos* es estética y temáticamente excepcional, pero su excepcionalidad descansa por completo en ser una de las primeras películas en utilizar la reformulación de sus genealogías fílmicas en el modo que describo. No es una cinta que se construye en torno a una tradición fílmica específica, sino una que preconizó procedimientos importantes a través de los cuales el cine mexicano operaría en la compleja intersección entre lo nacional y lo global.

Por esto, no es sorprendente que algunos críticos hayan registrado la estética excepcional de *Cronos* como parte de una "desnacionalización de la pantalla" (Segre) hacia finales de los años ochenta y a principios de los años noventa. La mayor parte de las lecturas de la película coinciden en presentarla como una alegoría en la que el artefacto de Cronos representa un retorno espectral del pasado colonial de México, yuxtapuesto con la rápida modernización de la época neoliberal, que se encarna en la binacionalidad de De la Guardia (Segre 36; Kraniauskas, "*Cronos*" 142–43). Rodríguez Hernández y Schaefer ofrecen una versión más convincente de este argumento al leer los contenidos de la tienda de antigüedades de Jesús Gris como "destrozos" del pasado, acumulados sin "ningún orden discernible" y con "poca o ninguna atención a sus orígenes, cronologías o conexiones culturales" (88). En vez de tener a un pasado culturalmente definido que asedia a un presente neoliberal, este argumento presenta un pasado destrozado que enfrenta la destructividad del presente, partiendo de la reconocida imagen del Ángel de la Historia de Walter Benjamin.[12] En todo caso, los críticos colocan a *Cronos* como una película que negocia el peso del pasado con las exigencias de un presente imbuido de un capitalismo egoísta. El hecho de que las fábricas de De la Guardia estén vacías parece tomar el lugar de un proceso que, en palabras de Kraniauskas, "envuelve no sólo la disciplina del capital, sino también la subyugación del trabajo vivo, el cuerpo, a la máquina" (146).

Aunque estas lecturas explican de un modo suficientemente la importancia del pasado y el modo en el que *Cronos* encarna, al nivel de la trama, las tensiones entre el pasado y la modernidad en México pasan por alto o subestiman algunos elementos claves de la cinta. Para mí, el punto más importante que debe resaltarse en la lectura de la trama es que De la Guardia está, de hecho, más moribundo que Jesús. De modo que su búsqueda del artefacto del pasado, el mecanismo de Cronos, parece contradecir, en parte, la idea de un pasado "histórico" versus un presente vertiginoso ya que el presente del capitalismo industrial no es moderno sino que está en terapia intensiva (Dieter está vivo gracias a un arreglo caro y complejo que esconde la fragilidad de su salud) o es superficial e incompetente (Ángel, el único heredero viable de Dieter, fracasa consistentemente en la tarea de robar el artefacto y está más preocupado por una posible cirugía plástica a su nariz). Cuando los académicos sobreestiman la lectura alegórica, la cual le atribuye a *Cronos* una crítica de un neoliberalismo que no está tan presente en la trama como parecería, el rol de *Cronos* en el cine mexicano llega a perderse. Aun así, algunas otras lecturas han llegado a ver más allá de esta identificación dogmática del capitalismo con lo nuevo. John Waldron, por ejemplo, poco convincentemente identifica la guarida tecnificada de Dieter de la Guardia con lo "nuevo" ("Introduction" 17), pero finalmente se enfoca en un detalle más importante: el hecho de que la producción de del Toro fue hecha posible por la decadencia visible de lo que Waldron llama los "monopolios culturales" a principios de los años noventa. Como Waldron muestra, *Cronos* debe entenderse en el contexto de una cultura basada en una "pérdida de autoridad sobre la producción y el imaginario culturales," la cual consecuentemente "reemplaza los límites impuestos por el nacionalismo en la episteme preglobalizante con el peso homogeneizador del llamado mercado internacional" (11). Stock ofrece un argumento similar al decir que "ni del Toro ni *Cronos* están 'obsesionados' con la cultura nacional auténtica. De hecho, ostentan su migrancia e hibridez" (*Framing* xxvi). Si tomamos a Waldron y a Stock seriamente, el resultado sería analizar la mitología que construye del Toro de modo superficial como una historia que intenta articular una tesis en torno a la modernidad capitalista y los espectros históricos. Creo que tal aproximación falla al blanco, aunque sea parcialmente. A su vez, la verdadera y esencial agudeza que yace detrás de la obra de del Toro es precisamente que, en una tradición fílmica que ya no puede reclamar su "autoridad sobre la producción y el imaginario culturales" en el que la construcción del público, como sujeto del cine nacional, ya no es posible, los archivos transnacionales del género se convierten en un modo alternativo de conectar con las subjetividades y el público emergente. Si *Cronos* ostenta "su migración e hibridez," al colocar argentinos y norteamericanos junto a actores mexicanos, al igual que mediante su fluida incorporación del inglés como un lenguaje complementario al español, lo hace porque cineastas como del Toro (o Cuarón, de hecho) trabajan desde una posición en la que el sujeto colectivo construido por el cine nacional no es ya posible ni deseable. *Cronos* no es una película que dice algo en particular sobre México. Es una película que, por primera vez en la tradición fílmica mexicana, asume que encarnar la cultura nacional mexicana ya no es posible.

La decadencia de De la Guardia es, paradójicamente, una de las cosas que hace este argumento viable. La mayor parte de las lecturas parecen asumir que De la Guardia representa un capitalismo contemporáneo que está en desacuerdo con el pasado colonial encarnado por el mecanismo Cronos y por la tienda de antigüedades de Jesús. Sin embargo, si se sigue el argumento antes citado de Rodríguez Hernández y Schaefer con respecto a los destrozos del pasado y la insignificancia de la colección de antigüedades de Jesús, se puede argumentar de hecho que el antagonismo entre Gris y De la Guardia no es una lucha entre el pasado y el presente, sino un conflicto entre dos formas igualmente anacrónicas y moribundas del pasado. La forma de capitalismo industrial de De la Guardia no es una forma de modernidad surgida por el TLCAN. Es posible hasta remontar al modelo de capitalismo norteamericanizado en México a finales de los años cuarenta, cuando el Presidente Miguel Alemán impulsó la inversión extranjera y la industrialización urbanizada. El simple hecho de las migraciones masivas a las ciudades, el cual fue uno de los procesos culturales implícitos del cine nacional mexicano en primer lugar, fue un resultado de las políticas alemanistas. Por lo tanto, argumentar que De la Guardia encarna lo "nuevo" es bastante desacertado. El hecho de que es un hombre viejo, alguien quien bien pudo haber comenzado sus industrias cuarenta y cinco años antes de los tempranos años noventa, parece sugerir que su compañía es sólo un vestigio de una forma anterior del capitalismo incapaz de encontrar continuidad alguna en el nuevo modelo de desarrollo. El único personaje que plausiblemente representa lo nuevo es Ángel, cuya vanidad e ineptitud lo incapacitan de postularse como un heredero viable de la compañía. Asimismo, una lógica similar se desarrolla al lado de Gris, dado que su heredera, Aurora, también es inadecuada: una joven huérfana que se niega a hablar. Si el horror es un archivo que permite la encarnación de las sobras del pasado, *Cronos* es una película sobre el agotamiento de dos formas de modernidad: la modernidad barroca/colonial de Fulcanelli, pasada a Gris a través del mecanismo Cronos, y la modernidad capitalista que fracasa en su propia preservación, del mismo modo que la ciencia médica moderna fracasa en su intento de preservar la vida de Dieter. No es coincidencia que el colapso del edificio que mata a Fulcanelli y que da con la primera desaparición del mecanismo Cronos ocurre en 1937, en el comienzo del proceso de modernización de la Revolución Mexicana. Es posible llevar esto inclusive más lejos: el relojero colonial y el alquimista mueren precisamente en el momento en el que las tardías etapas de la Revolución Mexicana y las tempranas formas de capitalismo transnacional comienzan a proveer una alternativa a las nociones de larga duración de la herencia histórica en México. La desaparición del mecanismo Cronos toma lugar en el momento de un giro histórico, que lleva a México de su pasado histórico a la promesa de la modernización posrevolucionaria. La reaparición del artefacto a principios de los años noventa señala por lo tanto otro giro histórico, uno que hace obsoleto tanto el interés anticuario nostálgico de Gris como el trabajo industrial de De la Guardia.

Si se atan tanto los retos creativos enfrentados por del Toro como director en el contexto de los tempranos años noventa, y esta lectura revisada de la trama de la cinta como una alegoría de dos modos de modernidad fracasada que desesperadamente intentan preservarse a sí, del Toro surge como una figura visionaria que es capaz de desplegar creativamente una serie de lenguajes fílmicos altamente flexibles para compensar con la incapacidad fundamental del cine mexicano a articular a su público como un sujeto de la historia o de la modernidad. En sí, *Cronos* es la película que mejor encarna el agotamiento de los modelos del siglo XX del cine mexicano, en contraste con películas que intentaron revitalizarlos como *Danzón*, o películas que buscaron evitar el asunto por completo como *Sólo con tu pareja*. Del Toro esencialmente desnaturaliza el archivo de la historia mexicana y lo coloca en el archivo superior de repertorios temáticos del cine de horror, lo cual le permite recombinar significantes históricamente identificables (como el rol de Fulcanelli en el virreinato o su muerte en los tempranos años de la modernización posrevolucionaria) con elementos de distintas tradiciones del cine de horror (como las mitologías del vampiro y de Frankenstein, y la utilización del insecto-*cyborg*). Si acaso, la genealogía del mecanismo Cronos parece derivarse del cine norteamericano en vez del mexicano:

nos recuerda a una intersección similar de la hibris científica y la interacción insecto-humano aparecida en *The Fly* (1986) de David Cronenberg.[13]

Cronos es, por lo tanto, una película que exitosamente trasciende el reto que surge de una tradición fílmica agotada, mediante una expansión de las posibilidades del cine que no se preocupa por responder a los imperativos dictados por el "cine de la soledad" y otras formas sobrevivientes del cine nacional. Del Toro es el tipo de director que sólo es posible en periodos de indecisión estética en una tradición nacional, ya que su obra se funda en el desarraigo y la reconfiguración de hasta los más básicos elementos de la producción cinematográfica. Esto es obvio en uno de sus proyectos más tempranos, su libro de 1990 sobre Alfred Hitchcock. En él, del Toro provee un análisis de las películas y los programas televisivos de Hitchcock y examina cuidadosamente el estilo y los mecanismos creados por un director al cual él caracteriza como "el gran maestro de la emoción humana" (55). Del Toro lee a Hitchcock como un tipo de ur-director cuya obra se dirige a los elementos básicos del cine en sí mismo, incluyendo la narración y el sentimiento. En esto, del Toro muestra exactamente el tipo de operación que hizo posible una película como *Cronos* en el momento de apertura estética que surgió de la crisis del cine mexicano a principio de los años noventa. Es una película que realmente reconsidera lo que significa hacer cine en México—algo que logra, en su caso, al producir una cinta que en última instancia está desnacionalizada y deliberadamente desconectada de los legados del cine mexicano.

Precisamente porque lo nacional está altamente regulado en tradiciones narrativas más estándares como el melodrama, no es sorprendente que el horror se convierta en el vehículo en el que el cine nacional se madruga de un modo particularmente radical. En uno de los comentarios más agudos sobre la película, Waldron sostiene que la referencia al tiempo incrustada en el mecanismo Cronos (y constantemente en la película a través de la presencia de relojes) aún a dos temporalidades distintas de la nación: el tiempo linear del progreso y la modernidad y el tiempo mítico de lo arcaico ("Introduction" 17). Los teóricos fílmicos han argumentado consistentemente que los géneros del horror y la fantasía son intervenciones en la temporalidad del cine, en tanto a que el cine tradicional (y nacional) opera dentro de lo que Bliss Cua Lim denomina "el régimen del tiempo moderno homogéneo" (11). El cine nacional en sí, el que fue encarnado en México por los melodramas de la Época de Oro y en las películas políticas del "cine de la soledad," pertenece a este régimen, ya que su meta final es proveer homogeneidad a un sentido de lo nacional que existe como tiempo y como identidad social. Este es el caso, por ejemplo, de *Como agua para chocolate* de Arau, la cual, como discutí en el Capítulo 1, cuenta la historia del pasado para conectarla inexorablemente al presente. Al contrario, lo fantástico "choca contra la lógica del reloj y del calendario, desquicia la unicidad del presente, al insistir en la supervivencia del pasado o la coexistencia discordante de otros tiempos" (Lim 11). Este argumento se traduce en *Cronos* como una operación de desquiciamiento no sólo del tiempo de la nación, sino, más crucialmente para mi propia tesis, de la temporalidad de las tradiciones narrativas que subyacen el cine nacional. Al nivel del contenido, la película desenvuelve lo contemporáneo en el tiempo mítico representado por el conocimiento alquímico del mecanismo Cronos, y en el tiempo lineal de la historia que es personificado en los cuerpos envejecidos de Jesús y Dieter. Ambos, sin embargo, pertenecen al mismo "régimen del tiempo homogéneo moderno" que subyace un cine nacional cuya meta es, como lo fue en el cine mexicano del siglo XX, reconciliar las distintas temporalidades de su público en una sola identidad nacional. La operación crucial por lo tanto ocurre al nivel de la forma misma, donde el uso consciente de la tradición cinematográfica por parte de del Toro nos permite y le permite al público, para utilizar las palabras de Lim, "vislumbrar un 'afuera' a los regímenes del tiempo moderno homogéneo, uno que podríamos atrapar como un punto de partida para imaginarios temporales más éticos" (12). Al utilizar distintos archivos semánticos cinematográficos e históricos y construir un mundo autocontenido con ellos, del Toro logra un cine centrado en la capacidad de desplegar lo que Lim llama "tiempos múltiples que nunca se disuelven de lleno en el código de la consciencia temporal moderna, temporalidades discretas incapaces de lograr ser homogéneas con, o ser incorporadas en, una presencia cronológica uniforme" (12). En otras palabras, lo que logra el trabajo autorial de del Toro con los archivos de género no es tanto una reinvención del cine de género mismo, dado que el horror nunca se convirtió en un género principal en el cine mexicano post-1990. Más bien, crea un mundo cinematográfico en el que los elementos dislocados de la historia mexicana—lo colonial y lo moderno, o lo arcaico y lo progresivo—nunca se reconcilian de lleno en algo que pueda ser caracterizado como una nación o una identidad nacional. Por eso es por lo que Gris y De la Guardia mueren al final: cualquier supervivencia de los fantasmas del pasado articularía la pregunta de su rol en el presente. De cierto modo, *Cronos* es tanto un exorcismo de los códigos del cine nacional como lo es la secuencia onírica de *Sólo con tu pareja*: ambas películas quieren crear un nuevo punto de partida para los imaginarios temporales del cine mexicano.[14] *Cronos* es una de las primeras obras del cine mexicano post-1988 en la que el imperativo a ser mexicano no sólo se ignora, sino que se deconstruye profundamente.

Quizás la mejor ilustración del desapego fundamental del cine mexicano de del Toro es el hecho de que no ha filmado una película en México desde *Cronos*. Esto tiene que ver con su saludable carrera transnacional y con su renuencia de regresar a México tras el secuestro de su padre en 1998. De todos modos, el tema es que el impacto en el extranjero de del Toro depende de su desarrollo único del cine de género dentro del contexto del cine mexicano post-1988, un resultado tanto de su emancipación de los imperativos de la tradición cinematográfica anterior y de trabajar en un país (España) en el que las prácticas de género de Hollywood, al igual que en México, no eran particularmente influyentes. Su trabajo en Hollywood y en España muestra las mismas técnicas fundamentales presentes en *Cronos*, y su éxito tiene tanto que ver con su capacidad de innovar el cine de género a través de un diálogo consistente con una diversidad y tradiciones fílmicas. En *El espinazo del diablo* (2001), por ejemplo, del Toro aplica el trabajo sobre el tiempo histórico y la memoria de *Cronos* a la estética de la memoria histórica y la niñez desarrollada en España por dos películas clásicas: *El espíritu de la colmena* (1973) de Víctor Erice y *Cría cuervos* (1976) de Carlos Saura.[15] Sin embargo, al igual que *Cronos*, la cual utiliza el horror para construir una distancia crítica de la representación directa del pasado, *El espinazo del diablo* no es una aproximación con la memoria histórica directa sino una elaboración altamente idiosincrática de las emociones atadas a una historia que los protagonistas y el público no entienden de lleno. Las lecturas más perspicaces de la película (Hardcastle; Brinks; Anne Davies, "Beautiful") concurren en que el uso del fantasma y de las estéticas góticas permite la representación de elementos no simbolizados que, al materializarse en el lenguaje fílmico del horror, permiten el surgimiento de lo que Hardcastle denomina "las dimensiones en marcha de eventos históricos (especialmente traumáticos)" (129).

Al intervenir en lo que Linnie Blake denominó "las heridas de las naciones," películas como *Cronos* y *El espinazo del diablo* se benefician de la incapacidad de la mayoría de las formas institucionalizadas del cine de abordar un imperativo ideológico, al posicionarse a sí mismas precisamente en áreas que resisten la representación. El punto esencial aquí es que del Toro sitúa tanto *El espinazo del diablo* y su posterior película, *El laberinto del fauno* (2006) en una etapa temprana del franquismo, utilizando el cine de género (el horror en el primer caso, y la fantasía en el segundo) como un modo de hacer un corto circuito al imperativo de la memoria, dado que del Toro, en tanto mexicano, falta de una inversión política inmediata en su abordaje del trauma del régimen franquista. Esto es un asunto importante cuando consideramos cómo las películas de del Toro circulan en distintos mercados. Como Antonio

Lázaro-Reboll ha señalado con respecto a *El espinazo*, la "película puede apaciguarse simplemente por la cantidad masiva de cobertura mediática no crítica que se orquestó alrededor de su estreno" (50), algo que es manifiestamente cierto cuando el público y los críticos de sus tres lugares de recepción—México, España, y los Estados Unidos—están en juego. De modo que, al igual que la historia de Fulcanelli y el mecanismo Cronos, la cual provee un espacio para una lectura alternativa del legado colonial y los procesos de modernización capitalista mediante el establecimiento de un tropo monstruoso que rechaza su promesa modernizadora, el mundo fantástico descubierto por la protagonista de *El laberinto del fauno* en los intersticios del pequeño pueblo conquistado por el comandante fascista inscribe un relato de esperanza en una historia que históricamente resultó en un fracaso radical. Esta divergencia entre historia y fantasía, central para la mayoría de las lecturas de la película (Rose; Thormann; Hairston; Hanley), es posibilitada por el desarrollo del cine de del Toro después de su película mexicana.

Para los propósitos de este libro, el asunto central que surge de del Toro se despliega en dos consideraciones. En primer lugar, el hecho de que *Cronos* no tiene un legado visible en México—ni en su estilo ni en su trabajo con el cine de género—dice mucho no sólo de los retos enfrentados en los años noventa por cualquier cineasta que intentara trabajar en el cine de género.[16] Muestra también que el espacio de libertad creativa que se originó en la crisis de principios de los años noventa resultó en una normalización que dejó a directores como del Toro afuera de las nuevas redes institucionales del cine mexicano. En segundo lugar, y quizás más importante, del Toro aun así muestra la capacidad de construir un espacio para directores, como él, en el cine global, mediante la exportación hacia el dominio transnacional de reflexiones cinematográficas hechas posibles por la transición neoliberal en México. Es en este punto precisamente en el que puede leerse como un precursor. Aun así, del Toro ejemplifica muy bien el singular caso de un *auteur* de cine quien se mueve del contexto nacional al global, permaneciendo fiel - no a una postura política, sino a una forma particular de oficio. De hecho, las lecturas politizadas e historizadas se hacen problemáticas cuando se considera que su selección temática está finalmente relacionada a su capacidad de entrar en diálogo con otros textos y tradiciones de fantasía. El hecho de que muchas de sus películas (*Mimic* [1997], *Hellboy* [2004], *Blade 2* [2002], *Hellboy 2* [2008], y hasta *El espinazo*) están directa o indirectamente inspiradas por novelas gráficas o ficción de género, y el nivel de detalles que se encuentra en los libretos que publicó con todo el trabajo preliminar hasta *El laberinto del fauno*, revela que su meta final es la mitología y la construcción visual de su obra.[17] Esta es, quizás, una de las razones por las que el cine mexicano fue incapaz de seguir las avenidas sugeridas por *Cronos* o por cualquiera de las otras obras de del Toro. Sin embargo, su trabajo estilístico fue el instrumento que le permitió moverse ágilmente a través de tres tradiciones cinematográficas. La deshistorización que Lázaro-Reboll lee en la recepción pública de su obra está enmarcada en la estética de las películas mismas. Por lo tanto, la circulación transnacional de del Toro se hace posible en el primer momento de la desmexicanización del cine, a principios de los años noventa, atestiguando que el final del mexicanismo discutido en el Capítulo 1 es un componente esencial del éxito transnacional de los "tres amigos." En cualquier caso, mientras que esta estética no tuvo mayores consecuencias en la cinematografía mexicana, la trayectoria de del Toro creó un mapa para la internacionalización del cine del país, algo que se haría patente tras *Amores perros* de González Iñárritu.

Alejandro González Iñárritu y la neoliberalización del cine independiente

El ascenso de *Amores perros* como la película más visible y celebrada del cine mexicano post-1988 es primero y ante todo el resultado de su posición en la intersección de todos los procesos que he descrito hasta ahora en este libro. Su desvergonzada estética urbana señala una ruptura decisiva con la predominancia de la *provincia* en el cine mexicanista, un punto que discutí en el Capítulo 1, y concluye el proceso de imaginar a la Ciudad de México en el cine de los años noventa—un proceso que David William Foster describe en su *Mexico City in Contemporary Mexican Cinema*.[18] También se beneficia de los cambios demográficos en el público de cine descritos en el Capítulo 2, y habilidosamente explota las estrategias mercantiles desarrolladas por *Sexo, pudor y lágrimas* y otras comedias románticas. Su representación de México, en el contexto de la transición a la democracia del año 2000, marca el agotamiento de la nostalgia de las formas de articulación política de los años sesenta—como las representadas en *El bulto*, *En el aire*, y en otras películas discutidas en el Capítulo 3—y decididamente aborda las complejidades del neoliberalismo en México. Y, por supuesto, lleva hacia adelante y profundiza la internacionalización del cine mexicano anunciada por Guillermo del Toro. Como se sabe, *Amores perros* relata tres historias interconectadas por un trágico accidente automovilístico. La primera se enfoca en Octavio (Gael García Bernal), un joven de clase baja que entra al mundo de las peleas de perros ilegales para poder conseguir en dinero necesario para escapar con su cuñada, Susana (Vanessa Bauche), y rescatarla del abuso de su hermano, Ramiro (Marco Pérez). Octavio choca su camioneta mientras huye de los líderes del local de las peleas de perros clandestinas. La segunda parte de la película se centra en Valeria (Goya Toledo), una modelo española que se muda con su amante casado, Daniel (Álvaro Guerrero), un publicista. La vida de Valeria toma un giro negativo cuando Octavio choca aparatosamente contra su vehículo, lo cual da paso a la lenta y tortuosa erosión de su vida. Al final, Valeria pierde una pierna y su carrera de modelo, y Daniel, suponemos, comienza a engañarla. Finalmente, la última parte relata la historia de El Chivo (Emilio Echevarría), un revolucionario social de los años sesenta que se convierte en un sicario sin hogar. El Chivo es testigo de la colisión entre Octavio y Valeria y rescata el perro de Octavio. El núcleo de la historia yace en la redención gradual de El Chivo, mientras utiliza su último asesinato—de un hombre que quiere matar a su hermano—para redimirse e intentar regresar a su hija, Maru (Lourdes Echevarría). Dolores Tierney ha llamado a Alejandro González Iñárritu un "director sin fronteras," sugiriendo que su "especificidad autorial del Tercer Mundo puede sobrevivir el cruce de fronteras entre México y los Estados Unidos" ("Alejandro González Iñárritu" 103). Aunque la idea del Tercer Mundo me parece problemática—no sólo porque el cine de González Iñárritu, como la mayoría del cine mexicano, está muy alejado del llamado paradigma del Tercer Cine que discutí en el Capítulo 3—comparto con Tierney la idea de que reconocer las preocupaciones del cine nacional mexicano encarnadas en *Amores perros* es esencial para comprender el trabajo posterior de González Iñárritu. Yo llevaría este argumento hasta más lejos: el éxito de Alejandro González Iñárritu yace precisamente en su capacidad de traducir el cambio de paradigma del cine mexicano post-1988 a las lógicas del cine transnacional, de modo que inscribe el cine mexicano al centro de la conversación formal y crítica que rodea al cine global. Esta aseveración es crucial para entender dos asuntos separados, pero fundamentales. En primer lugar, que los logros fílmicos mexicanos en los años 2000, incluyendo el éxito de películas como *El crimen del padre Amaro*, están profundamente definidos por la intervención de *Amores perros* en la reconfiguración de la producción, circulación, y del público dentro de México. En segundo lugar, precisamente porque González Iñárritu surgió como uno de los directores más influyentes en el cine global a partir del año 2000, la naturaleza de su contribución es ilegible sin una comprensión de su renovación del discurso cinematográfico mexicano. La importancia de este último enunciado se demuestra en el constante surgimiento de lecturas, tanto de *Amores perros* y la obra anglófona de González Iñárritu, que ignoran o niegan su trabajo por completo. En su libro *Wild/Lives*, Wadell ofrece, en un análisis que en otros casos es sugerente, la idea de que el mito precolombino o el arquetipo de Tezcatlipoca (un dios azteca) y la idea nahua del inframundo configuran el inconsciente de la trama de la película (123–42). Este análisis, basado en una lectura superficial de la mitología azteca y una falta de conocimiento del cine mexicano y la cultura de la época, revela no sólo un voluntarismo crítico que necesariamente ata a México con su pasado ancestral, sino una negación de la posibilidad de una cultura mexicana moderna que no sea más que el retorno a lo reprimido precolombino.[19] Uno de los puntos cruciales que surge del análisis que presenté en el Capítulo 1 y de los argumentos de Tierney con respecto a González Iñárritu es que su película se hace transnacional precisamente porque trasciende lecturas y prácticas meramente simbólicas del cine mexicano. Este logro hace que películas como *Amores perros* sean relevantes a una discusión más grande de la modernización cinematográfica.

Un abordaje balanceado de *Amores perros*, al nivel de forma y contenido y en tanto fenómeno cultural, muestra que la película es de hecho el punto de encuentro entre formas culturales progresistas e ideologías políticas conservadoras, lo cual refleja el complejo proceso de modernización cultural por el que pasó México en la época neoliberal. Esta modernización está atada a la creciente centralidad de la escena urbana como el espacio de articulación de lo local, lo nacional, y lo global. De acuerdo con Jesús Martín-Barbero, las culturas urbanas encarnan tres dinámicas complementarias: el deseo de mejorar la situación económica individual; la cultura del consumo como ciudadanía (lo cual discutí via Néstor García Canclini en el Capítulo 2); y el surgimiento de tecnologías comunicacionales (*Oficio* 280). *Amores perros* es, por lo menos en parte, una encarnación de estas tres lógicas. Un punto importante que hay que resaltar es que González Iñárritu no es un director de escuela de cine. Más bien, su carrera se desarrolló de su trabajo anterior como uno de los más exitosos publicistas y personalidades mediáticas del México de los años noventa. González Iñárritu mismo es parte de la clase creativa que las comedias románticas mexicanas idealizaron desde *Sólo con tu pareja* (ver Capítulo 2). Por virtud de esto, su éxito se construye sobre la pista de las consecuencias ulteriores del proceso de privatización de los medios, y mediante su apelación a aquel público de cine que se identifica con el mito de la clase creativa. Como Paul Julian Smith documenta en su libro sobre la película, *Amores perros* fue posibilitada por dos decisiones claves: el uso de una cantidad inédita de fondos privados (rompiendo con la dependencia del cine mexicano en fondos de IMCINE) y el diseño cuidadoso de una campaña de mercadotécnica para mercados extranjeros—más notablemente el Festival de Cannes (11–13). Estas acciones en nombre de la película apelaron a una cultura de consumo que rebasaba la cultura mexicana en el periodo neoliberal, a la vez que utilizaron una nueva tecnología mediática—la mercadotécnica—como un elemento central en el proceso de producción. Juan Poblete ha inscrito *Amores perros* aptamente dentro del "complejo comunicacional cultural" que ha sido central para la expansión del capitalismo y las teorías contemporáneas de la globalización y la cultura (214). Más aun, Poblete señala las raíces de *Amores perros* en la cultura MTV, las cuales son obvias si se considera el uso del montaje en la película y la importante deuda que su ritmo vertiginoso debe a los videos musicales de los años noventa (221). Este estilo MTV refleja el impacto de la televisión de cable en la formación del público particular de clases medias y altas que discutí en el Capítulo 2—un estilo que el público, siguiendo el proceso cultural de urbanización descrito por Martín-Barbero, exigió cada vez más. En su libro sobre González Iñárritu, Celestino Deleyto y María del Mar Azcona argumentan que su uso de la toma de ángulo amplio "se hace una herramienta poderosa en la construcción de un espacio urbano que está fuertemente unificado en el intenso sentimiento de la violencia y de peligro penetrante que esta trasmite y en la sugerencia de las condiciones sociales que producen tal violencia" (76–77). Si *Todo el poder* de Sariñana es, como argumenté en el Capítulo 2, una encarnación de la "ciudadanía del miedo" neoliberal que unifica al público en una lectura de la violencia como una amenaza al privilegio, *Amores perros* toma este punto de vista determinado por clase y lo transforma en el núcleo formal e ideológico de su trama. Lo interesante de *Amores perros* es que lleva a sus últimas—y más exitosas—consecuencias tanto a los compromisos ideológicos del público de la clase media en México como al uso de estos compromisos como parte de un proceso de mercantilización del cine.

En el Capítulo 2 sostuve que un elemento clave para el éxito de *Sexo, pudor y lágrimas* de Antonio Serrano y otras películas comerciales se basó en un uso intuitivo de la banda sonora de la película, dado el hecho de que colocar un *single* exitoso en MTV y en las rotaciones de la radio, proveyó publicidad gratuita y un modo de llevar a los teatros a un público que no tenía una relación emocional con el cine mexicano. *Amores perros* tiene una banda sonora de dos discos que incluye no sólo las canciones que aparecen en la película sino además una serie de canciones "inspiradas" en ella, imitando una estrategia de mercadotecnia común en las películas de Hollywood de los pasados veinticinco años.[20] Por lo tanto, la banda sonora trasciende la estrategia de lograr un *single* exitoso en MTV: adopta de lleno el lenguaje de la música alternativa para definir el tono de la película en relación con los gustos culturales y los valores del público de clase media mexicana (a quienes, en gran parte, esta música le era muy familiar) y crea un producto acompañante autónomo que hace de *Amores perros* un producto mediático sin precedentes en el mercado cultural mexicano. *Sexo, pudor y lágrimas* encontró los elementos necesarios para construir una industria fílmica comercial, y *Amores perros* inscribe de lleno esta industria en los términos ideológicos, estéticos, culturales y económicos de la modernización neoliberal.

Gracias a su lúcida lectura del mercado fílmico y del público, tanto en México como en el extranjero, la política de *Amores perros* ha sido el tema de una discusión académica intensa. Los primeros análisis de la película se basaron puntualmente en la relación entre la cinta y el proceso neoliberal. Claudia Schaefer, por ejemplo, colocaba a la película al centro de su argumento con respecto a la relación entre la cultura, el aburrimiento, y la modernidad en el cine mexicano y argentino, y la analizaba como una película de transición política y social (83–107). Partiendo de su trabajo, algunos ensayos señalaron que la película representaba un punto de vista conservador que subyuga los problemas sociales de México bajo la mirada ideológica de la clase media neoliberal y la comprensión de la sociedad basada en ideales de la familia (Sánchez Prado, "*Amores perros*") o como la encarnación literal de una ética de derecha que alegoriza la penetración del capitalismo en todos los niveles de lo social en México (Kraniauskas. "*Amores perros*). Ayala Blanco, el detractor mexicano más importante de la película, caracterizó a *Amores perros* como una instancia del "neotremendismo chafa" que apenas logra una presentación escandalosa de la pobreza (*La fugacidad* 482). Estas líneas de análisis han sido problematizadas por académicos que sostienen que la "explosión de sentimiento" y los "itinerarios emocionales" (Cerato, Perea, y Rentero 29; 49) dan paso a análisis politizados que exceden los argumentos ideológicos mencionados anteriormente. Críticos anteriores como Deborah Shaw identificaron el amor como una preocupación central de la película, un sentimiento que es interrumpido por la intervención del poder, el deseo, y otros obstáculos propios al neoliberalismo (*Contemporary Cinema* 67). Similarmente, Laura Podalsky analizó la película como una elaboración de un "registro afectivo" que comunica "una crisis epistemológica que ha desestabilizado la comprensión de la sociedad contemporánea para el sujeto y, quizás más importantemente, su capacidad de hacer propuestas sustantivas para un mejor futuro" (*Politics* 89). Esta intuición la desarrolló aún más Hermann Herlinghaus, quien ata el registro afectivo de la película a una teorización de lo que Giorgio Agamben denomina "desnuda vida," una comunidad afuera del estado encarnada, por ejemplo, en la enajenación social de figuras como Octavio o El Chivo (180–81).[21] Dierdra Reber también desarrolla esta línea al analizar la historia de El Chivo como un proceso de "sanación moral" que, al fin, abre un espacio para una nueva elaboración política y utópica, basada en la contención de que las "políticas del amor" exceden el dominio de la ideología (295).

No estoy totalmente convencido de que el registro afectivo de *Amores perros* exceda la política conservadora y neoliberal. Finalmente, "sanación moral" puede ser una categoría política conservadora que se enfoca en el individuo en vez de en lo común, mientras que "desnuda vida" señala la exclusión radical de ciudadanos del dominio de la ley y de los derechos humanos. No obstante, una lectura objetiva de este debate muestra que el verdadero fenómeno es la indecidibilidad ideológica de la película, la cual permite lecturas plausibles localizadas a través del espectro ideológico. Esto es precisamente lo que Schaefer quiere decir al referirse a la naturaleza transicional de la película. Partiendo de mi análisis en el Capítulo 3, *Amores perros* puede localizarse en el mismo momento histórico que *Todo el poder* y *La ley de Herodes*, una cultura cinematográfica que analiza el tumulto de las elecciones del año 2000 en el contexto de la decadencia del discurso politizado en el cine y de los alineamientos de la producción cultural a los ideologemas políticos de una clase media: sociedad civil, transición electoral, y así por el estilo. La diferencia fundamental es que, curiosamente, *Amores perros* no está tan directamente comprometida con la política nacional como lo están las otras dos. Mientras que Sariñana (un cineasta asociado al conservador Partido de Acción Nacional) y Estrada (un cineasta que se inclina hacia la izquierda) conectan la realidad social de sus películas a una relación causal con la corrupción estatal, González Iñárritu opta por borrar cualquier causalidad política dentro de su película. De hecho, como algunos de sus más feroces críticos han señalado (Ayala Blanco, *La fugacidad* 482–86; Sánchez Prado, "*Amores perros*"), la única causa visible de la violencia está relacionada a asuntos familiares, tales como la "mala "madre de Octavio y su padre ausente, el adulterio de Ramiro y Daniel, la decisión de Susana de engañar a su marido, la decisión de Valeria de establecer una relación con un hombre casado, y el abandono de El Chivo de su hija en nombre de la revolución social.[22] El punto aquí es que una de las condiciones de posibilidad del éxito nacional y transnacional de *Amores perros* es la gradual erosión de los imperativos políticos en la representación fílmica. A diferencia de directores *echeverristas* como Retes, Cazals, o Alcoriza, González Iñárritu trabaja en un mundo cinematográfico emancipado de la referencialidad social que el cine mexicano heredó de los directores de la Época de Oro y de figuras como Buñuel, Ismael Rodríguez, o Cantinflas. Y en vez de apelar simplemente a un mercado doméstico mediante la encarnación de las perspectivas políticas de la clase media, como lo hicieron Sariñana o Estrada, *Amores perros* opta por una estetización de la diferencia social a través de un lenguaje que privilegia "la concentración espacio-temporal causada por el accidente [que] aúna no sólo a distintos individuos sino a las distintas clases sociales a las que pertenecen" (Sá 45). En vez de politizar la diferencia social, la película utiliza su vertiginosa estética para proveer al público con una experiencia afectiva que suplanta lo político en términos de lo humano. Esta es la razón principal por la que la alta carga emocional privilegiada por Podalsky, Herlinghaus, o Reber no tiene una necesaria conexión a una política emancipadora. Estos señalan, más bien, a lo que Fernando Fabio Sánchez sugerentemente llama "contingencias traumatizadas" (172), crisis del sujeto que exigen el tipo de sanación moral discutida por Reber en oposición a una clara articulación política.

Por supuesto, la película coloca en el centro del momento neoliberal una puesta en escena de antagonismos de clase, étnicos, y de género. Todo un segmento de la bibliografía crítica apunta en esta dirección. Héctor Amaya, por ejemplo, identifica el uso de "masculinidades racializadas" que articulan los personajes en un lenguaje en el que "la masculinidad y la raza están diferenciadas entre cuerpos, constituyendo jerarquías y sufrimiento trágico" y expone "tensiones de raza, clase y género en el estado mexicano moderno, mostrando los modos en los que las ideas del progreso y la modernidad pueden, demasiado fácilmente, reconstituir la marginación racial y de clase" (202). Orla Juliette Borreye sostiene que la representación de la masculinidad en la película opera "tanto como un *performance* de género como un regreso al instinto animal" (2); ella sigue una línea similar a la de Amaya, y privilegia la crisis de orden de género como un nudo central en la película. Del mismo modo, Juli Knoll alinea la cinta con una "consciencia nacional neomachista" que "celebra y critica los marcos machistas modernos, mostrando a personajes masculinos que creen que se comportan honorablemente aun cuando divagan hacia la agresión, al deshonor, a una tibia reconciliación con el pasado" (38). Todos estos análisis se basan en el género, la raza, y/o la clase para señalar una representación del sujeto social inscrito en el discurso cinematográfico. Es en estos términos que es posible leer el argumento de Marvin D'Lugo según el cual *Amores perros* es "buñuelista." De acuerdo a D'Lugo, la película se desarrolla sobre la "tensión entre imágenes de violencia y de orden" que subrayan "las contradicciones de la modernidad en la base de esta sociedad" ("*Amores perros*" 228). Al construir una representación estética que no quiere rehuir de los antagonismos identitarios y sociales, y al asumir completamente la naturaleza violenta de las contradicciones de la modernidad, *Amores perros* trasciende el uso de las clases medias y altas mexicanas como objetos privilegiados de la representación cinematográfica y como los sujetos privilegiados de la mirada fílmica. La premisa más debatible es que la puesta en escena de estos antagonismos y contradicciones es en sí mismo un acto político en el contexto de las elecciones del año 2000.

El problema fundamental aquí es que la tensión social representada por el contenido de la película es una manifestación de las contradicciones que sostienen a *Amores perros* al nivel de forma. Kraniauskas ha señalado que la película está "caracterizada por una metodología técnica de izquierda y una ética narrativa de derecha" ("*Amores perros*" 13). Esto tiene que ver con el hecho de que la película opera sólo parcialmente en relación a los parámetros de la modernización cultural expuestos por Martín-Barbero. El uso de la mercadotecnia y de la banda sonora, al igual que la estética MTV responden bien a la cultura del consumo que enmarca la circulación del cine en la escena citadina neoliberal, donde las industrias culturales y la circulación están cada vez más determinadas por el capital privado. La película es también muy habilidosa al integrar la modernización tecnológica incrustada en las culturas urbanas tanto al nivel de la forma (a través de tecnologías inmateriales como la mercadotecnia, y tecnologías materiales como el video, la cinematografía, y la edición) y el contenido (como por ejemplo la reflexión del rol central de una máquina [el automóvil] en la determinación de la vida urbana contemporánea [Beckman 179–203; Sá 51]). Sin embargo, las exigencias sociales que surgen de las desigualdades sociales visibilizadas por el desarrollo urbano aparecen en el montaje de la película, pero están completamente ausentes en el mundo fílmico en sí. Aun si sus destinos fueron inextricablemente enlazados por el accidente automovilístico, Octavio, Valeria, y El Chivo jamás abandonan sus respectivas localizaciones de clase. Aunque la ideología conservadora de la película construye una narrativa que cruza las clases sociales y se basa en el trauma familiar, el hecho es que la segregación social que construyen "las masculinidades racializadas" de Amaya jamás es problematizada.

Tal vez la consecuencia verdaderamente importante de esta contradicción es que el éxito tanto doméstico como internacional de *Amores perros* requiere de esta borradura. En México, la película puede retener el aura de una película vagamente política y postmoderna sin contradecir la perspectiva ideológica de su público económicamente privilegiado. Es crucial recordar que *Amores perros* es una película que pertenece decididamente al agotamiento del cine nacional y del mexicanismo discutido en el Capítulo 1: no hay ninguna comunidad imaginada posible en una cinta que sólo esa apela a un sector social específico. En el extranjero, esta borradura de la especificidad social permite un espacio de interpretación abierta que facilita la recepción de la película en Estados Unidos y Europa. Es lo suficientemente social como para provocar las sensibilidades progresistas del público de los festivales transnacionales que buscan redención política en el cine del Tercer Mundo sin que esta obstruya su legibilidad con un exceso de referencialidad—es apto recordar aquí que otras películas sociales neoliberales que se enfocaron en la representación posmoderna de sujetos marginales deshistorizados, como *Cidade de Deus* de Fernando Meirelles y *Children of Heaven* de Majid Majidi, circularon a la misma vez. Esto explica, por ejemplo, por qué *Amores perros* funcionó tan bien en mercados internacionales, mientras que *La ley de Herodes* de Estrada fracasó: la influencia de los Coens en Estrada fue anulada por un sentido del humor legible sólo para un público que estuviera bien informado acerca de la política electoral mexicana.

En todo caso, la política de *Amores perros* sólo puede comprenderse cuando se considera el modo en el que se relaciona a la transformación de los usos de la política en el cine descritos en el Capítulo 3. Fernando Fabio Sánchez asocia la película a *El bulto* de Gabriel Retes (166), el cual, como vimos anteriormente, representa la línea divisoria en la relación entre el cine y la política en México. En el análisis de Sánchez, el punto es que la fidelidad de Lauro a los ideales revolucionarios resulta de haber estado dormido por veinte años, mientras que El Chivo pasó su tiempo en prisión, lo cual lo llevó a "entender que la narrativa que le dio significado a sus actos de violencia había perdido su coherencia en la cambiante realidad mexicana" (166). Yo llevaría la comparación de Sánchez mucho más lejos para argumentar que El Chivo representa el último clavo en el ataúd de la política revolucionaria en el cine mexicano. Como discutí en el Capítulo 3, Lauro y Alberto, el protagonista de *En el aire* de De Llaca, representan un tipo de integración del activista de los años sesenta reacia al orden neoliberal. Sin embargo, ambas películas concluyen con un gesto que se niega a inscribir de lleno a estos personajes en la contemporaneidad. Mientras que Lauro (como El Chivo) encuentra su redención en la reconciliación familiar, la mueca que vemos congelada en su rostro durante los créditos no muestra alegría, sino terror. Similarmente, la aceptación de Alberto de la pérdida de la mujer que representó su pasado idealista se sublima mediante una secuencia onírica que apunta a la renuencia de De Llaca a concluir con trauma y desamor. Al contrario, el final ambiguamente redentor de la saga de El Chivo da paso a una conclusión completamente diferente. Herlinghaus caracteriza sugerentemente a El Chivo como "un aparecido que encarna mitos religioso-políticos profundamente arraigados y fantasías morales masculinas" (184). Su estatus espectral dentro del México contemporáneo que representa la cinta—deambula por las calles de barrios de clase baja y alta e interviene en ellos a través de la violencia—parece sugerir el trauma no simbolizado de la injusticia social que subyace el antagonismo social del país. Sin embargo, es posible reclamar certeramente que la narrativa de la sección de

El Chivo en la película se articula profundamente como un exorcismo de su presencia fantasmática, como un intento de presentar su subjetividad revolucionaria como anacrónica y agotada. Esto ocurre de una manera visualmente significativa. Aunque El Chivo se caracteriza como un grotesco Karl Marx (pelo largo blanco y barba, etcétera), su redención (que ocurre cuando finalmente decide establecer contacto indirecto con Maru) se presenta mediante su afeitarse y vestirse de espejuelos y traje, representando una subjetividad burguesa lastimada. De este momento en adelante, puede llevar a cabo el proceso de sanación moral descrito por Reber, un proceso que es posible sólo a través de la completa reducción de su figura en tanto individuo que abraza el camino de la incertidumbre. A diferencia de Retes y De Llaca, González Iñárritu no tiene problema alguno con concluir su película con una renuncia definitiva a la política revolucionaria (y a un regreso a los valores familiares) como la condición necesaria para progresar hacia el futuro.

La legibilidad de *Amores perros* como parte del "cine de arte global" se basa en su negociación entre su adaptabilidad a una política de representación completamente compatible con el neoliberalismo y su existencia como una obra al nivel de forma que reconcilia las estéticas fílmicas antes mencionadas con las innovaciones narrativas nacidas del cine independiente estadounidense de los años noventa. En capítulos anteriores, he argumentado que los cineastas mexicanos se involucraron con las estéticas de distintas figuras del archivo fílmico estadounidense post-Sundance, incluyendo a Steven Soderbergh y los hermanos Coen. *Amores perros* ocupa un rol central en otra tradición, tras el trabajo de Quentin Tarantino en *Reservoir Dogs* (1992) y *Pulp Fiction* (1994). Los teóricos fílmicos han conceptualizado este tipo de cine: Todd McGowan, por ejemplo, se refiere a "cine atemporal" (*Out of Time*), mientras que Allan Cameron se refiere a "narrativas modulares." El problema aquí es que la película que le interesa tanto a McGowan y Cameron es *21 Grams* (González Iñárritu, 2003); ambos ignoran el rol de *Amores perros* en la consagración internacional de este tipo de narrativa temporalmente desarticulada. Alejandro Solomianski nota que González Iñárritu toma la violencia apolítica y estetizada que se encuentra en la obra de Tarantino y en otra película de este paradigma, *Crouching Tiger, Hidden Dragon* (2000) de Ang Lee, y la inscribe en una narrativa sociorealista (29). Aunque estoy en desacuerdo con el argumento de Solomianski de que *Amores perros* es una cinta que "destarantiniza" este tipo de forma cinematográfica para presentar una alegoría política sobre México (30), es cierto que la estetización del antagonismo social de México de González Iñárritu es un paso crucial en la consagración de este tipo de narrativa en el cine de arte global. De hecho, *Amores perros* tuvo un efecto casi inmediato en el cine americano: películas como

11:14 (2003) de Greg Marcks y, más significativamente, la ganadora del Óscar *Crash* (2004) de Mike Figgis cooptaron por completo el uso del accidente automovilístico de González Iñárritu para estructurar películas que transforman el antagonismo social de los Estados Unidos en fantasías liberales de reconciliación racial y social. Esta apropiación muestra muy bien cómo la técnica narrativa supuestamente de izquierda descrita por Kraniauskas ("*Amores perros*") de hecho opera dentro de formas establecidas del cine independiente con compromisos ideológicos para nada radicales. Otra perspectiva la ofrece María del Mar Azcona, quien sostiene que la "película de múltiples protagonistas" es un género central del cine independiente estadounidense, como lo atestigua la obra de directores como Steven Soderbergh, Robert Altman, Paul Thomas Anderson, Edward Burns, entre otros (30–32). Sin entrar demasiado en los paralelos específicos entre *Amores perros* y estas prácticas, la facilidad con la que uno puede localizar la obra de González Iñárritu dentro de paradigmas técnicos y genéricos bien establecidos muestra el modo en el que su obra decididamente trascendió los legados del "cine de la soledad" y del temprano cine neoliberal. Como Juan Pellicer muestra en su análisis de las películas de González Iñárritu, su obra se caracteriza por el uso creativo del montaje en la construcción del discurso, alejando el drama del contenido (que fue el sitio privilegiado de la tensión narrativa en los paradigmas profundamente realistas que dominaron México durante la mayoría del siglo XX) y colocándolo en yuxtaposición formal (12–13). La intervención realmente significativa de *Amores perros* en el cine mexicano yace en este desplazo.

Precisamente porque las innovaciones de González Iñárritu pertenecen al proceso de la modernización neoliberal del cine en México, no se puede separar sus películas posteriores de *Amores perros*. Tierney acierta en señalar la incapacidad de los críticos de cine mexicano de explicar plenamente su obra posterior, al igual que la ignorancia de los críticos no latinoamericanistas con respecto a *Amores perros* ("Alejandro González Iñárritu" 102). Al acertar que *21 Grams* y *Babel* presentan preocupaciones propias al cine mexicano, Tierney abre un importante espacio interpretativo con muchos desarrollos posibles. Para mis propósitos actuales, un último argumento con respecto a González Iñárritu surge de este punto. González Iñárritu plantea la cuestión de considerar los procesos materiales e institucionales que subyacen a las tradiciones fílmicas nacionales al leer un *auteur* global. Más allá del hecho de que la influencia de *Amores perros* en el *mainstream* del cine americano es eliminada por la crítica estadounidense cuando considera *21 Grams* como su película clave, la importancia de González Iñárritu, aun en el caso de sus películas más globales, resulta de la negociación entre las especificidades del cine mexicano neoliberal y el mundo del cine independiente y de arte. Por ejemplo, el crítico Michael Stewart ofrece una lectura atractiva de *21 Grams* como melodrama al argumentar que la cinta "progresivamente aleja [el género] de la estridencia, la ironía, y la histeria del melodrama al estilo de Sirk, al igual que del sentimiento utópico de varias películas de mujeres y/o de ritos de paso, hacia el nihilismo, lo abyecto y lo que Jeffrey Sconce denomina 'el melodrama frío' (49–50). El artículo de Stewart ignora por completo el hecho de que González Iñárritu proviene de una tradición en la que el melodrama (como vimos en los capítulos anteriores) es absolutamente crucial en cualquier género cultural y que el giro del melodrama que Stewart identifica ya está presente en *Amores perros*. González Iñárritu no sólo aleja el género de la versión estadounidense de Douglas Sirk: también se aleja de la forma heredada de los directores de la Época de Oro tales como Ismael Rodríguez y Emilio Fernández. De hecho, podría sostener que los "legados afectivos" identificados por Podalsky (81) resultan en primer lugar de una articulación problemática de la contemporaneidad mexicana y la estructura melodramática del sentimiento. La utilización del melodrama por González Iñárritu en sus películas no mexicanas se construye completamente en torno a la misma narrativa familiar que estructura *Amores perros*. Este es el caso con *21 Grams*, en la que un accidente deshace la atadura familiar tanto del perpetrador, Jack (Benicio del Toro), y la víctima, Christina (Naomi Watts), o de *Babel*, en la que la tragedia que sufren los niños de Richard y Susan Jones (Brad Pitt y Cate Blanchett) con su niñera mexicana (Adriana Barraza) es la consecuencia directa de la preferencia de sus padres de viajar alrededor del mundo en vez de estar con ellos. La lógica familiar está presente hasta en *Biutiful* (2011), en la que el sufrimiento de Uxbal (Javier Bardem) no sólo se define como una enfermedad terminal (un tropo melodramático que también está presente en *21 Grams* en el personaje de Sean Penn), sino además por sus interacciones con sus hijos y su esposa bipolar (su destino trágico se relaciona al hecho de que, a diferencia de El Chivo, se niega a ser un padre ausente). Algunos críticos sostienen que *Babel* "recuerda al cine mexicano clásico" (Sisk, *Mexico* 145) y que su narrativa globalizada coloca la frontera de Estados Unidos y México en una constelación compuesta por la experiencia humana compartida (Podalsky 135). Al fin y al cabo, el punto es que el fenómeno que subyace el cine de González Iñárritu es la inscripción del cine mexicano neoliberal y sus paradigmas en los grandes lenguajes del cine de arte global.[23]

En ese momento, el cine mexicano disfrutaba de un mercado doméstico tan fuerte como nunca y de un mercado internacional que ya era capaz de recibir y procesar, por lo menos, algunas obras producidas en México no sólo por directores sino también por actores y cinematógrafos. González Iñárritu fue instrumental en este proceso, ya que construyó lo que Celestino Deleyto y María del Mar Arizcona han caracterizado como "un estilo cinematográfico y una visión de mundo muy personal, aunque también culturalmente relevante alrededor de los intersticios entre tomas, entre lugares, entre naciones y entre narrativas e instantes cronológicos" (119). Esta visión a nivel mundial surgió, según Deleyto y Azcona, "de un momento particular del cine mexicano y de un lugar particular en la cultura mexicana," y permitió que González Iñárritu se convirtiera en "la apoteosis del cineasta contemporáneo mediante la apropiación y expansión de las convenciones de un nuevo género y la construcción desde las periferias del imperio de una nueva ciudadanía transnacional y, en el proceso, un nuevo objeto de fascinación cinematográfica" (119). Es posible suplementar este argumento al observar que el proceso contrario sucedía a la vez: un nuevo cine mexicano se construía mediante la apropiación de la ciudadanía transnacional y el comportamiento del cine independiente y del arte mundial. En otras palabras, el punto no es sólo señalar la capacidad del cine mexicano de trascender las fronteras nacionales y surgir como un referente en el cine global, lo cual Tierney, Deleyto, y Azcona han analizado cuidadosamente. Es también importante considerar profundamente la reconfiguración del cine neoliberal mexicano a través de los paradigmas del cine global, ya que este recién nacido diálogo ayudó al cine mexicano a trascender decididamente los *impasses* que dejaron en el caminó el "cine de la soledad" y la crisis de los años noventa. La película que más adecuadamente representa esta coyuntura es *Y tu mamá también* de Alfonso Cuarón.

Alfonso Cuarón, el *auteur* comercial, y la segunda reinvención del cine mexicano

Si *Amores perros* dio una visibilidad inédita al cine mexicano en los circuitos internacionales, *Y tu mamá también* (2001) de Alfonso Cuarón representa el cénit de la reconfiguración del cine mexicano que sugirió con su primera película, *Sólo con tu pareja*. Mientras que *Sólo con tu pareja* anunció el surgimiento de una estética de clase media que respondía a las presiones culturales que incorporaron las transformaciones sociales del neoliberalismo, *Y tu mamá también* es una película que encarna por completo el resultado de los procesos del cine mexicano discutidos en este libro. La ruda educación sentimental de Tenoch Iturbide (Diego Luna) y Julio Zapata (Gael García Bernal) en su *road trip* espontáneo con Luisa Cortés (Maribel Verdú) es el momento en el que una nueva cultura cinematográfica mexicana convergió con lo nacional y lo global, con la política y el afecto, y refleja las relaciones que esta cultura reorganizó durante la década anterior. *Y tu mamá también* es una película que reconoce los imperativos de su origen mexicano con una dosis balanceada de sinceridad y distancia crítica, a la vez que envuelve el dulce, aunque problemático mundo de los dos machos-en-proceso en las realidades sociales y políticas contradictorias e invisibles que escapan su percepción. Aunque no sea tan ambiciosa como *Amores perros* ni en forma ni en contenido, *Y tu mamá también* es, en mi opinión, la película que más icónicamente representa los retos que presenta el paradigma neoliberal tanto a cineastas como a los estudios de cine.

No es sorprendente que la película haya atraído amplia atención crítica en la década tras su estreno inicial. La economía de género que se despliega en la película, particularmente con respecto a la construcción de los cuerpos y las subjetividades masculinas y la representación problemática de las mujeres, suscitó gran interés de parte de académicos, particularmente por sus diálogos con otras formas de abordajes de género en la cultura mexicana. En un artículo muy citado, Ernesto Acevedo-Muñoz caracteriza a *Y tu mamá también* como una "contra épica" que expone la ficción detrás de las ideas de la Revolución Mexicana de una "sociedad sin clases" y que sólo puede concluir con "el descubrimiento [por parte de Julio y Tenoch] de su propio odio y deseos homosexuales" ("Sex" 47). En un argumento similar, otros críticos sitúan a la película como parte de una tradición relacionada a la representación de "los límites de lo homosocial/sexual" (Lewis 177) y la "conciencia neomachista" (Kroll 25), y la cinta hasta se utiliza como un ejemplo del uso de la ficción en la formación de la consciencia masculina (Worrell). Estos argumentos surgen de la fuerte crítica del machismo mexicano incrustada en la relación hormonal y homosocial entre Julio y Tenoch, la cual, al final de la película, resulta en un encuentro homosexual alcoholizado entre ellos. Otros críticos han llevado el trabajo de la película con la masculinidad a una discusión de sus consecuencias ulteriores. Elena Lahr-Vivaz, por ejemplo, analiza la película como una "ficción fundacional."[24] Argumenta que en ella hay una posible reescritura de la nación que se halla en el deseo homosexual de Julio y Tenoch, dado que ellos unirían en el mismo espacio simbólico sus respectivas clases sociales (89). Al fin y al cabo, el romance fracasa y, según Lahr-Vivaz, la película "más bien llama la atención a la naturaleza imaginaria y exclusivista de *todas* las fábulas de identidad nacional" (93).

Antes de abordar este último punto, es importante tener en cuenta el otro elemento sobre género elaborado por los críticos: el uso problemático de Luisa como la mediadora femenina entre Tenoch y Julio. Luisa está casada con Jano (Juan Carlos Remolina), el primo de Tenoch, un escritor algo exitoso.

El *road trip* en torno al cual gira la película ocurre una vez Luisa decide aceptar la invitación improvisada de Tenoch y Julio tras la confesión de Jano de su infidelidad. Luisa ha sido objeto de análisis ambiguos. María Donapetry, por ejemplo, señala que los personajes femeninos mexicanos más interesantes (como la hermana de Julio, una activista zapatista) están más ausentes que presentes, pero que Luisa, a pesar de no llegar a ofrecer un modelo mexicano a seguir para el público femenino, sigue provocando solidaridad ya que su cuestionamiento de la masculinidad de Julio y Tenoch no está anclado en un "aspecto transnacional e imperialista o neocolonialista" (125). Tabea Linhard identifica en Luisa un ejemplo (que también está presente en las películas de Agustín Díaz Yanes) de un personaje femenino español que aparece en películas transatlánticas mexicanas como una instancia de "sujetos transatlánticos marcados por su género [quienes] también permanecen silenciados entre la sobrecarga visual de especificidad cultural nacional y nacionalista" (46).[25] Un análisis más complejo lo ofrece Alberto Ribas, quien señala que Luisa cumple "una panoplia de funciones . . . como traductora, conquistadora, objeto sexual y madre." Estas funciones sin embargo son "parcialmente deconstruidas" por su enfermedad y muerte, de modo que "desestabiliza la posición de superioridad moral que el espectador ha adquirido gracias a la información que provee la voz en *off*, la distraída perspectiva de la cámara y el conocimiento de la situación marital de Lisa (470–71).[26] Si se consideran todos estos análisis, es claro que la cuestión del género ha sido suficiente y exitosamente abordada por los críticos hasta el momento, lo cual a mi parecer abre un espacio para considerar la película más allá de esta perspectiva.

Una línea más productiva de análisis para el propósito de este libro se encuentra en la consideración de la compleja relación de la película con los paradigmas del cine mexicano. Esto tiene que ver en parte con la localización de la película tanto en el "tráfico transatlántico" (Paul Julian Smith) de esquemas de producción y símbolos culturales que se encarnan en la película—incluyendo la actuación de Maribel Verdú como Luisa y los intereses de negocios españoles del productor Jorge Vergara—y en la "*nouvelle vague* (nueva ola) mexicana" (Menne), los cuales permiten a los directores que se consideran en este capítulo localizarse a sí mismos en la cartografía del cine de arte global.[27] Sin embargo, el estatus de *Y tu mamá también* como un producto del cine mexicano post-1988 ha sido discutido muy poco en parte porque los críticos han fracasado sorprendentemente en considerarla en relación con *Sólo con tu pareja* y las contribuciones originales de Cuarón a este proceso. Esto es crucial no sólo porque explica parcialmente el inaudito éxito de Cuarón en el exterior, sino también porque hace hincapié en muchos asuntos importantes para comprender los límites y los *impasses* de representar a México en el cine nacional. Siguiendo los argumentos que he presentado en los capítulos anteriores, la película puede considerarse como un intento de reconfigurar el cine nacional tras su relación inextricable con los circuitos globales y desde la consciencia del agotamiento profundo de los paradigmas históricos de representar a México en el cine.

Es importante recordar aquí que *Y tu mamá también* es una película producida tras el regreso de Cuarón después de su primera estancia en Hollywood. Después de *Sólo con tu pareja*, Cuarón participó en dos adaptaciones de clásicos literarios británicos: *A Little Princess* (1995), una adaptación de la novela homóloga de Frances Hodgson Burnett, y *Great Expectations* (1998), una adaptación modernizada del clásico de Charles Dickens. Esta trayectoria diferencia a Cuarón de sus contrapartes mexicanas. Las incursiones en Hollywood de del Toro y González Iñárritu mantuvieron sus identidades como directores muy cercanos a sus intereses genéricos y narrativos: del Toro trabajó en el horror (*Mimic*) y la fantasía (*Hellboy*), González Iñárritu volvió a usar la estructura narrativa de *Amores perros*, completando un tipo de trilogía con *21 Grams* y *Babel*. Por lo contrario, Cuarón mostró un registro estético y una adaptabilidad más amplia a los paradigmas del cine anglófono. En su lectura de *A Little Princess*, Rosemary Marangoly George critica la película por transformar el libro de Burnett en una "narrativa liberal multicultural" (156). Similarmente, Ana Moya y Gemma López argumentan que *Great Expectations* aborda las políticas de identidad al transponer las reflexiones victorianas de las dinámicas sociales en el análisis de la "identidad posmoderna" (186).[28] Estos dos análisis ilustran el hecho de que el segundo y el tercer largometraje de Cuarón permanecieron más cerca de las ideologías del cine estadounidense de la época de Clinton que de la lógica del cine mexicano post-1988. Esto no es una sorpresa si se considera que la primera incursión de Cuarón al mundo anglófono fue estrictamente contemporánea al arco de la vorágine cinematográfica mexicana que ocurrió entre la crisis económica del 1994 y el lanzamiento de *Sexo, pudor y lágrimas* en el 1998. Aunque *Sólo con tu pareja* anunció el éxito de la comedia romántica como género en el cine comercial mexicano más de media década antes de que ocurriera, la migración de Cuarón a Hollywood estuvo relacionada probablemente al hecho de que su estilo de cinematografía estaba fuera de lugar en una industria que lidiaba—como ilustré en los capítulos anteriores—con los últimos hitos del "cine de la soledad" en películas como *El callejón de los milagros* y *Entre Pancho Villa y una mujer desnuda*.

Y tu mamá también encarna el regreso de Cuarón del mundo del cine independiente americano a una industria mexicana que era radicalmente distinta de la que surgió *Sólo con tu pareja*. Cuarón trajo consigo el *savoir faire* para la producción independiente privada, el cual había alcanzado un insólito nivel de certidumbre económica y estética gracias al éxito de *Amores perros*. Aun así, la pregunta más fundamental que enfrentó una película de este tipo era cómo abordar de nuevo lo nacional y lo político en una coyuntura en la que, como argumenté en el Capítulo 1 y 3, la posibilidad misma de hacerlo parecía incapacitada por la inexistencia de lenguajes actuales y viables para llevarlo a cabo. *Y tu mamá también* solucionó este obstáculo mediante la utilización de esta imposibilidad como un mecanismo formal central, a través de su singular uso de la voz en *off*. Como los espectadores de la película recordarán, la película presenta un narrador que habla consistentemente sobre política, el funcionamiento interno de la mente de los personajes, y muchas otras cosas que se les escapaban a las perspectivas autorreferenciales de Julio y Tenoch. A través de este, Cuarón invoca un mecanismo raro, una voz en *off* incorpórea—es decir, un narrador omnisciente masculino cuya voz está localizada completamente fuera de las acciones y los cuerpos de los protagonistas. De hecho, cada vez que este narrador interviene en la película, todos los otros sonidos se desvanecen y silencian, mostrando un intento deliberado de mantener las reflexiones del narrador a la periferia de la diégesis de la película. En sus estudios de este mecanismo, Kaja Silverman, Hester Baer y Ryan Long sugieren que la voz en *off* "interrumpe la identificación con los personajes para llamar la atención del espectador a los eventos sociales, políticos e históricos que están fuera del alcance de la historia inmediata de la película," lo cual, como resultado, "funciona para construir una memoria nacional hegemónica de la transición política contemporánea de México" (159).

Aunque Baer y Long tienen razón en enfatizar la naturaleza autoritaria de la voz en *off* como un recurso narrativo, creo que el uso de un mecanismo tan inusual por parte de Cuartón no se explica totalmente por la simple voluntad de querer afirmar una narrativa hegemónica del México contemporáneo. Más bien, la voz en *off* parece señalar la imposibilidad fundamental de inscribir orgánicamente estas posturas políticas y sociales en el tejido narrativo de una película completamente inmiscuida en los modos de producción y de discursos predominantes a finales de los años noventa y principios de los años 2000. Como argumenté en la sección anterior, otra manifestación de esta imposibilidad se encuentra en *Amores perros* y la indecidibilidad política que permite lecturas tanto progresistas como conservadoras de la película. En el caso de *Y tu mamá también*, la voz en *off* muestra cómo las mismas narrativas de la clase media urbana, tal como fueron desarrolladas por el cine del momento, eran incapaces de abordar formas de política que trascendieran los intereses de clase de los sujetos cinematográficos. Mientras que las dos películas políticas más predominantes del periodo, *Todo el poder* y *La ley de Herodes*, expresaron agendas propias para el público de clase media (acerca de la corrupción de la democracia electoral, etcétera), *Y tu mamá también* no pudo comentar sobre las masivas desigualdades sociales o el contraste entre la vida urbana y rural desde la perspectiva de los protagonistas de la película (o su pretendido público). De modo que, en vez de inscribir estas realidades en formas que serían demasiado artificiosas (por ejemplo, mediante la narración de la posible adquisición de consciencia social por parte de Julio y Tenoch) o demasiado moralista (como atar el sufrimiento fracasado de los personajes a un evento político o social), la película opta por hacer de la imposibilidad de la articulación política misma un recurso formal.

El hecho de que Cuarón sea el director que inscribe la imposibilidad de la política en una prominente película mexicana no es mera coincidencia. *Sólo con tu pareja* fue, como discutí en el Capítulo 2, un hito fundamental en la construcción de la postura de clase media desprendida, despolitizada, y autorreferencial que se convertiría en la norma del cine mexicano comercial. En el momento de filmación y de lanzamiento de *Y tu mamá también*, esta postura se había hecho hegemónica, ya fuera por la producción de películas que la abrazaron de lleno (como *Sexo, pudor y lágrimas*) o mediante la validación de la mirada impuesta desde esa perspectiva de clase en el mundo social mexicano (tal como la criminalización de la clase obrera en *Todo el poder* o en *Amores perros*). Si *Amores perros* encarna la interpretación conservadora de las desigualdades de México a través de su narrativa familiar, la voz en *off* en *Y tu mamá también* representa la perspectiva de izquierda de las élites de la Ciudad de México asociadas al Partido de la Revolución Democrática (PRD), la principal fuerza política en la capital del país. Mientras Vicente Fox conseguía la primera victoria electoral de un candidato presidencial que no fuera del PRI en el año 2000, Andrés Manuel López Obrador, la figura puntera de la izquierda mexicana, fue elegido alcalde de la Ciudad de México. Al lograr esto, el PRD fue capaz de desarrollar fuertes lazos con sectores de la *intelligentsia* mexicana, lo cual resultó en la gradual internalización del discurso de desigualdad social en partes de la clase media nacional. La voz en *off* de *Y tu mamá también* puede ser una de las primeras manifestaciones de esta postura ideológica alternativa.

El narrador de la película es interpretado por Daniel Giménez Cacho, el actor que realizó el rol de Tomás Tomás, un miembro visible de la *intelligentsia* progresista de México, en *Sólo con tu pareja*. Esta cita implícita de la película anterior de Cuarón provee un modo de ver elementos importantes que diferencian el mundo representado en ambas películas. El mundo autorreferencial de Tomás Tomás se materializó al comienzo de la transición neoliberal, y su machismo sin complejos, por más reprehensible que fuera, se enmarcó no obstante en la viabilidad simbólica de representar un "espacio fuera de la historia" circunscrito y protegido en la comedia romántica.[29] Este reflejó las aspiraciones de aquellos que se beneficiaron de los tempranos frutos de la cultura y la economía neoliberal. *Y tu mamá también* pertenece más a un mundo en el que las contradicciones y los conflictos borrados por el refugio afectivo de la comedia romántica ya no pueden disimularse. Hablando propiamente, Julio y Tenoch intentan vivir en un mundo autocontenido similar al de Tomás, un espacio en el que las contradicciones acechantes de la vida cotidiana pueden disolverse en la solidaridad hormonal de la amistad masculina. Aun así, la película no se coloca por completo dentro del "espacio fuera de la historia" que construye la relación homosocial de Julio y Tenoc, una decisión que la hubiera inscrito en la tradición neoliberal discutida en el Capítulo 2. Más bien, Cuarón opta por localizar a los espectadores en la frontera entre la "ficción del desarrollo" neoliberal (Saldaña Portillo 757) que permanece operativa en la vida cotidiana de los personajes de la película (en tanto a que vienen de una esfera social privilegiada) y la perspectiva de un narrador que consistentemente nos recuerda los costos sociales y las contradicciones en las que se basa esta ficción. Y sin duda, la capacidad de la voz en *off* de representar las contradicciones sociales de México tiene sus propios límites. Como Deborah Shaw argumenta convincentemente, la película no se "preocupa con una protesta política organizada" y "no se ve ninguna pobreza, y mientras se sugiere la opresión estatal en la prominencia de la presencia policiaca, no se da explicación alguna con respecto a los arrestos que ocurren" ("(Trans)National Images" 124). Los límites de la política encarnada en la voz en *off* son más o menos los mismos límites de la clase media progresista que representa: una consciencia de la desigualdad, pero no de sus extremos; una crítica de la corrupción política y del privilegio (incluyendo una escena matrimonial, en la que los chicos conocen a Luisa y el poder y privilegio ejercido por la familia de Tenoch se hace evidente), pero no una comprensión del compromiso político radical (aunque el *road trip* termine en la costa pacífica sureña, el hecho de que estos territorios tengan grupos armados operacionales jamás se considera). Aun así, la presencia de los elementos que sí se utilizan en la película logra habilitar el discurso del cine mexicano con una capacidad mejorada para considerar algunas de las contradicciones dentro del neoliberalismo. Un ejemplo es la historia del pescador Chuy (Silverio Palacios), cuyo sustento está al punto de ser destruido por una construcción turística, algo que muy palpablemente muestra la correlación del privilegio ejercido por los protagonistas de la película y las personas que encuentran durante su viaje. Tal reconocimiento hubiera sido impensable en *Sólo con tu pareja*, *Sexo, pudor y lágrimas*, y hasta en el mundo de clases segregadas de *Amores perros*. Es cierto que la solidaridad entre Luisa y la familia de Chuy es simultáneamente melodramática (ella encuentra un refugio en ellos, pacíficamente enfrentando el fin de su vida en su compañía) y problemático (es la mujer española la que es capaz de ver el valor de la vida no neoliberal a través de su conexión con un sujeto subalterno, mientras que los chicos mexicanos son incapaces de comprenderlo). Sin embargo, al fin y al cabo, mediante la creación de una puesta en escena que le permite a las contradicciones sociales de México coexistir en el espacio del cine comercial, Cuarón está de hecho rompiendo con la autoreferencialidad que su anterior película mexicana había ayudado a construir. Aun si se acepta la valoración positiva de *Y tu mamá también* como una película más sensitiva que otras producciones cinematográficas contemporáneas a las contradicciones y desigualdades del neoliberalismo, la presentación de México en la cinta permanece problemática. Nuala Finnegan ha descrito la perspectiva de la película como una "visión turística" que, a veces, "se gratifica en escenas de pintoresquismo folklórico" ("So" 32). La apreciación de Finnegan se basa, correctamente, en el hecho de que la aspiración de Cuarón de alcanzar un público global crea un imperativo para que la película responda la pregunta "Entonces, ¿cómo es México en verdad?" (29); es decir, para que participe en el gusto por lo local, que es parte de la mercantilización de las identidades propias, al cine de arte global.[30] La apreciación de Finnegan, sin embargo, apenas considera el dilema al que se enfrentan directores como Cuarón y González Iñárritu: estos deben entablar una relación con un público internacional que requiere un grado de "autenticidad" cultural en el cine del sur global al mismo tiempo que se dirigen a un público mexicano doméstico sin deseos de regresar al formulismo del anterior éxito nacional, *Como agua para chocolate* de Arau. Mi argumento aquí es que la "visión turística" criticada por Finnegan no es sólo un mecanismo para apelar al público internacional, sino también el resultado de la incapacidad del cine mexicano de representar lo nacional tras el colapso del mexicanismo descrito en el Capítulo 1. Si uno recuerda las películas del periodo que abarca desde el 1988 a 2002, la mayor parte de las películas comercialmente exitosas (incluida una película neomexicanista como *El callejón de los milagros*) ocurren en la Ciudad de México. *Y tu mamá también* no es inmune a esta lógica. Como Salvador Oropesa nos recuerda, la cinta se desarrolla en una cartografía algo detallada de la ciudad antes de que los personajes partan a su viaje

(98). Conversamente, las pocas obras importantes que abordan el interior de México (como *Santitos* o *La ley de Herodes*) suelen representarlo como un sitio de superstición, regresión histórica, y corrupción.[31] Las películas que abordan la provincia mexicana como un espacio contradictorio a la modernidad y el neoliberalismo (como *El crimen del padre Amaro* de Carrera y *Drama/Mex* de Aranjo) vendrían posteriormente, hechos posibles en parte por la rearticulación de México en *Y tu mamá también*. El interior en la obra de Cuarón es, como he dicho, un producto de esta lógica: mientras Julio, Tenoch, y Luisa la cruzan, la provincia es el lugar de las reinas de belleza rurales, las protestas políticas, y la supuestamente redentora autenticidad que el neoliberalismo llevó al borde de la extinción.[32]

En estos términos, la película de Cuarón puede entenderse tanto como un producto del *impasse* que define la relación entre el cine y el mexicanismo a finales de los años noventa y como una coyuntura decisiva que permite la reconsideración de México como objeto de la representación cinematográfica. Al resaltar la fundamental ceguera del sujeto urbano de clase media ante el resto del país, *Y tu mamá también* también plantea la cuestión de la falta de una memoria nacional que involucre sectores más allá de las élites. En un momento del viaje, la cámara nos muestra dos humildes cruces de metal negro al borde de una carretera. Justo antes de verlas, escuchamos a la voz en *off* explicar que, si los viajeros hubieran manejado por el mismo lugar diez años antes, habrían encontrado jaulas de pájaros en la carretera, una camioneta destrozada, dos cadáveres, y una mujer llorando. Esta reminiscencia es peculiar ya que no recurre a una conclusión social o política: no enuncia ni una memoria política reprimida ni la biografía de alguien con una clara historia personal. Simplemente pronuncia ese evento. Algunos minutos después, mientras Luisa regaña a Julio y a Tenoch por haber peleado por ella, vemos brevemente otra cruz negra. La voz en *off* se hace innecesaria aquí ya que el espectador ya conoce el significado de la cruz. Dos puntos surgen de este detalle. En primer lugar, cuando el narrador recurre a la historia que yace detrás de un pequeño detalle al lado de la carretera—justo después de que Luisa le dice a sus compañeros de un novio que murió en un accidente automovilístico— eleva el accidente de la camioneta al mismo nivel narrativo que la tragedia de Luisa. En la economía de la escena, no importa si la persona que muere es el conductor de la camioneta o el objeto del afecto de la protagonista. Ambas historias son visitadas nuevamente, una dentro de la acción de la película y la otra afuera. Es posible leer esta escena como un comentario sobre las muchas historias anónimas en las cartografías mexicanas, y sobre la incapacidad de contarlas dentro de los parámetros narrativos del cine comercial: sólo la inusual voz narrativa de la película puede dar un recuento de estas ya que la naturaleza autorreferencial de los protagonistas los hace inconscientes ante cualquier cosa que no sea parte de sus historias personales. Aun así, al imbuir las cruces al lado de la carretera con significado, el narrador efectivamente inscribe estas historias en la experiencia cinematográfica del público. Como consecuencia, cuando la mirada de la cámara se fija brevemente en otra cruz, el narrador se hace innecesario, ya que la potencial historia que yace detrás de la misma es ya parte de la relación con el espectador.

Esta estrategia de recolectar historias no narradas penetra hasta la consciencia de los protagonistas mismos. Al comienzo del *road trip*, el trío pasa por un pueblo llamado Tepelmeme, el cual, como aprendemos gracias a la voz narrativa, es el lugar de nacimiento de la niñera de Tenoch, Leodegaria, quien emigró a la Ciudad de México a los trece años y comenzó a trabajar para la familia Iturbide poco después. En esta ocasión, el narrador no expresa un evento fuera de la consciencia de los personajes. Más bien, descubrimos los pensamientos interiores de Tenoch, quien recuerda que solía llamarla "Mamá" hasta los cuatro años. Este detalle enfatiza que la relación más profunda de sus primeros años fue con esta mujer y no con su madre biológica, Silvia (Diana Bracho), quien al comienzo de la película es presentada como una mujer superficial y despistada de clase alta. El narrador insiste en ello diciéndonos que Tenoch no compartió esta información con sus compañeros de viaje, lo cual quiere decir que su mención se hace sólo para el beneficio del público. En este caso, la memoria de Leodegaria—la poco contada historia de una de las sirvientas domésticas que silenciosamente acompañan la vida de la élite mexicana— trae al espacio del cine otro sujeto más que había estado conspicuamente ausente en el cine mexicano neoliberal. Además, aunque sólo brevemente, esta mención hace temblar las bases de la subjetividad de clase de Tenoch.[33] Estos actos de rememoración no crean una perspectiva privilegiada para el espectador. En tanto a que el espectador promedio del cine mexicano pertenece a un espectro de clase que va desde la clase media de Julio a la clase alta de Tenoch, *Y tu mamá también* además cuestiona el mismísimo mundo social en el que sus espectadores residen. Andrea Noble sostiene que "la película radicalmente socava la omnisciencia del espectador y, al hacerlo, la verdadera carga política de la película de Cuarón pone el foco en su exposición de, y por lo tanto reto a, la voluntad al conocimiento en el acto de mirar y en el mirar etnográfico en particular" (146). Aunque Noble restringe esta tesis a su análisis de la representación de las clases inferiores rurales desde la perspectiva de los protagonistas, su argumento es crucial: a pesar de que el espectador "sabe más" que los personajes, la película siempre permanece crítica ante la posición social del espectador. La diferencia fundamental entre *Amores* perros e *Y tu mamá* también surge de este punto precisamente. El mundo social construido por Alejandro González Iñárritu finalmente presenta la diferencia social de un modo que abraza la segregación de clases: la única razón por la que la película es capaz de mostrarnos un panorama social más amplio resulta de su gesto narrativo mismo, de la construcción, a través del montaje y del uso de un accidente, de zonas de contacto de clase que no existirían de otra forma. Aunque ella está envuelta en el mismo accidente, Valeria nunca interactúa con Octavio o con El Chivo. Antes y después del choque, pertenecen a esferas totalmente separadas, es por esto por lo que *Amores perros* tiene que recurrir a tres episodios independientes. En cambio, *Y tu mamá también* muestra que la segregación de clase no es tanto un hecho sino una percepción ideológica: desde el recuerdo de Tenoch de Leodegaria al encuentro de Luisa con la familia de Chuy, las clases trabajadoras siempre están ahí.

Algunos análisis de la película han argumentado que *Y tu mamá también* es única en su desarticulación de la puesta en escena mexicana de las desiguales y segregadas dinámicas de clase. Amaya y Blair, por ejemplo, sugieren que la película entretiene "la noción [de que] hay un espacio, un punto medio, en el que... dos clases y razas pueden coexistir," aunque este es "ambivalente, ya que las diferencias de raza y clase existen en sistemas paralelos de deseo" (59). En última instancia, sin embargo, "la desigualdad de clase y raza, en tanto diferencias innombrables, permanecen insalvables" (60). Esto se ilustra más obviamente al final de la película, cuando descubrimos que Tenoch estudiaría economía en el ITAM (Instituto Tecnológico Autónomo de México), la escuela de élite identificada con la tecnocracia mexicana neoliberal, mientras que Julio se matricula en el programa de biología de una universidad pública. Su amistad se rompe irreparablemente, y tanto Tenoch y Julio son puestos en destinos que reproducirán sus posiciones sociales existentes: Tenoch renuncia a su aspiración de pertenecer a la "clase creativa" (como escritor) para poder asumir su rol como miembro de la élite del poder de México, mientras que Julio sigue una trayectoria en la que se espera—no sin la incertidumbre de especializarse en las ciencias en un país con poca investigación científica—que permanezca en la clase media profesional. Sin embargo, es necesario analizar esta conclusión más allá de su superficie y poner entre paréntesis el argumento de género presentado por Amaya y Blair—quienes concluyen que la película trata las masculinidades de un modo que presenta la melancolía de los roles sexuales cambiantes en Latinoamérica (61)—ya que este recae demasiado en la trama. Lo que sale a colación cuando se considera el argumento que expongo aquí es que la perspectiva crítica de clase que presenta la voz narrativa (quien tiene la última palabra de la película al informar que Tenoch y Julio "nunca volverán a verse") da paso a un final que tiene dos niveles narrativos coexistentes. Dentro del mundo poblado por Tenoch y Julio, es claro que la diferencia de clase entre ellos se impone por completo y que, bajo esta lógica brutal, hasta la estrecha relación personal entre ellos es incapaz de sobrevivir el destino inexorable de la desigualdad social. Sin embargo, precisamente porque el espectador sabe más, gracias a todos los elementos que provee la voz narrativa, su destino no se da simplemente por hecho. Cuando se compara a Tenoch y a Julio con Tomás Tomás en *Sólo con tu pareja*, es necesario notar dos diferencias significativas. En primer lugar, ni Tenoch ni Julio viven en la fantasía de la "clase creativa." Las carreras que escogen son decepcionantes desde el punto de vista del público precisamente porque la normalización social que representan ni tan siquiera permite la fantasía de la autorrealización. En segundo lugar, Tomás Tomás finalmente prevalece mediante la obtención del amor de Clarisa, lo cual le da a *Sólo con tu pareja* el tipo de final feliz a través del cual las comedias románticas alegorizan la integración del protagonista al orden social. En *Y tu mamá también*, no hay final feliz. La torpeza del final, el cual, como nos informa el narrador, ocurre ya que era menos incómodo para los personajes tomarse una taza de café que ignorarse, sirve como un recuerdo doloroso de que el orden social del neoliberalismo no resulta de la realización personal sino de la renuncia parcial a aspiraciones y afectos personales.

Un punto que los críticos de *Y tu mamá también* han pasado por alto es el uso de la artificialidad por parte de Cuarón para crear distancia crítica. El narrador es sin duda un elemento en ello. También, como en *Sólo con tu pareja*, Cuarón utiliza nombres inverosímiles para sus personajes. En *Y tu mamá también*, Cuarón reemplazó la repetición que predominaba en su primera película (por ejemplo, Tomás Tomás, Silvia Silvia) con el uso irónico de apellidos de la historia mexicana. El apellido de Tenoch, Iturbide, recuerda al primer líder posindependencia de México; Julio Zapata es nombrado en honor al revolucionario; Luisa Cortés en nombre del conquistador; las novias de los chicos, Ana (Ana López Mercado) y Cecilia (María Aura) tienen los nombres, respectivamente, de un líder de la independencia (Morelos) y de un contrarrevolucionario infame (Huerta), y así por el estilo. Juli Kroll ha utilizado estos nombres para argumentar que la "identidad nacional es fundacional para las relaciones entabladas en *Y tu mamá también*, un pasado de construcción identitaria al cual la película hace referencia a través de los nombres de los personajes, pero al que no se refiere abiertamente en el diálogo" (39–40). A mi parecer, este análisis toma las raras decisiones onomásticas de Cuarón a un nivel demasiado literal. Partiendo del precedente de *Sólo con tu pareja*, estos nombres establecen un pacto de distancia con el espectador: no es posible encontrarse en una situación real con personas con estos nombres. A través de este mecanismo, la película desautoriza, preventivamente, análisis literales de la misma como una representación "auténtica" de México. Lo interesante de esta desautorización es que obra sólo desde la perspectiva de un público mexicano que posee los referentes culturales para darle significado a los nombres. En virtud de ello, la película de hecho invita una lectura no mexicanista de parte de los espectadores mexicanos a la vez que le permite una "visión turística" a los espectadores extranjeros. Asimismo, creo que los nombres pertenecen al esfuerzo de Cuarón—representado en *Sólo con tu pareja* por la secuencia onírica poblada de caricaturas de los íconos nacionales—al vaciar significantes naturales mediante su desnaturalización. El punto es, en mi opinión, precisamente el opuesto al del análisis de Kroll: la identidad nacional es tan irrelevante en la formación de las identidades de los personajes que el hecho de que tengan nombres inspirados en personajes históricos es, en todo caso, un comentario irónico en un rasgo superficial (como la española apellidada Cortés), y en la mayoría de los casos insignificante (como en el caso de las novias de los chicos, al igual que el de la niñera de Tenoch, Leodegaria, quien tiene el nombre de un presidente del periodo post-Independencia).

Lo que surge de la apropiación y representación de México por parte de Cuarón es la construcción de un cine nacional con un desinterés profundo en abordar la nación en sí. Esto se debe, en parte, al colapso del mexicanismo como un aparato de construcción de narrativas identitarias generales y, también, al hecho de que las políticas de identidad—raza, clase, género—son un factor mucho más fuerte que la nación en la economía ideológica de *Y tu mamá también*. Stephen Crofts ha discutido el impacto de un desplazo similar en el estudio de los cines nacionales:

> La política, en otras palabras, es cuestión de la distribución desigual del poder a través de los ejes de la nación, al igual que de la clase, el género, la etnicidad, etcétera. Los compromisos políticos que las personas tienen (o no tienen) varían junto con sus contextos sociales y políticos, y sus análisis de estos contextos. Al considerar los cines nacionales, esto implica la importancia de una flexibilidad política capaz, en algunos contextos, de retar la homogenización ficcional de mucho del discurso en torno al cine nacional, y en otros que lo apoyan. (44)

Aunque no se debe, en palabras de Crofts, "subestimar el poder continuo del estado" (44-45), *Y tu mamá también* es una película que requiere resistir la tentación de afirmar la "homogeneización ficcional" de lo nacional en su discurso porque esta precisamente despliega muchas dimensiones distintas de la "distribución desigual del poder" en México. De cierto modo, *Y tu mamá también* es una película transformacional en el contexto mexicano ya que resiste todas las homogeneizaciones típicas. No ofrece un discurso nacional homogéneo ya que las contradicciones inherentes a la nación son claves para su construcción narrativa. Además, la película no presenta una ficción homogénea de clase, como lo hacen las comedias románticas, o una narración esquemática de las diferencias de clase al estilo de *Amores perros*. Más bien, nos confronta con un espectro de distintos estratos sociales que constantemente interactúan y se problematizan entre sí. Es difícil sostener que, en la película, la clase urbana privilegiada o los sujetos empobrecidos rurales son homogéneos. Hay diferencias de clase entre Tenoch, Luisa, y Julio, al igual que las hay entre Leodegaria, Chuy, y las personas que trabajan en el bar al final de la película, los cuales pertenecen a distintas posiciones sociales. La película funciona porque resiste la construcción de identidades sociales tanto en el sentido general nacional (no hay una mexicanidad unívoca, ni tan siquiera una problemática, que se deriva de esta) y en el sentido específico de clase—a diferencia de *Todo el poder*, por ejemplo, la película no intentar crear ninguna ficción de la ciudadanía o de la pertenencia de clase media. Hester Baer y Ryan Long analizan la película como un retrato de México "como una nación ante un *impasse*, pero no provee ninguna forma satisfactoria de escape" (164).[34] Yo llevaría esta conclusión aún más lejos: tal "forma satisfactoria de escape" no es ya un resultado deseable o posible. El rol propio de *Y tu mamá también* en la historia cultural mexicana es su agotamiento de las posibilidades simbólicas de la nación en el discurso cinematográfico.

Hay dos resultados interesantes a esta renuncia de la densidad cultural de lo nacional llevada a cabo por *Y tu mamá también*. El primero lo ejemplifica *Rudo y cursi* (2008) de Carlos Cuarón, en la que Diego Luna y Gael García Bernal vuelven a reunirse para interpretar a Beto y Tato, dos hermanos de un pueblo rural que son reclutados por un agente para jugar en la liga de futbol nacional. La película es una comedia absurda que se centra en los conflictos que surgen del éxito de Beto y Tato, el cual resulta en su involucramiento con el crimen organizado y en una espectacular caída a la desgracia. *Rudo y cursi* pertenece al mismo paradigma de *Y tu mamá también* no sólo porque Carlos Cuarón fue el guionista para ambas (al igual que para *Sólo con tu pareja*), sino también por su inquebrantable ataque a la mitología del futbol como una estructura para el ascenso social. Es también relevante notar que la película fue la primera producción de Cha Cha Chá Films, una compañía que le pertenece a del Toro, González Iñárritu, y Alfonso Cuarón, la cual también coprodujo *Mother and Child* (2009) de Rodrigo García y *Biutiful* de González Iñárritu.[35]

Es muy posible denunciar *Rudo y cursi* como clasista, debido al modo caricaturesco y exagerado en el que tanto Luna como García Bernal interpretan a sus personajes de clase baja, a lo cual se le suma el hecho de que la mayoría del humor se deriva del comportamiento *nouveau-riche* (nuevo rico) de Beto y Tato. Esto, sin embargo, sería un análisis demasiado simplista. Lo que subyace la comedia de la película es la insuperable distancia entre las clases rurales mexicanas y las presiones del sistema capitalista despiadado que se representa mediante el futbol y los medios. La película también socava la historia de éxito típica en el género de películas deportivas en general y en la película de futbol en particular. ¡Podríamos recordar aquí la historia de integración social que aparece en *Bend It like Beckham* (2002) de Gurinder Chadha, en la que el futbol es el espacio de encuentro multicultural que permite la trascendencia de los límites de la tradición, al igual que la trilogía *Goal!* (Danny Cannon, 2005; Jaume Collet-Serra, 2007; Andrew Monahan, 2009), una serie financiada por la FIFA que trata de un inmigrante ilegal mexicano que, al comienzo de la película, es un jardinero, pero que termina transformándose en una estrella del futbol internacional. El hecho de que tanto la película de Chadha y las dos primeras películas de *Goal!* precedan a *Rudo y cursi*—y que en *Goal!* Kuno Becker, un reconocido actor mexicano, interprete al protagonista—sugiere la posibilidad de que *Rudo y cursi* pueda estar de hecho criticando implícitamente su triunfalismo. El punto que quiero resaltar es que, al igual que *Y tu mamá también*, *Rudo y cursi* exhibe la capacidad del cine comercial mexicano de operar en formas que ya no buscan hacer ningún reclamo identitario frente a su público. El tipo de cine comercial encabezado por los hermanos Cuarón muestra que la expresión misma del agotamiento cultural de la cultura mexicana y lo absurdo de sus ideales en medio de la decepción con, y el fracaso del modelo neoliberal, es tanto una forma de atraer al público al teatro como lo fue la construcción de la fantasía de la clase creativa en los años noventa. Algunas películas recientes que se basan en el despliegue carnavalesco de significantes mexicanos vacíos parecen demostrar este punto. Es posible verlo en la crítica brutal de la mitología del sueño americano de la inmigración mexicana tal como es representada por el protagonista luchador de *Los pajarracos* (2006) de Héctor Hernández y Horacio Rivera, o, más recientemente, en la apropiación cómica de la tradición del teatro de la Navidad para la sátira de la cultura de corrupción de México en *Pastorela* (2011) de Emilio Portes.

La segunda consecuencia del éxito de *Y tu mamá también* es el ascenso meteórico de Cuarón como un "*auteur* global." Cuarón exitosamente se enlazó a sí mismo al cine comercial y al cine de arte en el mundo anglófono. Su sensibilidad para desarrollar las distintas personalidades de Julio y Tenoch se tradujo muy bien en su refundición de la franquicia de *Harry Potter*. El hecho de que fue Cuarón quien estableció el tono que continuaría a través de los otros seis episodios—rompiendo con la estética infantil que creó Chris Columbus en las primeras dos películas—dice mucho acerca del modo en el que su aproximación desacralizadora a los personajes permite la creación de profundidad psicológica aun cuando trabaja con los materiales más comerciales. Igualmente, notable es el éxito de *Children of Men* (2006), la cual estableció a Cuarón como un innovador formal, gracias a su trabajo con la toma fotográfica extensa (Udden), y como un cineasta preocupado con cuestiones políticas cruciales con respecto a la raza, la inmigración, y la guerra (Chaudhary; DasGupta). Como Samuel Amago ha notado, *Children of Men* ancla su comentario político en la misma estrategia formal que *Y tu mamá también* mediante la presentación de las víctimas del mundo distópico de Cuarón en dos niveles: "Aunque son esencialmente invisibles a los personajes en su día a día, estos son presentados prominentemente al espectador, quien es invitado a ver más de lo que pueden ver los protagonistas" (220). Podemos ver aquí que la solución narrativa diseñada por Cuarón para poder trascender los *impasses* representativos del cine mexicano neoliberal evolucionó a ser una herramienta interesante para enmarcar ideológicamente su obra transnacional, permitiéndole romper con otro *impasse* representativo: el reconocimiento de la subjetividad del oprimido frente a su reducción al estatus de terroristas o de inmigrantes ilegales. Nuevamente, en vez de proveer una alegoría directa a los asuntos políticos del momento, *Children of Men* inscribe al nivel de la forma, la misma aporía representativa que caracteriza la relación del cine con lo político. La cómoda circulación de Cuarón entre el cine mexicano comercial, el cine de arte global, y Hollywood, más recientemente evidenciado en *Gravity* (2013), es el resultado de una operación transformacional que yace al centro del cine mexicano post-1990: la capacidad del cine de reflejar sus propios límites ideológicos e identitarios. Al hacerlo, por lo menos en el contexto mexicano, Cuarón abre la puerta para un cine propiamente posnacional—uno que, más allá de reconocer los límites de la nación, completamente desterritorializa y socava los códigos de lo nacional. Es por esto por lo que la intervención de Cuarón es una precursora importante al *auteur* fílmico más radical en el cine mexicano contemporáneo: Carlos Reygadas.

Carlos Reygadas y el fin del cine nacional

El cine de Carlos Reygadas—caracterizado por su desconcertante belleza, su cuidadosa elaboración técnica, y su sutil pero inquietante confrontación al público—representa otra manifestación interesante en el proceso neoliberal del cine mexicano. Su sensibilidad estilística y cinematográfica no tiene claros precursores y, a veces, parecería que su trabajo surgió de la nada. Sin embargo, su tipo de cinematografía, basado en una atención intransigente a la forma y en una negación de las estéticas y las ideologías de la industria fílmica mexicana descritas en este libro, es al mismo tiempo posibilitada por los procesos mismos del neoliberalismo que sus películas tan profundamente deconstruyen. Un *auteur* como Reygadas surge sólo cuando existe una plataforma institucional sólida, a nivel nacional y transnacional, que permite tanto formas alternativas de producción y financiamiento fílmica, como también vehículos de distribución dentro de la industria nacional. Por lo tanto, Reygadas se beneficia de la presencia del cine mexicano en los festivales de cine internacional—financiada por IMCINE en los años noventa y consagrada por el éxito de directores como Ripstein, del Toro, y González Iñárritu a través de Europa y las Américas—y de la expansión del mercado nacional que proveyeron los complejos cinematográficos. Discutir a Reygadas en este punto de mi recuento del cine neoliberal mexicano, resaltan tres asuntos importantes e interconectados. En primer lugar, ilustra el hecho de que una consecuencia central del neoliberalismo en la industria fílmica mexicana ha sido la creación de una pluralidad de espacios creativos y comerciales, lo cual consecuentemente ha favorecido el surgimiento de prácticas cinematográficas que quiebran con los paradigmas establecidos o que inauguran nuevos paradigmas. En segundo lugar, ya que representa la formación de nichos espaciales dentro de la industria, la discusión de Reygadas posibilita una nueva forma de minar la tradición del cine nacional del siglo XX. En vez de impugnar la ideología mexicanista a través de una reformulación moderna (como en *El crimen del padre Amaro* de Carrera) o de la sátira (como en *Y tu mamá también* o *Los pajarracos*), la aproximación estetizada de Reygadas simultáneamente socava las premisas ideológicas del cine mexicano rural y urbano y las marcas de la modernización desarrolladas en paradigmas tales como las comedias románticas o la película política de la transición democrática. Por último, sus películas se involucran con el proceso de inserción en los paradigmas del cine de arte global mediante una alineación de su obra a una genealogía de cine internacional—Yasujiro Ozu, Andrei Tarkovsky, Carl Theodore Reyer, Robert Bresson, y así por el estilo—, lo cual lo hace legible entre otros reconocidos cineastas contemporáneos: Abbas Kiarostami, Pedro Costa, Gus Van Sant, y Lisandro Alonso. El ser galardonado con el Premio al Mejor Director en el Festival de Cannes en el 2012, justo unos días después de que su película *Post tenebras lux* recibiera una reacción violentamente adversa del público, encarna muy bien una paradoja central para la comprensión de

Reygadas, un director cuya ilegibilidad y naturaleza irritante son precisamente las condiciones de posibilidad de su impacto y genio.

La existencia de Reygadas en el panorama cinematográfico mexicano es un signo de la expansión de la industria post-1988 a nichos de mercados que van más allá del circuito comercial descrito en el Capítulo 2. Si el neoliberalismo produce, a cierto nivel, una homogenización de los textos culturales (como la estética de la comedia romántica), la intersección del capital y la globalización también crea una diversificación del público y productos culturales. Como el economista David Throsby nos recuerda, "la diversidad es un atributo importante del capital cultural particularmente porque tiene la capacidad de rendir más formación de capital" (57). Por lo tanto, la construcción de un mercado cinematográfico no sólo produjo tendencias en el lenguaje fílmico, sino también abrió un espacio para la expansión de la exhibición privada a mercados y un público desatendidos. Mientras el cine mexicano atrajo gradualmente al público de clase media a los teatros, los inversionistas privados orientaron la diversificación de la industria hacia el cine de arte. Hasta mediados de los años noventa, el cine de arte había sido una cuestión estatal. La venerable Cineteca Nacional era y sigue siendo la salida principal para las carteleras de festivales de cine, particularmente a través de su Muestra Internacional de Cine, la cual ha existido desde 1971. La Muestra, de hecho, ha sido una avenida importante para el lanzamiento doméstico del cine de arte mexicano a través de su historia. Las primeras exhibiciones de muchas de las obras de Ripstein y de otros *auteurs* jóvenes como Julián Hernández y Amat Escalante han ocurrido en la Cineteca. Además, la Muestra, el Foro Internacional, y otras actividades le han proveído al público mexicano un flujo constante de películas de una diversidad de países y directores. La obra de directores con muchos seguidores en el país—como Woody Allen, Manoel de Oliveira, Lars von Trier y, más recientemente, Béla Tarr y Bruno Dumont—típicamente se estrenan allí antes de ser lanzadas al público más amplio. Esta actividad se complementa con una variedad de pequeños teatros y clubs administrados por universidades e institutos de cultura públicos. Muchos de estos teatros siempre han disfrutado de un gran público—durante una Muestra promedio, la Cineteca puede llegar a recibir hasta setenta mil visitantes en un mes.[36] De hecho, desde mediados de los años noventa, la Cineteca pasó de cuatro a siete pantallas, y se asoció a otras instituciones culturales de la Ciudad de México y en otras localidades para incrementar la distribución de su cartelera. Recientemente, como respuesta al crecimiento anual en la asistencia (reportó un aumento de 20 por ciento del 2010 al 2011), la Cineteca emprendió un importante proyecto de remodelación para poder expandir sus servicios.

Estos números, y el tipo de público detrás de estos (estudiantes, intelectuales, espectadores de clase media alta, y personas que intentan evitar los éxitos de Hollywood), llamaron la atención de los expositores privados, y algunos de ellos entraron al negocio. En 1994, un inversionista privado lanzó Cinemanía, un complejo pequeño de tres pantallas en Plaza Loreto, un centro comercial dirigido a adultos, cuyo propietario es Carlos Slim. Cinemanía tiene un bar y una librería, y comparte el centro comercial con un museo (el cual exhibe la colección privada de la familia Slim), algunos de los restaurantes más exclusivos de México, y un cabaret. El negocio se hizo tan viable que Cinemanía pudo navegar hasta la crisis de 1994. En septiembre del 1996, Cinemex abrió su "Casa de Arte" en el lujoso barrio Polanco, donde se beneficia de la presencia de galerías de arte y restaurantes exclusivos. Gradualmente, las tres grandes cadenas entraron al mercado del cine de arte: los teatros Cinépolis han acogido varias actividades promovidas por la Cineteca, Cinemark ha participado en actividades para promover el cine mexicano e internacional, y Cinemex financió su propio festival, FICCO, entre el 2004 y el 2010. Hoy en día, no es inusual que las tres cadenas dediquen parte de su tiempo de exposición a una cantidad considerable de cine de Latinoamérica, Europa, y Asia Oriental.

También es importante recordar que la infraestructura pública y privada del cine de arte en México posibilitó el lanzamiento y la distribución de películas producidas domésticamente que no correspondían de lleno con los paradigmas más comerciales de la comedia romántica. Aun cuando la industria tocó el fondo financiero a mediados de los años noventa, directores de cine de arte como Ripstein, Ignacio Ortiz, y Carlos Carrera produjeron algunas de sus obras más importantes: recordemos *Profundo carmesí* (1995), *La orilla de la tierra* (1994), y *Sin remitente* (1995), respectivamente. Esta presencia constante del cine de arte en la escena mexicana no sólo afectó la exhibición, sino que también permitió a los productores tomar el riesgo de ir más allá de los parámetros del cine comercial. En 1998, el mismo año que se estrenó *Sexo, pudor y lágrimas*, el director Jaime Romandía creó Mantarraya Producciones, para desarrollar dos de sus cortometrajes. Más adelante, se asoció al director Pablo Alderete y transformó su compañía en una gran avenida para la promoción y distribución de la obra de jóvenes directores mexicanos. Mantarraya luego distribuiría y produciría las películas de Reygadas, junto a las de Amat Escalante y otros *auteurs*. Más recientemente, la compañía se ha expandido hacia la distribución, adquiriendo los derechos del realizador argentino Lisandro Alonso, el cineasta de culto tailandés Apichatpong Weerasethakul, y el *auteur* francés Bruno Dumont, entre otros.

Por consiguiente, cuando Reygadas apareció en la escena cinematográfica, se benefició de la cultivación del público que habían llevado a cabo la Cineteca y los distribuidores privados, y del surgimiento de avenidas privadas para el financiamiento y la distribución del cine de *auteur*. Su primera película, *Japón* (2002), simboliza, a mi parecer, la consolidación de muchas tendencias crecientes en el cine mexicano, tanto estética como institucionalmente. *Japón* se centra en un hombre (Alejandro Ferretis) quien se retira a un pueblo pequeño remoto para morir por una razón a la cual el espectador no tiene acceso. En el pueblo, el hombre le alquila un rancho a Ascensión (Magdalena Flores), una anciana devotamente religiosa. Poco a poco, el hombre se encariña de Ascensión y eventualmente se acuesta con ella. Sin embargo, su relación es interrumpida cuando el sobrino de Ascensión, Juan Luis (Martín Serrano), reclama los ladrillos del rancho como su propiedad, una pérdida que profundizaría la pobreza de la primera. El hombre intenta impedir a Juan Luis de ejercer su reclamo, pero finalmente Ascensión se rinde. Al final de la película, Ascensión y Juan Luis mueren en un accidente mientras transportan los ladrillos. *Japón* establece firmemente el estilo de Reygadas y sus conexiones al cine global. Como los largometrajes que le seguirían, *Japón* es liviana narrativamente y contemplativa en su disposición, y depende en gran medida de un ritmo lento que se construye mediante tomas fotográficas largas. Reygadas prefiere actores no profesionales porque, como ha dicho en varias entrevistas, sus actuaciones son más "puras" y los actores no se identifican con personajes de otras cintas.[37] Además, *Japón* muestra el modo en que Reygadas utiliza su maestría técnica para construir el paisaje. La empobrecida comunidad rural es un contexto fundamental para el desarrollo de los personajes, particularmente cuando Reygadas utiliza distintas tomas (abarcando todo, desde campos secos hasta sierras lejanas) para narrar y desplegar las emociones de su silencioso protagonista. Como Jorge Ruffinelli ha dicho, "la estética de Reygadas no se basa en la actuación—sus actores nunca actúan, en el modo de [Robert] Bresson—sino en una serie de elementos que unen la espectacular cinematografía del paisaje, los rostros humanos (como paisajes en sí mismos), la música y el sonido" (251).[38] Así, Reygadas evita los traspiés creativos implícitos en el emergente sistema de estrellas del cine mexicano post-1988, en el que actores como Gael García y Daniel Giménez Cacho frecuentemente anulan sus personajes debido a su presencia en un gran número de películas. Por lo tanto, Reygadas establece su singularidad en parte mediante su alejamiento de la fuerte presencia de personajes cuidadosamente construidos—una característica central, por ejemplo, en la obra de González Iñárritu y Cuarón—y su preferencia por áreas más técnicas, tales como la dirección artística y el montaje.

Localizar *Japón* en la tradición del cine mexicano enfrenta varios retos. Uno de los problemas de leer a Reygadas, en el contexto del cine mexicano en general, surge del hecho de que la mayor parte de los críticos de sus películas leen su obra ya sea en instancias aisladas o en relación con casos no cinematográficos. De hecho, parte del consenso crítico con respecto a *Japón* suele concluir que la cinta es una "excepción" en el contexto mexicano y latinoamericano, basándose en su supuestamente singular uso de la forma cinematográfica para la transmisión de emociones y narrativa (Caballero 156–59). La obra de Reygadas ha sido el objeto de una serie de interpretaciones notables construidas en torno a las teorías cinematográficas de Gilles Deleuze (Thompkins; Niessen; Game), las cuales promueven la idea de considerar obras como *Japón* como parte de un desarrollo específico del cine de arte global que no es particularmente común en las tradiciones latinoamericanas. Al contrario, dos críticos (Javier Guerrero y William Rowlandson) escribieron dos artículos separados, al parecer al mismo tiempo, comparando a *Japón* a la clásica novela de Juan Rulfo, *Pedro Páramo*, la cual narra el regreso de un hombre al pueblo de Comala en busca de su padre. Aunque la comparación a la novela de Rulfo me parece, en el mejor de los casos, imprecisa, el punto aquí es que la referencia a un texto literario canónico sugiere cierta incapacidad de conectar a *Japón* a tradiciones más propiamente cinematográficas en México.[39]

De hecho, *Japón* no es única en su representación del campo. Es posible recurrir aquí al uso de comunidades rurales en películas tales como *La mujer de Benjamín* (1991) de Carlos Carrera, *La orilla de la tierra* (1994) de Ignacio Ortiz, y *La perdición de los hombres* (2000) de Arturo Ripstein, las cuales utilizan inhóspitas áreas rurales para relatar historias sobre el conflicto entre la vida cotidiana y las pasiones intensas de sus personajes. La idea de *Japón* de un protagonista urbano que se retira a una localidad remota del interior tiene otras iteraciones en el cine post-1998. Por ejemplo, esta idea subyace la trama de *Bajo California* (1998) de Carlos Bolado, en la que un artista, Damián Ojeda (Damián Alcázar), intenta enfrentar la culpa que tiene mediante su búsqueda de pinturas prehistóricas en un área desolada de la península de Baja California. A la luz de esto, sostendría que *Japón* es una reconfiguración radical de discursos existentes de lo rural en el cine mexicano, en vez de una representación totalmente nueva. A diferencia de las representaciones canónicas del interior como un lugar de retraso o antimodernidad, *Japón* lo libera de las tradiciones cinematográficas del mexicanismo y lo reconfigura como un espacio que enfrenta al individuo moderno con formas seculares de lo espiritual y lo sublime.[40]

Para hacer posible esta reconfiguración, Reygadas alinea su obra a formas y tradiciones del cine de arte global con muy poca o ninguna presencia clara en el cine mexicano. *Japón* toma fuertemente de la última cinta de Andrei Tarkovsky, *El sacrificio* (1986), al punto de citar una conocida toma de un árbol en los primeros momentos de la cinta. Uno ciertamente puede adscribir a Reygadas a lo que Steven Dillon llama, en el caso del cine estadounidense, "el efecto Solaris"; es decir, la relación entre el artificio y la autorreflexividad en el cine post-Tarkovsky. Sin embargo, al analizar a Reygadas, el asunto más crucial con respecto a la influencia de Tarkovsky es el modo en el que el trabajo del maestro ruso, con la forma, le permite hacer un cortocircuito de las expectativas culturales e ideológicas implícitas en la representación de lo rural. De acuerdo a Sean Martin, "Tarkovsky propuso que, si se alarga una toma, el aburrimiento naturalmente toma al público. Sin embargo, si la toma se extiende aún más, algo más surge: la curiosidad. Tarkovsky esencialmente propone darle al público tiempo de habitar el mundo que su toma fotográfica nos muestra, no *mirarla*, sino *observarla*, explorarla' (46, énfasis en el original). Es posible expandir este argumento al añadir que la curiosidad surgida del aburrimiento no sólo permite la contemplación estética del paisaje, sino que, tal vez más importante, también suspende los significados ideológicos y culturales presentes en las tradiciones cinematográficas recibidas. El paisaje es sin duda crucial en la tradición del cine nacional: el cinematógrafo Gabriel Figueroa, el creador de algunas de las instancias más influyentes del lenguaje cinematográfico en la Época de Oro, retrató extensamente los paisajes de México, particularmente en su trabajo con Emilio Fernández.[41] La diferencia es que la obra de Figueroa construida para cargar el paisaje de significado cultural, mientras que el uso subjetivo de Reygadas de la toma amplia gradualmente le remueve el significado a sus imágenes. Al permitir que distintas imágenes rurales permanezcan en la pantalla, la exploración impresa en el uso del aburrimiento por Tarkovsky se transforma en una forma de permitirle al público desconectarse de la significación y enfocarse en la experiencia desnuda de los personajes.[42]

Algo similar ocurre al nivel de los personajes. Reygadas no está exento de algunos *clichés* etnográficos, como su representación del alcalde del pueblo como un hombre pintoresco e inarticulado. Sin embargo, esto puede ser más bien un efecto del uso de actores no profesionales (y su falta de entrenamiento histriónico) que una construcción deliberada de sujetos rurales como folclóricos y cómicos—algo que sucedía demasiado en el cine de la Época de Oro y que persiste en películas como *Santitos*. No obstante, Ascensión presenta un ejemplo muy diferente y singular de un personaje rural que quiebra el estereotipo. En su primer encuentro con el hombre, Ascensión parecer conformar el *cliché*, mayormente por su religiosidad excesivamente devota. Mientras la película progresa, sin embargo, Ascensión gradualmente se convierte en el objeto del afecto del protagonista. En una escena reveladora, el protagonista se imagina a Ascensión besando a una joven desconocida (tal vez una expareja de él). Más adelante, el hombre se acuesta con ella, consumando una relación que se desarrolló poco a poco a pesar del cinismo y el desapego inicial del protagonista. Al erotizar a un personaje que no pertenece a las representaciones estereotípicas de la sexualidad, y al hacerlo desde una perspectiva construida en torno al amor del protagonista por ella, Reygadas interviene en las expectativas del público mediante un deshacimiento de formas establecidas de entender un amplio elenco de personajes y paisajes nacionales a través de la suspensión misma de su mexicanismo inherente. Es por lo que Reygadas recurre a una azarosa localidad (Japón) que no es mexicana al darle título a su película: la cinta opera como una socavación deliberada de las marcas de lo nacional.[43] Geoffrey Kantatis utiliza la noción de "translocalidad" para describir los "fantasmagóricos espacios rurales" de *Japón* ("Cinema and *Urbanías*" 526), e insiste que la identidad cultural que aparece en la película no es un resultado sino un proceso continuo. Esto, por supuesto, no quiere decir que *Japón* está "más allá de lo nacional" o que sea "posnacional." Como Deborah Shaw ha dicho, "en *Japón* las imágenes de México encajan con las expectativas del público de cine de arte de que un *auteur* les traerá esta visión artística de la condición humana anclada en una visión simbólica del entorno local" ("(Trans)National Images" 130). Reygadas toma significantes claramente enraizados en la tradición mexicana y les provee un sistema totalmente nuevo de significado, uno que interrumpe la continuidad de la tradición fílmica nacionalista a la vez que le permite a su obra pertenecer a los flujos globales del cine de arte que habían excluido previamente al cine mexicano.

La capacidad de Reygadas de llevar a cabo tal resignificación de los espacios y personajes cinematográficos viene en parte de su pertenencia a formas de cine profundamente preocupadas por lo subjetivo. Tiago de Luca sitúa a Reygadas en una constelación del cine global que se define por lo que él llama "realismo de los sentidos"—es decir, una nueva "cumbre realista en el cine mundial . . . definida por un modo de dirección sensorial" ("Realism" 187). De Luca coloca en este paradigma una diversa gama de cineastas, incluyendo a Gus Van Sant, Béla Tarr, Lisandro Alonso, Apitchapong Weerasethakul, y Abbas Kiarostami.[44] Inmediatamente relevantes son tres elementos que surgen de la noción de De Luca. Primero, la apelación a lo sensorial permite que todos estos cineastas transciendan tradiciones nacionales de cine altamente determinadas (desde el melodrama hiperrealista del cine independiente americano en el caso de Van Sant a la aproximación crítica de Kiarostami al neorrealismo en el contexto del cine iraní) para establecerse sólidamente en la práctica de la autoría global que mencioné anteriormente en este capítulo. Segundo, el hecho de que los "realistas de los sentidos" provengan de distintas tradiciones fílmicas de alrededor del mundo sugiere que la intervención de Reygadas en lo nacional obra mediante la apropiación de formas de cine que enfrentan críticamente la tradición local: recordemos aquí el modo en el que *Uncle Boonmee Recalls His Past Lives* de Apitchapong toma el folclor rural (como por ejemplo la existencia de "primates fantasmas" en el bosque) y lo coloca en un contexto realista sin incidentes notables (Boonmee encuentra a su hijo desaparecido convertido en un primate fantasma y tiene una conversación rutinaria con él y su esposa muerta mientras cenan). Aunque el estilo escaso de Reygadas pueda parecer distante de este tipo de realismo mágico, el procedimiento es fundamentalmente el mismo: la erosión de significantes cercanos a significados nacionales o locales crea una dirección sensorial que desnaturaliza su significado cultural. Finalmente, puede notarse aquí nuevamente que las obras de Apitchapong y Alonso son distribuidas por Mantarraya en México, y que todos los cineastas mencionados por De Luca están constantemente presentes en los circuitos de la Cineteca. Esto no es un dato trivial, ya que muestra el modo en que el éxito internacional de Reygadas le permite ser legible en México, no mediante los significantes nacionales, sino gracias a la construcción de un público pequeño pero importante que es familiar con las formas contemporáneas del cine de arte global.

Este último punto es clave porque Reygadas funciona dentro de ciertos paradigmas que han estado presente desde hace mucho tiempo en la circulación del cine de arte en México y en el extranjero. Un precedente crítico al "realismo de los sentidos" de De Luca es la noción de Schrader del "estilo trascendental en el cine." El análisis de Schrader, originalmente publicado en 1972, identificaba tres directores de tradiciones vastamente distintas— Yasujiro Ozu, Robert Bresson, y Carl Theodor Dreyer—en un modo similar de exploración de la religiosidad y lo sagrado. No es coincidencia que en muchas entrevistas Reygadas cite a los tres realizadores como influencias, mayormente en su persistente interés en el discurso religioso.[45] De hecho, como discutiré hacia el final de este capítulo, su tercer largometraje, *Stellet Licht*, toma directamente de la obra maestra de Dreyer, *Ordet*. La naturaleza influyente de este "estilo trascendental" en el cine de arte global se reflejó en los circuitos mexicanos también: la mayoría de la obra de los tres directores mencionados aparece en la base de datos de películas mostradas en la Cineteca. El punto, por supuesto, no es que Reygadas necesariamente se expuso a estas influencias en México (de hecho, produjo sus primeros cortometrajes en Bélgica, y su preferencia por el estilo trascendental puede trazarse a su tiempo en Europa). Más bien, la larga tradición de exhibir este tipo de cine en México posibilitó que Reygadas se insertara a sí mismo en los límites y los márgenes del cine mexicano, justo cuando el nicho mercantil del cine de arte se integraba en las formas de exhibición y producción neoliberales.

Es claramente difícil establecer el impacto de Reygadas en México a través de medios cuantitativos, particularmente porque sus cintas se estrenan con una cantidad modesta de copias. Álvaro Fernández señala que el estreno de *Japón* se limitó a quince copias en México—un número bajo cuando se compara con las cincuenta y siete copias en Francia (413). Su taquilla obtuvo solamente $34,688 USD. Sin embargo, los datos cuantitativos en una película como esta no cuentan la historia completa de su influencia en la industria. Como Fernández mismo admite, hay directores—como Amat Escalante o Pedro Aguilera—cuya obra puede trazarse ya sea a Reygadas o que consigue cierto grado de visibilidad gracias a la aparición de Reygadas en el cine mexicano. De hecho, la obra de Reygadas contribuye en dos maneras significativas al realineamiento del cine de arte en México. Primero, la visibilidad de su obra abrió un espacio para la exploración de temas e ideas anteriormente excluidas de la circulación fílmica. Julián Hernández, por ejemplo, es un director cuya estética tiene paralelos importantes a la de Reygadas.[46] Su primer largometraje, *Mil nubes de paz cercan el cielo, amor, jamás habrás de ser amor* (2003), siguió un esquema de festivales muy similar al de *Japón*, adquiriendo el prestigioso Premio Teddy por la Mejor Película LGBTQ en el Festival de Berlín del 2003 (un premio que directores como Van Sant, Almodóvar, y François Ozon han obtenido en años anteriores), y un Premio al Mejor Director en el Festival de Cine de Guadalajara. Las películas más significativas de Hernández (*Mil nubes de paz* y *El cielo dividido* [2006]) se hacen legibles más allá de su intervención en la cultura LGBTQ precisamente porque su trabajo con un ritmo lento y con la representación subjetiva del cuerpo adquiere nuevas dimensiones a la luz de la obra de Reygadas.[47] Este es también el caso de Amat Escalante, cuyas películas *Sangre* (2005) y *Los bastardos* (2008) desarrollan y se adaptan a historias más violentas a la aproximación de Reygadas a la actuación no profesional y a los ritmos observacionales. Por lo tanto, Escalante logra con *Los bastardos* una representación brutal de la cuestión de la inmigración ilegal a los Estados Unidos a través de la saga de un personaje que evoluciona de jornalero a asesino serial. Aunque las cintas de Escalante tienen un elemento de violencia que está ausente en la obra de Reygadas, su trabajo se hace legible tras la redefinición de Reygadas del cine de ritmo lento en México.[48]

El verdadero impacto de la cinematografía de Reygadas surge en su segunda película, *Batalla en el cielo* (2005), que también es el más polémico. La película cuenta la historia de Marcos (Marcos Hernández) y su gradual descenso al desastre. En el comienzo, descubrimos que Marcos y su esposa (Bertha Ruiz) fueron responsables del secuestro fracasado de un bebé, que murió en el proceso. Marcos—un hombre de mediana edad, tez oscura, y obeso—trabaja como el chofer de un general militar. El grueso de la trama se despliega cuando Marcos se involucra sexualmente con la hija del general, Ana (Anapola Mushkadiz), quien por su parte trabaja como una prostituta de lujo. La inesperada solidaridad entre Marcos y Ana se desarrolla porque comparten un secreto: Marcos es el único que conoce la doble vida de Ana, y Ana es la única persona que sabe de la participación de Marcos en el secuestro del bebé. En la última parte de la película, Marcos busca a Ana en el departamento de su novio, donde finalmente la asesina, lo cual lo lleva a participar en un peregrinaje al santuario de la Virgen de la Guadalupe. Mientras Marcos intenta llegar al santuario de rodillas con su cabeza cubierta, la policía intenta encontrarlo en su departamento tras haber descubierto el secuestro y el asesinato de Ana.

En esta película, el estilo contemplativo de Reygadas se enfoca en imágenes que tienen la intención de confrontar abiertamente la semiótica de clase y raza en México. La película se centra de lleno en el contraste de clase y raza entre Ana y Marcos, el cual se enfatiza en la filmación de la escena verdadera de sexo oral en la primera y última escena de la película, al igual que en tomas que los muestran teniendo sexo y acostados juntos en la cama posteriormente. Reygadas se apropia aquí de lo que Linda Williams llama "un fenómeno internacional del cine de arte *hardcore*" (295) encabezado por cineastas como Catherine Breillat y Julio Medem. Al hacerlo, el uso de Reygadas de la sexualidad logra, al mismo tiempo, credibilidad cultural en su ruptura con los tabúes morales, a la vez que utiliza un recurso con un claro historial de causar escándalo. En el 2003, el director estadounidense Vincent Gallo creó una gran controversia en Cannes por su explícita escena de sexo oral con Chloe Sevigny en su película *The Brown Bunny*. La naturaleza transgresiva de la escena de sexo oral en *Batalla en el cielo* no sólo descansa en la moralidad. La escena construye una ejecución de clase y raza que directamente confronta las nociones de belleza masculina y femenina y de deseabilidad en los medios mexicanos. Muchos de los actores y actrices que surgieron como símbolos sexuales en el cine post-1988 (como Gael García, Ana Claudia Talancón, Alfonso Herrera, y Ana de la Reguera) estaban claramente alineados a las nociones mexicanas de atractividad, las cuales privilegiaban a actores de tez clara de la clase media y alta tanto en el cine como en la televisión.

Como discutí en el Capítulo 2, el estándar de la belleza que encarnaron actrices de la comedia romántica como Martha Higareda y Cecilia Suárez fue parte de una economía cultural de autorreferencialidad de clase a la cual el público de clase media de los complejos cinematográficos podía relacionarse. Anapola Mushkadiz, una mujer delgada y piel clara, encarna en Ana una versión más atrevida del estándar, el cual Reygadas reta mediante su uso de drogas y su rol como prostituta. Es revelador que el rol protagónico femenino fue originalmente escrito para la estrella *pop* Paulina Rubio, cuya presencia en la película hubiera marcado un contraste aún más confrontacional con Marcos. Fiel a su estilo, Reygadas creó el personaje de Marcos inspirado por Hernández, quien había sido chofer de su padre. Al hacerlo, Reygadas deliberadamente resiste hasta el uso de actores que han hecho su carrera interpretando a la clase obrera en películas dirigidas a la clase media (Silverio Palacios y Dagoberto Gama, quienes típicamente interpretan policías o criminales, son buenos ejemplos). Más bien, muestra en la pantalla a un hombre quien claramente está fuera de la estética de los medios visuales en México, colocando radicalmente en el centro de una cinta el tipo de sujeto de clase obrera que la estética de la comedia romántica excluyó de la pantalla. A través de estos protagonistas, Reygadas claramente perturba la economía de clase del cine de clase media a través de la construcción de una historia de amor que se materializa en un encuentro social imposible. Como Tiago de Luca argumenta: "Reacia a toda victimización y didactismo moral, *Batalla en el cielo* expone la abisal brecha social al salvar la distancia y hacer esta pareja posible *en la realidad*, negándose a reconocer su incongruencia en el *establishment* social" ("Realism" 201–2; énfasis en el original). Yo insistiría que la realización misma de la pareja a través de los mecanismos de exploración visual que Reygadas obtuvo de directores como Tarkovsky lleva al público más allá del estatus naturalizado de la diferencia de clase y raza en la cultura mexicana. *Batalla en el cielo* impone en sus espectadores la aproximación crítica a las formas de representación corporal y social en las que se basan la mayor parte de las películas y programas televisivos.[49]

El ataque de Reygadas a las expectativas del público también se enfoca en la iconología nacional. La película tiene una escena recurrente en la que se muestra la ceremonia diaria de izar y bajar la bandera en el Zócalo de la Ciudad de México. La cámara sigue de cerca el ritual y los movimientos de los soldados mientras la melodía marcial toca en el trasfondo. Más provocativamente, la resolución de la película toma lugar en el contexto de una peregrinación a la Basílica de la Virgen de la Guadalupe, uno de los rituales religiosos principales de México. Para narrar el último acto de penitencia de

Marcos, Reygadas se apropia del ritual, en el cual los más comprometidos creyentes muestran su arrepentimiento acudiendo de rodillas al santuario. Esta transformación de Marcos es increíble porque en una escena en medio de la película, él desdeña a un grupo de peregrinos (a los que llama "borregos") y, cuando su esposa le pide que participe en la peregrinación, él parece desinteresado. Mi impresión es que Reygadas no busca sólo subvertir ambos rituales, el nacional y el religioso, ni tampoco intenta ofrecer un retrato irónico de ellos. Al igual que el paisaje en *Japón*, el cual funcionó como un modo de reflejar la cuestión de la espiritualidad, estos rituales son claramente fascinantes para Reygadas, y su estética es en parte un intento de abarcarlos al nivel de la forma. En su análisis de la cinta, Fernando Toledo señala esta lógica ritualista, sugiriendo que el arrepentimiento de Marcos y la presencia constante del ritual de la bandera sugieren una estructura de deuda espiritual que se conecta tanto a la ley como a la nación (105–6). Esta conexión a la iconicidad nacional, sin embargo, no parece restaurar ninguna lógica, dando paso a lo que Ilana Dann Luna ha perceptiblemente llamado una "deformación de la alegoría nacional" construida en torno a la "tensión entre sus significantes: la bandera nacional, la virgen de Guadalupe, la prostituta y su significante: el fallido proyecto de unidad nacional."[50] Del mismo modo que lo hace al nivel del cuerpo, Reygadas obliga al espectador a reflexionar sobre la eficacia simbólica de los rituales constitutivos de la nación al desplazarlos hacia contextos que mantienen ciertos elementos de significados a la vez que debilitan otros. En este sentido, mientras que Marcos no participa en la lógica colectiva de la peregrinación, ni en el sistema cultural que eleva la imagen católica al estatus de identificador nacional, sí tiene una experiencia religiosa que busca expiar la culpa de su crimen. Mientras que Luna tiene razón al observar las tensiones en la iconología de Reygadas, es importante, sin embargo, afirmar que *Batalla en el cielo* preserva algunos de los efectos humanos y espirituales de los rituales nacionales. Al igual que la muerte trágica e intrascendente de Ascensión en *Japón*, la redención colectiva o sacrificial jamás ocurre, así que los dos protagonistas masculinos (Marcos y el hombre en *Japón*) experimentan el poder de su misión espiritual pero nunca resuelven o subliman la culpa, la violencia, o las contradicciones que los llevaron al dominio de lo religioso.

Otro punto importante con respecto a *Batalla en el cielo* es su pertenencia a la tradición de películas que se enfocan en la Ciudad de México. La mirada cinematográfica de Reygadas invierte una cantidad considerable de tiempo en contemplar la ciudad; la película incluye tomas aéreas de las avenidas de la ciudad y una muy reveladora panorámica de cámara de 360 grados que muestra un grupo de edificios mientras Marcos y Ana tienen sexo.

La intervención de *Batalla en el desierto* en lo urbano es crucial, especialmente cuando consideramos el rol privilegiado de la Ciudad de México como espacio de la clase media neoliberal en películas como *Sólo con tu pareja* y *Sexo, pudor y lágrimas*.[51] Este enfoque en la Ciudad de México es vital precisamente porque el efecto de socavación del estilo cinematográfico de Reygadas se relaciona más directamente al tipo de espectador que en realidad ve el cine de arte mexicano. La presencia de Marcos en la ciudad ocurre en dos maneras opuestas, pero relacionadas. Por un lado, Marcos no parece tener una relación significativa con el espacio urbano. En una temprana escena, Marcos discute levemente el secuestro con su esposa en los pasillos de una estación del metro, en la que ella trabaja vendiendo postres y baratijas. Aunque la escena tiene un tono modesto, la economía semiótica de esta localización en particular es relevante, no sólo debido a la participación de la pareja en los espacios marginales del neoliberalismo (la economía informal) sino también por su apariencia aparentemente inofensiva, la cual esconde un oscuro secreto que pasa por desapercibido por los muchos habitantes que pueblan la estación. Una escena similar ocurre en un puesto de gasolina, en la que Marcos ve a los peregrinos a los que llama "borregos." Esta afirmación ocurre en medio de otra exigua conversación con un cliente con quien establece una conexión superficial (Toledo 105). Marcos una vez más es completamente irrelevante al paisaje urbano que lo rodea. Mientras su historia se desenvuelve, su relación con lo urbano se modifica, transformándolo a él en una presencia cada vez más incómoda e invasiva. Esto es claro, por ejemplo, cuando Ana lo lleva al prostíbulo-*boutique* donde trabaja, donde las otras prostitutas le preguntan a ella el por qué de la presencia de Marcos. Es también claro cuando Marcos busca a Ana en un barrio lujoso, en el que sus vecinos lo ven como fuera de lugar. Debería notar aquí que Marcos nunca parece amenazante o criminal en estos espacios y que las clases superiores son presentadas desde una perspectiva igualmente implacable. Cuando Marcos espera a Ana, por ejemplo, vemos a un grupo de jóvenes ricos, abiertamente intoxicados, que sugieren una sexualidad para la que aún parecen demasiado jóvenes. La escena concluye con dos de los jóvenes orinando en el baúl de un carro antes de que los empleados domésticos saquen los contenidos. Es decir, la sensación de Marcos de estar fuera de lugar no es, como en *Todo el poder*, una representación de las clases inferiores como una amenaza a la seguridad de los ricos. Más bien, es parte de una puesta en escena que representa las desigualdades sociales inherentes de México a través de las tensiones implícitas en los encuentros entre las clases sociales y en el libertinaje moral de los privilegiados (incluyendo la vida doble de Ana y su relación casi explotadora con Marcos).

Japón y *Batalla en el cielo*, analizadas juntas, constituyen una intervención central en la idea misma del cine nacional en México, por lo menos en tres sentidos posibles. Primero, representan un realineamiento del cine hecho en México, dado que Mantarraya y sus fuentes de financiamiento extranjeras, como el Hubert Bals Fund, dan un ejemplo al cine de arte de cómo romper, por lo menos en parte, su relación orgánica a IMCINE.[52] Aunque los *auteurs* mexicanos de los años noventa sin duda gozaron de ciertas libertades cuando trataron temas transgresivos (recordemos el cine contencioso de Arturo Ripstein), la capacidad de producir y distribuir cine de arte privadamente permitió a los directores trascender diferentes paradigmas del cine mexicano. Más allá de Mantarraya, podemos recordar Canana Films, una compañía de producción mucho más grande que subvencionan Gael García Bernal y Diego Luna, la cual ha apoyado otros realizadores de cine de arte como Gerardo Naranjo y Kyzza Terrazas. Segundo, la obra de Reygadas interviene en el cine como un mecanismo para representar la nación en México. *Japón* y *Batalla en el cielo* son películas que llevan dos tradiciones distintas del encuadre cinematográfico de México casi hasta su agotamiento: la estetización del mundo rural fundada por personas como Gabriel Figueroa en *Japón* y la representación de la contradicción de la Ciudad de México en *Batalla en el cielo*, una película que llega mucho más lejos que *Amores perros* en su condenación de la estratificación social. Finalmente, Reygadas interviene en los significantes del cine nacional que negocian la mexicanidad para el público extranjero. Aunque Shaw tiene razón cuando señala que *Japón* sigue las expectativas del público foráneo sobre la mexicanidad (130), la película también está muy consciente de sus propios *clichés* (Tompkins, "Deleuzian Approach" 165). En otras palabras, Reygadas no reproduce o subvierte simplemente los signos de lo nacional que espera al público extranjero, sino que fuerza un momento de reflexión sobre el verdadero contenido de esos signos.

La consagración de la socavación del cine nacional mexicano en la obra de Reygadas se halla en su tercer largometraje, *Stellet Licht / Luz silenciosa* (2007), una verdadera obra maestra que se enfoca en las crisis emocionales y religiosas de un hombre menonita llamado Johan (Cornelio Wall) causadas por su relación extramarital con Marianne (Maria Pankratz). La película es un distanciamiento explícito de cualquier noción del cine nacional mexicano: se centra en la vida de una comunidad que nunca ha sido representada como una parte orgánica de la nación mexicana. Más aun, Reygadas filmó la película en Plautdietsch, un idioma del bajo alemán hablado por los menonitas alrededor del mundo. La película se basa en parte en *Ordet* (1955) de Carlos Theodor Dreyer, un clásico sobre la cuestión de la religiosidad, de la que Reygadas toma su última escena, en la que Esther (Miriam Toews), la esposa de Johan, regresa a la vida tras ser besada por Marianne.[53] La referencia a la cinta de Dreyer claramente establece una conexión más profunda al "estilo transcendental" mencionado anteriormente, y muestra el modo en el que Reygadas mantiene su fidelidad a la genealogía que le permitió crear su propio estilo de cine de arte. Además, hay cambios estéticos importantes en *Stellet Licht*, tal como el habilidoso uso de sonidos naturales en vez de la música exuberante que Reygadas utilizó en sus anteriores bandas sonoras.[54] Reygadas también recurre a un nuevo cinematógrafo, Alexis Zabé, quien le ayuda a llevar más lejos su estilo contemplativo. Es importante notar que Zabé es también el cinematógrafo de otro *auteur*, Fernando Eimbcke, lo cual muestra que Reygadas no está desconectado del todo de una escena mayor de la producción de cine de arte.

Stellet Licht es una cinta que se aleja del comentario de Reygadas sobre el México contemporáneo, gracias a su enfoque en una comunidad minoritaria. Por esta razón, una lectura cuidadosa de la película no es relevante para mis propósitos inmediatos.[55] El punto más importante aquí es que la existencia de una película de arte tan singular muestra el nivel de desarrollo institucional y estético alcanzado por el cine mexicano en la primera década del siglo XXI. Aunque el cine de arte jamás ha sido una anomalía en México, la capacidad de filmar una película en Plautdietsch, con circulación nacional y una fuerte presencia en los festivales, hubiese sido casi imposible en 1998. Vistos en conjunto, del Toro, Cuarón, González Iñárritu y Reygadas representan distintos puntos de vista sobre la tradición cinematográfica cuyo desarrollo institucional a través de los pasados veinte años ha sido crucial para la actual internacionalización del cine mexicano. A mediados de 2013, podíamos ver, en la obra de estos cuatro autores, suficiente evidencia de esta internacionalización: Reygadas recibió el Premio al Mejor Director en el Festival de Cannes; del Toro estaba a punto de lanzar *Pacific Rim*, una película de acción y ciencia ficción; Cuarón recién había culminado *Gravity*, un drama que se centra en dos astronautas interpretados por Sandra Bullock y George Clooney; y Alejandro González Iñárritu estaría produciendo la primera película de Armando Bo, un guionista de *Biutiful*. Gracias a los caminos que han abierto, jóvenes *auteurs* mexicanos logran el éxito en los circuitos de cine internacionales: Michel Franco ganó en el 2012 el Premio Un Certain Regard, donde Antonio Méndez Esparza ganó el Premio de la Semana Internacional de la Crítica (el mismo premio ganado por *Amores perros*), mientras que Nicolás Pereda fue el tema de un festival de cine en la red en el prestigioso sitio mubi.com y

Gerardo Naranjo completó una gira a través de muchos festivales importantes (Cannes, Nantes, Rotterdam, Rio de Janeiro, New York) para la promoción de *Miss Bala*. Sin embargo, estos directores no pueden leerse simplemente como ejemplos individuales. Creo que el creciente éxito en el circuito internacional se basa en una industria que, a pesar de sus limitaciones en el mercado doméstico, ha sido capaz de romper con sus más anacrónicas ideologías y estéticas. Este tipo de cine autorial surge de la pluralidad que hace posible el fin de los imperativos mexicanistas a través de la diversificación de los esquemas de producción y exhibición, y de la capacidad del cine de arte de ocupar espacios en los circuitos públicos y privados, entre otros factores. La erosión de los viejos sistemas de estéticas e ideologías a través de los procesos descritos en los tres capítulos anteriores permitió a los directores estudiados en este hacerse instrumentales en la consagración de una industria fílmica mexicana tanto a nivel doméstico como internacional. Hoy, la industria cinematográfica mexicana es hoy, en mi opinión, más diversa de lo que fue en toda su historia. En la conclusión de este libro, discutiré brevemente el emocionante y complejo panorama cinematográfico de los últimos años.

Conclusión

El cine mexicano en la estela del neoliberalismo

Ir al cine en México a principios de la segunda década del siglo XXI constituye una experiencia extremadamente distinta a la que narré en la introducción de este libro. Cuando estuve en Guadalajara en el verano del 2011, tuve la oportunidad de ver la última entrega de la franquicia de *Harry Potter*—una que contenía muchos elementos de la estética que Alfonso Cuarón desarrolló en el tercer episodio—en el complejo Cinépolis VIP Andares. Localizado en un centro comercial de lujo que fue creado para la élite adinerada de Guadalajara, este complejo provee una experiencia cinematográfica increíblemente ostentosa, incluyendo amenidades tales como asientos reclinables de cuero con mesitas, lugares numerados (los cuales ahora son estándar en todos los cines), un bar, un amplio menú de comida (que se puede pedir a través de meseros a los que se les llama presionando un botón), y un vestíbulo cómodo que se asemeja a un café elegante. Otros teatros similares han sido desarrollados gradualmente tanto por la cadena Cinépolis (en la que se llaman "VIP") y por la compañía Cinemex (en la que los denominan "Platino"), y recientemente fueron presentados bajo la rúbrica de "Premier" por Cinemark. Lo que distingue al complejo de Andares más allá, es que es un sitio sólo de VIP, mientras que, en otros lugares, el teatro VIP es una sección dentro de un complejo mayor. Este desarrollo ilustra no sólo el increíble crecimiento del mercado fílmico mexicano en los pasados veinticinco años—el cual lo coloca como el quinto mercado más grande en números de taquillas y en uno de los primeros diez en términos de cantidad de pantallas—sino también el significativo cambio demográfico en el público cinematográfico durante el periodo neoliberal. Antes de 1988, el cine era predominantemente una forma de entretenimiento dirigida a las clases trabajadoras. Hoy, el desarrollo de la experiencia VIP, y el hecho de que el precio promedio de un boleto en taquilla sigue costando el equivalente de un día entero de trabajo en el salario mínimo, muestra que el mercado permanece firmemente anclado en atraer a las clases medias y altas.[1] Es cierto que la clase media baja tiene una presencia creciente en los teatros de cine, dado que, proporcionalmente, las taquillas son más baratas hoy que a finales de los años noventa, cuando llegaron a alcanzar el precio de dos o tres días de trabajo del salario mínimo. También es cierto que Cinemex y Cinépolis se han expandido forzosamente en barrios de clase obrera y en una gran cantidad de ciudades. El surgimiento del teatro VIP es tal vez el resultado de esta expansión, un modo de reconstituir la segregación de clase de un público que trajo cinéfilos adinerados a los complejos cinematográficos una década y media antes.

Aun así, estos desarrollos no se traducen del todo en bienes para el desarrollo de la industria fílmica mexicana. Es verdad que la producción ha incrementado muchísimo desde su nadir de mediados de los años noventa. De acuerdo al *Anuario estadístico del cine mexicano* del 2011, el anuario de estadísticas del IMCINE, un promedio de sesenta y cinco a setenta y cinco largometrajes se producen anualmente desde el 2006 (63). Sin embargo, el mismo informe señala que cincuenta y nueve de setenta y tres películas producidas en 2011, tuvieron algún tipo de financiamiento gubernamental, incluyendo estímulos fiscales, lo cual muestra que el cine sigue requiriendo de un apoyo considerable del estado para permanecer viable (81). No obstante, es también verdad que las películas mexicanas tienen recursos de producción mucho más sofisticados, gracias al crecimiento del presupuesto promedio por película de 940,000 pesos mexicanos (alrededor de 94,000 USD en el momento) en el año 2000, a 22.4 millones de pesos (alrededor de dos millones USD) en el 2012 (84). Aunque el financiamiento completamente independiente sigue siendo esquiva, la producción mexicana disfruta de un nivel de apoyo técnico y de una fuerza económica que resulta en un cine técnicamente superior. Aun así, el problema subyacente sigue siendo la increíble capacidad del cine de Hollywood y de sus distribuidores de colonizar el amplio mercado mexicano a expensas de la industria nacional. En el 2012, como presidente de la Academia Mexicana de Artes y Ciencias Cinematográficas, Carlos Carrera señaló durante su discurso en los Premios Ariel (los Óscares de México) que las producciones mexicanas tienen dificultades en su acceso al tiempo de pantalla, aun cuando México tiene un muy exitoso mercado fílmico. Emilio Portes, cuya película *Pastorela* (2011) ganó el mejor premio de la noche, hizo eco a las palabras de Carrera. Portes argumentó que el cine mexicano no es capaz de verdaderamente representar al pueblo mexicano y la cultura nacional por falta de acceso al público, y exigió que las grandes compañías mediáticas proveyeran más espacio para el cine mexicano. Estas quejas también se reflejaron en los números de *Anuario*: 90 por ciento de las taquillas y las pantallas del país van al cine de Hollywood, comparado con el 7 por ciento al cine mexicano (17). Y, considerando que un promedio de setenta películas se produce todos los años, y que sólo de sesenta a sesenta y dos son lanzadas, hay un número sustancial de películas que jamás consiguen ningún tipo de circulación comercial.

La simple existencia de un mercado de siete por ciento y el lanzamiento de sesenta y dos películas al año es, tan paradójico como pueda sonar, un éxito, especialmente si consideramos que la industria estaba en ruinas tras la crisis del 1995, debido a los escasos recursos de producción y un público completamente desinteresado en el cine doméstico. A pesar de ser eclipsado por la maquinaria publicitaria de Hollywood, la cual goza de grandes presupuestos y también de productos relacionados con empresas gigantes como los restaurantes McDonald's y los cereales Kellogg's, el hecho es que México logra producir éxitos taquilleros todos los años, y sus películas gozan de amplio reconocimiento en los festivales cinematográficos internacionales. Si se analizan las taquillas del cine mexicano en el 2011, es posible ver el surgimiento de una variedad de fenómenos interesantes. La película más taquillera fue *Don Gato y su pandilla* (Alberto Mar), una versión mexicana de la caricatura de Hanna-Barbera *Top Cat*, totalmente producida en el país. Esta cinta, junto a *Una película de huevos* (Gabriel y Rodolfo Riva Palacio), la película más popular de 2006 muestra la capacidad del cine mexicano de abrir caminos hasta en el mercado más lucrativo de Hollywood: el cine animado. La tercera película más taquillera del 2011, *Presunto culpable*, es un documental sobre un hombre cuya convicción en un caso de asesinato es cuestionada a través de una devastadora exposición del sistema judicial mexicano.[2] La simple existencia de la película es notable. Fue escrita en parte por la William y Flora Hewlett Foundation, la cual apoyó el lanzamiento en los Estados Unidos de América como parte de la serie de documentales POV en PBS. También la financió una beca de Gucci-Ambulante del Festival de Cine Ambulante, un evento anual mexicano que se enfoca en documentales. El apoyo del festival, fundado en el 2005, por Gael García Bernal y Diego Luna, le dio a *Presunto culpable* acceso extensivo a los medios y una amplia circulación en la red de los complejos cinematográficos. Adicionalmente, la película logró un acuerdo de distribución a través de Cinépolis. Aún más significativo, la compañía que produjo la compaña sobrevivió fuertes presiones políticas y hasta una orden judicial una vez que surgió una controversia en torno a la mala conducta de los jueces y los fiscales. La película finalmente recaudó casi seis millones USD en México, una cantidad que es notable inclusive para un documental de amplia circulación en los Estados Unidos.[3] El fenómeno de *Presunto culpable* ilustra muchos de los triunfos de la industria en los pasados quince años: un sistema que, a pesar de la censura, recibe suficientes fondos privados, experimenta una distribución aceptable, y goza de un público capaz de prestar atención cuando una película tiene un mensaje importante que compartir.[4]

Más allá de lo económico, el cine mexicano de los últimos años muestra que su alejamiento de los modelos mexicanistas de representación fue definitivo, y sus retornos ocasionales a los temas nacionalistas toman lugar con una cantidad considerable de distancia crítica. Como discutí en el Capítulo 1, *El crimen del padre Amaro* de Carrera, hasta la fecha la segunda película mexicana más exitosa en la taquilla doméstica regresó a temas típicos de la producción mexicanista, pero le dio un giro devastadoramente crítico que socavó cualquier perspectiva celebratoria de lo nacional. Películas más recientes han seguido este camino de modo más contencioso. *Pastorelas*, la quinta película más taquillera del 2012 y ganadora del Premio de la Academia Mexicana, es un buen ejemplo de ello. El título se refiere a un género navideño cómico del teatro popular mexicano en el que unos pastores tienen que vencer una serie de obstáculos creados por una representación muy carismática y humorosa de Satán para así poder llegar al nacimiento de Jesús. La película se enfoca en Jesús Juárez (Joaquín Cosío), un policía federal cuya principal fuente de orgullo viene de su interpretación del demonio en la obra anual de su comunidad. Cuando un nuevo sacerdote y antiguo exorcista (Carlos Cobos) es enviado a la parroquia, le quita el rol a Jesús y se lo da a su mejor amigo, Bulmaro (Eduardo España), quien toma el rol con la esperanza de ganar un viaje a un resort tras escuchar que la joven monja de la parroquia (Ana Serradilla), quiere ir a este lugar. Añadiéndole sal a la herida, el nuevo sacerdote se motiva a matricularse en un concurso nacional, lo cual intensifica la ira de Jesús aún más. Jesús intenta utilizar su poder como agente federal, lo cual incluye su capacidad para utilizar oficiales corruptos de la policía como torturadores, para evitar que la obra tome lugar, y para implicar a Bulmaro en el asesinato de un asistente del procurador general. Mientras la película progresa, se nos insinúa que Jesús tiene poderes sobrenaturales y que quizás está poseído por el diablo, lo cual da paso a una confrontación final entre demonios y la policía. Esta trama, creo, muestra el grado de distancia e ironía a través del cual los directores mexicanos tratan la cultura mexicana. Portes toma una práctica cultural tradicional, utilizando la corrupción de la policía federal de México como el mecanismo cómico central de la cinta, para cuestionar profundamente la misma lógica cultural que subyace el género de la *pastorela*. Y, exacerbando la crítica que hizo a *El crimen del padre Amaro* tan controvertible, *Pastorela* retrata a la iglesia como una institución repleta de obispos con miras políticas, y sacerdotes y monjas que ignoran sus votos de celibato, además recurre a utilizar la imaginería de la posesión satánica y el exorcismo para burlarse de los bordes más radicales de las creencias católicas. Es más notable que una película con temas tan confrontacionales gozara de gran éxito (incluyendo ganancias en las taquillas de más de tres millones de dólares) sin causar ninguna controversia de parte de grupos religiosos o políticos. Asimismo, la película disfrutó del auspicio corporativo de dos de las compañías más grandes del país (la empresa gigante de comida enlatada Herdez y el banco de inversiones Ixe), y se distribuye a través de sucursales de Televisa en México (Videocine) y en los Estados Unidos (Pantelion). La normalización misma de este tipo de aproximación polémica de la cultura mexicanista muestra cómo el cine ha logrado credibilidad y éxito precisamente mediante su socavación de la imaginería cultural que las películas del siglo XX ayudaron a construir.[5]

En el 2010, a pesar de que las celebraciones del Bicentenario de la independencia de México y la celebración del centenario de la Revolución Mexicana dieron razones más que suficientes para la cultura patriótica, la industria cinematográfica produjo películas que, en vez de recurrir a ella, lo hizo en tramas y estilos sorprendentemente alejados de las agendas nacionalistas. Este fue el caso de *Chicogrande* (2010) de Felipe Cazals, una película sugerente enfocada en la expedición punitiva del Ejército de los Estados Unidos en contra de Francisco Villa (Alejandro Calva) en el 1916. En vez de presentar a Villa, el héroe nacional, en su cúspide, Cazals optó por contar la historia de su caída, cuando su transformación en una leyenda enfrentó su decadencia física. El protagonista de hecho no es Villa mismo, sino Chicogrande (Damián Alcázar), un teniente en su ejército cuya fracasada búsqueda por ayuda médica yace al centro de la cinta. Por lo tanto, en vez de presentar una celebración de un general revolucionario como una figura fundacional de la nación, Cazals presenta una aproximación melancólica a un momento triste en la historia mexicana, cuando los movimientos sociales detrás de la revolución sucumbieron a la traición, al fracaso, y a la intervención foránea.

Inclusive las tres películas que se financiaron mediante las grandes cantidades de dinero que el gobierno invirtió en el Bicentenario, y que se marcaron con la rúbrica de "México 2010" fallaron en comunicar un mensaje nacionalista. La cinta que debía celebrar la independencia fue *Hidalgo. La historia jamás contada* (2010), la primera película de Antonio Serrano desde su proyecto español, *Lucía, Lucía* (2003), un intento de alcanzar el éxito de su primera película, *Sexo, pudor y lágrimas*.[6] La película es una película biográfica del Padre Miguel Hidalgo (Demián Bichir), el primer gran líder del movimiento independentista mexicano, antes de su involucramiento en la guerra del 1810. La película narra la historia de la juventud de Hidalgo tal como él la recuerda mientras espera su ejecución. Aunque la representación ciertamente fue positiva, el Hidalgo de Bichir no se enfocó en sus capacidades militares ni en su rol como padre fundador de la patria. Más bien, la película se interesó por su negativa a someterse a la autoridad de la Corona española, su compromiso con la igualdad de los indígenas y los mestizos, su relación con la iglesia, y sus sentimientos con respecto de sus propias fallas humanas, dado que supuestamente fue un jugador, un bebedor y mujeriego. Es revelador que vemos la participación de Hidalgo en el movimiento de la Independencia sólo hacia el final, en una escena en la que conoce al General Ignacio Allende (Raúl Méndez), después de que una austera pantalla, en negro, nos informa de su papel en la guerra. La película de Serrano evita así cualquier representación de la Independencia como un evento a celebrarse y muestra más interés en explorar los ideales de libertad e igualdad representados por Hidalgo, ideales que pueden interpretarse fácilmente como ausentes en el México contemporáneo.

La producción dirigida supuestamente para conmemorar la Revolución fue *El atentado* (2010), el primer largometraje de Jorge Fons desde *El callejón de los milagros*.[7] Pero la Revolución no está por ningún lado. En lugar de ello, Fons adaptó la novela de Álvaro Uribe *Expediente del atentado*, la cual narra un complot para asesinar al dictador Porfirio Díaz (Arturo Beristáin), el cual ocurrió durante la celebración de la Independencia el 16 de septiembre de 1897. Como *Hidalgo*, *El atentado* se enfoca en un periodo que precede el evento histórico y que no puede ser conmemorado como parte de una narrativa del centenario. La película declara fuertemente la resistencia misma a la celebración por parte de Fons. En una escena al comienzo de la cinta, el futuro asesino Arnulfo (José María Yazpik) anuncia en una diatriba alcoholizada que no ve motivo alguno en celebrar los eventos de 1810, dado que la verdadera independencia de México para separarse de España ocurrió en 1821, y que la única razón por la cual la celebración ocurre el 16 de septiembre es porque coincidía con el cumpleaños de Díaz. La película también narra su historia a través de una cronología discontinua, enfocada en *flashbacks* que gradualmente conectan al asesino con el inspector general Eduardo Velázquez (Julio Bracho), un antiguo porfirista comprometido que estuvo detrás del complot, y el escritor Federico Gamboa (Daniel Giménez Cacho), un afamado intelectual y diplomático desde cuya perspectiva vemos desenvolverse la historia. Para erosionar aún más cualquier posibilidad de llevar los eventos de la película al pedestal histórico, la película introduce un mecanismo perspicaz. Cada vez que un evento importante ocurre en la cinta (el fracasado complot, el linchamiento de Arnulfo, el suicidio de Eduardo), un grupo de actores de teatro popular lo reinterpreta cómicamente, burlándose de los acontecimientos frente a un público de ciudadanos de clase baja. Este mecanismo es más complejo de lo que podría parecer, ya que no sólo cuestiona la importancia de las élites como centros de los eventos históricos, pero también enfatiza el hecho de que los ciudadanos de clases inferiores de México no podrán ver la película, y que la solemnidad de la historia contada en *El atentado* no puede ser más que un chiste para los mexicanos pobres. La película es sin duda una de las películas más bellamente producidos en el cine mexicano reciente, gracias a un presupuesto considerable de casi cinco millones de dólares, lo cual la convierte en una de las cinco más caras en México, y marca la llegada de Fons a un nivel de capacidad técnica muy superior al que demostró en *El callejón de los milagros*. El punto es que el cine mexicano es capaz de tratar temas propios de la cultura e historia mexicana, y hacerlo admirablemente, sin por eso regresar a un momento histórico en el que el cine fue el vehículo para la agenda ideológica y política del estado.

En estos términos, la sugerente característica compartida por *Chicogrande*, *Hidalgo*, y *El atentado* es su renuencia para enfocarse de lleno en los eventos históricos que se suponía se celebraría en el Bicentenario. En lugar de ello, estas cintas presentaron al público mexicano la desacralización de los héroes nacionales, una aproximación nostálgica a los ideales sociales que se perdieron en el curso de la historia mexicana, y una negativa a participar en el ambiente celebratorio insinuado por su financiamiento federal. De cierto modo, estas muestran que, aún si IMCINE permanece como un elemento central en la producción fílmica, ya no ejerce el tipo de control ideológico y político que ejerció durante los regímenes de Echeverría y López Portillo y el periodo del "cine de la soledad." De hecho, la tercera película lanzada bajo la rúbrica de "México 2010"—con el provocador subtítulo "Nada que celebrar"—fue *El infierno* (2010), la última entrada en la devastadora trilogía de comedias políticas de Luis Estrada.[8] El hecho de que esta cinta pasó por el proceso de aprobación de IMCINE para ser financiada y promovida en las celebraciones del Bicentenario es revelador en sí mismo, no sólo por la reputación de Estrada como un cineasta polémico, sino también porque ataca la política angular de la administración de Felipe Calderón, la guerra contra los carteles del narcotráfico. La película cuenta la historia de Benny (Damián Alcázar), un trabajador indocumentado que se ve obligado a regresar a su pueblo tras ser deportado de los Estados Unidos. Desprovisto de planes, es atraído por El Cochiloco (Joaquín Cosío), un sicario local, a unirse al cartel de Don José Reyes (Ernesto Gómez Cruz). Mientras asciende la jerarquía del cartel, Benny descubre que el pueblo entero está involucrado en el narcotráfico, y que la red de corrupción implica profundamente al gobierno y a la policía. Cuando conoce a Don José, Benny nota las muchas fotografías con grandes figuras políticas que tiene en su sala, y cuando intenta abandonar el cartel para proteger a su sobrino (Kristian Ferrer), descubre que hasta el agente federal (Daniel Giménez Cacho) que se supone que investiga a la organización, es cómplice de Don José. El momento climático de la película es tal vez la escena más antitética posible en cuanto al Bicentenario. Mientras Don José, recientemente elegido como el alcalde del pueblo se prepara para lanzar la celebración de la Independencia en la plaza del pueblo, Benny aparece con una ametralladora y asesina a todo el mundo en el templete. Al final de la película, vemos al sobrino de Benny, armado y dispuesto a vengar la muerte de su tío.

El infierno es, de hecho, una comedia, una sátira mordaz del México contemporáneo. El Cochiloco es uno de los personajes más carismáticos del cine mexicano contemporáneo, y el actor Joaquín Cosío es sin duda uno de los comediantes más icónicos de la cultura mexicana de hoy. Sin embargo, su ataque brutal a todo lo relacionado a la guerra contra el narco—la estrategia gubernamental, la corrupción de los oficiales, la participación en, y la tolerancia ante, el crimen organizado por parte de la ciudadanía, y el reforzamiento de los carteles gracias a la completa ausencia de oportunidades económicas en México—hicieron de esta película la obra más exitosa en relación a la celebración del Bicentenario y el ejemplo más revelador de la postura altamente crítica del cine mexicano para los asuntos contemporáneos del país. Si algo, *El infierno*, como *Presunto culpable*, permanece como un claro ejemplo de que el cine mexicano puede producir películas de alta calidad, con fuertes actuaciones y valores de producción notables, que también tengan como objetivo los asuntos cardinales de la conversación política y cultural en la esfera pública. *El infierno* fue quizás el primer y más honesto retrato de la guerra contra el narco en la cultura mexicana, y definitivamente superior a la mayor parte de las obras literarias y televisivas que intentan tocar el tema. Asimismo, a diferencia de la narcocultura, que crea un folclor de heroísmo alrededor de la figura del narco, la aproximación cómica de Estrada establece un lenguaje que brega eficientemente tanto con las seducciones culturales y económicas que el narco ofrece a los mexicanos empobrecidos como con la implacable destrucción de la vida cotidiana que ha traído el aumento del tráfico y de la intervención gubernamental. Al hacerlo, *El infierno* es un ejemplo clave de un futuro rol posible para el cine mexicano, en tanto discierne las complejidades de la vida mexicana contemporánea a la vez que crea productos atractivos para el público que fueron construidos por el cine comercial de los pasados años. De hecho, *Colosio. El asesinato* de Carlos Bolado gozó de un éxito considerable a mediados de la temporada de verano del 2012 y compitió con series como

Conclusión   251

Spiderman y *Batman*, gracias a su narración semificticia de uno de los eventos más traumáticos en la historia reciente de México: el asesinato nunca resuelto del candidato a la presidencia por el PRI Luis Donaldo Colosio (Enoc Leaño) en 1994. El hecho de que una cinta política fue capaz de brillar aun cuando compartía los complejos cinematográficos con las producciones más taquilleras de la maquinaría de Hollywood demuestra que películas que traten con las preocupaciones del público mexicano de un modo atractivo, en realidad pueden tener una ventaja en el mercado frente a frente al cine estadounidense en la lucha diaria por espacio de pantalla y distribución. El futuro de la industria sin duda yace en su capacidad para descubrir y explotar este tipo de ventaja. En el momento en que escribía esto, Bolado estaba en proceso de aplicar de nuevo su éxito con *Tlatelolco* (2013), una película sobre la masacre de 1968, diseñado en torno a la historia de amor de un joven de clase obrera y una joven de clase alta, adaptando nuevamente la narrativa de la comedia romántica a un fin politizado.

Más allá del éxito de *El infierno*, la guerra contra el narco ofreció a los directores mexicanos de distintas tendencias y estéticas una oportunidad para reclamar relevancia social en nombre de la industria fílmica y para mostrar la versatilidad de las producciones actuales en relación con la cultura en general. La película más taquillera del 2011 fue *Salvando al soldado Pérez* (Beto Gómez, 2011), con una ganancia de casi siete millones USD. Una parodia tanto de la narcocultura como de las películas de guerra estadounidense, *Salvando al soldado Pérez* cuenta la historia de un narcotraficante, Julián Pérez (Miguel Rodarte), quien se lanza en una expedición a Irak para encontrar a su hermano, Juan (Juan Carlos Flores), después de que este desaparece durante una operación de su escuadrón del ejército estadounidense. Esta escandalosa trama se ejecuta efectivamente en la cinta, precisamente por la capacidad de su director de utilizar una serie de elementos distintos de las relaciones de Estados Unidos / México y del cine de Hollywood como base de su humor. Al igual que Benny en *El infierno*, Julián y Juan representan los caminos escogidos por jóvenes que enfrentan las desigualdades inherentes al modelo económico neoliberal: ya sea unirse al crimen organizado o migrar a los Estados Unidos. A través del personaje de Juan, la cinta enfrenta una de las realidades que viven muchos mexicanos en los Estados Unidos: la necesidad de enlistarse en el ejército para, tal vez, conseguir un camino a la legalización. Además, la película trasciende su falta de recursos económicos—necesarios para construir una escena de guerra verosímil—mediante la representación del Irak de la posguerra como una tierra de nadie controlada por organizaciones criminales: cuando Julián y sus compañeros del cartel llegan el Medio Oriente, dependen de las mafias rusas y del crimen organizado turco para entrar al país y conseguir suministros. La historia del crimen y del caos critica así el tono moralista de las cintas que se enfocan en Irak, tales como la ganadora del Óscar *The Hurt Locker* (Kathryn Bigelow, 2008). Asimismo, la película también caricaturiza a los narcotraficantes, a través de un retrato que hace de ellos incompetentes, ignorantes, y despiadados. De hecho, el éxito de la misión se debe en gran parte a Eladio (Jaime Camil), un hombre educado, visiblemente de clase alta, quien provee conocimiento comercial y la competencia técnica al cartel de Julián. De algún modo, *Salvando al soldado Pérez* muestra otra avenida para la representación de los problemas contemporáneos de México, una que no es una intervención directa en la conversación política, sino una apropiación creativa de los elementos de la vida diaria del país a través de las capacidades de ficcionalización del cine. También es importante notar que *Salvando al soldado Pérez* es una película de acción, un género que ha resurgido recientemente en el cine neoliberal mexicano gracias al éxito de películas como *Sultanes del sur* (Alejandro Lozano, 2007) y *Ladrón que roba a ladrón* (Joe Menéndez, 2007).[9] De hecho, Lemon Films, una compañía que contribuye a la expansión del género de acción en el cine comercial de México, produjo ambas, *Sultanes del sur* y *Salvando al soldado Pérez*. Es importante notar que este tipo de cinta de acción lleva a cabo una expansión adicional del cine neoliberal, una que se apropia de temas como la guerra contra el narco, la cual históricamente había estado al centro de producciones dirigidas a las clases bajas. Al hacer esto, este tipo de cine crea un lenguaje cultural que mejor refleja las ansiedades de las clases medias y altas con respecto a estos asuntos—un tema que requiere mayor investigación como parte de la comprensión de aquellos que se benefician del proceso neoliberal—y que mejora los valores de producción de las películas de acción para poder competir con el cine foráneo. Simplemente la existencia de películas como *Salvando al soldado Pérez* apunta hacia el potencial del cine mexicano para competir en géneros dominados por Hollywood, como lo es el cine de acción, a través de una articulación que elimina el nacionalismo estadounidense que típicamente caracteriza estas cintas y lo reemplaza con ideologías y sátiras relevantes al público comercial mexicano.

Como resultado de estos procesos, el cine mexicano ha desarrollado en muy poco tiempo la capacidad de utilizar el cine como un lenguaje sofisticado para la aproximación a lo contemporáneo, lo cual a su vez ha resultado en películas que, en su trabajo formal, replantean la comprensión de asuntos contemporáneos. En estos términos, el cine de autor, particularmente el tipo que ha surgido tras la visibilidad de Carlos Reygadas y de la creciente presencia del cine mexicano en el circuito internacional de festivales, ha comenzado a enfrentar temas sociales más directamente.[10] El caos más notable de ello es *Miss Bala* (Gerardo Naranjo, 2011), una interpretación de autor de la violencia vivida por los mexicanos ordinarios que se ven atrapados en la guerra contra el narco. Ligeramente basada en una historia verídica, la cinta se enfoca en Laura Guerrero (Stephanie Sigman), una joven mujer que aspira a competir en el certamen de belleza Miss Baja California. Laura se involucra involuntariamente con un cartel cuando intenta encontrar a su amiga Azucena (Lakshmi Picazo), quien desapareció durante un tiroteo entre la policía y una organización criminal en un club. Cuando intenta buscar ayuda de un oficial de la policía, este la entrega a Lino (Noé Hernández), un capo local, quien comienza a utilizar a Laura para llevar a cabo misiones del cartel. Mientras Laura permanece bajo el poder de Lino, este arregla su victoria en el certamen Miss Baja, para así poder llegar a un general del ejército mexicano que está a cargo de la guerra contra el narco. Al final, Laura decide traicionar a Lino y salvar la vida del general, lo cual da paso a su arresto. No obstante, después de que es expuesta a la prensa, Laura es liberada sin explicación en medio de un barrio industrial, seguramente como recompensa por haber ayudado al general. La cinta se narra totalmente desde la perspectiva de Laura, en un tono distraído con una cinematografía borrosa y una sensación constante de pérdida. Laura va de la ciudad al cartel y de ahí al certamen, impulsada por la inercia mientras ocurren eventos fuera de su control. Naranjo talla su estética a través de la reconstrucción cinematográfica del sentido de impotencia experimentado por los ciudadanos de pueblos y ciudades sitiados por el crimen organizado.

Miss Bala es el punto de partida de muchos desarrollos formales e institucionales interesantes que ocurrieron en la primera década del siglo XXI. Naranjo surgió del paradigma autorial discutido en el Capítulo 4, y su obra se encuentra entre el estilo personal intransigente de directores como Reygadas y Escalante y la práctica de autoría comercial establecida por Cuarón y González Iñárritu. *Miss Bala* fue producida por Canana Films, un estudio de producción fundado en el 2005, como Ambulante, por Gael García Bernal, Diego Luna, y Pablo Cruz. Canana produce algunas películas de sus propios fundadores, como *Déficit* (García Bernal, 2007) y *Abel* (Luna, 2010), al igual que proyectos que han conseguido reconocimiento transnacional, como *Sin nombre* (Cary Fukunaga, 2009), una película críticamente reconocida sobre el sufrimiento de los inmigrantes centroamericanos que intentan llegar a los Estados Unidos. Bajo la sombrilla de la compañía de producción bien financiada y prestigiosa, Naranjo ha florecido y ha capturado la atención de distribuidores internacionales como IFC Films. Además, *Miss Bala* se lucra de la apropiación inteligente del cine de jóvenes desarrollado por Naranjo en sus anteriores películas como *Drama/Mex* (2007) y *Voy a explotar* (2009), las cuales exploraron los problemas enfrentados por jóvenes de clase media y alta enajenados en sociedades marcadas por el elitismo y la desigualdad. La Laura de Sigman puede leerse como una intersección entre los personajes femeninos malditos de Naranjo (como Tigrillo, la joven que, en su intento de convertirse en prostituta, se enamora de un anciano ya que ella no tiene un sentido de familia y está enajenada de la sociedad clasista de Acapulco) y las políticas de la guerra contra el narco. *Miss Bala* de este modo expande la paleta de Naranjo de personajes femeninos que enfrentan su incapacidad de entrar a una sociedad hostil a las mujeres que las convierte en víctimas atrapadas en la vorágine de los problemas contemporáneos de México.

Aun así, *Miss Bala* trae a colación algunos de los puntos ciegos de la industria. Laura es al fin y al cabo una reina de belleza y su sufrimiento a veces se interrumpe por un trabajo cinematográfico que no tiene reparo en sexualizar su cuerpo. El ascenso de actrices a través del escalafón de la comedia romántica—mujeres como Ana Serradilla, Ana de la Reguera, y Martha Higareda—reproduce en grandes rasgos el criterio de belleza clasista, etnocéntrico, y sexista inherente al ecosistema mediático de México. Ciertamente, la representación fílmica de las mujeres ha avanzado muchísimo desde las películas de explotación de los años setenta y ochenta. De acuerdo a un estudio llevado a cabo por Jacqueline Benítez-Galbraith, Elizabeth Irvin, y Craig S. Galbraith, el cine post-TLCAN tiene una menor cantidad de "roles sexistas" que sus contrapartes pre-TLCAN (180). Sin embargo, como la mayoría de las empresas fílmicas contemporáneas, el cine mexicano enfrenta una ausencia preocupante de directoras exitosas, lo cual consecuentemente ha sido un obstáculo para una representación más progresiva de los asuntos de mujeres. El *boom* de directoras que duró desde finales de los años ochenta a los tempranos años noventa, trajo figuras como María Novaro y Maryse Sistach a la escena.[11] Pero las cineastas mujeres en los años 2000 no han logrado el mismo grado de éxito que directores como Reygadas o Naranjo. Aun así, como Joanne Hershfield muestra convincentemente en un artículo reciente, inclusive cintas como *Sin dejar huella* (2000) de Novaro y *Perfume de violetas* (2001) de Sistach "se dirigen a la violencia en contra de las mujeres en lo abstracto [y] carecen de la conciencia política de las manifestaciones particulares de violencia que puedan generar respuestas sociopolíticas necesarias y eficaces" ("Women's Cinema" 182; el énfasis en el original). En un mercado en el que cintas como *Presunto culpable* logran crear conciencia sobre asuntos sociales urgentes, el cine de mujeres permanece incapaz de alcanzar un público más allá de aquel que ya se identifica con agendas feministas, y la falta de espacios para cineastas mujeres en el cine contemporáneo ha afectado ciertamente la capacidad del feminismo de ser un elemento central en la formación de ideologías cinematográficas contemporáneas.

Sin embargo, dos películas recientes muestran modelos potenciales para el modo en que los asuntos de mujeres pueden dar forma a los intentos del cine mexicano de conectar con la esfera pública. El primero, *Backyard / El traspatio* (2009), es una película que se enfoca en una de las realidades más dramáticas en el México contemporáneo: las dos décadas de feminicidios brutales y sin resolver en las áreas de clase obrera de Ciudad Juárez. A pesar de que la película es dirigida por Carlos Carrera, el guion fue escrito por Isabel Tardán y Sabina Berman, su primera colaboración fílmica desde la maravillosa cinta feminista *Entre Pancho Villa y una mujer desnuda*, la cual Berman y Tardán dirigieron en 1996. Berman y Tardán claramente le dan a la cinta una estética feminista que permite una discusión sobre el asunto en el dominio del cine, lo cual contrasta con la negligencia y falta de interés mostrado por periodistas y políticos en las pasadas décadas. La cinta se enfoca en Blanca (Ana de la Reguera), una joven detective de la policía local que ha sido asignada a los feminicidios. Las caracterizaciones de Blanca ya muestran el modo en el que la visión de Berman y Tardán y la dirección de Carrera proveen una representación muy distinta de mujeres a aquella vista en *Miss Bala* o en las comedias románticas. La película dramáticamente minimiza el *sex appeal* de De la Reguera, y su interpretación de Blanca resulta en una figura andrógina definida por su relación conflictiva con los mundos masculinos de la política y la ley.[12] Más aun, la narrativa de la cinta se enfoca en una red de mujeres que participan en la lucha diaria contra la indiferencia a las violaciones en masa y los feminicidios. De este modo, Blanca crea lazos con Sara (Carolina Politi), una activista que mantiene récords sobre todas las mujeres desaparecidas y dirige una organización que le da santuario a víctimas, a la vez que resiste la presión política ejercida por el gobernador estatal (Enoc Leaño), un católico devoto que esconde los asesinatos para proteger la industria de las maquiladoras. La película también cuenta, paralelamente, la historia de una de las víctimas, Juana (Asur Zagada), una maestra indígena de Oaxaca a quien violan y asesinan unos hombres reunidos por su exnovio, Cutberto (Iván Cortés), como "castigo" por haber querido disfrutar su estado como una mujer financieramente independiente. La cinta exitosamente muestra el problema de género que es la raíz de los feminicidios: el desprecio absoluto por los derechos de las mujeres (desde el derecho a la libertad personal al derecho a la protección legal del estado), el cual se manifiesta tanto en la brutalidad de los crímenes y en la ineptitud del gobierno en perseguirlos. También expone el hecho de que los crímenes no son sólo la obra de un asesino serial—una ficción producida tanto por la atención mediática como por el deseo del gobierno de hacer desaparecer el problema—sino como un agregado de actos de violencia en contra de las mujeres, llevado a cabo por hombres en distintas posiciones de poder, ya sean novios como Cutberto, tíos que violan a sus sobrinas, y hombres que resienten el éxito de las mujeres en la fuerza laboral. Al final de la película, Blanca persigue a Mickey Santos (Jimmy Smits), un hombre de negocios pedófilo, cuando este intenta secuestrar a una muchacha de secundaria para violarla y asesinarla. Cuando Blanca y su compañero Fierro (Marco Pérez) capturan a Mickey, este se entrega porque sabe que sus sobornos al jefe de la policía y la ineficacia del sistema judicial lo protegerán. Más aun, a pesar de que los negocios de Mickey están en Ciudad Juárez, él vive en El Paso, lo cual le permite llevar a cabo actos criminales en el lado mexicano de la frontera mientras lleva una vida respetable de hombre de negocios en los Estados Unidos. Para finalizar este ciclo, Blanca decide finiquitarlo. Al final, mujeres como Sara y Blanca surgen no como símbolos sexuales o como figuras que la mirada masculina construye, sino como agentes sociales justos que permanecen como las únicas figuras de justicia en una sociedad que discrimina en contra de las mujeres.

Claro, el feminismo no es el único instrumento que les permite a las mujeres convertirse en participantes centrales de la industria fílmica. *La misma luna* (2007) de Patricia Riggen muestra otra vía para quebrar con algunos de los límites del cine mexicano neoliberal mediante la rehabilitación del melodrama como lenguaje de lo social. En vez de crear un relato moralista, como lo hicieron los melodramas de la Época de Oro, *La misma luna* es la cálida historia de Carlitos (Adrián Alonso), un niño de nueve años quien, tras la muerte de su abuela, viaja al norte para escapar de su tío y unirse a su madre, Rosario (Kate del Castillo), una mujer indocumentada que vive en Los Ángeles. La cinta de Riggen consiguió éxito en los Estados Unidos y México, precisamente por su uso de un tipo de discurso emotivo que los cineastas mexicanos de los años 2000 intentaron evitar. A diferencia de las comedias románticas y otras cintas comerciales, las cuales dependen de actores con carreras en el cine, Riggen recurre a dos de los actores mexicanos más populares en la televisión: la estrella de telenovelas Kate del Castillo y el comediante Eugenio Derbez. En vez de enfocarse en las convenciones del cine social mediante la representación de la desigualdad social, Riggen opta por una historia que atrapa al público a través de la representación intensamente empática del lazo entre madre e hijo, una narrativa más común en los cánones melodramáticos que en el cine mexicano post-1988. El juego que lleva a cabo la película

Conclusión   257

mediante la combinación inteligente de las sensibilidades de las telenovelas y la habilidad de Riggen de desplegar formas de narrativas típicamente construidas por los medios dirigidas a las mujeres de clases bajas resultó en un éxito binacional, gracias a una recaudación en la taquilla de ocho millones de dólares en México y más de trece millones en los Estados Unidos.

Riggen muestra en esta producción que su profunda inmersión en la cultura popular mexicana y su uso de temas tradicionalmente asociados a mujeres cineastas (la maternidad) tienen un fuerte potencial para trascender lagunas de las barreras enfrentadas por el cine contemporáneo mexicano.[13] Como Caryn Connelly ha discutido, *La misma luna* constituye, a través de su discurso emotivo, un nuevo modo de representar a los inmigrantes como "personas honestas, trabajadoras y familiares que intentan mejorar sus vidas y las vidas de sus hijos *y* quienes tienen que hacer grandes sacrificios para lograrlo" (18). Interesantemente, los códigos del melodrama, típicamente asociados a la hipérbole y al escapismo, paradójicamente le permiten a Riggen a construir una narrativa que humaniza a los inmigrantes desde la perspectiva de un público tanto en México y los Estados Unidos, dándole al cine mexicano la posibilidad de intervenir en debates cruciales a la relación bilateral. De hecho, *A Better Life* (Chris Weltz, 2011), una película estadounidense de un trabajador indocumentado (Demián Bichir) y su deseo de una mejor vida para su hijo (José Julián), sigue el modelo melodramático de *La misma luna* para explorar las historias humanas detrás de la inmigración ilegal. El impacto de la cinta fue tal que Demián Bichir—un actor icónico en el cine mexicano post-1988 quien ya era una figura visible en los Estados Unidos gracias a su rol en la serie televisiva *Weeds*—consiguió una nominación al Óscar para Mejor Actor, junto a Jean Dujardin, George Clooney, Brad Pitt, y Gary Oldman. El reconocimiento sorprendente de Bichir—una nominación para Leonardo DiCaprio parecía ser más esperada—dice mucho sobre el descubrimiento de Riggen del melodrama como un lenguaje de comunicación entre las industrias fílmicas de México y los Estados Unidos. Como resultado de esta nominación, Bichir fue elegido en el 2013 para protagonizar la serie de FX *The Bridge*, un programa de policías que se enfocaba en la frontera entre Estados Unidos y México. De paso, el director del primer episodio de la serie fue Gerardo Naranjo.

Por otra parte, la elección de actores de telenovela no sólo rompe con la separación de clase entre televisión (dirigida a las clases bajas) y el cine (primariamente un género de clases medias y altas), también se dirige a un nuevo público en la comunidad mexicana en los Estados Unidos, una que ya conoce a figuras como Del Castillo y Derbez gracias a su presencia en la programación del canal Univisión. De modo que Riggen no sólo representa el caso excepcional de una directora exitosa, sino también el de una pionera en los nuevos lazos de la industria entre el cine mexicano y el mercado de latinos estadounidenses. De hecho, el éxito de *La misma luna* resultó en parte de la creación de Pantelion, un esfuerzo de producción y distribución cooperativo entre Televisa y Lionsgate Films. Pantelion ya es el distribuidor de muchas cintas mexicanas exitosas en el mercado de los Estados Unidos (incluyendo *Salvando al soldado Pérez* y *Pastorela*). Más importante, Pantelion trabaja con estudios mexicanos para producir cintas en español y en inglés dirigidas a un público estadounidense. La compañía se encuentra en el proceso de preparar un público para proyectos que apelan a distintos niveles de latinos estadounidenses y muestra algún potencial del *crossover*. Su primer estreno, *From Prada to Nada* (Ángel García, 2011), una rearticulación Latina de *Sense and Sensibility* de Jane Austen, tuvo una recepción modesta (recaudó sólo 3.5 millones USD), pero se jactó de un elenco transnacional que incluyó a la actriz de Hollywood Camila Belle, la actriz mexicana Adriana Barraza, y las estrellas latinas Wilmer Valderrama y Alexa Vega. Además, *From Prada to Nada* fue un intento respetable de traer la estética de la comedia romántica desarrollada en México al público estadounidense, particularmente a través de su inusual enfoque en latinos de clase alta. Esto es significativo en el mercado estadounidense dada su tendencia de encasillar a los actores mexicanos a roles de inmigrantes ilegales y narcotraficantes. Un lanzamiento más reciente, *Casa de mi padre* (Matt Piedmont, 2012) enfrenta los estereotipos a través de una ruta distinta. La película es una parodia de los *westerns* totalmente en español, con un elenco compuesto por actores reconocidos como García Bernal, Luna, Pedro Armendáriz, y Sandra Echeverría. El artificio central de la película es el hecho de que el rol principal, Armando Álvarez, es interpretado seriamente por el comediante Will Ferrell, quien no habla español. Ferrell interpretó todas sus líneas a través de la fonética, sin estar seguro qué decía. La cinta se burla hábilmente de la ignorancia del público estadounidense con el idioma español y la cultura mexicana (dado que el género del *western* ha sido una fuente de los estereotipos de cómo se supone que se ve México). En todo caso, este tipo de intervención puede cambiar la ecuación de la presencia latina en la cultura estadounidense. También es notable que *Casa de mi padre* fuera coproducida por Canana Films y Lemon Films, lo cual ejemplifica un camino potencialmente viable para que las casas de producción mexicanas entren al mercado estadounidense. Dos de las otras películas de Pantelion, *Go for It* (2011) de Carmen Marron y *Girl in Progress* (2012) de Patricia Riggen, se dirigen a la representación positiva de niñas latinas estadounidenses que se enfrentan a las contradicciones de su herencia. Empresas como Pantelion pueden de hecho contribuir a reformular la representación aun cuestionable de los latinos en los medios estadounidenses.[14]

En el mercado doméstico mexicano, la industria sigue proveyendo un flujo confiable de cintas comerciales, las cuales por lo menos mantienen su participación en el mercado. La comedia romántica permanece como una fuente consistente y segura de éxito comercial. En años pasados, las comedias románticas con éxito en la taquilla incluyeron *Te presento a Laura* (Fez Noriega, 2010), un vehículo para Martha Higareda; *No eres tú, soy yo* (Alejandro Springall, 2010), un segundo acto para Eugenio Derbez; y *Labios rojos* (Rafael Lara, 2009), una cinta protagonizada por la estrella de comedias románticas y telenovela Silvia Navarro. Pantelion fue el distribuidor estadounidense para *No eres tú* y *Labios rojos*. Pero el desarrollo más innovador del cine mexicano desde el 2005 ha sido la expansión del cine comercial a géneros más allá de la comedia romántica. Casas de producción como Lemon Films han empujado contra distintos límites y han retado al cine estadounidense en géneros que tradicionalmente no se hallaban en la cinematografía post-1998. Como resultado, el cine de horror, el cual fue una presencia constante del "cine de soledad" y el cual no había tenido mayor representación desde *Cronos* de del Toro, surgió con gran fuerza en la segunda parte de los años noventa, tras el éxito comercial de la película *Kilómetro 31* (2006). Paul Julian Smith ha descrito esta cinta aptamente, la cual se enfoca en unos gemelos telepáticos envueltos en un accidente automovilístico, en tanto una empresa transnacional que combina un elenco de actores mexicanos y españoles, estrategias familiares del cine de horror estadounidense y global, y una trama basada en una historia mexicana ("Transnational Cinemas" 69–70). Sin embargo, el compromiso de Rigoberto Castañeda, el director, al género sigue hasta cierto punto el camino que abrió Guillermo del Toro, particularmente en su intento de desasociar el cine de horror de su poco atractiva tradición mexicana. Por ello, la segunda cinta de Castañeda, *Blackout* (2008), fue filmada en inglés y dirigida al público independiente estadounidense. No obstante, la primera producción de Castañeda ofreció un modelo que hizo al horror un lenguaje viable nuevamente en el cine comercial mexicano, y muchas películas notables le han seguido: *Spam* (Carlos Sariñana, 2008), una película sobre un e-mail que mata personas; *Somos lo que hay* (Jorge Michel Grau, 2010), una película sobre caníbales al estilo de *Cronos*; y la historia de fantasmas *Viernes de ánimas* (Raúl Pérez Gámez, 2011), entre otras. Si se contaran las películas de acción y de animación que mencioné antes, junto al influjo constante de comedias románticas, estas películas de horror, melodramas como *La misma luna*, dramas como *Miss Bala*, y hasta documentales como *Presunto culpable*, el panorama del cine comercial resultaría ser más diverso y complejo que el visto a principios de los años 2000.

Otro signo particular de la creciente influencia del cine mexicano en el panorama cultural es el uso reciente del medio por parte de grupos conservadores para avanzar la historia revisionista de las relaciones estado-iglesia. México es un país que ha mantenido la separación de iglesia y estado desde mediados del siglo diecinueve y la derecha conservadora que busca socavar esta separación raramente aparece en la cultura *mainstream*. De hecho, uno de los eventos fundacionales del México moderno es la Guerra Cristera, un conflicto civil que resultó de los intentos del gobierno de expulsar a la iglesia católica a finales de los años veinte. La derecha ha presentado desde hace mucho a los Cristeros como defensores de la libertad religiosa, a pesar de que las organizaciones que sostienen estas opiniones (como el Opus Dei y los Legionarios de Cristo) no son representativos del pensamiento o las prácticas religiosas del país. El cine se ha convertido recientemente en un vehículo para expresar estas opiniones, en un intento de convencer al público de las posturas sostenidas por los activistas conservadores. La primera película notable en esta línea es *2033* (Francisco Laresgoiti, 2009), una alegoría de ciencia ficción de la Guerra Cristera, localizada en una futurística Ciudad de México. La película ocurre en una sociedad en la que los libros y la religión han sido prohibidos, y en la que todo el control está en las manos de una corporación a través de una comida sintética llamada PECTI. Los héroes de la cinta son un sacerdote (Marco Antonio Treviño) quien se atreve a tener una biblioteca y ayuda a las personas a romper sus adicciones a PECTI, y un joven, Pablo (Raúl Méndez), quien es preparado por la élite para tomar el control de la corporación, pero decide unirse a la resistencia. El personaje de Treviño se llama Miguel—una clara referencia al Padre Miguel Agustín Pro, una de las figuras principales de los Cristeros. En el mundo construido por la película, el secularismo liberal y neoliberal amenazan a la humanidad, y sólo puede conseguir redención a través de un abrazo total de la religión. La película está relacionada a la familia Servitje (a través del director y del patriarca Lorenzo, quien financió la producción), un prominente clan de negocios conocidos por estar a la cabeza del imperio del pan Bimbo y su apoyo a causas derechistas radicales. Más recientemente ha surgido un flujo consistente de obras enfocadas en esta narrativa, como *Marcelino, pan y vino* (José Luis Gutiérrez, 2010), la cual sucede en la época de la Revolución Mexicana y es un recuento de la infame película española de 1955 del mismo título, una obra icónica del catolicismo nacionalista del periodo franquista. Pero quizás la más reveladora es *For Greater Glory* (Dean Wright, 2012), una producción binacional entre

Estados Unidos y México protagonizada por Andy García. La cinta es un recuento de 150 minutos de la Guerra Cristera, presentada como una lucha épica por la libertad de culto. La cinta fue apoyada tanto por latinos en los Estados Unidos como García y Eva Longoria, y por la compañía mexicana Dos Corazones Films, la cual en el pasado produjo películas sobre el Papa Juan Pablo II y la Virgen de Guadalupe. Hasta la fecha, *For Greater Glory* es la película mexicana más cara en la historia (con un presupuesto de once millones de dólares), lo cual ilustra la fe de los productores en el poder del cine para avanzar su agenda. Más allá de la posición que se tome en torno a asuntos de religión en México, la existencia de estas películas muestra la creciente presencia del cine en la esfera pública. Obras como *2033* y *For Greater Glory*, cintas religiosas que fueron financiadas por una élite de negocios conservadoras y que circularon en los mercados fílmicos comerciales, eran impensables a principios del siglo veintiuno.

El Bicentenario del 2010 aportó otro vistazo al futuro potencial del cine mexicano. Beneficiándose del financiamiento disponible para la celebración, Canana produjo *Revolución* (2010), una compilación de diez cortometrajes dirigidos por los más altos directores en la compañía, en la que la idea de la Revolución Mexicana es apropiada de modos creativos y revisionistas.[15] El arco de la antología es de hecho muy notable. La misma tiene obras por Naranjo, García Bernal, Mariana Chenillo, Fernando Eimbcke, Rodrigo Plá, y Rodrigo García que son interesantes por sí mismas, pero tres otras piezas son particularmente dignas de atención. Patricia Riggen activa una vez más su interés por el melodrama y las historias binacionales mexicanas en "Lindo y querido," la historia de una joven que regresa a sus raíces mexicanas tras la muerte de su padre. Carlos Reygadas no decepciona con su experimental "*Éste es mi reino*," el cual documenta el crescendo decadente de una fiesta de la élite mexicana en el pueblo de Tepoztlán. La cinta se basa en la aproximación radical del *cinema verité*: el supremo egoísmo de los ricos y su capacidad para descender en un carnaval de ebriedad se contrasta con la gente del pueblo, quienes observan sorprendidos cómo los asistentes a la fiesta queman un automóvil. Amat Escalante dirigió, en mi parecer, el mejor corto, "El cura Nicolás Colgado," en el que un sacerdote es atacado por una turba que lo deja colgando de un árbol, de donde es rescatado por dos niños. El cortometraje, filmado para que se parezca al México de la Guerra Cristera a finales de los años veinte, sorprende al público al hacer que sus personajes lleguen a una ciudad moderna para cenar en McDonald's. Escalante utiliza la cinematografía y el montaje para entregar un mensaje poderoso: México no ha cambiado tanto desde la época revolucionaria. En su variedad formal, temática y estilística, los cortometrajes de *Revolución* muestran las muchas avenidas para el desarrollo futuro del cine e indican una expansión inclusive más considerable del cine de autor.

El impacto más notable de todos es el modo en el que el cine ha reconfigurado la industria mediática más importante de México: la televisión. A la vez que el cine mexicano se transformó en un referente cultural importante para las clases medias, las redes televisivas y los canales de cable en México tomaron nota y adoptaron sus lenguajes y estrellas para nuevos programas dirigidos a su público. HBO Olé, la versión latinoamericana del canal de cable estadounidense, produjo su primera serie en México, *Capadocia*, siguiendo el modelo del cine mexicano. Protagonizada por Ana de la Reguera, sigue a una mujer que va a la cárcel tras haber asesinado accidentalmente a la amante de su esposo, en un momento en el que el gobierno ha decidido privatizar el sistema penitenciario. La serie no sólo incluye a actores fílmicos como De la Reguera y Juan Manuel Bernal. También hace eco a una narrativa de corrupción estatal y ciudadanía del miedo similar a aquella de *Todo el poder* de Sariñana, la cual discutí en el Capítulo 3. En vez de optar por la comedia, *Capadocia* traduce esta historia gracias al fuerte trabajo de HBO con el drama, lo cual resulta en una mezcla interesante del serial del canal estadounidense y el cine mexicano. Otro ejemplo icónico es *Soy tu fan*, un exitoso programa televisivo, producido por Canana Films, la empresa de Luna y García Bernal. Basada en la serie argentina, *Soy tu fan* es fundamentalmente una comedia romántica en la que la protagonista, interpretada por Ana Claudia Talancón, se envuelve en un triángulo amoroso con su exnovio, quien es miembro de una banda de *rock*, y un nuevo interés romántico. Los episodios de la serie son a menudo dirigidos por figuras principales de la industria fílmica, como Mariana Chenillo y Gerardo Naranjo. También, aprovechándose de la popularidad de Talancón y de la recepción positiva de las comedias románticas mexicanas, *Soy tu fan* ha logrado establecer tanto un público nacional—a través del canal nacional Canal Once, dirigido en ese momento por Fernando Sariñana—y uno transnacional, gracias a su retrasmisión en los Estados Unidos en MTV Tr3s, lo cual transforma a la serie en un referente entre el público de jóvenes latinos en los Estados Unidos. Hasta Televisa se ha movido hacia las series inspiradas por la estética fílmica, como evidencian programas como *El Pantera*, una serie de acción basada en un y protagonizada por Luis Roberto Guzmán (de *Ladies' Night*), la cual ha atraído al público *comic* que ya no está interesado en telenovelas.

Carlos Gutiérrez ha dicho recientemente que "el estudio del cine en México permanece atrapado a grandes rasgos dentro de los paradigmas de décadas anteriores" ("*Y tu crítica*" 108). Esto ciertamente sigue siendo un problema a través del panorama académico, tanto en español y en inglés, ya que los críticos permanecen comprometidos con el estudio de la mexicanidad y el mexicanismo. Como espero que mi análisis haya demostrado, es imperativo trascender el mexicanismo como la forma predominante de aproximación al cine mexicano, y leer la producción cinematográfica de México de modo que no se repitan las agendas ideológicas del crítico. La película mexicana ciertamente contradice muchos de los principios desarrollados por los investigadores de los estudios culturales. La ausencia de cineastas mujeres y de la representación de asuntos de la mujer, la cual discutí anteriormente, limita el alcance de las aproximaciones feministas. Además, el hecho de que el cine mexicano post-1988 sea primero y ante todo una cultura de élites, y que las cintas puedan manifestar posiciones políticas regresivas y representaciones problemáticas de raza, clase, y género, choca con los ideales izquierdistas y progresistas de muchos estudiosos de la cultura (incluyéndome). Aun así, en este libro espero haber mostrado que es imposible entender los problemas presentados por el cine mexicano—la segregación del público, la necesidad de negociar con el mercado doméstico, las presiones del mercado internacional en los cineastas mexicanos, la competencia con Hollywood, y la necesidad de atraer a un público que tal vez sostenga una posición ideológica y cultural regresiva—privilegiando películas con agendas progresivas o descartando la cultura de las clases medias y altas. El cine mexicano del siglo veintiuno ya no es un vehículo para la expresión de lo nacional, o una forma de cultura que puede ser utilizada para la democratización cultural y social del país. Sin embargo, el valiente, aunque problemático, éxito de la industria en mantener viva una tradición que hubiera sido destruida por el gigante de Hollywood requiere críticos y académicos que estén en sintonía con lo que dicen las películas y con los muchos obstáculos que enfrentan para poder existir. Como creo que sugiere mi estudio, los procesos sufridos por el cine mexicano durante los últimos veinticinco años tienen mucho que decirnos: sobre el cine, sobre el neoliberalismo, y sobre lo que la sociedad mexicana—asediada por la división política, la desigualdad social, y una violencia sin precedentes—dice sobre sí misma.

Notas

Introducción

1. Para el desarrollo de un concepto de cultura nacional como ese que invoco aquí, ver Schlesinger 107.
2. Ver Sánchez Prado, *Naciones intelectuales*, para una discusión del proceso de los años treinta y cuarenta en la literatura; Doremus, para una discusión de la cultura en general; y Denver y Noble, para los casos específicos del cine.
3. La mayor parte de esta infraestructura creció de la Ley de Industria Cinematográfica, promulgada por la administración de Miguel Alemán en 1949. Esta ley estuvo activa hasta que fue reemplazada por nuevo acto federal en 1992. Ver Berrueco García para un buen estudio de la historia de la legislación y jurisprudencia fílmica en México. Adicionalmente, ver Flibbert 82–97 para una útil y concisa historia del rol del estado en el cine mexicano entre 1930 y 1992.
4. Para una descripción de este proceso global, ver Harvey.
5. Cuando revisaba este libro, Frederick Luis Aldama publicó *Mex-Ciné*, un estudio que incorpora elementos de sociología y teoría cognitiva en el estudio del cine. El libro tiene una estructura particular, con pequeños resúmenes de películas y capítulos con títulos algo extraños. Mientras que no comparto la idea de utilizar el término "Mex-Ciné" para hablar del cine mexicano, como hace Aldama a través de su libro, su trabajo ofrece algunas ideas originales sobre películas post-2000.
6. El trabajo de Paz es conocido por académicos mexicanistas y latinoamericanistas y me parece innecesario profundizar en sus tesis en el contexto de mi discusión. Sin embargo, puede decirse que Paz entendió su libro como un diagnóstico de una enfermedad mexicana, 'la soledad', que expresaba la relación problemática de México con sí mismo, su historia, y la modernidad en general. Al enfocar su estudio precisamente en el género y las clases urbanas populares, Ramírez Berg sigue de cerca el esquema de la cultura mexicana que Paz desarrolló. Un esquema que, si somos justos, tiene más influencia en los estudios chicanos y mexicano-americanos que en México. Una buena discusión de la visión de la historia y la modernidad en Paz, particularmente para aquellos no familiares con ella, puede encontrarse en Quiroga, *Understanding Octavio Paz* 57–87.
7. Un estudio de esta tradición está, por supuesto, más allá de los fines de este trabajo, pero mis opiniones críticas aquí se derivan de Sánchez Prado, *Naciones intelectuales* 191–238.
8. La discusión del cine de Cuarón tomará lugar en los Capítulos 2 y 4, mientras que *Cronos* será discutida extensamente en el Capítulo 4.

9. Y aquí se debe hacer énfasis en lo "específico." Mientras que algunas películas han sido objeto de muchísimos estudios, la mayoría de las obras que aquí discuto no han generado trabajos monográficos, de modo que las críticas disponibles serán aquellas de las discusiones generales del cine del periodo.

Capítulo 1

1. De hecho, en términos de cuestiones de género, el artículo de Wu representa un consenso con respecto a la película. Por ejemplo, Claudine Potvin reconoce que tanto el libro como la película intentan recuperar géneros culturales populares para enfrentar la condición femenina. Aun así, Potvin argumenta que "la marginalización de la figura femenina permanece intacta, desde el principio hasta el final de la película, sin establecer el carácter radical del margen o una redefinición del centro, a través de la caracterización de Tita, por ejemplo, o a través de la subversión/inversión de su tragedia" (64). Otra crítico, Deborah Shaw, argumenta que, en lo profundo, la película ofrece una visión muy conservadora de género y clase: "Sin este problema [su compromiso a su madre], Tita viviría una vida idealizada con el hombre de sus sueños y estaría satisfecha cocinando y atendiendo los deseos de su esposo y sus hijos con la ayuda de sus sirvientes indígenas, que felizmente trabajan para ella, una buena jefa considerada" (*Contemporary Cinema* 39). Ha habido, por supuesto, algunas lecturas disidentes. Dianna Niebylsi, a pesar de reconocer la visión "cuasi-reaccionaria" de la película, al fin y al cabo, propone que se lean tanto el libro como la película como parodias de géneros tradicionales mexicanos. Mostrando una fuerte preferencia hacia el libro—a diferencia de Potvin, que argumenta que ambos textos son esencialmente idénticos—Niebylsi sin embargo caracteriza la película de "dulce y sexy" y "un dulce entremés a la mirada" (193).
2. En su emblemático libro, Doris Sommer utiliza el término "ficción fundacional" para ilustrar las formas en las que los "romances nacionales" decimonónicos, como *María* de Jorge Isaacs o *Clemencia* de Ignacio Manuel Altamirano, alegóricamente representan algunos proyectos, ideologías e identidades nacionales. Esta noción puede ser expandida hacia las producciones del siglo XX, como las novelas de García Márquez o a los melodramas mexicanos de medio siglo, en tanto que también utilizan la identificación afectiva para alegorizar ideas e ideologías nacionales.
3. Desde mi punto de vista, esta lectura no se sostiene, porque la película claramente busca que la audiencia se identifique con Tita, un aparato del melodrama más que de la comedia. Además, siguiendo las lecturas de Shaw y Rollet citadas anteriormente, el público nacional e internacional que acudió a la película no percibió la película como una comedia.
4. Un excelente estudio de esta figura se puede encontrar en Linhard.
5. Le debo este argumento a Olivia Cosentino.
6. Ya que este libro no es una lectura deleuziana del cine mexicano, explicar las complejidades del sistema de Deleuze está fuera de su alcance. Aun así, para el desarrollo de la cuestión, ver Campbell y Martin-Jones. Las nociones de "imagen tiempo" y "imagen movimiento" vienen de *Cinema 1* y *Cinema 2* de Deleuze. Para un buen estudio de los conceptos cinematográficos de Deleuze, ver Bogue.
7. Otro fenómeno muy conocido en este sentido es el *boom* de Frida Kahlo en los tempranos años noventa, que incluyó una exhibición en el MOMA en Nueva York que fue auspiciada considerablemente por el gobierno mexicano. Para un buen estudio de esta exhibición, ver Franco, *Critical Passions* 39–47.
8. Es interesante notar que la película de Ripstein es el segundo *remake* de la de Boytler. El director Emilio Gómez Muriel utilizó el guion de Boytler para una versión en 1949, en plena Época Dorada.

9. Un caso interesante en este contexto es *Mi querido Tom Mix* de Carlos García Agraz, una producción algo exitosa basada en la obsesión de una mujer mayor con el cine mudo de los vaqueros. A pesar de que García Agraz no apela al pasado de la Época de Oro, su nostalgia funciona en relación a la misma identificación afectiva del público con el cine, en este caso representado por una nacionalización de un género clásico foráneo. Esta película es difícil de clasificar y, por lo tanto, difícil de localizar en relación sistemática con las otras del periodo. Aun así, se podría decir que posee unos valores de producción sorprendentemente altos, y es una película digna de consideración. En mi argumento, esta se mostraría como otro ejemplo de las reflexiones de un cineasta sobre el valor público perdido del cine. Sin embargo, otros críticos han ofrecido lecturas interesantes de la misma. Ver en particular, Stock, cuyo "Authentically Mexican?" ofrece un análisis sugestivo en el contexto del cine de principios de los años noventa.
10. Para una buena discusión de la adopción de la colonia en *Ave María*, ver Gordon 109–40. La discusión de Gordon es apropiada aquí, ya que analiza la película como una "reinstrumentalización de un ícono nacional" (109)
11. Es importante también notar que Pelayo recientemente escribió acerca del significado de hacer cine durante la crisis de la década de los ochenta. Las dificultades enfrentadas por directores como Ripstein, Cazals y él mismo, son sin duda un factor de la rearticulación nostálgica de Miroslava. Ver Pelayo.
12. Mora Catlett dirigió, más recientemente, una película filmada en purépecha, otra lengua indígena. *Eréndira Ikukinari* (2006) cuenta la historia de una mujer indígena del siglo XVI que resiste valientemente la conquista española. Aunque no es tan artificiosa como *Retorno a Aztlán*, igualmente prueba que este estilo sigue siendo un callejón sin salida en el cine mexicano contemporáneo.
13. Para una definición y ejemplos de este cine de *mexplotación* ver Greene.
14. Para *Cabeza de Vaca*, ver la siguiente sección; para *Sólo con tu pareja*, ver el Capítulo 2; para *Cronos*, ver el Capítulo 4.
15. Es posible hacer aquí un contraste con un ejemplo menos interesante de nostalgia reflectante: *Pueblo de Madera* (1990) de Juan Antonio de la Riva. Esta película recrea la vida de un pueblo que produce madera en la sierra. Aunque siguen muchos personajes a través de la película, la trama principal se basa en dos niños, que son mejores amigos. Uno está destinado a convertirse en un trabajador en la industria maderera, mientras que el otro abandonará el pueblo al final de la cinta. La película comienza con una escena que pone el tono costumbrista para el resto de la misma: un certamen de declamación de poesía, en la que un niño recita un texto nacionalista. La nostalgia aquí se representa en la tensión constante entre la atmósfera idílica del pueblo y los conflictos que traen el crimen, la pobreza, y la vida. Mientras que *Danzón* opera dentro de una red sofisticada de referencias culturales, *Pueblo de Madera* es superficial y literal: una reminiscencia azucarada de una época que desaparece. El hecho de que Novaro consiguiera una trama más compleja utilizando la misma estructura—la confrontación del afecto y la modernidad—dice mucho de su talento como cineasta. Aun así, *Pueblo de Madera* es otro ejemplo importante del rol de la nostalgia en la configuración de las prácticas cinematográficas a finales de los años ochenta y a principio de los años noventa.
16. Schaefer sí menciona que Julia trabaja para Telmex (62), y sostiene que el final de la película se trata de la integración de Julia en el orden neoliberal. También reconoce el significado del uso de Julia de sus fondos de retiro para financiar su viaje y las sesiones de entrenamiento que tiene que soportar. Sin embargo, el estatus laboral de Julia juega un rol menor en el argumento de Schaefer, el cual está más interesado en cuestiones de cultura y ocio.

17. Agradezco a Olivia Cosentino por señalar esto.
18. En México, *mestizaje* se refiere a la idea de que la identidad nacional es el resultado del encuentro y la mezcla, tanto cultural como racial, de lo europeo y lo indígena. Esta idea se hizo popular en el México posrevolucionario y fue utilizada por intelectuales públicos como Manuel Gamio y José Vasconcelos como un argumento para construir la nación y abogar por la unión continental. En el contexto del 1992, la celebración del *Día de la Raza* fue utilizada para recrear esta narrativa de origen como fundamento de la identidad. Para un buen resumen del *mestizaje* latinoamericano y su desarrollo continental, ver Marilyn Grace Miller.
19. Es revelador que ni *1492* ni *Christopher Columbus* hayan aparecido en DVD en los Estados Unidos, especialmente si consideramos tanto el reconocimiento de sus directores y elencos, y el hecho de que películas mucho menos visibles actualmente han recibido lanzamientos en DVD. Para mis propósitos, esto ilustra aún más cómo estas películas fueron instrumentos de un momento histórico específico, y como se han mostrado a grandes rasgos irrelevantes al cine contemporáneo.
20. De los muchos ejemplos posibles, me gustaría recalcar el libro *Raíces indígenas, presencia hispánica*, editado por Miguel León-Portilla, una figura fundacional en los estudios precolombinos mexicanos, y una de las figuras principales en las celebraciones del Quinto Centenario. El libro recopila el trabajo de docenas de investigadores de distintas especialidades, en gran parte resaltando la idea de la Conquista como un "encuentro entre culturas." Para un estudio de las ideologías detrás de este tipo de trabajo académico, ver Sánchez Prado, "Pre-Columbian Past." Existe una discusión más extensa de este contexto en el cine mexicano en el trabajo de Haddu (*Contemporary Mexican Cinema* 45–48), donde ella estudia, además de las películas sobre Colón y las narrativas oficiales, los paralelos entre el surgimiento de movimientos indígenas de resistencia y las producciones cinematográficas que presentaron la historia de un modo más "sensible," como por ejemplo *The Last of the Mohicans* (1992) de Michael Mann.
21. Para ser justo, algunos estudios recientes del cine histórico presentan un panorama más complejo. Ver, en particular, Hughes-Warrington, que presenta un análisis más cuidadoso, el cual incluye una discusión útil sobre el afecto y la identidad. Mientras que algunos de mis conceptos se informan tangencialmente en su trabajo, me enfoco en los argumentos de Landy por su rol en darle forma a los debates sobre el cine histórico y sus resonancias en los estudios de este tipo de cine en Latinoamérica.
22. Pienso que un estudio cuidadoso del cine histórico mexicano sigue siendo una asignatura pendiente para los estudios fílmicos, ya que no se ha producido ningún libro importante sobre el tema. Estoy dispuesto a considerar la posibilidad que aun estas películas mencionadas aquí pueden ser leídas como intervenciones a contrapelo de los discursos oficialistas, a pesar de mi lectura de *Cabeza de Vaca*. El punto para enfatizarse aquí es simplemente que la conexión automática entre el cine histórico y la identidad nacional es problemática en contextos como México, y que el desarrollo teórico de estas ideas ha venido principalmente del estudio del cine europeo occidental, particularmente del que proviene de Inglaterra y Francia, y de las producciones de Hollywood.
23. Otro dato para considerar es que el estudio de Landy se enfoca mayormente en el cine de mediados del siglo XX (El periodo de *British Genres* cubre de 1930 a 1960), y que los usos más contemporáneos de la historia en el cine no se agotan en sus modelos.
24. Aun así, se han articulado muchos argumentos interesantes con respecto a la apropiación de la Conquista como evento histórico en *Cabeza de Vaca*. Ver el excelente estudio de Gordon en el que la compara con el clásico del Cinema Novo brasileño, *Como era gostoso o meu francés* (47–77).

25. Luis Fernando Restrepo ha notado que la película omite las partes de la crónica en las que más enfáticamente se representa la violencia colonial y la resistencia amerindia (190–91). No intento contradecir este punto. Lo que me interesa es resaltar que, a pesar de sus fallas, la producción sí ofrece una representación única y original de los pueblos indígenas, que va en contra de la tradición de representaciones idealizadas en el cine y otros géneros culturales.
26. Es importante notar que Al-Nemi no considera el cine mexicano que se basó en la obra de Mahfouz, tal vez porque las cintas se estrenaron justo cuando concluía sus investigaciones doctorales.
27. Es posible encontrar otro ejemplo de una adaptación fílmica que anuncia el quiebre de la forma melodramática en *Demasiado amor* (2002) de Ernesto Rimoch, basada en la exitosa novela homónima de Sara Sefchovich. La película cuenta la historia de una mujer que, mientras espera el momento para irse con su hermana a España, conoce a un hombre que le ayuda a redescubrirse personal y sexualmente a sí misma. Sergio de la Mora ha mostrado que el libro quiebra con el legado melodramático de la Época de Oro al presentar a una mujer que es sexual sin ser estigmatizada, pero, al fin y al cabo, caracteriza a la película como una fantasía romántica neonacionalista *(Cinemachismo* 42–46). Aun así, es interesante que de la Mora se refiera al libro en vez de a la película, a pesar de que su estudio surgió cuatro años después que esta. Esta capacidad de criticar profundamente la forma melodramática y aun abiertamente apelar a una narrativa nacionalista es parte de la atracción que llevó a la adaptación cinematográfica del texto de Sefchovich. Sin embargo, me parece que la película finalmente no es tan importante como el libro porque salió en el 2002, de modo que su ataque a la narrativa melodramática no fue tan atrevido e innovador como lo fue el de Ripstein en 1993. Aun así, la existencia de una producción como esta, casi una década después de *Principio y fin,* muestra la persistencia del melodrama como una preocupación estética para los directores de cine, quienes son bastante capaces de presentar perspectivas críticas sobre el mismo, aun en películas más convencionales.
28. No estoy argumentando que esta fue la única literatura adaptada en México antes de 1968 (ya que no puedo sustentarlo de ningún modo ni cae dentro del alcance de mi estudio). Simplemente enfatizo que las producciones más reconocidas adaptaron novelas mexicanas canónicas.
29. Mi muestra de estudios anglófonos para sustentar esta afirmación incluyó Cartmell y Whelehan, *Adaptations* y *Cambridge Companion*; Kroeber; Carroll, Leitch, y Welsh y Lef. Para un ejemplo francés, ver Gaudreault. Para un ejemplo hispánico, ver Sánchez Noriega y Wolf.
30. El formalismo ruso utilizó esta noción para discutir los modos en los que obras originales de literatura y crítica permitieron la "transformación de nuestras percepciones convencionales de la historia literaria" (Shklovsky xvi). Es en este sentido particular en el que yo uso el término, ya que creo que adaptar a Mahfouz hizo posible que Ripstein y Fons transformaran las percepciones tradicionales del género melodramático, al igual que la función social del cine ante la escala de valores puesta en escena no sólo en las estéticas mexicanistas, sino también en las neomexicanistas.
31. Muchos críticos de Mahfouz han señalado el rol central del patriarcado como estructura de poder en su trabajo. Ver Allegretto-Diiulio. Además, Hamman Al-Rifal argumenta que las figuras subyacentes del machismo en Mahfouz se traducen a la adaptación fílmica, haciendo de estas dinámicas de género uno de los elementos centrales que permanecen de la fuente literaria.
32. La primera película de Carrera, *La mujer de Benjamín* (1991), es una obra importante, del mismo modo que *Sin remitente* (1995) también gozó de un cierto nivel de éxito.

33. Ayala Blanco afirma correctamente que otras producciones, como *El evangelio de las maravillas* (1998) de Ripstein, están marcadas por un tono más anticlerical, aunque hayan sido ignoradas por los críticos y los censores (*La grandeza* 144). Yo creo que una de las razones por las cuales la producción de Carrera fue tan controvertible, además de la campaña publicitaria que se desarrolló alrededor de *El crimen del padre Amaro*, fue precisamente porque su anticlericalismo se presentó en un estilo tan familiar y comercial, anclado abiertamente en la tradiciones neomexicanista, mientras que las producciones de Ripstein estuvieron enraizadas en su estilo característico, el cual los públicos mexicanos sólo han apreciado raramente. En otras palabras, esta controversia es una instancia reveladora de una situación en la que la narrativa tradicional cinematográfica resultó en una posición crítica más efectiva de la que pudo lograr en otras ocasiones el cine de autor.
34. MacLaird ofrece una lectura sugerente de la película y de las implicaciones legales y religiosas de su alegada "blasfemia," al igual que los enredos institucionales y legales del escándalo. Ya que mi análisis está más interesado en el uso de códigos cinemáticos mexicanistas para socavar las ideologías nacionalistas hegemónicas, no estoy tan preocupado por estas controversias, aunque el análisis de MacLaird es sin duda fundamental para entender el impacto de la película.
35. Los tempranos años de la administración se Fox se caracterizaron por la opinión de que el sistema presidencial priísta terminó tras la elección de un presidente de un partido distinto. Sin embargo, para el 2002, este entusiasmo se vio interrumpido por el estancamiento que resultó de un congreso formado por tres partidos de minorías y el resentimiento de la derecha del PAN que, por su parte, surgió de la temprana decisión de Fox de nombrar figuras no partidistas a algunas posiciones importantes. Para este momento, hubo una reacción contra Fox desde distintos frentes. Ver Dawson 142–43. Una forma de leer esta película es en relación con la creciente preocupación de la izquierda liberal con respecto al empoderamiento de grupos ultra-derechistas como *Provida*, que encabezaron la campaña en contra de la película.
36. Para otra buena lectura de la adaptación, ver el artículo de Mónica Figuereido, que discute las maneras en las que la crítica del fanatismo religioso de Eça se traduce en la producción mexicana. Eso sí, no estoy tan de acuerdo con su lectura, ya que no logro ver el fanatismo como más que un tema secundario en la película.
37. El Veracruz de Novaro no siempre es cálido. Doña Ti, la dueña del hotel donde se queda Julia, es bastante homofóbica y maltrata a, y se burla de, los amigos travestis de Julia.
38. Se me ocurren dos ejemplos: la sacarina producción *Entre la tarde y la noche* (2000) de Óscar Blancarte, en la que la protagonista, Minerva, regresa a Mazatlán a enfrentar su pasado y finalmente reclamar su identidad; y *Cuento de hadas para dormir cocodrilos* (2002) de Ignacio Ortiz, una viaje a la raíz que cruza a la historia familiar y a la nacional en un pueblo de provincia. Aun así, es significativo que esta forma narrativa siga activa en los años 2000, probando la resistencia de algunas formas criticadas por producciones más sofisticadas.
39. Vale la pena señalar que otra de las novelas centrales de Ibargüengoitia, *Estas ruinas que ves*, se adaptó al cine en 1979. A diferencia de la película de Sneider, la de Julián Pastor estuvo más centrada en las fugas sexuales de los personajes que en construir de modo alguno una mirada crítica a México. La distancia entre la producción de Pastor y *Dos crímenes* es una buena ilustración del proceso que describo aquí.
40. Para un buen estudio de la narrativa de Ibargüengoitia, ver Campesino.
41. En este punto, *Arráncame la vida* contrasta con *La ley de Herodes* de Luis Estrada, una película mucho más atrevida sobre el periodo. Ver el Capítulo 3 para un análisis de esta última.

42. Me refiero aquí al exgobernador Mario Marín, un político acusado de proteger a un hombre de negocios acusado de ser un pedófilo. La estructura estatal del PRI y el partido nacional protegieron a Marín de cualquier tipo de acción judicial, a pesar de que su tendencia a ejercer poder verticalmente era ampliamente conocida.

Capítulo 2
1. Para una muestra mayor de las representaciones LGBTQ en el cine, ver Schulz-Cruz.
2. Claudia Schaefer sugiere de paso una conexión ligera con *Sex, Lies, and Videotape* no en tanto una influencia, sino como un "cliché" (50). Schaefer no se refiere a la película de Soderbergh directamente, sino que sostiene que el tropo estaba tan presente en el aire que no le sorprende que Hermosillo haya decidido utilizarlo. Difiero con esta perspectiva porque las películas que replicaron el concepto de *Sex, Lies, and Videotape* no estuvieron tan presentes como Schaefer dice; asimismo, cuando Hermosillo lo adoptó para su producción, fue una decisión única en el panorama mayor del cine mexicano.
3. *La tarea* tiene ecos en *Entre Pancho Villa y una mujer desnuda* de Sabina Berman e Isabel Tardán, la cual discutiré en el Capítulo 3.
4. Hermosillo produjo una secuela mucho más débil, *La tarea prohibida* (1992), en la que un joven estudiante invita a una mujer mayor (María Rojo) a su apartamento y la intenta seducir mientras filma sus interacciones. A pesar de que la mujer también es interpretada por Rojo, el personaje está totalmente desconectado de la Virginia de la primera película. Esta película fracasa porque la interacción entre los personajes no es tan fuerte, y porque Hermosillo renuncia a la presentación visual espartana de su anterior producción, para privilegiar interacciones sexuales más programadas y artificiosas. Para una buena lectura de *Esmeralda*, ver Foster 111–21.
5. Para un vehículo de Pedro Infante, ver *A.T.M.: A toda máquina* (1951) de Ismael Rodríguez. Para una comedia de Angélica María, ver *Me quiero casar* (1967) de Julián Soler. Para un ejemplo clave de una cinta protagonizada por una cantante apoyada por Televisa, ver *Escápate conmigo* (1987) de René Cardona Jr., en la que Lucero y Mijares interpretan los papeles principales. Una maravillosa discusión de la cultura detrás de las películas de rock de los años sesenta se encuentra en Zolov.
6. Mientras que *Sólo con tu pareja* es una película que tuvo éxito a la larga en tanto a que redefinió el género, no fue la primera. Otras películas intentaron y fracasaron en su utilización de las formas de la comedia romántica. El ejemplo más notable es *Anoche soñé contigo* (1992) de Marisa Sistach, en la que un joven (Martín Altomaro) experimenta su iniciación sexual gracias a la visita de su prima mayor Azucena (Leticia Perdigón). Esta película no es tan importante ni tan exitosa en parte porque replica ideas y estructuras narrativas de las *sexycomedias* de los años ochenta, aunque lo hace de una manera más crítica. Aun en su andamiaje, la película pertenece a una época anterior: la banda sonora está repleta de música tropical en vez de la música pop que colonizaría la comedia romántica en los años noventa. La cinta misma toma su nombre de una canción tradicional.
7. Por supuesto, la discusión de esta trayectoria meritaría un libro en sí. Sin embargo, un breve ejemplo ilustraría este punto: las comedias románticas de Edward Burns, las cuales extraen muchos elementos de la obra de Woody Allen, operaron en los años noventa y la década siguiente como películas independientes *bona fide* a pesar de que a estas le faltaba la elaboración literaria de los guiones de Allen. Para un estudio de las comedias románticas de Burns como cine indie, ver Stilwell.
8. Para un recuento bastante completo de cómo la comedia romántica se desarrolló en los Estados Unidos en los años noventa, ver Krutnik, "Conforming Passions." Es también importante notar aquí que Inglaterra también desarrollaría una tendencia muy importante

de comedias románticas tras el éxito de *Four Weddings and a Funeral* (1994) de Mike Newell.
9. Es posible conseguir más ejemplos en el libro *Historias personales*, en el que José Antonio Fernández F. entrevista a algunas de las figuras señeras de la industria publicitaria mexicana de los años noventa. Para una buena historia del desarrollo de la publicidad en México, ver *Crónica de la publicidad* 192–219.
10. Para una discusión excelente de la lucha libre como género cultural, ver Lévi.
11. Como el lector puede imaginarse, las grandes películas incluyen *Como agua para chocolate*, *Cabeza de Vaca*, *Principio y fin*, y *Danzón*. Otras películas significativas de esta época son *El bulto*, discutida en el Capítulo 3; *Cronos*, discutida en el Capítulo 4; y *La mujer de Benjamín*.
12. Mientras reviso este capítulo en el 2013, *Alta tensión* se siente hasta más invalidada a la luz de eventos recientes. El cierre de una de las dos compañías eléctricas públicas por el gobierno revela que la industria ha fracasado en satisfacer la demanda del país y está plagada de corrupción e ineficacia. El hecho de que una comedia romántica haya celebrado esta industria, la cual ya estaba en un lento proceso de deterioro en 1997, muestra la regresión estética e ideológica de estas películas frente a *Sólo con tu pareja*.
13. Para un catálogo exhaustivo de películas producidas durante estos años, ver Wilt 655–62. Otros números compilados por Enrique Sánchez Ruiz muestran una producción total de cincuenta y seis películas en el país (pública y privadamente financiadas) en 1994, catorce en 1995, dieciséis en 1996, trece en 1997, diez en 1998, y veinticuatro en 1999.
14. Es cierto que este marco cultural permanece el esquema dominante, y como tal, es necesario entender el consumo mediático de las clases urbanas populares. Como Hugo Benavides muestra en *Drugs, Thugs and Divas*, un gran pedazo de la cultura de los medios, música y literatura popular en Latinoamérica permanece centrada en dos géneros melodramáticos: las telenovelas y los dramas de narco. Como mostraré más adelante, la evolución del cine mexicano representó una nueva división de clase en los gustos culturales, dejando al melodrama en los dominios de las clases más bajas y abriendo el espacio de las clases medias a nuevas formas de participación cultural.
15. *La vida conyugal* logró cierto éxito en el Festival de Cine Internacional Amiens: Socorro Bonilla fue galardonada como Mejor Actriz, mientras que Carrera recibió el premio de mejor director en el Festival de Cine Latino Trieste. Aun así, en la exitosísima carrera cinematográfica de Carrera, la recepción de *La vida conyugal*, al igual que su calidad, empalidece cuando se contrasta con su obra anterior, *La mujer de Benjamín*, mostrando que hasta directores con buenas reputaciones experimentaron grandes retos creativos durante este periodo.
16. Más allá de la información de Cinemex, el resto de estos datos está públicamente disponible en las páginas de estas compañías (www.cinemark.com.mx; www.cinemex.com; www.cinepolis.com.mx; www.mmcinemas.com) y de Canacine (wwww.canacine.com.mx).
17. Es necesario mencionar aquí que los requisitos son a veces inaplicables ya que la ley permite excepciones para cumplir con tratados internacionales. Los expositores han utilizado el TLCAN para aprovecharse de esta excepción, particularmente en la temporada de verano. Sin embargo, el tiempo en pantalla dedicado hoy al cine mexicano es mucho mayor a la época antes de la ley. Para una discusión de este asunto desde un punto de vista legal, ver Berrueco García 78 y 99.
18. A pesar de que los estudios económicos sobre los impactos específicos de los canales de cable en México casi son inexistentes, algunas tendencias hacen eco a aquellos desarrollados en la última mitad de los años ochenta en los Estados Unidos, con el surgimiento de canales como TNT o HBO. Para un estudio de este periodo, ver Gomery 263–75.

19. Aunque Televisa ya no disfruta del 70–90 por ciento de *ratings* que tuvo antes de la llegada del cable, sigue teniendo un fuerte control sobre el panorama mediático nacional, ya que es dueña de Televisa Networks (antes Visat), la cual es la compañía corporativa de un número significante de canales de cable, y cuatro canales de transmisión pública nacional. Para un estudio del modo en que Televisa se reformuló durante este periodo, ver Patrick D. Murphy; y Sinclair, *Latin American Television* 33–63. También ver Sinclair, "Neither West nor Third World," para una reconstrucción del panorama televisivo anterior a las transformaciones que aquí describo.
20. Una comparación más apropiada puede que sea *Pruebas de amor* (1994) de Jorge Prior, una historia al estilo Romeo y Julieta protagonizada por Demián Bichir y Claudia Ramírez. La cinta tiene una estética indecisa a la cual le falta el trabajado lenguaje visual de Cuarón o Montero. La película mezcla la actuación y las estructuras narrativas de la comedia romántica con las historias de amor imposible de la telenovela. *Pruebas* pasó desapercibida durante su muestra comercial en México, lo cual indica tanto la falta de alternativas de distribución en 1994 como la incapacidad de la película de conectar con los nuevos públicos.
21. Utilizo el término "clase creativa" aquí y en el resto del libro siguiendo la tesis de Richard Florida según la cual, en épocas recientes, surgió una nueva clase social que se define a partir de la función económica que le da "a nuevas ideas, nuevas tecnologías y/o nuevo contenido creativo" (8). Esta clase incluye a arquitectos, diseñadores y artistas, al igual que a aquellos en los campos de negocios como la mercadotecnia, los cuales pertenecen a formas flexibles de trabajo que requieren educación avanzada y un capital social significativo. No comparto el entusiasmo de Florida por este fenómeno social, pero creo que su análisis es útil en tanto a que idealiza los mismos modos de vida y las mismas profesiones que el cine mexicano.
22. La subtrama de *Cilantro y perejil* se enfoca en Nora, la hermana de Susana, que intenta desarrollar su carrera como documentalista, al igual que su propia relación amorosa.
23. Ayala Blanco subraya esta alusión y celebra el ataque de Retes a la superficialidad de Cuarón (*La fugacidad* 286).
24. Discutiré *El bulto* de Retes en el Capítulo 3. Retes seguiría insistiendo en este punto en películas subsiguientes, incluyendo la secuela del 2006 a *Bienvenido/Welcome* que se enfoca en un director cuya película, filmada en inglés, se muestra en una serie de festivales de cine latinoamericanos sin subtítulos, lo cual resulta en el disgusto y resentimiento de la comunidad fílmica regional. A esta cinta le falta el impacto de la primera, y su defensa de la cinematografía en español no es convincente, especialmente cuando se considera el *boom* de las producciones continentales hacia finales de la primera década del siglo XXI.
25. La crisis matrimonial evolucionará, por supuesto, hasta transformarse en un artificio más abierto en el cine comercial, eventualmente dejando atrás las pretensiones cinematográficas que están presentes en *Cilantro y perejil*. Un buen ejemplo del uso de la crisis matrimonial en el cine más reciente es *Kada kien su karma* (2008) de León Serment, sobre una mujer que se ve forzada a cuidar a su exmarido tras un accidente. Lo interesante de esta película es que, a diferencia de la mayoría de las comedias románticas, los personajes se hallan ya en la mediana edad y la acción se enfoca en el fin de un matrimonio en vez de en la formación del amor. Tras *Cilantro y perejil*, la mayoría de las comedias románticas no se enfocarán en personajes casados.
26. Es posible sostener esta hipótesis recurriendo al hecho de que Serrano fue un director de telenovelas para su compañía de producción. Sin embargo, me parece que la estructura narrativa de esta cinta se aleja suficientemente de las convenciones de la telenovela para problematizar esta lectura. De hecho, es posible hacer un contraste de *Sexo, pudor y lágrimas* con películas que más cercanamente se relacionan con los temas y las tramas de

la telenovela, como *Desnudos* (2004) de Enrique Gómez Vadillo, la cual provee un buen ejemplo de una película que adopta los valores de la clase media sobre la comedia romántica, pero opta por una estructura narrativa más cercana al melodrama.

27. Emily Hind ha argumentado, de un modo convincente, que la canción de Syntek representa la banalidad de la película misma. Hind considera que la "voz hipersensible" de la canción parece estar fuera de línea con una letra en la que "a la banda sonora no le importa cuál de los elementos titulares prevalece" ("Pita Amor" 159). Hind se refiere al coro de la canción. Aun así, creo que es posible resistir esta lectura híper-literal, ya que la música emocional de la canción, al igual que la voz, sí resaltan la relación romántica que narra. Además, creo improbable que los espectadores que fueron a ver la película tras escuchar la canción se fijaron en un punto tan sutil.

28. Otro ejemplo de un artificio similar puede hallarse en *Como tú me has deseado* (2005) de Juan Andrés Bueno, en la que un publicista busca una modelo que ve en una pancarta. A la película le falta la elegancia y las sutilezas de *Vivir mata*, pero aun así muestra no sólo la prevalencia de la publicidad como un tópico cinematográfico, sino también la dificultad de relacionarse a otro ser humano en el medio de la gran ciudad.

29. Un buen ejemplo contrastante es *Inspiración* (2001) de Ángel Mario Huerta, una comedia romántica insípida sobre un aspirante a músico que se enamora de una mujer bella en un club, a la cual finalmente seduce a través de su música. A diferencia del trabajo visual de *Vivir Mata* o tan siquiera el cuidadoso diálogo de *Sexo, pudor y lágrimas*, *Inspiración* trabaja sin tapujos con una paleta visual y lingüística simple, lo cual resulta en una cinta que parece estar más cercana a los programas de televisión dirigidos a adolescentes que a cualquier comedia romántica mexicana anterior. Aun así, *Inspiración* debe reconocerse como un punto decisivo en el giro totalmente comercial de la comedia romántica, no sólo por su simplicidad sino también por su utilización de dos estrellas populares de la telenovela, Arath de la Torre y Bárbara Mori.

30. *Corazón de melón* (2003) de Luis Vélez es una excepción interesante a la localización urbana. En esta cinta un chef citadino se enamora con dos chicas de un pequeño pueblo de provincia. La película reactiva las costumbres visuales de la provincia y construye las identidades de sus personajes a partir de las culturas tradicionales de la comida, algo que la hace parecerse a *Como agua para chocolate*.

31. Vale la pena notar que el género del "*road movie*" alcanzó un nivel de prominencia en este periodo. Además de *Por la libre*, cuyo éxito hizo del género una posibilidad estética viable, tres otras grandes películas caen dentro de este: *Y tu mamá también* (2001) de Alfonso Cuarón, *Sin dejar huella* (2000) de María Novaro, y *Piedras verdes* (2001) de Ángel Flores Torres. Para una buena discusión del género, ver Oropesa.

32. Le debo esta observación a Sara Potter.

33. Un buen ejemplo de una película de acción es *Amor xtremo* (2006) de Chava Cartas, la cual utiliza la estética de la comedia romántica para contar la historia de dos hermanos que viajan a Las Vegas para competir en un torneo de motocross. *Entre Pancho Villa y una mujer desnuda*, el clásico feminista de Sabina Berman e Isabel Tardán, también tiene muchas deudas con el género, incluyendo un protagonista que es dueño de fábricas en la frontera, lo cual es aún otro ejemplo más de un profesional del TLCAN. Finalmente, la obra del director Gerardo Naranjo muestra cómo hasta el cine independiente de autor se vio definido de modos específicos por los lenguajes desarrollados por la comedia romántica.

Capítulo 3

1. De hecho, la mayoría de las producciones anteriores fueron básicamente documentales que incluían grabaciones clandestinas de los eventos o películas como *Canoa*, en las que la

referencia a 1968 era indirecta y sujeta a interpretaciones. Para un recuento del 1968 en el cine mexicano, ver Rodríguez Cruz; Gallo; y Aviña 55–60.

2. Las elecciones de 1988, en las que el candidato del PRI Carlos Salinas Gortari venció a Cuauhtémoc Cárdenas, el candidato de la oposición de izquierda, son normalmente reconocidas como el principio del declive electoral del régimen posrevolucionario, no sólo porque Cárdenas representó el primer reto creíble al partido en el poder, sino también porque sectores considerables del público mexicano siguen creyendo que él realmente ganó las elecciones y que Salinas de Gortari salió vencedor sólo mediante el fraude. No es coincidencia que las primeras películas políticas en este sentido surgieron a partir de 1988. Son un síntoma del inminente cambio en la política mexicana.

3. Una descripción detallada de los eventos de 1988 excedería el propósito de mi tesis. Sin embargo, un buen panorama del ambiente político de ese año y sus consecuencias en México puede hallarse en Preston y Dillon 149–80.

4. Para un análisis más detallado de este proceso, ver Carr 306–28.

5. Retes cuenta muchas historias sobre estas dificultades en una entrevista del 2004 con Alejandro Medrano Platas. Ver Medrano Platas 277–98.

6. Los Halcones fueron un grupo de derecha de jóvenes estudiantes y miembros del ejército, conocidos como porros, que supuestamente se financiaba por el gobierno. Usualmente, se enviaba a manifestaciones de izquierda para provocar peleas con los manifestantes. El halconazo se refiere a un evento en particular ocurrido el 10 de junio de 1971, cuando los halcones deshicieron una manifestación y asesinaron a casi treinta estudiantes. Un buen recuento de este evento se encuentra en el documental *Halcones: Terrorismo de estado*, producido por el Canal 6 de Julio.

7. Es interesante notar que a Aguilar Camín se le identificaba como el intelectual orgánico de la administración de Salinas de Gortari, mientras que a Krauze se le entiende como partidario de muchos de los ideales detrás del proceso neoliberal. Para una discusión extensa de la obra de Krauze, ver Sánchez Prado, "Claiming Liberalism."

8. Le debo la referencia de Hendrix a Sara Potter.

9. Y, por supuesto, Lauro es un periodista, otra manera de representar la idealización de las interacciones de la clase media con las causas sociales.

10. Para un gran estudio de esta dimensión del feminismo mexicano, ver *Performing Mexicanidad* de Laura G. Gutiérrez. Lamas misma desarrolla un análisis de este proceso en su libro *Feminismo: Transmisiones y retransmisiones*. Para un buen análisis detallado de la intersección entre el feminismo y el pensamiento mexicano, ver Gómez Campos.

11. Le debo esta observación a Sara Potter, quien también señala correctamente que Rodríguez y Hadad, en tanto artistas de *performance*, son capaces de escoger los espacios en los que muestran su trabajo de maneras que no están disponibles para una cineasta, cuya obra se ve atada a las estructuras comerciales del cine.

12. Aun así, no debemos olvidar aquí que el cine de Novaro opera dentro de ideas algo estereotípicas de género, raza, e identidad social, tal como ha sido señalado por la idea de "identidades maternacionales" del crítico Óscar Robles (ver Capítulo 1), al igual que la identificación de Raciel Martínez de la película *Sin dejar huella* de Novaro con las emergentes ideologías del multiculturalismo.

13. Es importante notar aquí que la distinción entre el título de la obra y el título de la película (que añade el primer nombre, Pancho). Utilizaré sus respectivos títulos para diferenciarlas. La obra fue publicada en *Puro teatro* de Berman.

14. La película, basada en la novela homónima de José Wolfgango Montes, cuenta la historia de los problemas románticos de una maestra en el contexto del encuentro de Bolivia con el neoliberalismo. Aunque la influencia de la comedia romántica mexicana es evidente en esta

cinta, la presencia visible de los conflictos del neoliberalismo en, por ejemplo, la necesidad de los trabajadores de convertir sus salarios en dólares del mercado negro es una importante diferencia de la gradual ocultación de lo político que se ve en el cine mexicano. También puede que valga la pena notar que la película más reciente de Valdivia, *American Visa* (2005), fue también una coproducción México-Bolivia. Basándose en la novela de Juan de Recacochea, la película cuenta la historia de cómo un maestro boliviano (Daniel Giménez Cacho), quien no logra conseguir la visa a los Estados Unidos, se involucra en una red de crimen en sus intentos de recaudar fondos para conseguir una visa falsa. Vale notar que tanto el maestro como su interés romántico (Kate del Castillo) son interpretados por actores mexicanos relacionados al paradigma de la comedia romántica, aunque sus personajes sean bolivianos.

15. Para un desarrollo de esta idea y un estudio de la tradición de Villa en la literatura y cultura, ver Parra. Este legado es, yo diría, parte de la razón por la cual Berman escogió a Villa. Más allá de su masculinidad, la importancia de Villa como líder social no pasa desapercibida ante un público mexicano que ha sido educado profundamente a reverenciar a las figuras revolucionarias.

16. Tal vez valga la pena notar que los críticos de la obra, como Stuart Day y Sharon Magnarelli, recurren al estudio de Ilene O'Malley de los cultos a héroes del periodo posrevolucionario (1920–1940, para ser más precisos). Yo resistiría identificar el Villa de Berman con este análisis, ya que la misión de la película es, en parte, resistir el legado icónico estudiado por O'Malley. Aun así, su lectura (87–112) sí trae a colación un punto importante en tanto subrayan el retrato ambiguo de Villa como idealista revolucionario y figura masculina hambrienta de poder.

17. Para un estudio de la carrera de Diana Bracho y su legado familiar, ver Ibarra.

18. De hecho, *Backyard / El traspatio* muestra el encuentro en una sola película de muchas de las tradiciones que he discutido en el libro hasta este momento. Vemos una muy refinada y áspera estética neomexicanista, desarrollada por Carrera tras salir de su éxito como director de *El crimen del padre Amaro* y como director de *Arráncame la vida*. También vemos el trabajo intuitivo y complejo de Berman en asuntos de género, el cual se muestra particularmente apto para representar los feminicidios de Ciudad Juárez. Finalmente, la protagonista es interpretada por Ana de la Reguera, una actriz que se hizo famosa gracias a su actuación en comedias románticas. Este breve ejemplo muestra cómo los procesos formativos del cine mexicano de mediados de los años noventa siguen siendo centrales a las estéticas del cine mexicano hasta el día de hoy.

19. Ver Castañeda, *Utopia Unarmed*.

20. Los lectores pueden recurrir a la vasta bibliografía sobre este periodo. Además de Dawson, Castañeda, y Centeno, otros libros incluyen Preston y Dillon; Gutmann; Domíngues y Pirén. Una perspectiva más amplia del cambio político en México durante el periodo neoliberal se encuentra en Middlebrook. Finalmente, un excelente trabajo sociológico de la nueva clase política, enfocado en el ascenso de la economía como la disciplina privilegiada de la gerencia estatal, se encuentra en Babb.

21. Discusiones de estas revistas en el contexto del neoliberalismo mexicano se hallan en Van Delden, y en Sánchez Prado, "Claiming Liberalism."

22. Ver Monsiváis, *Entrada libre*.

23. De hecho, importantes intervenciones teóricas alrededor del mundo identifican procesos similares a través de distintas configuraciones del neoliberalismo. Las más influyentes de estas, y la que informa a mucha de la teoría cultural latinoamericana relevante a este capítulo, es la trilogía de Manuel Castells, *La era de la información*.

24. Para un buen estudio sociológico del impacto del neoliberalismo y las crisis que provocó en el bienestar y las opiniones políticas de la clase media mexicana, ver Gilbert.

25. Muchos críticos de la película han puesto un énfasis especial en la Grand Cherokee como un significante de riqueza social en la película. Ver Ayala Blanco (*La fugacidad* 471) y Foster 80.
26. Ayala Blanco tiene razón en una de sus ácidas críticas de la película: argumenta que la película se construye en torno al uso de estereotipos sociales tanto de la clase obrera (el policía, la mujer que limpia el edificio de Gabriel) y la clase alta (la caricaturesca esposa *new age* (de la nueva era) de Luna) (*La fugacidad* 472).
27. Otro ejemplo es *Amar te duele* (Fernando Sariñana, 2002), en la que la relación de niña rica / niño pobre le permite a Sariñana representar los barrios pobres y marginalizados que normalmente están ausentes en el cine comercial.
28. Para un estudio de las películas ficheras, ver De la Mora, "Tus pinches leyes."
29. Un análisis del rock como contracultura en la Ciudad de México a finales de los años noventa puede hallarse en Castillo Berthier 257–60.
30. Ver Kun para una buena discusión de la importancia cultural de Manu Chao, junto a una explicación del significado de la canción "Clandestino."
31. Una muestra de la obra de Camacho puede encontrarse en su página web, www.trino.com.mx.
32. El argumento de MacLaird es, a grandes rasgos, que el intento de limitar la circulación de la película "articula una cartografía de una compleja red de dinámicas de poder" basada en la interacción entre el estado y el estatus privilegiado de Estrada y sus amplias conexiones en la prensa mexicana (*Aesthetics* 92).
33. El complejo sistema de prácticas aceptadas y de rituales del PRI es en sí mismo un principal tema de estudio. Para un buen análisis de este sistema, con un enfoque en las prácticas de la sucesión presidencial—esas retratadas en el estado ficticio de *La ley de Herodes*—ver Adler-Lomnitz, Salazar-Elena, y Adler. Para un fuerte estudio histórico del funcionamiento del estado mexicano durante los años del PRI, ver Knight.
34. Para un análisis reciente de la invocación de Miguel Alemán en la obra de Estrada, ver Price.
35. *Mexico City in Contemporary Mexican Cinema* de David William Foster deja este punto bastante claro al identificar un gran número de producciones cinematográficas post-1998 en las que la Ciudad de México es un elemento central.
36. *Fraude 2006* es una denuncia del presunto fraude que llevó a la derrota del candidato izquierdista Andrés Manuel López Obrador por un estrecho margen en la elección del 2006, mientras que *Presunto culpable*, lanzada en México en el 2010, es un ataque polémico al sistema judicial de México, ya que se presenta a un hombre que se encontró culpable de asesinato a pesar de que era obvio que la evidencia no era clara y que el proceso estaba estructuralmente en su contra. Ambos documentales recibieron una importante cobertura mediática y lograron mucha más relevancia que cualquier película política de ficción en el período. Esto es también un recordatorio del hecho de que un estudio de cine documental mexicano sigue siendo una tarea pendiente. Discuto *Presunto culpable* aún más en la Conclusión.
37. Un grupo de ensayos críticos en torno a *El infierno* se encuentra en Hernández Hernández y Cervantes.

Capítulo 4
1. Deborah Shaw utiliza el nombre en su libro más reciente, *The Three Amigos*, sobre Cuarón, González Iñárritu, y del Toro. Desafortunadamente, no pude consultarlo para este estudio ya que se encontraba aún en la imprenta en el momento que trabajaba en las pruebas de galera. Sin embargo, a través del capítulo hago referencia a los artículos

publicados en los que Shaw aborda el tema. Tras mirar el índice de *The Three Amigos*, parecería que en el libro Shaw estudia las películas mexicanas de los tres cineastas, pero parece enfocarse igualmente en su "cinematografía transnacional."
2. Puede ser interesante mencionar aquí que la noción de "geopolítica" parece estar evolucionando de una clara identificación con el cine de preocupaciones ideológicas o regionales específicas a una idea de la película como una reflexión del espacio cultural y político. *Babel* de González Iñárritu tal vez sería un ejemplo significativo en el contexto que discuto. Para una discusión teórica del asunto, ver Power y Crampton.
3. En *Historia de un gran amor* (Vega et al), una crónica de la relación cinematográfica entre Cuba y México, podemos ver claramente que en los pasados veinte años la relación casi ha desaparecido por completo. Esto, creo, es una señal del gradual alejamiento del cine mexicano de las preocupaciones geopolíticas que definieron el paradigma del "cine de la soledad" en relación a los abordajes latinoamericanos al movimiento del "Tercer Cine." Ver Vega et al 60–62, en donde los autores lamentan la desaparición gradual del cine mexicano en Cuba y del hecho de que las películas más accesibles en la isla son aquellas de la Época de Oro. Críticos cubanos han lamentado recientemente el deterioro de las conexiones intra-latinoamericanas y de la creciente presencia de Hollywood y del capital globalizado en la escena fílmica local, al igual que el "elitismo" promovido por las tendencias internacionales de cine de arte como Dogma 95 (del Río y Cumaná 293–97). Espero que este libro haga evidente que México es un ejemplo particularmente fuerte de estas tendencias, y creo que, de todas las tradiciones fílmicas principales de Latinoamérica, México está en proceso de ser la más alejada de las prácticas latinoamericanistas encarnadas por el Festival de Cine de La Habana.
4. Ver Biskind; Mottraml Geoff King, *American Independent Cinema* y *Indiewood, USA*; Berra; y Newman, *Indie*.
5. Ver mi comparación de *La tarea* de Hermosillo con *Sex, Lies, and Videotape* de Soderbergh in el Capítulo 2 y de *La ley de Herodes* de Luis Estrada con *Fargo* de Joel y Ethan Coen en el Capítulo 3.
6. IFC es crucial en la distribución de los *auteurs* mexicanos más jóvenes en los Estados Unidos. Tal vez el más importante de estos es Gerardo Naranjo, director de *Drama/Mex* y *Voy a explotar*, quien ha adquirido visibilidad gracias a IFC.
7. El catálogo está disponible en www.palisadestartan.com.
8. Debe decirse, sin embargo, que el cine comercial mexicano disfruta de cierta distribución estadounidense por casas *mainstream* que busca atender al creciente público latino. De hecho, algunas de las películas más comerciales de Sariñana, tales como *Todo el poder*, son distribuidas por 20th Century Fox.
9. Yo sostendría que la única película mexicana abiertamente influida por *Cronos* es *Somos lo que hay* (2010) de Jorge Michel Grau, una película siniestra acerca de una familia caníbal contemporánea que se enfrenta a su propia extinción tras la muerte de su patriarca. La película se conecta a la de del Toro mediante la recreación verbatim de la escena de la morgue de *Cronos*. En esta, un funerario (interpretado por Daniel Giménez Cacho en ambas cintas) es visto preparando cuidadosamente el cadáver, el monstruo de la película (i.e, Jesús Gris en *Cronos*, y el padre caníbal en *Somos*). Al terminar, el director de la morgue (Juan Carlos Colombo) halaga su cuidadoso trabajo, pero le dice que fue en vano, ya que el cadáver será cremado. La cinta de Grau no sólo utiliza a los mismos actores, sino que reproduce el diálogo palabra por palabra. Más allá de esta cita explícita, hay muchos puntos en común entre ambas: la pérdida de la figura paterna, la paleta sombría, y el reto de una familia tradicional que tiene que enfrentarse a una modernidad abrumadora. He escrito un artículo que compara estas dos películas; ver "Monstruos neoliberales" de Sánchez

Prado. No obstante este ejemplo, la película de horror es un género poco utilizado en México, y en los pocos casos en los que los cineastas trabajan con él, los resultados suelen estar más cercanos a las estéticas de la clase media discutidas en el Capítulo 2. Este es el caso, por ejemplo, con la exitosa *Kilometro 31* (2006) de Rigoberto Castañeda, la película de horror más taquillera en la historia de México.

10. Para un buen recuento de la historia del cine de horror en México entre el 1950 y el 1970, ver Greene.
11. Es posible ver patrones similares a los del *Western*, los cuales fueron retomados, con menos éxito, en *Mi querido Tom Mix* (1991) de García Agraz—una película también mencionada por Stock en "Authentically Mexican"—y *Bandidos* (1991) de Luis Estrada. Un patrón semejante ha estado presente en el más reciente cine sobre el narco. En años recientes, gracias a películas como *El infierno* (2010) de Luis Estrada y *Miss Bala* (2011) de Gerardo Naranjo, el tema del narco ha dado paso a un cine más autorial, aunque históricamente había sido una fuente para películas de acción dirigidas a las clases trabajadoras. Estas películas tradujeron el género del narco a los lenguajes de consumo de las clases medias y altas mexicanas (*El infierno* fue la segunda película más taquillera en México en el 2010) y de los públicos de cine de arte internacionales (*Miss Bala* gozó de una muy buena recepción en el Festival de Cannes). Volveré a estas películas en la Conclusión.
12. Hago referencia aquí a la tesis 9 de "Tesis sobre la filosofía de la historia" de Walter Benjamin. Ver Benjamin 392.
13. *The Fly* cuenta la historia de un científico (Keff Goldblum) que intenta desarrollar una máquina de teletransporte. Justo en el momento en que prueba la máquina utilizándose a sí mismo como sujeto experimental, una mosca se entromete. Como resultado, el hombre gradualmente se transforma en un hombre mosca.
14. Aquí hago referencia al sueño de Tomás, en el que vemos una rendición caricaturesca de algunos personajes del cine mexicano tradicional (como un luchador, al igual que un mariachi que canta como un *castrato*). Ver el Capítulo 2.
15. Para un análisis de estas dos cintas en el contexto de los estudios de la memoria en España, ver la importantísima pieza de Jo Labanyi, "Memory and Modernity in Democratic Spain." Para una buena apreciación de la película de Erice en el contexto del cine español, ver Zunzunegui. Un estudio útil sobre la relación entre Erice y del Toro se halla en Derry 315–20.
16. Para una elaboración más detallada de este argumento, ver Sánchez Prado, "Monstruos neoliberales."
17. En el caso del *Espinazo del diablo*, la película no es una adaptación, pero incluye una referencia al *cómic* de Carlos Giménez, *Paracuellos*.
18. También es relevante que recordemos aquí el argumento de Geoffrey Kantaris según el cual las estéticas urbanas de la película tienen su raíz en el cine sobre la Ciudad de México de finales de los años ochenta y principio de los noventa, más notablemente en *Lola* (1989) de María Novaro y *Lolo* (1993) de Francisco Athié. Ver Kantaris, "Lola/Lolo."
19. Andrea Sabbadini ofrece otro análisis mitológico inverosímil en el que interpreta la historia de Octavio y Susana como una iteración de la fantasía de rescate órfica: Octavio es un Orfeo que rescata a Susana, su Eurídice, del infierno de la pobreza y el abuso, pero fracasa porque ella mira para atrás cuando decide regresar a Ramiro. Aún si uno acepta los paralelos entre el mito y la trama, es difícil ver qué nos dice esta lectura acerca de la cinta, ya que uno puede fácilmente argumentar que las fantasías de rescate son tan predominantes en la cultura occidental que su aparición en un producto cultural no implica necesariamente una conexión directa a la fuente mítica. Asimismo, esta lectura también se basa en una negación de la historicidad de la película, la cual resulta, en el mejor de los casos, en una interpretación altamente parcial.

20. Sólo por ilustrar lo predominante de esta estrategia, cabe mencionar que fue utilizada en dos franquicias fílmicas de los años noventa: *Batman* y *Mission Impossible*.
21. El argumento densamente filosófico de Herlinghaus depende de la teoría del "estado de excepción" de Giorgio Agamben. De acuerdo a Agamben, "la vida desnuda" se refiere a los sujetos sociales que están desprovistos de protección bajo la ley y que, por lo tanto, permanecen sin las protecciones que provee la "vida política." Aunque Agamben elabora este argumento sobre la base del estatus del pueblo judío en los campos de concentración Nazi, teóricos culturales como Herlinghaus han adoptado la noción para referirse a personas marginalizadas o excluidas por el proceso de globalización capitalista, tales como las millones de personas que viven en la miseria o que trabajan en maquiladoras clandestinas o en zonas de conflictos. En estos términos, alguien que pertenece al mismo margen de la sociedad (como El Chivo) o un joven que tiene que ganarse la vida en los sectores clandestinos de la economía (como Octavio) representan la "desnuda vida" en el contexto de La sociedad neoliberal. Ver Agamben.
22. Otro modo de aproximarnos a este asunto es mediante la idea de la figura del padre ausente. Deborah Shaw conecta *Amores perros* a la tradición del cine latinoamericano en la que este tropo emerge como un síntoma de la redefinición de la masculinidad y como una alegoría de la erosión del estado. Ver Shaw, "Figure."
23. Guillermo Arriaga, quien escribió el guion de *Amores perros* y quien tiene un rol muy importante en el desarrollo de la estructura narrativa de la película, también ha desarrollado su propia carrera en el cine independiente utilizando estructuras similares. El tema de la familia es bastante central a las historias entrelazadas en el debut como director de Arriaga en los Estados Unidos, *The Burning Plain* (2008). Su estilo narrativo también encuentra una iteración interesante en los guiones que escribió para *The Three Burials of Melquiades Estrada* (Tommy Lee Jones, 2005) y, especialmente, *El búfalo de la noche* (Jorge Hernández Aldana, 2007), la cual opta por una exploración de la narrativa fragmentada, no en el contexto del realismo social sino en la construcción de perspectivas altamente subjetivas.
24. Lahr-Vivas aplica aquí el muy conocido concepto de Doris Sommers de una ficción que utiliza la relación romántica entre sus protagonistas como una alegoría para la consagración de la nación y sus valores. Ver Sommer.
25. Linhard se refiere aquí a *Nadie hablará de nosotras cuando hayamos muerto* (1996) de Díaz Yanes, la cual cuenta la historia de Gloria (Victoria Abril) una española atrapada en una red de crimen organizado en México. El personaje de Abril reaparece en una película que bien pudiera ser una secuela, *Sólo quiero caminar* (2008), en la que otra española, Ana (Elena Anaya), se casa con un *gángster* mexicano que abusa de ella (José María Yázpik). Si le añadimos el rol de Valeria en *Amores perros*, podemos ver un patrón del uso de personajes femeninos españoles como un mecanismo que genera o socava los mundos masculinos mexicanos. Esto es bastante problemático ya que los personajes de mujeres mexicanas están conspicuamente ausentes y las mujeres españolas son al fin y al cabo sólo un elemento de mundos que nunca cesan de ser masculinos.
26. La lectura de Ribas depende parcialmente de argumentos que se presentan en Noble 145–46.
27. Jorge Vergara, el productor de la película, es el director ejecutivo de Grupo Omnilife, una compañía transnacional de productos de belleza. Esta también es propietaria de una serie de equipos de futbol y, más importantemente, de Producciones Anhelo, una de las compañías de producción más exitosas en México. La huella española de Vergara tiene que ver tanto con los intereses de negocios de Omnilife como con su rol en la producción de la primera película española de del Toro, *El espinazo del diablo*.

28. Lectores interesados en *Great Expectations* deberían también considerar el increíble artículo de Michael K. Johnson, "Not Telling the Story the Way It Happened," el cual reconsidera la película tras el éxito de *Y tu mamá también*, ofreciendo una apreciación valiosa de las contribuciones ideológicas y estéticas de Cuarón a la historia de Dickens.
29. Aquí utilizo el concepto antes discutido de Celestino Deleyto. Ver Capítulo 2.
30. Deborah Shaw lleva el argumento de Finnegan aún más lejos al señalar que el mundo de Cuarón es "casi demasiado obviamente mexicano" ("(Trans)national Images" 121).
31. Para otra discusión de este argumento, ver Hind, "*Provincia*."
32. La conexión de la película con los discursos históricos de la nación y del interior se afirma, de otro modo, en el sugerente análisis de Andrea Noble de *Y tu mamá también* y la representación de la Otredad en *¡Qué viva México!* (1933) de Sergei Eisenstein. Ver Noble 123–26.
33. Finnegan analiza la historia de Leodegaria como un "recuerdo revelador del indígena en el México tanto urbano como rural," el cual despliega una "capacidad desestabilizadora que atraviesa la consciencia nacional" ("So" 39). No estoy de acuerdo con este análisis porque nada indica que Leodegaria es de hecho indígena (o no). Bien pudiera ser una de los muchos inmigrantes rurales mestizos a la Ciudad de México. Además, no hay nada en la reacción de Tenoch que sugiere que su "conciencia nacional" (la cual parecería no ser un asunto de la película, más allá del hecho de que su nombre es más nacionalista de lo que es él) haya sido cuestionada de alguna forma. Más bien, creo que todo el asunto tiene que ver con las clases, y gira en torno al impacto de una mujer de clase obrera en la vida emocional de un joven de clase alta.
34. Aunque no comparto todas sus opiniones—tales como la idea de que la película aboga a veces por una "nostalgia con el estado nacional-desarrollista"—Baer y Long proveen, en mi opinión, la lectura más sugerente de la película que se haya hecho en la crítica académica hasta este momento, no sólo por su cuidadosa interpretación de la voz en *off*, a la cual me referí anteriormente, sino también porque logran ofrecer un análisis elegante de la ideología de la película sin sobreestimar el componente de género y sin sobreinterpretar lo nacional y lo político en este.
35. Para un estudio que compara Cha Cha Chá Films con IMCINE, ver Sisk, "Entre el Cha Cha Chá."
36. Obtuve todos los datos relacionados a las actividades de la Cineteca Nacional y sus públicos de su página web oficial: www.cinetecanacional.net.
37. Los críticos de Reygadas dependen de varias entrevistas. En mi caso, me parece que las entrevistas incluidas en el lanzamiento en DVD estadounidense de *Japón* y *Batalla en el cielo* ofrecen la mayor cantidad de información disponible.
38. De hecho la influencia de Bresson (como sugiere Ruffinelli) es un factor importante. Bresson fue una figura fundacional en lo que Joseph Cunneen llama el "estilo espiritual en el cine" que se basaba en una "renuncia a ofrecer ilusiones confortantes" y su "evitación del melodrama, el sensacionalismo y hasta... de la 'actuación'" (14–15). El hecho de que esta aserción pueda ser aplicada de lleno a Reygadas muestra la larga tradición de cine de arte global que precede su estilo.
39. Ciertamente hay elementos en común entre *Japón* y *Pedro Páramo*, tales como su narrativa de retorno al origen, la condena de las sociedades rurales, y el interés en la espiritualidad (el lector eventualmente descubre que el libro de Rulfo es una historia de fantasmas). Sin embargo, me parece que la comparación no se sostiene, dado que la búsqueda de Juan Preciado por su padre es muy diferente al nihilismo del protagonista de *Japón*, sin mencionar el contraste entre la narrativa fundamentalmente polifónica y compleja de *Pedro*

Páramo (el libro tiene muchas voces y no se limita sólo al sufrimiento de Juan Preciado) y la escasa y altamente subjetiva trama de *Japón*.

40. Para un análisis de esta tradición, ver Hind, "*Provincia*," y los comentarios que hice al respecto de *El crimen del padre Amaro* en el Capítulo 1.
41. Para un estudio de Fernández y su construcción del cine nacional, ver Tierney, *Emilio Fernández*. Para un análisis de la cinematografía de Figueroa y su rol en la creación de la iconicidad nacionalista del cine mexicano, ver Higgins.
42. Por cierto, este no es el único tropo que Reygadas deconstruye. Craig Epplin argumenta que la representación de la muerte de Reygadas (otro tema estereotípicamente mexicano) también rompe con la tradición nacionalista ya que "no puede ser recuperado para propósitos colectivos" (294). En otras palabras, Reygadas no utiliza la muerte como una creación sacrificial de la comunidad o como un evento que debe ser sublimado por el bien de los vivos. Es por esto por lo que la película culmina con la muerte de Ascensión: su perecimiento no debe ser analizado como un evento transformacional de ningún tipo, sino simplemente como algo que interrumpe el sufrimiento del protagonista.
43. Paul Julian Smith señala que el uso aleatorio de topónimos es común en el cine latinoamericano: señala a *Liverpool* (2008) del argentino Lisandro Alonso y de *Lake Tahoe* (2008) de Fernando Eimbcke. De acuerdo a Smith, la lógica de estos títulos oscuros es crear un aura de complejidad que recluta la atención del crítico, cuya intervención "es necesaria para garantizar que el completo contenido social de la película sea logrado" ("Transnational Cinemas" 32). Yo añadiría que estos dos directores citados por Smith tienen, de hecho, conexiones a Reygadas (Mantarraya y No Dream de Reygadas distribuyen *Liverpool* de Alonso) o, por lo menos, tienen claras deudas con su obra (*Lake Tahoe* pertenece a la misma línea de cine reflexivo en México).
44. La comparación entre Reygadas y Van Sant ha sido sugerida por Jérôme Game bajo el concepto inspirado por Deleuze de "imagen sin órganos"; es decir, un cine "sin un marco predeterminado, sin un montaje preestablecido, sin un ritmo prescrito, etcétera" (151). Asimismo, Game establece paralelos entre el uso de ambos cineastas del cuerpo físico y cinematográfico.
45. Recurro nuevamente a las entrevistas incluidas en los DVDs estadounidenses de sus películas.
46. Para una comparación detallada entre Reygadas y Hernández, ver "Le corps récit" de Millán. De acuerdo a Millán, ambos cineastas se caracterizan por su uso del cuerpo como discurso.
47. Otro ejemplo interesante del uso del cuerpo después de Reygadas es *Año bisiesto* (2010) de Michael Rowe, una película desconcertante sobre una compleja relación sexual entre dos amantes. El uso de la sexualidad de Rowe como parte del lenguaje de la comunicación entre personajes y sus representación del pasado secreto de su protagonista femenina pueden ser leídos como iteraciones de elementos desarrollados en la obra de Reygadas.
48. Fernández utiliza el término "el estilo lento del espectáculo" (409) para definir la obra de Reygadas. Debe decirse que Reygadas no es el creador de este estilo lento. Películas importantes de los años noventa y a principios de los 2000, tales como *Sin remitente* (1995) de Carlos Carrera y *Temporada de patos* (2004) de Fernando Eimbcke, son ejemplos de películas exitosas de ritmo lento. La diferencia es que Reygadas (como Hernández, Escalante, y Rowe) utiliza la toma amplia, la contemplación, y ciertos estilos específicos de música y ejecución para crear un cine con un enfoque más orgánico en la forma que el que está presente en la obra de Carrera (cuya obra en los años noventa aún tenía un cierto toque melodramático que está ausente en Reygadas) o Eimbcke (cuyo interés en la niñez y la inocencia lo distancia de los mundos duros de Reygadas y Escalante).

49. El éxito crítico de *Japón* le dio a *Batalla en el cielo* una distribución y una atención crítica mucho más amplia. *Batalla* tuvo cincuenta copias en su lanzamiento, y llegó a más de setenta mil espectadores, lo cual la coloca justo debajo de lanzamientos comerciales (los cuales tienen un promedio de 100 a 150 copias) pero en el mismo promedio de copias de películas mexicanas. Este grado de distribución garantizó su circulación en los lugares a los que recurre el público del cine de arte, otorgándole a Reygadas un foro para confrontar los públicos educados nacionales.
50. Luna hizo estos comentarios durante su presentación de *Batalla en el cielo* en la conferencia de la Asociación de Estudios Latinoamericanos (LASA) en San Francisco, la cual ocurrió en mayo del 2012. Le agradezco su bondad al compartir una versión impresa de sus comentarios para citar aquí.
51. Como mencioné en otras partes de este libro, los dos mejores recursos para el estudio de la representación de la Ciudad de México en el cine son *Mexico City in Contemporary Mexican Cinema* de David William Foster y *Una ciudad inventada por el cine* de Hugo Lara Chávez.
52. El Hubert Bals Fund es una fuente de financiamiento para películas de arte en distintas partes del proceso de producción, auspiciada por el Festival de Cine de Rotterdam. Miriam Ross ha estudiado el modo en el que este festival ha afectado el cine latinoamericano a través de su preferencia por ciertas perspectivas y estilos estéticos y culturales. Ver Ross, "Film Festival."
53. *Ordet* es una película que ha sido objeto de muchos análisis críticos importantes y cualquier interpretación de *Stellet Licht* sin duda dependería de ellos. Ver, por ejemplo, Wahl; Bordwell 144–71; y Drum y Drum 221–44.
54. En sus películas anteriores, Reygadas mostró una preferencia por la música clásica y por compositores contemporáneos tales como John Tavener y Arvo Pärt. Quizás sea interesante notar que Taverner y Pärt son muy populares en el cine de arte alrededor del mundo; Taverner ha sido utilizado también en el cine de Alfonso Cuarón y Terrence Malick, mientras que Pärt puede escucharse en las bandas sonoras de películas por directores como Paul Thomas Anderson, Isabel Coixet, y Tom Tykwer.
55. Hay, sin embargo, muy buenas lecturas de *Stellet Licht*. Ver Tompkins, *Deleuzian Approach*; Yehya; Niesse; Foltz; y William Johnson.

Conclusión

1. En el 2012, el salario mínimo estaba entre 59.08 y 62.33 pesos por día (alrededor de 4.60 dólares americanos), mientras que la taquilla de Cinemex o Cinépolis promedio estaba entre 45 y 65 pesos (3.33 a 5 dólares), dependiendo de la ubicación del teatro y la hora del día. Una taquilla VIP o Platino costaba alrededor de 115 a 150 pesos (8.50 a 11.10 dólares).
2. *Presunto culpable* se hizo en el 2008, pero no fue lanzada comercialmente en México hasta febrero del 2011.
3. Sólo por comparar, vale la pena recordar que *Inside Job* (2010), el documental ganador del Óscar sobre la crisis financiera recaudó 4.3 millones USD en los Estados Unidos. También debo mencionar que el género documental se está haciendo central en la producción fílmica mexicana, mayormente gracias a Ambulante y a la necesidad de crear canales para historias políticas y sociales más allá del duopolio que controla la televisión y la radio mexicana. El estudio académico de esta tendencia sin duda sería una contribución importante y está surgiendo como una tarea futura fundamental para críticos y académicos.
4. En el 2013, otra cinta, *Nosotros los nobles* (Gary Alazraki), logró convertirse en la película más taquillera en la historia del cine mexicano, recaudando 26.5 millones USD solo entre

marzo y julio de ese año, con algunas copias todavía en el circuito comercial cuando completaba este libro. Es notable que una cinta aún pueda romper ese récord, el cual estaba en pie desde el 2002, lo cual muestra que el mercado permanece potencialmente prometedor para el cine mexicano. También muestra que apelar a las clases medias y altas sigue siendo una formula clave para el éxito. La cinta se trata sobre tres hermanos de clase alta a quienes, tras un ataque cardiaco de su padre, se les hace creer que el dinero de la familia se ha acabado (lo cual no es cierto) para que consigan trabajos de verdad. La mirada compasiva a las clases altas yace cómodamente dentro de los parámetros que he discutido en este libro.

5. Puede ser interesante notar que este cuestionamiento no sólo ocurre en el espacio de la comedia. En el drama, uno puede recordar la maravillosa cinta *Vaho* (Alejandro Gerber Bicecci, 2009), en la que una de las tradiciones más venerables de México, la representación de la Pasión de Cristo en el área de Iztapalapa de la Ciudad de México, es el trasfondo para el drama entre tres amigos que, durante la niñez, fueron parte de un incidente traumático. La cinta hace un trabajo excelente en contrastar la supuesta experiencia comunitaria de la representación religiosa con las verdaderas fracturas que subyacen las interacciones personales en la sociedad mexicana contemporánea.

6. Para una discusión de Serrano y *Sexo, pudor, y lágrimas*, ver el Capítulo 2.

7. Para una discusión de *El callejón de los milagros*, ver el Capítulo 1.

8. Como discutí en el Capítulo 3, la primera entrega fue la exitosa y controvertible *La ley de Herodes* (2000), quizás la película más significativa de ficción política en el cine mexicano hasta el día de hoy. La segunda película, *Un mundo maravilloso* (2006), un ataque brutal a la fantasía neoliberal mexicana, basada en el contraste entre la narrativa de desarrollo del gobierno y el punto de vista de un hombre sin hogar, no fue tan exitosa. John Waldron, en dos ponencias que amablemente compartió conmigo ("Discreet Charm," y "La risa"), argumenta que la cinta es de hecho la más radical de las tres, ya que propone un regreso político a lo común y en la espeluznante última escena, en la que la familia sin casa disfruta una cena navideña en una casa suburbana, mientras los cuerpos asesinados de la familia a quien pertenecía la residencia yacen en el patio. Estoy de acuerdo con Waldron con respecto a su análisis de que la falta de éxito comercial de esta película tiene que ver en parte con el hecho de que trae este mensaje a las vidas mismas de los públicos de clase media de la Ciudad de México, en vez de localizar la acción, como lo hicieron las otras dos películas de Estrada, en la provincia.

9. Puesto en un contexto histórico, el cine de acción fue parte de los géneros dirigidos a las clases trabajadoras durante el periodo neoliberal. Películas como *Lola la trailera* o las muchas otras producidas por los hermanos Almada crearon una representación del crimen organizado que informa sobre la narcocultura contemporánea. Es importante decir que estas películas no han desaparecido del todo: siguen siendo producidas con presupuestos mínimos y circulando a través del video casero en México y los Estados Unidos, y aparecen regularmente en la programación de canales de cables dedicados al cine mexicano. No analizo aquí este tipo de cine porque pertenece a un régimen de producción distinto al que me preocupa, pero un estudio académico del fenómeno social que subyace este otro mercado fílmico es sin duda necesario.

10. Ver el Capítulo 4.

11. Me ocupo de este periodo en mi discusión de *Danzón* en el Capítulo 1. El mejor estudio de estas directoras es *Women Filmmakers in Mexico* de Rashkin.

12. En su análisis de *Backyard / El traspatio*, Emily Hind subraya este punto, argumentando que la cinta deliberadamente afecta su potencial comercial al no explotar la reputación de la Reguera como símbolo sexual ("Estado" 29–30). Yo, sin embargo, no comparto la apreciación negativa de Hind. Ella opina que la película sufre de una "crisis de identidad"

y concluye su artículo aproximándose a su insatisfactorio final con otras posibles alternativas. En contraste, yo creo que, considerando las dificultades en tratar los feminicidios en la sociedad mexicana contemporánea, la cinta resiste muchas tentaciones, tales como explotar el tema para construir una película policiaca más satisfactoria—y más comercialmente viable.

13. Para un estudio de las implicaciones de la representación de la maternidad en el cine tanto de directores y directoras, ver Fischer.
14. Charles Ramírez Berg tiene un libro maravilloso sobre los estereotipos latinos en el cine, en el que estudia tanto los mecanismos de los estereotipos, y la lucha de los actores latinos para trascender el encasillamiento. Ver Ramírez Berg, *Latino Images in Film*.
15. También vale la pena leer el libro que acompañó la película, *Revolución 10.10*, en el que diez escritores jóvenes escribieron sobre los diez directores.

Bibliografía

Películas

7 días. Dir. Fernando Kalife. Perfs. Eduardo Arroyuelo, Jaime Camil, Martha Higareda. 2005. DVD. Quality Films. 2006.
7 mujeres, 1 homosexual y Carlos. Dir. René Bueno. Perfs. Mauricio Ochmann, Adriana Fonseca, Ninel Conde. 2004. DVD. Venevisión / Lion's Gate. 2007.
11:14. Dir. Greg Marcks. Perfs. Rachel Leigh Cook, Patrick Swayze, Hillary Swank. 2003. DVD. New Line Home Video. 2004.
21 Grams. Dir. Alejandro González Iñárritu. Perfs. Benicio del Toro, Sean Penn, Naomi Watts. 2003. DVD. Universal Studios. 2004.
2033. Dir. Francisco Laresgoiti. Perfs. Raúl Méndez, Sandra Echeverría. 2009. DVD. Cinema Epoch. 2010.
1492: The Conquest of Paradise. Dir. Ridley Scott. Perf. Gerard Depardieu. 1992. Spectra Nova. 2011.
A Better Life. Dir. Chris Weltz. Perfs. Demián Bichir, José Julián. 2011. DVD. Summit Entertainment. 2011.
A Little Princess. Dir. Alfonso Cuarón. Perfs. Liesel Matthews, Eleanor Brom, Liam Cunningham. 1995. DVD. Warner Home Video. 1997.
A.T.M.: A toda máquina. Dir. Ismael Rodríguez. Perfs. Pedro Infante, Luis Aguilar. 1951. DVD. Warner Home Video, 2007.
Abel. Dir. Diego Luna. Perfs. Christopher Ruiz Esparza, Karina Gidi, José María Yázpik. 2010. DVD. Videomax. 2012.
Alta tensión. Dir. Rodolfo de Anda. Perfs. Juan Manuel Bernal, María Rojo, María Colla. 1997. DVD. Ventura Distribution. 2004.
Alucarda, la hija de las tinieblas. Dir. Juan López Moctezuma. Perfs. Tina Romero, Susana Kamini, Claudio Brook. 1978. DVD. Mondo Macabro. 2003.
Amar (¿Ya lo hiciste sin?). Dir. Jorge Ramírez Suárez. Perfs. Luis Ernesto Franco, Diana García, Tony Dalton. 2009. DVD. Distrimax. 2009.
Amar te duele. Dir. Fernando Sariñana. Perfs. Martha Higareda, Luis Fernando Peña. 2002. DVD. Distrimax / Lion's Gate. 2005.
Ámbar. Dir. Luis Estrada. Perfs. Jorge Russek, Alfredo Sevilla. 1994. Bandido Films. Theatrical release.
Amor letra por letra. Dir. Luis Eduardo Reyes. Perfs. Silvia Navarro, Alan Estrada, Plutarco Haza. 2008. DVD. Quality Films. 2009.

Amor xtremo. Dir. Chava Cartas. Perfs. Aarón Díaz, Irán Castillo, Daniel Martínez. 2006. DVD. Distrimax. 2007.

Amores perros. Dir. Alejandro González Iñárritu. Perfs. Gael García Bernal, Goya Toledo, Emilio Echevarría. 2000. DVD. Lions Gate. 2001.

Annie Hall. Dir. Woody Allen. Perfs. Woody Allen, Diane Keaton. 1977. DVD. MGM Home Video. 2007.

Ángel de fuego. Dir. Dana Rotberg. Perfs. Evangelina Sosa, Roberto Sosa, Lilia Aragón. 1991. DVD. IMCINE / Desert Mountain Media. 2006.

Año bisiesto. Dir. Michael Rowe. Perfs. Gustavo Sánchez Parra, Mónica del Carmen. 2010. DVD. Strand. 2011.

Anoche soñé contigo. Dir. Marisa Sistach. Perfs. Leticia Perdigón, José Alonso. 1992. DVD. Venevisión / Condor Media. 2002.

Arráncame la vida. Dir. Roberto Sneider. Perfs. Daniel Giménez Cacho, Ana Claudia Talancón, José María de Tavira. 2008. DVD. 20th Century Fox. 2009.

Así. Dir. Jesús-Mario Lozano. Perfs. Roberto García Suárez, Oliver Cantú, Berenice Almaguer. 2005. DVD. Film House. 2007.

Así es la suerte. Dir. Juan Carlos de Llaca. Perfs. Mauricio Isaac, Alfonso Herrera, Irene Azuela. 2011. DVD. Videocine. 2012.

Ave María. Dir. Eduardo Rossoff. Perfs. Tere López-Tarín, Demián Bichir, Juan Diego Botto. 1999. DVD. Distrimax. 2007.

Awakenings. Dir. Penny Marshall. Perfs. Robert de Niro, Robin Williams. 1990. DVD. Image Entertainment. 2010.

Babel. Dir. Alejandro González Iñárritu. Perfs. Rinko Kikuchi, Adriana Barraza, Brad Pitt. 2006. DVD. Paramount Pictures. 2007.

Backyard / El traspatio. Dir. Carlos Carrera. Perfs. Ana de la Reguera, Jimmy Smits, Joaquín Cosío. 2009. DVD. Paramount Pictures. 2010.

Bajo California: El límite del tiempo. Dir. Carlos Bolado. Perfs. Damián Alcázar, Jesús Ochoa. 1998. DVD. Quality Films. 2004.

Bandidos. Dir. Luis Estrada. Perfs. Pedro Armendáriz, Daniel Giménez Cacho. 1991. DVD. Condor Media. 2002.

Batalla en el cielo. Dir. Carlos Reygadas. Perfs. Marcos Hernández, Anapola Mushkadiz, Berta Ruiz. 2005. DVD. Tartan Video. 2006.

Bend It like Bendham. Dir. Gurinder Chadha. Perfs. Parminder Nagra, Kiera Knightley. 2002. DVD. 20th Century Fox. 2003.

Bienvenido/Welcome. Dir. Gabriel Retes. Perfs. Lourdes Elizarrarás, Luis Felipe Tovar. Gabriel Retes. 1995. DVD. Quality Films. 2005.

Bienvenido/Welcome 2. Dir. Gabriel Retes. Perfs. Lourdes Elizarrarás, Gabriel Retes. 2006. DVD. Zafra. 2013.

Biutiful. Dir. Alejandro González Iñárritu. Perfs. Javier Bardem, Maricel Álvarez. 2011. DVD. Roadside Attractions. 2011.

Blackout. Dir. Rigoberto Castañeda. Perfs. Amber Tamblyn, Aidan Gillen. 2008. DVD. Velocity. 2009.

Blade II. Dir. Guillermo del Toro. Perfs. Wesley Snipes, Kris Kristofferson. 2002. DVD. New Line Home Entertainment. 2002.

Cabeza de Vaca. Dir. Nicolás Echevarría. Perfs. Juan Diego, Daniel Giménez Cacho, Roberto Sosa. 1991. DVD. Quality Films. 2007.

Calzonzin inspector. Dir. Alfonso Arau. Perfs. Alfonso Arau, Pancho Córdova, Arturo Alegro. 1973. DVD. Desert Mountain Media. 2003.

Bibliografía

Canoa. Dir. Felipe Cazals. Perfs. Ernesto Gómez Cruz, Enrique Lucero, Salvador Sánchez. 1976. DVD. Desert Mountain Media. 2005.

Cansada de besar sapos. Dir. Jorge Colón. Perfs. Ana Serradilla, José María de Tavira, Ana Layevska. 2006. DVD. Buenavista Latino. 2007.

Casa de mi padre. Dir. Matt Piedmont. Perfs. Will Ferrell, Gael García Bernal, Diego Luna. 2012. DVD. Pantelion. 2012.

Central do Brasil. Dir. Walter Salles. Perfs. Fernanda Montenegro, Marcos Bernstein. 1998. DVD. Columbia Tri-Star, 2003.

Chicogrande. Dir. Felipe Cazals. Perfs. Damián Alcázar, Daniel Martínez, Juan Manuel Bernal. 2010. DVD. Venevisión. 2012.

Chido Guan: El tacos de oro. Dir. Alfonso Arau. Perfs. Mario Almada, Fernando Arau, Gabriela Roel. 1985. DVD. Imagen. 2005.

Children of Men. Dir. Alfonso Cuarón. Perfs. Clive Owen, Julianne Moore. 2006. DVD. Universal. 2006.

Chiles xalapeños. Dir. Fabrizio Prada. Perfs. Irán Castillo, María Rebeca, Ricardo Bautista. 2008. DVD. Distrimax. 2008.

Christopher Columbus: The Discovery. Dir. John Glen. Perfs. George Corraface, Marlon Brando. 1992.

Cidade de Deus. Dir. Fernando Meirelles. Perfs. Alexandre Rodrigues, Mattheus Narchtergaele. 2002. DVD. Miramax. 2004.

Cilantro y perejil. Dir. Rafael Montero. Perfs. Demián Bichir, Arcelia Ramírez. 1995. DVD. Desert Mountain Media. 2002.

Cielo. Dir. Gerardo Tort. Perfs. Paulina Gaytán, Alan Chávez. 2007. DVD. Laguna Films / TV Azteca. 2008.

Ciudades oscuras. Dir. Fernando Sariñana. Perfs. Alejandro Tomassi, Jesús Ochoa, Bruno Bichir. 2002. DVD. Quality Films. 2006.

Como agua para chocolate (Like Water for Hot Chocolate). Dir. Alfonso Arau. Perfs. Lumi Cavazos, Regina Torné, Marco Leonardi. 1992. DVD. Miramax. 2000.

Como tú me has deseado. Dir. Juan Andrés Bueno. Perfs. Abraham Ranos, Ernesto Yáñez, Isela Vega. 2005. DVD. Quality Films. 2006.

Corazón de melón. Dir. Luis Vélez. Perfs. Christina Pastor, Daniel Martínez, Ludwika Paleta. 2003. DVD. Quality Films. 2007.

Corazón marchito. Dir. Eduardo Lucatero. Perfs. Ana Serradilla, Mauricio Ochmann. 2007. DVD. Lions Gate. 2007.

Crash. Dir. Mike Figgis. Perfs. Don Cheadle, Sandra Bullock, Thandie Newton. 2004. DVD. Lions Gate. 2005.

Cronos. Dir. Guillermo del Toro. Perfs. Federico Luppi, Claudio Brook, Ron Perlman. 1993. DVD. Criterion Collection, 2010.

Colosio. El asesinato. Dir. Carlos Bolado. Perfs. Enoc Leaño, Daniel Giménez Cacho. 2012. DVD. 2012.

Cuento de hadas para dormir cocodrilos. Dir. Ignacio Ortiz. Perfs. Arturo Ríos, Luisa Ruedas. 2002. DVD. Warner Brothers / Venevisión. 2004.

Danzón. Dir. María Novaro. Perfs. María Rojo, Carmen Salinas, Tito Vasconcelos. 1991. DVD. Facets / Macondo. 2007.

De la calle. Dir. Gerardo Tort. Perfs. Luis Fernando Peña, Maya Zapata. 2001. DVD. IMCINE / NuVisión. 2002.

Demasiado amor. Dir. Ernesto Rimoch. Perfs. Ari Telch, Karina Gidi, Daniel Martínez. 2002. DVD. Quality Films. 2007.

Desiertos Mares / Deserted Seas. Dir. José Luis García Agraz. Perfs. Arturo Ríos, Verónica Merchant, Juan Carlos Colombo, Dolores Heredia. 1992. DVD. Desert Mountain Media. 2005.

Desnudos. Dir. Enrique Gómez Vadillo. Perfs. Karyme Lozano, Rafael Amaya, Carmen Rodríguez. 2004. DVD. Quality Films. 2006.

Divina confusion. Dir. Salvador Garcini. Perfs. Jesús Ochoa, Diana Bracho, Pedro Armendáriz. 2008. DVD. Quality Films. 2009.

Dos crímenes. Dir. Roberto Sneider. Perfs. Damián Alcázar, José Carlos Ruis, Pedro Armendáriz. DVD. Quality Films. 2008.

Drama/Mex. Dir. Gerardo Naranjo. Perfs. Diana García, Fernando Becerril, Mariana Moro. 2007. DVD. IFC Films, 2007.

Don Gato y su pandilla. Dir. Alberto Mar. Perfs. Jorge Arvizu, Raúl Anaya. 2011. DVD. Warner Brothers México. 2011.

Efectos secundarios. Dir. Issa López. Perfs. Marina de Tavira, Alejandra Gollás, Arturo Barba, Pedro Izquierdo. 2006. DVD. Warner Home Video. 2007.

El anzuelo. Dir. Ernesto Rimoch. Perfs. Bruno Bichir, Damián Alcázar. 1996. DVD. Quality Films. 2003.

El atentado. Dir. Jorge Fons. Perfs. Daniel Giménez Cacho, José María Yázpik, Julio Bracho. 2010. DVD. Distrimax. 2011.

El búfalo de la noche. Dir. Jorge Hernández Aldana. Perfs. Diego Luna, Liz Gallardo, Gabriel González. 2007. DVD. 20th Century Fox. 2007.

El bulto. Dir. Gabriel Retes. Perfs. Gabriel Retes, Héctor Bonilla, José Alonso. 1992. DVD. Venevisión. 2006.

El callejón de los milagros / Miracle Alley. Dir. Jorge Fons. Perfs. Salma Hayek, Ernesto Gómez Cruz, Luis Felipe Tovar. 1995. DVD. Venevisión / Alameda Films. 2006.

El cielo dividido. Dir. Julián Hernández. Perfs. Miguel Ángel Hoppe, Fernando Arroyo. 2006. DVD. IMCINE. 2007.

El coronel no tiene quien le escriba. Dir. Arturo Ripstein. Perfs. Fernando Luján, Salma Hayek. 1999. DVD. Maverick. 2003.

El cometa. Dirs. Marisa Sistach and José Buil. Perfs. Diego Luna, Ana Claudia Talancón. 1999. DVD. Maverick. 2003.

El crimen del padre Amaro. Dir. Carlos Carrera. Perfs. Gael García Bernal, Ana Claudia Talancón. 2002. DVD. Columbia TriStar. 2003.

El efecto tequila. Dir. León Serment. Perfs. Eduardo Victoria, Juan Carlos Colombo. 2011. DVD. 2013.

El espinazo del Diablo. Dir. Guillermo del Toro. Perfs. Eduardo Noriega, Marisa Paredes. 2001. DVD. Sony Pictures Classics. 2004.

El estudiante. Dir. Roberto Girault. Perfs. Jorge Lavat, Norma Lazareno, José Carlos Ruiz. 2009. DVD. Quality Films. 2010.

El infierno. Dir. Luis Estrada. Perfs. Damián Alcazar, Joaquín Cosío. 2010. DVD. Distrimax. 2011.

El laberinto del fauno. Dir. Guillermo del Toro. Perfs. Ivana Baquero, Sergi López, Maribel Verdú. 2006. DVD. New Line Home Entertainment. 2007.

El lugar sin límites / The Place without Limits. Dir. Arturo Ripstein. Perfs. Roberto Cobo, Ana Martin, Gonzalo Vega. 1978. DVD. World Artists Home Video. 2001.

El secreto de Romelia. Dir. Busi Cortés. Perfs. Diana Bracho, Arcelia Ramírez, Pedro Armendáriz Jr., Dolores Beristáin. 1988. DVD. IMCINE / Alterfilms. 2009.

El segundo aire. Dir. Fernando Sariñana. Perfs. Jesús Ochoa, Lisa Owen, Jorge Poza. 2001. DVD. Twentieth Century Fox / Venevisión. 2004.

Bibliografía

El tigre de Santa Julia. Dir. Alejandro Gamboa. Perfs. Miguel Rodarte, Irán Castillo, Fernando Luján. 2002. DVD. Quality Films. 2006.
El tigre de Santa Julia. Dir. Arturo Martínez. Perfs. Juan Gallardo, Norma Lazareno. 1974. VHS. Quality Films. 1988.
Elisa antes del fin del mundo. Dir. Juan Antonio de la Riva. Perfs. Sherlyn, Imanol, Susana Zabaleta. 1997. DVD. Quality Films. 2005.
En el aire. Dir. Juan Carlos de Llaca. Perfs. Daniel Giménez Cacho, Dolores Heredia. 1995. DVD. Vanguard / Condor Media. 2002.
En medio de la nada. Dir. Hugo Rodríguez. Perfs. Manuel Ojeda, Blanca Guerra, Gabriela Roel. 1993. DVD. Alterfilms / IMCINE, 2010.
Enemigos íntimos. Dir. Fernando Sariñana. Perfs. Demián Bichir, Ximena Sariñana. 2009. DVD. Corazón Films. 2009.
Entre la tarde y la noche. Dir. Óscar Blancarte. Perfs. Angélica Aragón, Lumi Cavazos, Manuel Ojeda. 2000. DVD. Desert Mountain Media. 2006.
Entre Pancho Villa y una mujer desnuda. Dirs. Sabina Berman and Isabel Tardan. Perfs. Diana Bracho, Jesús Ochoa, Arturo Ríos. 1996. DVD. Quality Films. 2005.
Eros una vez María. Dir. Jesús Magaña Vázquez. Perfs. Julio Bracho, Ana Serradilla, Mahalat Sánchez. 2007. DVD. Quality Films. 2008.
Escápate conmigo. Dir. René Cardona Jr. Perfs. Lucero, Manuel Mijares. 1987. VHS. Madera Cinevideo, 1988.
Esmeralda de noche vienes. Dir. Jaime Humberto Hermosillo. Perfs. María Rojo, Claudio Obregón, Martha Navarro. 1997. DVD. New Line Home Video. 2006.
Espérame en otro mundo. Dir. Carlos Villaseñor. Perfs. Natalia Esperón, Margarita Sanz. 2007. DVD. Videomax. 2009.
Estas ruinas que ves. Dir. Julián Pastor. Perfs. Pedro Armendáriz, Fernando Luján. 1979. DVD: Ventura Distribution, 2003.
Fargo. Dirs. Joel and Ethan Coen. Perfs. William H. Macy, Frances McDormand, Steve Buscemi. 1996. DVD. MGM Home Entertainment. 2003.
Fibra óptica. Dir. Francisco Athié. Perfs. Roberto Sosa, Lumi Cavazos, Angélica Aragón. 1997. DVD. Cinevilla. 2002.
For Greater Glory: The True Story of Cristiada. Dir. Dean Wright. Perfs. Andy García, Catalina Sandino Moreno, Óscar Isaac. DVD. Arc Entertainment. 2012.
Frida, naturaleza viva. Dir. Paul Leduc. Perfs. Ofelia Medina, Juan José Gurrola, Claudio Brook. 1983. DVD. Miramax, 2002.
From Prada to Nada. Dir. Ángel Gracia. Perfs. Camila Belle, Alexa Vega, Adriana Barraza. 2011. DVD. Pantelion. 2011.
Four Weddings and a Funeral. Dir. Mike Newell. Perfs. Hugh Grant, Andie McDowell. 1994. DVD. MGM/UA Home Entertainment. 2000.
Gertrudis Bocanegra. Dir. Ernesto Medina. Perfs. Ofelia Medina, Angélica Aragón, Fernando Balzaretti. 1992. DVD. Altermedia. 2009.
Girl in Progress. Dir. Patricia Riggen. Perfs. Cierra Ramírez, Eva Mendes. 2012. DVD. Pantelion. 2012.
Go for It. Dir. Carmen Marron. Perfs. Aimée García, Al Bandiero. 2011. DVD. Pantelion. 2012.
Goal! The Dream Begins. Dir. Danny Cannon. Perfs. Kuno Becker, Alessandro Nivola. 2005. DVD. Touchstone Pictures. 2007.
Goal II: Living the Dream. Dir. Jaume Collet-Serra. Perfs. Kuno Becker, Alessandro Nivola. 2007. DVD. Genius Entertainment. 2009.

Goal III: Taking on the World. Dir. Andrew Monahan. Perfs. Kuno Becker, JJ Field. 2009. DVD. Metrodome. 2009.

Great Expectations. Dir. Alfonso Cuarón. Perfs. Ethan Hawke, Gwyneth Paltrow. 1998. DVD. 20th Century Fox. 2002.

Harry Potter and the Prisoner of Azkaban. Dir. Alfonso Cuarón. Perfs. Daniel Radcliffe, Emma Watson, Rupert Grint. 2004. DVD. Warner Home Video. 2004.

Hasta morir. Dir. Fernando Sariñana. Perfs. Demián Bichir, Vanessa Bauche, Juan Manuel Bernal. 1994. DVD. Condor Media / Venevisión. 2002.

Hanna and Her Sisters. Dir. Woody Allen. Perfs. Woody Allen, Mia Farrow. 1986. DVD. MGM Home Entertainment, 2001.

Hellboy. Dir. Guillermo del Toro. Perfs. Ron Perlman, Selma Blair. 2004. DVD. Columbia Tristar Home Entertainment. 2004.

Hellboy II: The Golden Army. Dir. Guillermo del Toro. Perfs. Ron Perlman, Selma Blair. 2008. DVD. Universal Studies. 2008.

Hidalgo: La historia jamás contada. Dir. Antonio Serrano. Perfs. Demián Bichir, Ana de la Reguera. 2010. DVD. 20th Century Fox. 2011.

In Necuepaliztli, in Aztlan / Retorno a Aztlán. Dir. Juan Mora Cattlet. Perfs. Rodrigo Puebla, Amado Sumaya, Rafael Cortés. 1991. VHS. Volcán Producciones. 1992.

Inspiración. Dir. Ángel Mario Huerta. Perfs. Bárbara Mori, Arath de la Torre. 2001. DVD. Venevisión / Lion's Gate. 2002.

Japón. Dir. Carlos Reygadas. Perfs. Alejandro Ferretis, Magdalena Flores. 2002. DVD. Tartan Video. 2002.

Jonás y la ballena rosada. Dir. Juan Carlos Valdivia. Perfs. Dino García, María Renée Prudencio. 1994. Amazon Instant Video. 25 May 2011. www.amazon.com.

Kada kien su karma. Dir. León Serment. Perfs. Blanca Guerra, José Alonso, Rocío Verdejo. 2008. DVD. Venevisión. 2008.

Kilómetro 31. Dir. Rigoberto Castañeda. Perfs. Iliana Fox, Adrià Collado, Raúl Méndez. 2006. DVD. Videomax. 2007.

La ley de Herodes. Dir. Luis Estrada. Perfs. Demián Alcázar, Pedro Armendáriz, Salvador Sánchez. 2000. DVD. Venevisión / Twentieth Century Fox, 2003.

La misma luna. Dir. Patricia Riggen. Perfs. Kate del Castillo, Eugenio Derbez, Adrián Alonso. 2007. DVD. 20th Century Fox. 2008.

La mujer de Benjamín. Dir. Carlos Carrera. Perfs. Eduardo Palomo, Arcelia Ramírez, Eduardo López Rojas. 1991. DVD. Desert Mountain Media. 2006.

La mujer del puerto. Dir. Arcady Boytler. Perfs. Angélica Palma, Domingo Soler. 1934. DVD. Facets. 2005.

La mujer del puerto. Dir Arturo Ripstein. Perfs. Patricia Reyes Spíndola, Alejandro Parodi. 1991. VHS. Buena Vista Home Entertainment, 1996.

La niña en la piedra. Dir. Marisa Sistach. Perfs. Gabino Rodríguez, Sofía Espinosa, Alberto Calva. 2006. DVD. Quality Films. 2007.

La orilla de la tierra. Dir. Ignacio Ortiz. Perfs. Luis Felipe Tovar, Jesús Ochoa. 1994. VHS. Madera. 1994.

La perdición de los hombres. Dir. Arturo Ripstein. Perfs. Patricia Reyes Spíndola, Luis Felipe Tovar, Rafael Inclán. 2000. DVD. Venevisión. 2000.

La primera noche. Dir. Alejandro Gamboa. Perfs. Mariana Ávila, Oswaldo Benavides, Amara Villafuerte. 1998. DVD. Quality Films. 2005.

La reina de la noche. Dir. Arturo Ripstein. Perfs. Patricia Reyes Spíndola, Alberto Estrella, Blanca Guerra. 1994. VHS. San Luis. 1995.

Bibliografía

La risa en vacaciones 1–8. Dir. René Cardona. Perfs. Pedro Romo, Pablo Ferrel, Paco Sánchez. 1990–1996. DVD. Oxxo. 2004.
La segunda noche. Dir. Alejandro Gamboa. Perfs. Irán Castillo, Mariana Ávila, Francesca Guillén, Sherlyn González. 1999. DVD. Warner Brothers / Videocine, 2000.
La tarea. Dir. Jaime Humberto Hermosillo. Perfs. María Rojo, José Alonso. 1990. DVD. Distrimax, 2004.
La tarea prohibida. Dir. Jaime Humberto Hermosillo. Perfs. María Rojo, Julián Pastor. 1992. DVD. Venevisión. 2004.
La última noche. Dir. Alejandro Gamboa. Perfs. Andrés Garcia, Cecilia Gabriela, Mariana Ávila. 2005. DVD. Warner Brothers. 2006.
La vida conyugal / Married Life. Dir. Carlos Carrera. Perfs. Alonso Echánove, Socorro Bonilla, Demián Bichir. 1993. DVD. Desert Mountain Media. 2005.
Labios rojos. Dir. Rafael Lara. Perfs. Silvia Navarro, Jorge Salinas. 2009. DVD. Pantelion. 2011.
Ladies' Night. Dir. Gabriela Tavigliani. Perfs. Ana Claudia Talancón, Luis Roberto Guzmán, Ana de la Reguera. 2003. DVD. Buena Vista Home Entertainment. 2004.
Ladrón que roba a ladrón. Dir. Joe Menéndez. Perfs. Fernando Colunga, Miguel Varoni. 2007. DVD. Warner Home Video México. 2008.
Lake Tahoe. Dir. Fernando Eimbcke. Perfs. Diego Cataño, Héctor Herrera. 2008. DVD. Film Movement. 2009.
Limbo. Dir. Horacio Rivera. Perfs. Fátima Díaz, Enoc Leaño, Érika de la Llave. 2008. DVD. Distrimax. 2010.
Liverpool. Dir. Lisandro Alonso. Perfs. Juan Fernández, Nieves Cabrera. 2008. DVD. Kino International. 2010.
Lola. Dir. María Novaro. Perfs. Leticia Huijara, Martha Navarro. 1989. DVD. Facets. 2007.
Lola la trailera / Lola la trailera II / Lola la trailera III. Dir. Raúl Fernández. Perf. Rosa Gloria Chagoyán. 1983–1991. VHS. Film-Mex Entertainment. 1991–2001.
Lolo. Dir. Francisco Athié. Perfs. Roberto Sosa, Lucha Villa. 1993. DVD. Cinevilla. 2002.
Los pajarracos. Dirs. Héctor Hernández and Horacio Rivera. Perfs. Miguel Rodarte, Luis de Alba. DVD. Distrimax. 2007.
Marcelino, pan y vino. Dir. José Luis Gutiérrez. Perfs. Mark Hernández, Jorge Lavat. 2010. DVD. Quality Films. 2011.
Más que a nada en el mundo. Dirs. Andrés León Becker and Javier Solar. Perfs. Elizabeth Cervantes, Juan Carlos Colombo, Julia Urbini. 2006. DVD. Distrimax. 2009.
Me quiero casar. Dir. Julián Soler. Perfs. Angélica María, Alberto Vázquez. 1967. DVD. Televisa. 2006.
Mecánica nacional. Dir. Luis Alcoriza. Perfs. Manolo Fábregas, Lucha Villa, Héctor Suárez. DVD. Laguna Films 2004.
Mi querido Tom Mix. Dir. Carlos García Agraz. Perfs. Federico Luppi, Manuel Ojeda. 1991. DVD. Facets / Zafra, 2007.
Mil nubes de paz cercan el cielo, amor, jamás acabarás de ser amor. Dir. Julián Hernández. Perfs. Juan Carlos Ortuño, Juan Carlos Torres. 2003. DVD. IMCINE. 2003.
Mimic. Dir. Guillermo del Toro. Perfs. Mira Sorvino, Jeremy Northam, Giancarlo Giannini. 1997. DVD. Dimension Films. 1998.
Miroslava. Dir. Alejandro Pelayo. Perfs. Arielle Dombasle, Claudio Brook, Milosh Trinka. 1992. DVD. Alterfilms / IMCINE. 2009.
Miss Bala. Dir. Gerardo Naranjo. Perfs. Stephanie Sigman, Noé Hernández. 2011. DVD. 20th Century Fox. 2011.

Mojado Power. Dir. Alfonso Arau. Perfs. Alfonso Arau, Blanca Guerra. 1979. VHS. Madera Cinevideo, 1986.

Mosquita muerta. Dir. Joaquín Bissner. Perfs. Bruno Bichir, Odiseo Bichir, Denisse Gutiérrez, Rocío Verdejo. 2007. DVD. Videomax. 2008.

Mujeres insumisas. Dir. Alberto Isaac. Perfs. Patricia Reyes Spíndola, José Alonso. 1994. VHS. Oxxo. 1995.

Niñas mal. Dir. Fernando Sariñana. Perfs. Martha Higareda, Camila Sodi, Ximena Sariñana, María Aura. 2007. DVD. Columbia Pictures. 2008.

No eres tú, soy yo. Dir. Alejandro Springall. Perfs. Alejandra Barrios, Eugenio Derbez, Martina García. 2010. DVD. Pantelion Films. 2011.

Novia que te vea. Dir. Guita Schyfter. Perfs. Claudette Maille, Angélica Aragón, Ernesto Laguardia. 1994. DVD. Desert Mountain Media. 2006.

Ordet. Dir. Carl Theodor Dreyer. Perfs. Henrik Malberg, Emil Hass Christensen, Preben Lerdorff Rye. 1955. DVD. Criterion Collection. 2001.

Pastorela. Dir. Emilio Portes. Perfs. Joaquín Cosío, Eduardo España. 2011. DVD. Pantelion. 2012.

Pelo suelto. Dir. Pedro Galindo. Perfs. Gloria Trevi, Humberto Zurita. 1991. DVD. Oxxo. 2004.

Perfume de violetas. Dir. Maryse Sistach. Perfs. Jimena Ayala, Nancy Gutiérrez, Arcelia Ramírez. 2001. DVD. Quality Films. 2004.

Picoso pero sabroso. Dir. Óscar Fentanes. Perfs. Luis de Alba, Gabriela Goldsmith. 1990. DVD. Million Dollar Video. 1990.

Piedras verdes. Dir. Ángel Flores Torres. Perfs. Vanessa Bauche, Oswaldo Benavides. 2001. DVD. Venevisión / Lion's Gate. 2003.

Playa azul (Beach Hotel). Dir. Alfredo Joskowicz. Perfs. Pilar Pellicer, Sergio Bustamante. 1992. DVD. Condor Media / Vanguard Cinema. 2003.

Por la libre. Dir. Juan Carlos de Llaca. Perfs. Oswaldo Benavides, Rodrigo Cachero, Ana de la Reguera. 2000. DVD. Venevisión. 2003.

Pretty in Pink. Dir. Howard Deutch. Perfs. Molly Ringwald, Jon Cryer, Andrew McCarthy. 1986. DVD. Paramount Home Entertainment. 2006.

Principio y fin. Dir. Arturo Ripstein. Perfs. Ernesto Laguardia, Julieta Egurrola, Blanca Guerra. 1993. DVD. Alameda Films. 2006.

Profundo carmesí. Dir. Arturo Ripstein. Perfs. Regina Orozco, Daniel Giménez Cacho. 1995. DVD. Quality Films. 2004.

Pruebas de amor. Dir. Jorge Prior. Perfs. Demián Bichir, Claudia Ramírez. 1994. DVD. Urbanvision, 1997.

Pueblo de Madera. Dir. Juan Antonio de la Riva. Perfs. Angélica Aragón, Gabriela Roel, Ignacio Guadalupe. 1990. DVD. Desert Mountain Media. 2007.

Reality Bites. Dir. Ben Stiller. Perfs. Winona Ryder, Ethan Hawke, Ben Stiller. 1994. DVD. Universal Home Video. 2004.

Revolución. Dirs. Diego Luna, Gael García Bernal, Mariana Chenillo, Fernando Eimbcke, Amat Escalante, Carlos Reygadas, Rodrigo Plá, Rodrigo García, Patricia Riggen, Gerardo Naranjo. 2010. DVD. Venevisión. 2011.

Rojo amanecer. Dir. Jorge Fons. Perfs. Héctor Bonilla, María Rojo. 1989. DVD. Quality Films. 2009.

Rudo y cursi. Dir. Carlos Cuarón. Perfs. Gael García Bernal, Diego Luna. 2008. DVD. Universal Studios. 2008.

Salón México. Dir. Emilio Fernández. Perfs. Marga López, Miguel Inclán. 1949. DVD. Alter Films, 2003.

Bibliografía

Salón México. Dir. José Luis García Agraz. Perfs. María Rojo, Manuel Ojeda, Alberto Estrella. 1996. DVD. Quality Films. 2007.
Salvando al soldado Pérez. Dir. Beto Gómez. Perfs. Miguel Rodarte, Jesús Ochoa, Joaquín Cosío. 2011. DVD. Pantelion. 2012.
Santitos. Dir. Alejandro Springall. Perfs. Dolores Heredia, Alberto Estrella, Demián Bichir. 1999. DVD. NuVisión. 2007.
Say Anything. Dir. Cameron Crowe. Perfs. John Cusack, Ione Skye. 1989. DVD. 20th Century Fox. 2001.
Sex, lies and videotape. Dir. Steven Soderbergh. Perfs. James Spader, Andie McDowell, Laura San Giacomo. 1989. DVD. Columbia Tri-Star, 2004.
Sexo, pudor y lágrimas. Dir. Antonio Serrano. Perfs. Susana Zabaleta, Demián Bichir, Cecilia Suárez, Víctor Hugo Martín, Jorge Salinas, Mónica Dionne. 1998. DVD. 20th Century Fox. 2004.
Sin dejar huella. Dir. María Novaro. Perfs. Aitana Sánchez-Gijón and Tiaré Escanda. 2000. DVD. Venevisión. 2006.
Sin nombre. Dir. Cary Fukunaga. Perfs. Paulina Gaitán, Marco Antonio Aguirre. 2007. DVD. Universal Studios. 2009.
Sin remitente. Dir. Carlos Carrera. Perfs. Fernando Torres Laphame, Tiaré Escanda, Luis Felipe Tovar. 1995. DVD. Oxxo Films. 2004.
Sin ton ni Sonia. Dir. Carlos Sama. Perfs. Juan Manuel Bernal, Mariana Gajá, Cecilia Suárez. 2003. DVD. Columbia Pictures. 2003.
Sleepless in Seattle. Dir. Nora Ephron. Perfs. Tom Hanks, Meg Ryan. 1993. DVD. Columbia TriStar. 2003.
Sobrenatural. Dir. Daniel Gruener. Perfs. Susana Zabaleta, Alejandro Tommasi. 1996. DVD. Quality Films. 2007.
Sólo con tu pareja. Dir. Alfonso Cuarón. Perfs. Daniel Giménez Cacho, Claudia Ramírez. 1991. DVD. Criterion Collection. 2006.
Somos lo que hay. Dir. Jorge Michel Grau. Perfs. Francisco Barreiro, Alan Chávez, Paulina Gaitán. 2010. DVD. IFC Films. 2011.
Spam: Una cadena de terror. Dir. Carlos Sariñana. Perfs. Sebastián Sariñana, Gloria Navarro. 2008. DVD. 2010.
Stellet Licht / Luz silenciosa. Dir. Carlos Reygadas. Perfs. Cornelio Wall, Miriam Toews, Maria Pankratz. 2007. DVD. Palisades Tartan. 2008.
Su alteza serenísima. Dir. Felipe Cazals. Perfs. Alejandro Parodi, Ana Bertha Espín, Pedro Armendáriz. 2000. DVD. Desert Mountain Media. 2004.
Sultanes del sur. Dir. Alejandro Lozano. Perfs. Tony Dalton, Silverio Palacios, Ana de la Reguera. 2007. DVD. Warner Brothers México. 2007.
Te presento a Laura. Dir. Fez Noriega. Perfs. Martha Higareda, Kuno Becker. 2010. DVD. Distrimax, 2011.
Temporada de patos. Dir. Fernando Eimbcke. Perfs. Enrique Arreola, Diego Cataño. 2004. DVD. Warner Bros. 2006.
The Burning Plain. Dir. Guillermo Arriaga. Perfs. Charlize Theron, Kim Basinger. 2008. DVD. Magnolia Home Entertainment. 2010.
The Last of the Mohicans. Dir. Michael Mann. Perfs. Daniel Day-Lewis, Madeleine Stowe. 1992.
The Three Burials of Melquiades Estrada. Dir. Tommy Lee Jones. Perfs. Tommy Lee Jones, Barry Pepper. 2005. DVD. Sony Pictures. 2006.
Tizoc: Amor indio. Dir. Ismael Rodríguez. Perfs. Pedro Infante, María Félix. 1957. DVD. Laguna Films, 2006.

Todo el poder. Dir. Fernando Sariñana. Perfs. Demián Bichir, Cecilia Suárez, Luis Felipe Tovar. 2000. DVD. Twentieth Century Fox / Venevisión, 2003.

Todo incluido / All Inclusive. Dir. Rodrigo Ortúzar. Perfs. Martha Higareda, Ana Serradilla, Jesús Ochoa. 2009. DVD. En Pantalla. 2010.

Tú te lo pierdes. Dir. Salim Nayar. Perfs. Paty Pereira, Alec Von, Lolita Cortés, Fernando Luján. 2004. DVD. Sfera Films. 2005.

Un hilito de sangre. Dir. Erwin Neumaier. Perfs. Diego Luna, Jorge Martínez de Hoyos. 1995. DVD. Alterfilms. 2008.

Un mundo maravilloso. Dir. Luis Estrada. Perfs. Damián Alcázar, Cecilia Suárez. 2006. DVD. 20th Century Fox. 2006.

Un mundo raro. Dir. Armando Casas. Perfs. Víctor Hugo Arana, Emilio Guerrero, Ana Serradilla. 2001. DVD. Quality Films. 2005.

Una familia de tantas. Dir. Alejandro Galindo. Perfs. Fernando Soler, David Silva, Martha Roth. 1949. DVD. Videomax. 2008.

Una película de huevos. Dirs. Gustavo and Rodolfo Riva Palacio. 2006. DVD. Huevocartoon Producciones. 2007.

Uncle Boonmee Who Can Recall his Past Lives. Dir. Apichatpong Weerasethakul. Perfs. Thanapat Saisaymar, Jenjira Pongpas, Sakda Kaeuwbuadee. 2010. DVD. Strand 2011.

Vaho. Dir. Alejandro Gerber Bicecci. Perfs. Aldo Estuardo, Francisco Godínez, Roberto Mares. 2009. DVD. The Global Film Initiative. 2011.

Viernes de Ánimas. El camino de las flores. Dir, Raúl Pérez Gámez. Perfs. Irán Castillo, Claudio Lafarga, Pedro Rodman. 2011. DVD. Quality Films. 2012.

Vivir mata. Dir. Nicolás Echevarría. Perfs. Susana Zabaleta, Daniel Giménez Cacho. 2002. DVD. 20th Century Fox. 2004.

Volverte a ver. Dir. Gustavo Adrián Garzón. Perfs. Alfonso Herrera, Ximera Herrera. 2008. DVD. Videocine. 2009.

Voy a explotar. Dir. Gerardo Naranjo. Perfs. Juan Pablo de Santiago, María Deschamps, Demián Bichir. 2009. DVD. IFC Films. 2010.

When Harry Met Sally. Dir. Rob Reiner. Perfs. Meg Ryan, Billy Crystal. 1989. DVD. MGM Home Entertainment. 2001.

Y tu mamá también. Dir. Alfonso Cuarón. Perfs. Gael García Bernal, Maribel Verdú, Diego Luna. 2001. DVD. IFC Films / MGM Home Entertainment. 2005.

Books and articles

Abbott, Stacey, and Deborah Jermyn. *Falling in Love Again: Romantic Comedy in Contemporary Cinema*. Londres: I. B. Tauris, 2009.

Abrams, Jerold J. "A Homespun Murder Story: Film Noir and the Problem of Modernity in *Fargo*." In *The Philosophy of the Coen Brothers*. Ed. Mark T. Conard. Lexington: University Press of Kentucky, 2009.

Acevedo-Muñoz, Ernesto R. "Sex, Class and Mexico in Alfonso Cuarón's *Y tu mamá también*." *Film and History* 34.1 (2004): 39–48.

———. *Buñuel and Mexico: The Crisis of National Cinema*. Berkeley: University of California Press, 2003.

Acland, Charles R. *Screen Traffic: Movies, Multiplexes and Global Culture*. Durham: Duke University Press, 2005.

Adler-Lomnitz, Larissa, Rodrigo Salazar-Elena, and Ilya Adler. *Symbolism and Ritual in a One-Party Regime*. Tucson: University of Arizona Press, 2010

Agamben, Giorgio. *Homo Sacer: Sovereign Power and Bare Life*. Trans. Daniel Heller-Roazen. Stanford: Stanford University Press, 1998.

Bibliografía

Aguilar, Gonzalo. *Other Worlds: New Argentine Film*. New York: Palgrave Macmillan, 2008.
Al-Nemi, Hassan. "The Dramatization of Fiction: Najib Mahfuz's Novels into Films." Dist. Indiana U, 1995.
Al-Rifal, Hammam. "El machismo árabe frente al machismo mexicano en una novela y una película." *Ixquic: Revista Hispánica Internacional de Análisis y Creación* 6 (2005): 47–65.
Alcocer, Rudyard. "Going in Circles: Spanish American Identity and the Circular Motif in Nicolás Echevarría's *Cabeza de Vaca*." *Literature / Film Quarterly* 36 (2008): 250–8.
Allegretto-Diiulio, Pamela. *Naguib Mahfouz: A Western and Eastern Cage of Female Entrapment*. Youngstown, NY: Cambria, 2007.
Alvaray, Luisela. "Imagi(ni)ng Indigenous Spaces: Self and Other Converge in Latin America." *Film and History* 34.2 (2004): 58–64.
Amado, Ana. *La imagen justa: Cine argentino y política*. Buenos Aires: Colihue, 2009.
Amago, Samuel. "Ethics, Aesthetics and the Future in Alfonso Cuarón's *Children of Men*." *Discourse* 32.2 (2010): 212–35.
Amaya, Héctor. "*Amores perros* and Racialised Masculinities in Contemporary Mexico." *New Cinemas: Journal of Contemporary Film* 5.3 (2007): 201–16.
Amaya, Héctor, and Laura Senio Blair. "Bridges between the Divide" The Female Body in *Y tu mamá también* and *Machuca*." *Studies in Hispanic Cinemas* 4.1 (2007): 47–62.
Amiot, Julie. "Carlos Reygadas, el cine mexicano y la crítica: ¿Una bonita historia?" *Cinémas d'Amérique Latine* 14 (2006): 154–65.
Anuario Estadístico del Cine Mexicano 2011. México: IMCINE, 2012.
Arredondo, Isabel. *Palabra de mujer: Historia oral de las directoras de cine mexicano (1988–1994)*. Madrid: Iberoamericana Vervuert / Universidad Autónoma de Aguascalientes, 2001.
———. "María Novaro and the Making of *Lola* and *Danzón*." *Women's Studies Quarterly* 30.1/2 (2002): 196–212
———. "By Popular Demand: I Will See *Danzón* Until I Can't Stand It Anymore." *Journal of Communication Inquiry* 23.2 (1999): 183–96.
Aviña, Rafael. *Una mirada insólita: Temas y géneros del cine mexicano*. México: Conaculta/Océano, 2004.
Avritzer, Leonardo. "Civil Society in Latin America in the Twentieth First Century: Between Democratic Deepening, Social Fragmentation and State Crisis." In Feinberg, Waisman and Zamosc 35–58.
Ayala Blanco, Jorge. *La condición del cine mexicano*. México: Posada, 1986.
———. *La disolvencia del cine mexicano*. México. Grijalbo, 1991.
———. *La eficacia del cine mexicano: Entre lo viejo y lo nuevo*. México: Grijalbo, 1994.
———. *La fugacidad del cine mexicano*. México: Océano, 2001.
———. *La grandeza del cine mexicano*. México: Océano, 2004.
———. *La herética del cine mexicano*. México: Océano, 2006.
Azcona, María del Mar. *The Multi-Protagonist Film*. Londres: Blackwell, 2010.
Azcona, María del Mar, and Celestino Deleyto. *Generic Attractions: New Essays on Film Genre Criticism*. Paris: Michel Houdiard, 2010.
Babb, Sarah. *Managing Mexico: Economists from Nationalism to Neoliberalism*. Princeton: Princeton University Press, 2001.
Badikian, Beatriz. "Food and Sex, That's All We're Good For: Images of Women in *Like Water for Chocolate*." *Film and History* 28, 1&2 (1998): 46–8.
Baer, Hester, and Ryan Long. "Transnational Cinema and the Mexican State in Alfonso Cuarón's *Y tu mamá también*." *South Central Review* 21.3 (2004): 150–68.
Bartra, Roger. *The Cage of Melancholy: Identity and Metamorphosis in the Mexican Character*. Trans. Christopher J. Hall. New Brunswick, NJ: Rutgers University Press, 1992.

Barrueto, Jorge J. *Primitivismo, racismo y misoginismo en el cine latinoamericano / Primitivism, Racism and Misogyny in Latin American Cinema*. Lewiston, NY: Edwin Mellen, 2008.
Baumann, Shyon. *Hollywood Highbrow: From Entertainment to Art*. Princeton: Princeton University Press, 2007.
Beard, Michael, and Adnan Haydar. *Naguib Mahfouz: From Regional Fame to Global Recognition*. Syracuse: Syracuse University Press, 1993.
Beckman, Karen. *Crash: Cinema and the Politics of Speed and Stasis*. Durham: Duke University Press, 2010.
Benavides, O. Hugo. *Drugs, Thugs and Divas: Telenovelas and Narco-Dramas in Latin America*. Austin: University of Texas Press, 2008.
Benet, Vicente. "Principio y fin / Beginning and End." Elena and Díaz López 211–20.
Benítez-Galbraith, Jacqueline, Elizabeth Irvin, and Craig S. Galbraith. "Gender Images and the Evolution of Work Roles in Mexican Film: A Plot Content Study of Pre- and Post-NAFTA Periods." *Hispanic Research Journal* 12.2 (2011): 167–83.
Benjamin, Walter. *Selected Writings: Volume 4; 1938–1940*. Eds. Howard Eiland and Michael W. Jennings. Cambridge: Harvard University Press, 2003.
Berman, Sabina. *Puro teatro*. México: Fondo de Cultura Económica, 2004.
Bermúdez Barrios, Nayibe. "*Miroslava* by Alejandro Pelayo: Negotiated Adaption and the (Trans)National Gendered Subject." In *Relocating Identities in Latin American Cultures*. Ed. Elizabeth Montes Garcés. Calgary: University of Calgary Press, 2007. 133–66.
Berra, John. *Declarations of Independence: American Cinema and the Partiality of Independent Production*. Briston: Intellect, 2008.
Berrueco García, Adriana. *Nuevo régimen jurídico del cine mexicano*. México: Instituto de Investigaciones Jurídicas / Universidad Nacional Autónoma de México, 2009.
Biskind, Peter. *Down and Dirty Pictures: Miramax, Sundance and the Rise of Independent Film*. New York: Simon and Schuster, 2004.
Blake, Linnie. *The Wounds of Nations: Horror Cinema, Historical Trauma and National Identity*. Manchester: Manchester University Press, 208.
Bogue, Ronald. *Deleuze on Cinema*. Londres: Routledge, 2003.
Bordwell, David. *The Films of Carl-Theodor Dreyer*. Berkeley: University of California Press, 1981.
Borreye, Orla Juliette. "The Significance of the Queer and the Dog in Alejandro González Iñárritu's *Amores perros* (2000): A Masculinity at War." *Wide Screen* 1.1 (2009): 1–9.
Bourdieu, Pierre. *The Social Structures of the Economy*. Trans. Chris Turner. Cambridge: Polity, 2005.
Boym, Svetlana. *The Future of Nostalgia*. New York: Basic Books, 2001.
Brinks, Ellen. "'Nobody's Children': Gothic Representation and Traumatic History in *The Devil's Backbone*." *JAC. A Journal of Composition Theory* 24.2 (2004): 291–312.
Buffington, Robert. "La 'Dancing' Mexicana: Danzón and the Transformation of Intimacy in Post-Revolutionary México." *Journal of Latin American Cultural Studies* 14. 1 (2005): 87–108.
Caballero, Rufo. *Un pez que huye: Cine latinoamericano 1991–2003; Un análisis estético de la producción*. Habana: Argos, 2007.
Cameron, Allan. "Contingency, Order, and the Modular Narrative: *21 Grams* and *Irreversible*." *Velvet Light Trap* 58 (2006): 65–78.
Campbell, Jan. *Film & Cinema Spectatorship*. New York: Polity, 2005.
Campesino, Juan. *La historia como ironía: Ibargüengoitia como historiador*. Guanajuato: Universidad de Guanajuato, 2005.
Campos-Brito, Rosa. "Prostitutas, locas y vestidas: Un coqueteo subversivo en *Danzón* de María Novaro." In Igler and Stauder 123–36.

Carr, Barry. *Marxism and Communism in Twentieth Century Mexico*. Lincoln: University of Nebraska Press, 1992.
Carroll, Rachel, ed. *Adaptation in Contemporary Culture: Textual Infidelities*. London: Continuum, 2009.
Castells, Manuel. *The Information Age: Economy, Society and Culture*. 3 vols. Oxford: Wiley-Blackwell, 1996–1998.
Castillo Berthier, Héctor. "My Generation: Rock and *La Banda*'s Forced Survival Opposite the Mexican State." In Pacini Hernández, Fernández L'Hoeste, and Zolov 241–60.
Castro Ricalde, Maricruz. "Historia y humor en *Entre Pancho Villa y una mujer desnuda*." *Archives Ouvertes*. 30 June 2010. Web. 27 May 2011.
Catherine, Darryl V. "Border Saints: *Santitos* (1999)." *Catholics in the Movies*. Ed. Colleen McDannell. Oxford: Oxford University Press, 2008. 277–98.
Cartmell, Deborah, and Imelda Whelehan, eds. *The Cambridge Companion to Literature on Screen*. Cambridge: Cambridge University Press, 2007.
———. *Adaptations: From Text to Screen, Screen to Text*. London: Routledge, 1999.
Castañeda, Jorge G. *The Mexican Shock: It's Meaning for the United States*. New York: New Press, 1995.
———. *La utopía desarmada: Íntrigas, dilemas y promesa de la izquierda en América Latina*. Barcelona: Ariel, 1995.
Centeno, Miguel Ángel. *Democracy within Reason: Technocratic Revolution in Mexico*. University Park, PA: Pennsylvania State University Press, 1997.
Cerrato, Rafael, Juan Miguel Perea, and Juan Carlos Rentero. *En la frontera con Iñárritu*. Madrid: Ediciones JC, 2007.
Chalaby, Jean K. *Transnational Television Worldwide: Towards a New Media Order*. Londres: I. B. Tauris, 2005.
Chaudhary, Zahid. "Humanity Adrift: Race, Materiality and Allegory in Alfonso Cuarón's *Children of Men*." *Camera Oscura* 24.3 (2009): 73–109.
Chávez, Daniel. "De faunos hispánicos y monstros en inglés: La imaginación orgánica en el cine de Guillermo del Toro." In Vargas 371–408.
———. "The Eagle and the Serpent on the Screen: The State as a Spectacle in Mexican Cinema." *Latin American Research Review* 45.3 (2010): 115–41.
Chopra-Gant, Mike. *Cinema and History: The Telling of Stories*. Londres: Wallflower, 2008.
Cohen, Jean, and Andrew Arato. *Civil Society and Political Theory*. Cambridge: Massachussetts Institute of Technology Press, 1994.
Connelly, Caryn. "Tanto de aquí como de allá: New Representation of the Illegal Immigrant Experience in *La misma luna* (2007) and *7 soles* (2009)." *Cincinnati Romance Review* 32 (2011): 13–30.
Copertari, Gabriela. *Desintegración y justicia en el cine argentino contemporáneo*. Suffolk: Tamesis, 2009.
Crofts, Stephen. "Reconceptualizing National Cinema/s." In *Film and Nationalism*. Ed. Alan Williams. New Brunswick: Rutgers University Press, 2002. 25–51.
Crónica de la publicidad en México 1901–2001. México: Asociación Mexicana de Agencias de Publicidad, 2002.
Cronin, Michael. *Translation goes to the Movies*. Londres: Routledge, 2009.
Couto Pereira, Helena Bonito. "Um crime em duas versões: *Padre Amaro* no cinema." *Comunicação & Sociedade* 42 (2004): 95–105.
Cunneen, Joseph. *Robert Bresson: A Spiritual Style in Film*. Londres: Continuum, 2003.
D'Lugo, Marvin. "Transnational Film Authors and the State of Latin American Cinema." In Wexman 112–30.

———. "Authorship, Identification and the New Identity of Latin American Cinema." *Rethinking Third Cinema*. Eds. Anthony Guneratne and Wimal Dissanayake. Londres: Routledge, 2003. 103–25.

———. "Amores perros." In *The Cinema of Latin America*. Eds. Alberto Elena and Marina Díaz López. Londres: Wallflower, 2003. 221–30.

———. "Luis Alcoriza; or, A Certain Antimelodramatic Tendency in Mexican Cinema." Sadlier 110–29.

DasGupta, Sayantani. "(Re)Conceiving the Surrogate: Maternity, Race and Reproductive Technologies in Alfonso Cuarón's *Children of Men*." In *Gender Scripts in Medicine and Narrative*. Eds. Marcelline Block and Angela Laflen. Newcastle upon Tyne: Cambridge Scholars Publishing, 2010. 178–213.

Davies, Ann. "Guillermo del Toro's *Cronos*: The Vampire as Embodied Heterotopia." *Quarterly Review of Film and Video* 25 (2008): 395–403.

———. "The Beautiful and the Monstrous Masculine: The Male Body and Horror in *El espinazo del diablo* (Guillermo del Toro 2001)." *Studies in Hispanic Cinemas* 3.3 (2007): 135–47.

Davies, Laurence. "Guillermo del Toro's *Cronos*, or, The Pleasures of Impurity." In *Gothic Science Fiction 1980–2010*. Eds. Sara Wasson and Emily Alder. Liverpool: Liverpool University Press, 2011. 87–101.

Dawson, Alexander S. *First World Dreams: Mexico since 1989*. Londres: Zed, 2006.

Day, Stuart. *Staging Politics in Mexico: The Road to Neoliberalism*. Lewisburg, PA: Bucknell University Press, 2004.

De la Garza, Armida. *Mexico on Film: National Identity and International Relations*. Bury St. Edmunds, UK: Arena Books, 2006.

De la Mora, Sergio. *Cinemachismo: Masculinities and Sexuality in Mexican Film*. Austin: University of Texas Press, 2006.

———. "'Tus pinches leyes yo me las paso por los huevos': Isela Vega and Mexican Dirty Movies." In Ruétalo y Tierney 245–58.

De Luca, Tiago. "Realism of the Senses: A Tendency in Contemporary World Cinema." In Nagib, Perriam and Dudrah 183–206.

———. "Carnal Spirituality: The Films of Carlos Reygadas." *Senses of Cinema* 55 (2010). Online.

Del Río, Joel, and María Caridad Cumaná. *Latitudes del margen*. Habana: Instituto Cubano del Arte e Industria Cinematográficos, 2008.

del Toro, Guillermo. *El laberinto del fauno*. Madrid: Ocho y medio, 2006.

———. *Alfred Hitchcock*. Guadalajara: Universidad de Guadalajara, 1990.

Deleuze, Gilles. *Cinema 1: The Movement-Image*. Trans. Hugh Tomlinson and Barbara Habberjam. Minneapolis: University of Minnesota Press, 1986.

———. *Cinema 2: The Time-Image*. Trans. Hugh Tomlinson and Robert Galeta. Minneapolis: University of Minnesota Press, 1989.

Deleyto, Celestino. *The Secret Life of Romantic Comedy*. Manchester: Manchester University Press, 2009.

Deleyto, Celestino, and María del Mar Azcona. *Alejandro González Iñárritu*. Urbana: University of Illinois Press, 2010.

Derry, Charles. *Dark Dreams 2.0: A Psychological History of the Modern Horror Film from the 1950s to the 21st Century*. Jefferson, NC: McFarland, 2009.

Dever, Susan. *Celluloid Nationalism and Other Melodramas: From Revolutionary Mexico to fin de siglo Mexamérica*. Albany, State University of New York Press, 2003.

Bibliografía

Díaz López, Marina. "¿Dónde están los hombres?: Crisis de la masculinidad mexicana en *Y tu mamá también*." In Igler and Stauder 137–53.

Díaz Mendiburo, Aaraón. *Los hijos homoeróticos de Jaime Humberto Hermosillo*. México: Plaza y Valdés, 2004.

Dillon, Steven. *The Solaris Effect: Art and Artifice in Contemporary American Film*. Austin: University of Texas Press, 2006.

Dixon, Wheeler Winston, and Gwendolyn Audrey Foster. *21st-Century Hollywood: Movies in the Era of Transformation*. New Brunswick: Rutgers University Press, 2011.

Domínguez, Jorge I., and Alejandro Poiré, eds. *Towards Mexico's Democratization: Parties, Campaigns, Elections and Public Opinion*. Londres: Routledge, 1999.

Donapetry, María. *Imagen/nación: La feminización de la nación en el cine español y latinoamericano*. Madrid: Fundamentos, 2006.

Doremus, Anne T. *Culture, Politics, and National Identity in Mexican Literature and Film, 1929–1952*. New York: Peter Lang, 2000.

Drum, Jean, and Dale D. Drum. *My Only Great Passion: The Life and Films of Carl Th. Dreyer*. Lanham, MD: Scarecrow Press, 2000.

Duno-Gottberg, Luis, ed. *Miradas al margen: Cine y subalternidad en América Latina*. Caracas: Fundación Cinemateca Nacional, 2008.

Ďuričová, Nataša, and Kathleen Newman, eds. *World Cinemas, Transnational Perspectives*. Londres: Routledge, 2010.

Eça de Queirós, José María. *O crime do padre Amaro*. Lisbon: Libros do Brasil, 2000.

Egan, Linda. *Carlos Monsiváis: Culture and Chronicle in Contemporary Mexico*. Tucson: University of Arizona Press, 2001.

Ehrenberg, John. *Civil Society: The Critical History of an Idea*. New York: New York University Press, 1999.

Elasmar, Michael G. *The Impact of International Television: A Paradigm Shift*. Malwah, NJ: Lawrence Erlbaum Associates, 2003.

Elena, Alberto. *The Cinema of Latin America*. Londres: Wallflower, 2003.

Epplin, Craig. "Sacrifice and Recognition in Carlos Reygadas' *Japón*." *Mexican Studies / Estudios Mexicanos* 28.2 (2012). 287–305.

Erro-Peralta, Nora. "Del objeto al sujeto: La representación de la mujer en tres películas mexicanas. *El secreto de Romelia*, *Danzón* y *Entre Pancho Villa y una mujer desnuda*." In Duno-Gottberg 71–93.

Esquivel, Laura. *Como agua para chocolate: Novela de entregas mensuales con recetas, amores y remedios caseros*. México: Planeta, 1990.

Evans, Peter William, and Celestino Deleyto, eds. *Terms of Endearment: Hollywood Romantic Comedy of the 1980s and 1990s*. Edinburgh: Edinburgh University Press, 1998.

Ezra, Elizabeth. "Transnational Cinema, Transgeneric Cinema." In Azcona and Deleyto 29–40.

Feinberg, Richard, Carlos H. Waisman, and León Zamosc, eds. *Civil Society and Democracy in Latin America*. New York: Palgrave Macmillan, 2006.

Fernández, Alvaro. "Carlos Reygadas: El lento estilo del espectáculo." In Vargas, coord. 409–27.

Fernández F., José Antonio. *Historias personales: Entrevistas con publicistas, directores y creativos*. México: Creatividad en Imagen, 2000.

Fernández L'Hoeste, Héctor D. "Breves apuntes sobre las obsesiones de Guillermo del Toro." *Cuadernos de investigación de la Cinemateca Nacional de Venezuela* 8 (2002): 43–51.

Figueiredo, Monica. "*El crimen del padre Amaro*: Du livre au film, un 'crime' qui a traversé les siècles." *Excavatio: Nouvelle Revue Emile Zolá et le Naturalisme International* 21, 1–2 (2006): 273–83.

Finnegan, Nuala. "'So What's Mexico Really Like?': Framing the Local, Negotiating the Global in Alfonso Cuarón's *Y tu mama también*." In *Contemporary Latin American Cinema: Breaking into the Global Market*. Ed. Deborah Shaw. Lanham, MD: Rowman & Littlefield, 2007: 29–50.

———. "At Boiling Point: *Like Water for Chocolate* and the Boundaries of Mexican Identity." *Bulleting of Latin American Research* 18, 3 (1999): 311–26.

Fibbert, Andrew J. *Commerce in Culture: States and Markets in the World Film Trade*. New York: Palgrave Macmillan, 2007.

Fischer, Lucy. *Cinematernity: Film, Motherhood, Genre*. Princeton: Princeton University Press, 1996.

Florida, Richard. *The Rise of the Creative Class . . . And How It's Transforming Work, Leisure, Community and Everyday Life*. New York: Basic Books, 2002.

Fojas, Camila. *Border Bandits: Hollywood on the Southern Frontier*. Austin: University of Texas Press, 2008.

Foltz, Jonathan. "Betraying Oneself: *Silent Light* and the World of Emotion." *Screen* 52.2 (2011): 151–72.

Foster, David William. *Mexico City in Contemporary Mexican Cinema*. Austin: University of Texas Press, 2002.

Franco, Jean. *Critical Passions: Selected Essays*. Eds. Mary Louis Pratt and Katherine Newman. Durham: Duke University Press, 1999.

———. *Plotting Women: Gender & Representation in Mexico*. New York: Columbia University Press, 1989.

Frith, Simon. *Performing Rites: On the Value of Popular Music*. Cambridge: Harvard University Press, 1996.

Foucault, Michel. *The Foucault Reader*. Ed. Paul Rabinow. New York: Vintage, 1984.

Forcinito, Ana. "El cine posterior al TLCAN y violencia de género: Resignificaciones culturales de la transición mexicana." In *Estudios sobre cultura, género y violencia contra las mujeres*. Eds. Roberto Castro and Irene Casique. México: Universidad Nacional Autónoma de México, 2008. 197–228.

Gallo, Rubén. "Tlatelolco: Mexico City's Urban Dystopia." In *Noir Urbanisms: Dystopic Images of the Modern City*. Ed. Gyan Prakash. Princeton: Princeton University Press, 2010. 53–72.

Galt, Rosalind, and Karl Schoonover, eds. *Global Art Cinema: New Theories and Histories*. Oxford: Oxford University Press, 2010.

Game, Jérôme. "Images sans organs / récit sans télos: Carlos Reygadas et Gus Van Sant." In Game, ed. 149–70

———, ed. *Images des corps / corps des images au cinéma*. Lyon: École Normale Supérior, 2010.

García Canclini, Néstor. *Consumers and Citizens: Globalization and Multicultural Conflicts*. Trans. George Yúdice. Minneapolis: University of Minnesota Press, 2001. Español: *Consumidores y ciudadanos: Conflictos multiculturales de la globalización*. México: Grijalbo, 1995.

———, ed. *Los nuevos espectadores: Cine, televisión y video en México*. México: Conaculta / IMCINE, 1994.

Gaudreault, André. *Du Littéraire au Filmique: Système du récit*. Paris: Méridiens Klincksieck, 1989.

George, Rosemary Marangoly. "British Imperialism and US Multiculturalism: The Americanization of Burnett's *A Little Princess*." *Children's Literature* 37 (137–64).

Gilbert, Dennis. *Mexico's Middle Class in the Neoliberal Era*. Tucson: University of Arizona Press, 2007.

Gomery, Douglas. *Shared Pleasures: A History of Movie Presentation in the United States*. Madison: University of Wisconsin Press, 1992.

Gómez Campos, Rubí de María. *El sentido de sí: Un ensayo sobre el feminismo y la filosofía de la cultura en México*. México: Siglo XXI / Instituto Michoacano de la Mujer, 2004.

González Vargas, Carla. *Rutas del cine mexicano 1990–2006*. México: Conaculta/IMCINE/ Landucci, 2006.

Gordon, Richard. *Cannibalizing the Colony: Cinematic Adaptations of Colonial Literature in Mexico and Brazil*. West Lafayette, IN: Purdue University Press, 2009.

Greene, Doyle. *Mexploitation Cinema: A Critical History of Mexican Vampire, Wrestler, Ape-man and Similar Films, 1957–1977*. Jefferson, NC: McFarland, 2005.

Gross, Brian Michael. *Global Auteur: Politics in the Films of Almodóvar, Von Trier and Winterbottom*. New York: Peter Lang, 2009.

Guerrero, Javier. "Sexualidades ocultas, cuerpos enterrados: Carlos Reygadas y sus lecturas secretas de *Pedro Páramo*." In Duno-Gottberg 93–118.

Gutiérrez, Carlos. "*Y tu crítica también*: The Development of Mexican Film Studies at Home and Abroad." In *The Sage Handbook of Films Studies*. Ed. James Donald and Michael Renov. Londres: Sage, 2008. 101–11.

———, ed. *Cinema Tropical Presents: The 10 Best Latin American Films of the Decade (2000–2009)*. New York: Jorge Pinto Books, 2010.

Gutiérrez, Laura G. *Performing Mexicanidad: Vendidas y Cabareteras on the Transnational Stage*. Austin: University of Texas Press, 2010.

Gutmann, Matthew. *The Romance of Democracy: Compliant Defiance in Contemporary Mexico*. Berkeley: University of California Press, 2002.

Haber, Stephen, et al. *Mexico since 1980*. New York: Cambridge University Press, 2008.

Haddu, Miriam. *Contemporary Mexican Cinema 1989–1999: History, Space, and Identity*. Lewiston, NY: Edwin Mellen, 2007.

———. "Historiography Goes to the Movies: The Case of Jorge Fons' *Rojo Amanecer*." In Rix and Rodríguez Saona 131–44

———. "Love on the Run: Re-Mapping the Postmetropolis in Alfonso Cuarón *Sólo con tu pareja* (1991)." *Framework* 46.2 (2005): 71–89.

Hairston, Andrea. "Stories Are More Important than Facts: Imagination as Resistance in Guillermo del Toro's *Pan's Labyrinth*." In *Narrative Power: Encounters, Celebrations, Struggles*. Ed. L. Timmel Duchamp. Seattle: Aqueduct, 2010. 137–51.

Hanley, Jane. "The Walls Fall Down: Fantasy and Power in *El laberinto del fauno*." *Studies in Hispanic Cinema* 4.1 (2007): 35–45.

Hardcastle, Anne. "Ghosts of the Past and Present: Hauntology and the Spanish Civil War in Guillermo del Toro's *The Devil's Backbone*." *Journal of the Fantastic in the Arts* 15.2 (2005): 119–31.

Hart, Patricia. "Visual Strategies in Gabriel Retes' Film *El bulto*." In *Cine Lit II: Essays on Hispanic Film and Fiction*. Eds. George Cabello-Castellet, Jaume Martí-Olivella and Guy H. Wood. Corvallis: Portland State U / Oregon State U / Reed College, 1995. 29–38.

Hart, Stephen M. *A Companion to Latin American Cinema*. Londres: Tamesis, 2004.

Harvey, David. *A Brief History of Neoliberalism*. Oxford: Oxford University Press, 2005. [En español: *Breve historia del neoliberalismo*. Madrid: Akal, 2007].

Haydar, Adnan, and Michael Beard. "Mapping the World of Naguib Mahfouz." Beard and Haydar 1–9.

Herlinghaus, Hermann. *Violence without Guilt: Ethical Narratives from the Global South*. New York: Palgrave Macmillan, 2009.

Hernández Hernández, Óscar Misael, and Luisa Álvarez Cervantes, coords. *Sociedad y cultura en El infierno: Ensayos sobre una película mexicana*. México: Miguel Ángel Porrúa, 2012.

Hernández Rodríguez, R. *Splendors of Latin Cinema*. Santa Barbara: Praeger / ABC CLIO, 2010.

Herrera-Sobek, María. "Border Aesthetics: The Politics of Mexican Immigration in Film and Art." *Western Humanities Review* 60, 2 (2006): 60–71.

Hershfield, Joanne. "Women's Cinema and Contemporary Allegories of Violence in Mexico." *Discourse* 32.2 (2010): 170–85.

———. "Assimilation and Identification in Nicolás Echeverría's *Cabeza de Vaca*." *Wide Angle* 16, 3 (1995): 6–24.

Hershfield, Joanne, and David R. Maciel, eds. *Mexico's Cinema: A Century of Film and Filmmakers*. Lanham, MD: SR Books, 2005.

Higgins, Ceri. *Gabriel Figueroa: Nuevas perspectivas*. México: Consejo Nacional para la Cultura y las Artes, 2008.

Hind, Emily. "Estado de excepción y feminicidio: *Backyard / El traspatio* (2009) de Carlos Carrera y Sabina Berman." *Colorado Review of Hispanic Studies* 8 (2010): 27–42.

———. "Pita Amor, Sabina Berman and Antonio Serrano: Camp in DF." *Hispanic Issues On Line* 3.1 (2008): 136–61.

———. "*Provincia* in Recent Mexican Cinema, 1989–2004." *Discourse* 26.1&2 (2004): 26–45.

———. "Post-NAFTA Mexican Cinema, 1998–2002." *Studies in Latin American Popular Culture* 23 (2004): 95–111.

Hinojosa Córdova, Lucía. *El cine mexicano: De lo global a lo local*. México: Trillas, 2003.

Hughes, Sallie. *Newsrooms in Conflict: Journalism and the Democratization of Mexico*. Pittsburgh: University of Pittsburgh Press, 2006.

Hughes-Warrington, Marnie. *History Goes to the Movies: Studying History in Film*. Londres: Routledge, 2007.

Ibarra, Jesús. *Los Bracho: Tres generaciones de cine mexicano*. México: UNAM, 2006.

Igler, Susanne, and Thomas Stauder, eds. *Negociando identidades, traspasando fronteras: Tendencias en la literatura y el cine mexicanos en torno al nuevo milenio*. Madrid: Vervuert, 2008.

Iglesias, Norma. "Gazes and Cinematic Readings of Gender: *Danzón* and its Relationship to its Audience." *Discourse* 26.1&2 (2004): 173–93.

Ilouz, Eva. *Cold Intimacies: The Making of Emotional Capitalism*. Londres: Polity, 2007.

———. *Consuming the Romantic Utopia: Love and the Cultural Contradictions of Capitalism*. Berkeley: University of California Press, 1997.

Johnson, Michael K. "Not Telling the Story the Way It Happened: Alfonso Cuarón's *Great Expectations*." *Literature Film Quarterly* 33.1 (2005): 62–77.

Johnson, William. "Between Daylight and Darkness: *Forever* and *Silent Light*." *Film Quarterly* 61.3 (2008): 18–23.

Kantaris, Geoffrey. "Lola/Lolo: Filming Gender and Violence in the Mexican City." In *Cities in Transition: The Moving Image and the Modern Metropolis*. Ed. Andrew Webber and Emma Wilson. Londres: Wallflower, 2008. 163–75.

———. "Cyborgs, Cities, and Celluloid: Memory Machines in Two Latin American Cyborg Films." En *Latin American Cyberculture and Cyberliterature*. Eds. Claire Taylor and Thea Pittman. Liverpool: Liverpool University Press, 2007. Pp. 50–69.

———. "Cinema and *Urbanías*: Translocal Identities in Contemporary Mexican Film." *Bulletin of Latin American Research* 25.4 (2006): 517–27.

Kapur, Jyotsna, and Keith B. Wagner, eds. *Neoliberalism and Global Cinema: Capital, Culture and Marxist Critique*. Londres: Routledge, 2011.

Kilbourn, Russell J. A. *Cinema, Memory, Modernity: The Representation of Memory from Art Film to Transnational Cinema.* Londres: Routledge, 2010.
King, Geoff. *Indiewood, USA: Where Hollywood Meets Independent Cinema.* Londres: I. B. Tauris, 2009.
———. *American Independent Cinema.* Bloomington: Indiana University Press, 2005.
———. "Weighing Up the Qualities of Independence: *21 Grams* in Focus." *Film Studies* 5 (2004): 80–91.
———. *New Hollywood Cinema: An Introduction.* New York: Columbia University Press, 2002.
King, John, Ana M. López, and Manuel Alvarado, eds. *Mediating Two Worlds: Cinematic Encounters in the Americas.* Londres: British Film Institute, 1993.
Klosterman, Chuck. *Sex, Drugs and Cocoa Puffs: A Low Culture Manifesto.* New York: Scribner, 2003.
Knight, Alan. "The Modern Mexican State: Theory and Practice." In *The Other Mirror: Grand Theory through the Lens of Latin America.* Eds. Miguel Ángel Centeno and Fernando López-Alves. Princeton: Princeton University Press, 2001. 177–218.
Kraniauskas, John. "*Amores perros* y la mercantilización del arte (bienes, tumba, trabajo)." *Revista de crítica cultural* 33 (2006): 13–20.
———. "*Cronos* and the Political Economy of Vampirism: Notes on a Historical Constellation." In *Cannibalism and the Colonial World.* Eds. Francis Barker, Peter Hulme and Margaret Iversen. Cambridge: Cambridge University Press, 1998. 142–57
Kroeber, Karl. *Make Believe in Film and Fiction: Visual vs. Verbal Storytelling.* New York: Palgrave Macmillan, 2006.
Kroll, Juli A. "The Cinergetic, Experimental Melodrama: Feminism and Neo-Machista National Consciousness in Mexican Film." *Studies in Latin American Popular Culture* 26 (2007): 27–46.
Krutnik, Frank. "Conforming Passions: Contemporary Romantic Comedy." In Neale, ed. 130–48.
———. "Love Lies: Romantic Fabrication in Contemporary Romantic Comedy." In Evans and Deleyto 15–37.
Kun, Josh. "Esperando La Última Ola / Waiting for the Last Wave: Manu Chao and the Music of Globalization." In Pacini Hernández, Fernández L'Hoeste and Zolov 332–46.
Labanyi, Jo. "Memory and Modernity in Democratic Spain: The Difficulty of Coming to Terms with the Spanish Civil War." *Poetics Today* 28.1 (2007): 89–116.
Lahr-Vivaz, Elena. "Unconsummated Fictions and Virile Voiceovers: Desire and Nation in *Y tu mamá también.*" *Revista de Estudios Hispánicos* 40.1 (2006): 78–101.
Lamas, Marta. *Feminismo: Transmisiones y retransmisiones.* México: Taurus, 2006.
Landy, Marcia. *Cinematic Uses of the Past.* Minneapolis: University of Minnesota Press, 1996.
———. *British Genres: Cinema and Society 1930–1960.* Princeton: Princeton University Press, 1991.
Lara Chávez, Hugo. *Una ciudad inventada por el cine.* México: Conaculta, 2006.
Lawall, Sarah. "Naguib Mahfouz and the Nobel Prize: Reciprocal Expectations." Haydar and Beard 21–7.
Lázaro-Reboll, Antonio. "The Transnational Reception of *El espinazo del Diablo* (Guillermo del Toro 2001)." *Hispanic Research Journal* 8.1 (2007): 29–51.
Leitch, Thomas. *Film Adaptation and its Discontents: From* Gone with the Wind *to* The Passion of the Christ. Baltimore: Johns Hopkins University Press, 2007.
León-Portilla, Miguel, ed. *Raíces indígenas, presencia hispánica.* México: El Colegio Nacional, 1993.

Lévi, Heather. *The World of Lucha Libre: Secrets, Revelations and Mexican National Identity.* Durham: Duke University Press, 2008.

Lewis, Vek. "When 'Macho' Bodies Fail: Spectacles of Corporeality and the Limits of the Homosocial/sexual in Mexican Cinema." In *Mysterious Skins: Male Bodies in Contemporary Cinema.* Ed. Santiago Fouz-Hernández. Londres: I. B. Tauris, 2009. 177–92.

Lim, Bliss Cua. *Translating Time: Cinema, the Fantastic and Temporal Critique.* Durham: Duke University Press, 2009.

Linhard, Tabea. "Unheard Confessions and Transatlantic Connections: *Y tu mamá también* and *Nadie hablará de nosotras cuando hayamos muerto.*" *Studies in Hispanic Cinemas* 5.1&2 (2008): 43–56.

———. *Fearless Women in the Mexican Revolution and the Spanish Civil War.* Columbia, MO: University of Missouri Press, 2005.

Long, Ryan F. "Sex, Lies and Mariachis." DVD insert for *Sólo con tu pareja* 2–9.

Luhr, William G., ed. *The Coen Brothers' Fargo.* Cambridge: Cambridge University Press, 2004.

Luna, Ilana. "*Batalla en el cielo*: The unfinished struggle for economic and social independence." XXX International Congress of the Latin American Studies Association. 26 May 2012. Address.

Maciel, David R. "Cinema and the State in Contemporary Mexico 1970–1999." In Hershfield and Maciel 197–232.

Maclaird, Misha. "*Y tu mamá también* (Mexico 2001)." In Gutiérrez, Carlos 47–53.

———. "*Una época fatal*: Mexican Cinema's Death and Rebirth, 1994–2006." Diss. Tulane U, 2009.

———. "Sharksploitation: René Cardona Jr.'s Submarine Gaze." Ruétalo and Tierney 215–29.

———. *Aesthetics and Politics in the Mexican Film Industry.* New York: Palgrave Macmillan, 2013.

Magnarelli, Sharon. *Home Is Where the (He)art Is: The Family Romance in Late Twentieth-Century Mexican and Argentine Theater.* Lewisburg, PA: Bucknell University Press, 2008.

Martin, Michael T., ed. *New Latin American Cinema.* 2 vols. Detroit: Wayne State University Press, 1997.

Martin, Sean. *Andrei Tarkovsky.* Herts: Kamera, 2011.

Martin-Barbero, Jesús. "The City Between Fear and the Media." In Rotker 25–33.

———. *Oficio de cartógrafo: Travesías latinoamericanas de la comunicación en la cultura.* Santiago de Chile: Fondo de Cultura Económica, 2002.

Martin-Jones, David. *Deleuze, Cinema and National Identity: Narrative Time in National Contexts.* Edinburgh: University of Edinburgh Press, 2006.

Martínez, Gabriela. *Latin American Communications: Telefónica's Conquest.* Lanham, MD: Lexington, 2008.

Martínez, Raciel D. *Cine mexicano y multiculturalismo.* Xalapa: Gobierno del Estado de Veracruz, 2009.

Martínez, Victoria. "*Como agua para chocolate*: A Recipe for Neoliberalism." *Chasqui* 33.1 (2004): 28–41.

Maslin, Janet. "Emotions So Strong You Can Taste Them." *New York Times.* 17 February 1993. Web.

Mazziotti, Nora. *La industria de la telenovela: La producción de ficción en América Latina.* Buenos Aires: Paidós, 1996.

McAnany, Emile G., and Kenton T. Wilkinson. *Mass Media and Free Trade: NAFTA and the Cultural Industries.* Austin: University of Texas Press, 1996.

McFarlane, Brian. "Reading Film and Literature." In Cartmell and Whelehan. *The Cambridge Companion to Literature on Screen* 15–28.

McGowan, Todd. *Out of Time: Desire in Atemporal Cinema*. Minneapolis: University of Minnesota Press, 2011.

———. "The Contingency of Connection: The Path to Politicization in *Babel*." *Discourse* 30.3 (2008): 401–18.

Medin, Tzvi. *El sexenio alemanista*. México: Era, 1990.

Medina, Manuel F. "La ciudad como espacio público y privado en *Sólo con tu pareja* y *Vivir mata*." In Igler and Stauder 245.

Medrano Platas, Alejandro. *Quince directores del cine mexicano*. México: Plaza y Valdés, 2008.

Meléndez, Priscilla. "Marx, Villa, Calles, Guzmán . . . Fantasmas y modernidad en *Entre Villa y una mujer desnuda*." *Hispanic Review* 72.4 (2004): 523–46.

Menne, Jeff. "A Mexican *Nouvelle Vague*: The Logic of New Waves under Globalization." *Cinema Journal* 47.1 (2007): 70–92

Middlebrook, Kevin J., ed. *Dilemmas of Political Change in Mexico*. San Diego: Institute of Latin American Studies / Center of US/Mexican Studies, 2004.

Millán, Márgara. "Le corps-récit: Julián Hernández et Carlos Reygadas." In Game, ed. 241–52.

———. *Derivas de un cine en femenino*. México: Universidad Nacional Autónoma de México / Miguel Ángel Porrúa, 1999.

Miller, Marilyn Grace. *The Rise and Fall of the Cosmic Race: The Cult of Mestizaje in Latin America*. Austin: University of Texas Press, 2004.

Miller, Toby. "National Cinema Abroad: The New International Division of Cultural Labor, From Production to Viewing." In Ďuričová and Newman 136–59.

Miller, Toby, et al. *Global Hollywood 2*. Londres: British Film Institute, 2005.

Mills, Brett. *The Sitcom*. Edinburgh: Edinburgh University Press, 2009.

Monsiváis, Carlos. "All the People Came and Did Not Fit onto the Screen: Notes on the Cinema Audience in Mexico." In Paranaguá 145–51.

———. *Escenas de pudor y liviandad*. México: Grijalbo, 1988.

———. *Entrada Libre: Crónicas de una sociedad que se organiza*. México: Era. 1987.

———. *Aires de familia: Cultura y sociedad en América Latina*. Barcelona: Anagrama, 2001.

Monsiváis, Carlos, and Carlos Bonfil. *A través del espejo: El cine mexicano y su público*. México: El Milagro / IMCINE, 1994.

Mora, Carl J. *Mexican Cinema: Reflections of a Society, 1896–2004*. Third Edition. Jefferson, NC: McFarland, 2005.

Moraña, Mabel, and Ignacio M. Sánchez Prado, comps. *El arte de la ironía: Carlos Monsiváis ante la crítica*. México: Era / UNAM, 2007.

Moretti, Franco. *The Way of the World: The Bildungsroman in European Culture*. Londres: Verso, 2000.

Mottram, James. *The Sundance Kids: How the Mavericks Took Back Hollywood*. New York: Faber and Faber, 2006.

Moya, Ana, and Gemma López. "'I'm a Wild Success': Postmodern Dickens/Victorian Cuarón." *Dickens Quarterly* 25.3 (2008): 172–89.

Mudrovcic, María Elena. "Cultura nacionalista vs. cultura nacional: Carlos Monsiváis ante la sociedad de masas." Moraña and Sánchez Prado 124–36.

Murphy, J. J. *Me and You and Memento and Fargo: How Independent Screenplays Work*. Londres: Continuum, 2007.

Murphy, Patrick D. "Television and Cultural Politics in Mexico: Some Notes on Televisa, the State and Transnational Culture." *Howard Journal of Communications* 6.4 (1995): 250–61.

Nagib, Lúcia. *World Cinema and the Ethics of Realism*. Londres: Continuum, 2011.

Nagib, Lúcia, Chris Perriam and Rajinder Dudrah, eds. *Theorizing World Cinema*. Londres: I. B. Tauris, 2012.

Neale, Steve, ed. *Genre and Contemporary Hollywood*. Londres: British Film Institute, 2002.
Newman, Michael Z. *Indie: An American Film Culture*. New York: Columbia University Press, 2011.
―――. "Character and Complexity in American Independent Cinema: *21 Grams* and *Passion Fish*." *Film Criticism* 31.1/2 (2006): 89–106.
Niebylski, Dianna. "Heartburn, Humor and Hyperbole in *Like Water for Chocolate*." In *Performing Gender and Comedy: Theories, Texts and Contexts*. Ed. Shannon Hengen. Amsterdam: Gordon and Breach, 1998. 179–97.
Niessen, Niels. "Miraculous Realism: Spinoza, Deleuze and Carlos Reygadas's *Stellet Licht*." *Discourse* 33.1 (2011): 27–54.
Noble, Andrea. *Mexican National Cinema*. Londres: Routledge, 2005.
Noriega, Chon A., ed. *Visible Nations: Latin American Cinema and Video*. Minneapolis: University of Minnesota, 2000.
Núñez Cabeza de Vaca, Álvar. *Naufragios*. Madrid: Cátedra, 1996.
O'Brien, Brad. "Fulcanelli as a Vampiric Frankenstein and Jesus as his Vampiric Monster: The Frankenstein and Dracula Myths in Guillermo del Toro's *Cronos*." En *Monstrous Adaptations: Generic and Thematic Mutations in Horror Film*. Eds. Richard J. Hand y Jay McRoy. Manchester: Manchester University Press, 2007. Pp. 172–80.
O'Malley, Ilene V. *The Myth of the Revolution: Hero Cults and the Institutionalization of the Mexican State, 1920–1940*. Westport, CT: Greenwood, 1986.
Oropesa, Salvador. "Proxemics, Homogeneization and Diversity in Mexico's Road Movies." *Hispanic Issues On Line* 3.1 (2008): 92–112.
Pacini Hernández, Deborah, Héctor Fernández L'Hoeste, and Eric Zolov. *Rockin' Las Americas: The Global Politics of Rock in Latin/o America*. Pittsburgh: University of Pittsburgh Press, 2004.
Page, Joanna. *Crisis and Capitalisim in Contemporary Argentine Cinema*. Durham: Duke University Press, 2009.
Paranaguá, Paulo Antonio. *Arturo Ripstein: La espiral de la identidad*. Madrid: Cátedra, 1997.
―――, ed. *Mexican Cinema*. Trans. Ana M. López. Londres/México: British Film Institute / IMCINE, 1995.
Parra, Max. *Writing Pancho Villa's Revolution: Rebels in the Literary Imagination of Mexico*. Austin: University of Texas Press, 2005.
Pastor, Beatriz. *El segundo descubrimiento: La Conquista de América narrada por sus coetáneos (1492–1589)*. Barcelona: Edhasa, 2008.
Pelayo, Alejandro. *La generación de la crisis*. México: Instituto Mexicano de Cinematografía, 2012.
Pellicer, Juan. *Tríptico cinematográfico: El discurso narrativo y su montaje*. México: Siglo XXI, 2010.
Pérez Turrent, Tomás. "Crises and Renovations (1965–91)." In Paranaguá, *Mexican Cinema* 94–115.
Pick, Zuzana M. *The New Latin American Cinema: A Continental Project*. Austin: University of Texas Press, 1993.
Piersecă, Mădălena. "Gender, Corporality and Space in Alejandro González Iñárritu's *Amores perros*." *Journal for Communication and Culture* 1.2 (2011): 111–27.
Poblete, Juan. "New National Cinemas in a Transnational Age." *Discourse* 26.1&2 (2004): 214–34.
Podalsky, Laura. *The Politics of Affect and Emotion in Contemporary Latin American Cinema: Argentina, Brazil, Cuba and Mexico*. New York: Palgrave Macmillan, 2011.

———. "The Young, the Damned and the Restless: Youth in Contemporary Mexican Cinema." *Framework* 49.1 (2008): 144–60.

———. "Out of Depth. The Politics of Disaffected Youth and Contemporary Latin American Cinema." In *Youth Culture in Global Cinema*. Eds. Timothy Shary and Alexandra Siebel. Austin: University of Texas Press, 2007. 109–30.

Porras Ferreyra, Jaime. "El cine como instrumento de reinterpretación histórica en periodos de transición democrática." *Revista de Ciencias Sociales* 122 (2008): 89–101.

Potvin, Claudine. "*Como agua para chocolate*: ¿Parodia o cliché?" *Revista canadiense de estudios hispánicos* 20.1 (1995).

Power, Marcus, and Andrew Crampton, ed. *Cinema and Popular Geo-Politics*. Londres: Routledge, 2007.

Premios internacionales del cine mexicano 1938–2008. México: Cineteca Nacional, 2009.

Preston, Julia, and Samuel Dillon. *Opening Mexico: The Making of a Democracy*. New York: Farrar, Strauss & Giroux, 2004.

Quiroga, José. "(Queer) Boleros of a Tropical Night." *Journal of Latin American Cultural Studies* 3.1&2 (1994): 199–214.

Ramanathan, Geeta. *Feminist Auteurs: Reading Women's Films*. Londres: Wallflower, 2006.

Ramírez Berg, Charles. *Latino Images in Film: Stereotypes, Subversion and Resistance*. Austin: University of Texas Press, 2002.

———. *Cinema of Solitude: A Critical Study of Mexican Film 1967–1983*. Austin: University of Texas Press, 1992.

Rangel, Liz Consuelo. "*La ley de herodes* (1999) vs. *Río Escondido* (1947): La desmitificación del triunfo de la Revolución Mexicana." *Divergencias: Revista de Estudios Lingüísticos y Literarios* 4.1 (2006): 61–9.

Rashkin, Elissa J. *Women Filmmakers in Mexico: The Country of Which we Dream*. Austin: University of Texas Press, 2001.

Reber, Dierdra. "Love as Politics: *Amores perros* and the Emotional Aesthetics of Neoliberalism." *Journal of Latin American Cultural Studies* 19.3 (2010): 279–98.

Reguillo, Rossana. "The Social Construction of Fear: Urban Narratives and Practices." In Rotker 187–206.

Restrepo, Luis Fernando. "Primitive Bodies in Latin American Cinema: Nicolás Echevarría's *Cabeza de Vaca*." In *Primitivism and Identity in Latin America: Essays on Art, Literature and Culture*. Eds. Erik Camayd-Freixas and José Eduardo González. Tucson: University of Arizona Press, 2000. 189–208.

Revolución 10.10. México: Random House Mondadori / IMCINE / Reservoir Books, 2010.

Ribas, Alberto. "'El pinche acentito ese': Deseo trasatlántico y exotismo satírico en el cine mexicano del cambio de milenio; *Amores perros, Y tu mamá también, Sin dejar huella*." *Hispanic Research Journal* 10.5 (2009): 457–81.

Riner, Deborah L., and John V. Sweeney. "The Effects on NAFTA in Mexico's Private Sector and Foreign Trade and Investment." In *Mexico's Private Sector: Recent History, Future Challenges*. Ed. Riordan Roett. Boulder, CO: Lynne Rienner, 1998. 161–88.

Ríos-Soto, Marilyn. "The Gaze as Mechanism of Self-Knowledge in the Mexican Novel and Film *Santitos*: The Outsider as Observer and Object of Desire." *The Image of the Outsider in Literature, Media and Society*. Eds. Will Wright and Steven Kaplan. Pueblo, CO: Society of the Interdisciplinary Study of Social Imagery / University of Southern Colorado, 2002. 106–9.

Rix, Rob, and Roberto Rodríguez-Saona, eds. *Changing Reels: Latin American Cinema Against the Odds*. Leeds: Trinity and All Saints University College, 1997.

Robles, Óscar. *Identidades maternacionales en el cine de María Novaro.* New York: Peter Lang, 2005.

Rodríguez Cruz, Olga. *El 68 en el cine mexicano.* Puebla: Universidad Iberoamericana-Golfo Centro / BUAP / Delegación Coyoacán / Instituto Tlaxcalteca de Cultura, 2000.

Rodríguez-Hernández, Raúl, and Claudia Schaefer. "*Cronos* and the Man of Science: Madness, Monstrosity, Mexico." *Revista de Estudios Hispánicos* 33.1 (1999): 85–109.

Rogers, V. Daniel. "Cabronas, palabrotas y otras amenazas a la nación: La Diana cazadora y *Entre Pancho Villa y una mujer desnuda.*" In *Sediciosas seducciones:* Sexo, poder y palabras *en el teatro de Sabina Berman.* Comp. Jacqueline Bixler. México: Escenología, 2004. 151–60.

Rojo, Juan J. "La memoria como "espectro" en *Rojo amanecer* de Jorge Fons." *Arizona Journal of Hispanic Cultural Studies* 14 (2010): 49–65.

Romero, Miranda. "La nueva historia del cine mexicano: Dos visiones." *Cinemas d'Amérique Latine* 14 (2006): 176–85.

Rosas Mantecón, Ana. "New Processes of Urban Segregation: The Reorganization of Film Exhibition in Mexico City." *Television & New Media* 4.1 (2003): 9–23.

———. "Auge, ocaso y renacimiento de la exhibición de cine en la Ciudad de México (1930–2000)." *Alteridades* 20 (2000): 107–16.

Rose, James. *Studying* The Devil's Backbone. Leighton Buzzard: Auteur, 2009.

Rosenbaum, Jonathan. *Movies as Politics.* Berkeley: University of California Press, 1997.

Ross, Miriam. "The Film Festival as Producer: Latin American Films and Rotterdam's Hubert Bals Fund." *Screen* 52.2 (2011): 261–67.

———. *South American Cinematic Culture.* Newcastle upon Tyne: Cambridge Scholars Publishing, 2010.

Rotker, Susana, ed. *Citizens of Fear: Urban Violence in Latin America.* New Brunswick, NJ: Rutgers University Press, 2002.

Rowlandson, William. "The Journey into the Text: Reading Rulfo in Carlos Reygadas's 2002 Feature Film *Japón.*" *Modern Language Review* 101 (2006): 1025–34.

Ruétalo, Victoria, and Dolores Tierney, eds. *Latsploitation, Exploitation Cinemas, and Latin America.* Londres: Routledge. 2009.

Ruffinelli, Jorge. *América Latina en 130 películas.* Santiago de Chile: Uqbar, 2010.

Sá, Lúcia. *Life in the Megalopolis: Mexico City and São Paulo.* Londres: Routledge, 2007.

Saavedra Luna, Isis. *Entre la ficción y la realidad: Fin de la industria cinematográfica mexicana 1989–1994.* México: Universidad Autónoma Metropolitana, 2007.

Sabbadini, Andrea. "'Not Something Destroyed but Something That Is Still Alive': *Amores perros* at the Intersection of Rescue Fantasies." *International Journal of Psychoanalysis* 84.3 (2003): 755–64.

Sadlier, Darlene J., ed. *Latin American Melodrama: Passion, Pathos and Entertainment.* Urbana: University of Illinois Press, 2009.

Saldaña Portillo, María Josefina. "In the Shadow of NAFTA: *Y tu mamá también* Revisits the National Allegory of Mexican Sovereignty." *American Quarterly* 57, 3 (2005): 751–77.

Sánchez, Fernando Fabio. *Artful Assassins: Murder as Art in Modern Mexico.* Nashville: Vanderbilt University Press, 2010.

Sánchez, Francisco. *El cine nuevo del nuevo siglo (y otras nostalgias).* México: Juan Pablos / Instituto Zacatecano de Cultura, 2008.

———. *Luz en la oscurdad: Crónica del cine mexicano 1896–2002.* México: Juan Pablos / Consejo Nacional para la Cultura y las Artes, 2002.

———. *Océano de películas.* México: Juan Pablos / Consejo Nacional para la Cultura y las Artes, 1999.

Sánchez Noriega, José Luis. *De la literatura al cine: Teoría y análisis de la adaptación*. Buenos Aires: Paidós, 2000.

Sánchez Prado, Ignacio M. "Monstruos neoliberales: Capitalismo y terror en *Cronos* y *Somos lo que hay*." In *El cine de horror en Latinoamérica y el Caribe*. Eds. Rossana Díaz Zambrana and Patricia Tomé. San Juan, PR: Isla Negra, 2012. 47–64.

———. "Innocence Interrupted: Neoliberalism and the End of Childhood in Recent Mexican Cinema." In *Representing History, Class and Gender in Spain and Latin America: Children and Adolescents in Film*. New York: Palgrave Macmillan, 2012. 117–35.

———. "Claiming Liberalism: Enrique Krauze, *Vuelta*, *Letras Libres* and the Reconfigurations of the Mexican Intellectual Class." *Mexican Studies / Estudios Mexicanos* 26.1 (2010): 47–78.

———. *Naciones intelectuales: Las fundaciones de la modernidad literaria mexicana (1917–1959)*. Purdue Studies in Romance Literatures 47. West Lafayette, IN: Purdue University Press, 2009.

———. "Carlos Monsiváis: Crónica, nación y liberalismo." Moraña and Sánchez Prado 300–36.

———. "*Amores perros*: Exotic Violence and Neoliberal Fear." *Journal of Latin American Cultural Studies* 15.1 (2006): 39–57.

———. "The Pre-Columbian Past as a Project: Miguel León Portilla and Hispanism." In *Ideologies of Hispanism*. Ed. Mabel Moraña. Hispanic Issues 30. Nashville: Vanderbilt University Press, 2005.

Sánchez-Ruiz, Enrique. "Globalization, Cultural Industries and Free Trade: The Mexican Audiovisual Sector in the NAFTA Age." In *Continental Order?: Integrating North America and Cybercapitalism*. Eds. Vincent Mosco and Dan Schiller. Lanham, MD: Rowman & Littlefield, 2001.

Sandoval, Adriana. *De la literatura al cine: Versiones fílmicas de novelas mexicanas*. México: Universidad Nacional Autónoma de México, 2005.

Schaefer, Claudia. *Bored to Distraction: Cinema of Excess in End-of-the-Century Mexico and Spain*. Albany: State University of New York Press, 2003.

Schlesinger, Philip. "On National Identity: Some Conceptions and Misconceptions Criticized." *Nationalism: Critical Concepts in Political Science; Volume I*. Eds. John Hutchinson y Anthony D. Smith. Londres: Routledge, 2000. 69–111.

Schrader, Paul. *Transcendental Style in Film: Ozu, Bresson, Dreyer*. Berkeley: University of California Press, 1972.

Schulz-Cruz, Bernard. *Imágenes gay en el cine mexicano: Tres décadas de joterío 1970–1999*. México: Fontamara, 2008.

Segre, Erica. "'La desnacionalización de la pantalla': Mexican Cinema in the 1990s." Rix and Rodríguez-Saona 33–59.

Serna, Enrique. *Las caricaturas me hacen llorar*. México: Joaquín Mortiz, 1996.

Sharrett, Christopher. "*Fargo* or the Blank Frontier." In Luhr 92–108.

Shary, Timothy. *Generation Multiplex: The Image of Youth in Contemporary American Cinema*. Austin: University of Texas Press, 2002.

Shaw, Deborah. "(Trans)National Images and Cinematic Spaces: The Cases of Alfonso Cuarón's *Y tu mamá también* (2001) and Carlos Reygadas' *Japón* (2002)." *Iberoamericana* 44 (2011): 117–31.

———. "*Babel* and the Global Hollywood Gaze." *Situations* 4.1 (2011): 11–31.

———. "The Figure of the Absent Father in Recent Latin American Film." *Studies in Hispanic Cinemas* 1.2 (2004): 85–101.

———. *Contemporary Cinema of Latin America: 10 Key Films*. Londres: Continuum, 2003.

Shaw, Deborah, and Brigitte Roller. "*Como agua para chocolate*: Some of the Reasons for its Success." *Journal of Latin American Cultural Studies* 3.1&2 (1994): 82–92.
Shklovsky, Viktor. *Theory of Prose*. Trans. Benjamin Sher. Normal, IL: Dalkey Archive Press, 2001.
Shumway, David R. *Modern Love: Romance, Intimacy and the Marriage Crisis*. New York: New York University Press, 2003.
Sinclair, John. *Latin American Television: A Global View*. Oxford: Oxford University Press, 1999.
———. "Neither West nor Third World: The Mexican Television Industry within the NWICO Debate." *Media, Culture and Society* 12 (1990): 343–60.
———. "International Television Channels in the Latin American Audiovisual Space." In Chalaby 196–215.
Sinnigen, John H. "*Cómo agua para chocolate*: Feminine Space, Postmodern Cultural Politics, National Allegory." *CIEFL Bulletin* 7, 1–2 (1995): 111–31.
Sisk, Christina L. *Mexico, Nation in Transit: Contemporary Representations of Mexican Migration to the United States*. Tucson: University of Arizona Press, 2011.
———. "Entre el Cha Cha Chá y el Estado: El Cine Nacional Mexicano y sus Arquetipos." *A contracorriente* 8.3 (2011): 163–82.
Smith, Lory. *Party in a Box: The Story of the Sundance Film Festival*. Salt Lake City: Gibbs-Smith, 1999.
Smith, Paul Julian. "Transnational Cinemas: The Cases of Mexico, Argentina and Brazil." In Nagib, Perriam and Dudrah 63–77.
———. "Transatlantic Traffic in Recent Mexican Films." *Journal of Latin American Cultural Studies* 12.3 (2003): 389–400.
———. *Amores perros*. Londres: British Film Institute, 2003.
Solomianski, Alejandro. "Significado estructura, historia y tercer mundo en *Amores perros*." *A contracorriente* 3.3 (2006): 17–36.
Sommer, Doris. *Foundational Fictions: The National Romances of Latin America*. Berkeley: University of California Press, 1991.
Steinberg, Samuel. "Re-Cinema: Hauntology of 1968." *Discourse* 33.1 (2011): 3–26.
Sterritt, David. "*Fargo* in Context: The Middle of Nowhere?" In Luhr 10–32.
Stewart, Michael. "Irresistible Death: *21 Grams* as Melodrama." *Cinema Journal* 47.1 (2007): 49–69.
Stilwell, Robynn J. "Music, Ritual and Genre in Edward Burns' Indie Romantic Comedies." In Abbott and Jermyn 25–38.
Straubhaar, Joseph D., and Luiz G. Duarte. "Adapting US Transnational Television Channels to a Complex World: From Cultural Imperialism to Localization to Hybridization." In Chalaby 216–53.
Stock, Anne Marie. "Authentically Mexican?: *Mi Querido Tom Mix* and *Cronos* Reframe Critical Questions." Hershfield and Maciel 267–92.
———, ed. *Framing Latin American Cinema*. Hispanic Issues 15. Minneapolis: University of Minnesota Press, 1997.
Suárez, Juana. "Feminine Desire and Homoerotic Representation in Two Latin American Films: *Danzón* and *La Bella del Alhambra*." In *Chicano/Latino Homoerotic Identities*. Ed. David William Foster. New York: Garland, 1999. 113–124.
———. "Dominado y dominador: Aspectos de la representación de género en *Cabeza de Vaca*." *Romance Languages Annual* X (1999): 836–42.
Templeton, Alice. "The Confessing Animal in *Sex, Lies and Videotape*." *Journal of Film and Video* 50.2 (1998): 15–25.

Tenenbaum, Barbara. "Why Tita Didn't Marry the Doctor, or, Mexican History in *Like Water for Chocolate*." In *Based on a True Story: Latin American History at the Movies*. Ed. Donald F. Stevens. Wilmington, DE: SR Books, 1997. 157–72.

Thormann, Janet. "Other Pasts: Family Romances of *Pan's Labyrinth*." *Psychoanalysis, Culture and Society* 13 (2008): 175–87.

Throsby, David. *Economics and Culture*. Cambridge: Cambridge University Press, 2001

Tierney, Dolores. "Alejandro González Iñárritu: Director without Borders." *New Cinemas: Journal of Contemporary Film* 7.2 (2009): 101–17.

———. *Emilio Fernández: Pictures at the Margins*. Manchester: Manchester University Press, 2007.

———. "Silver Sling-Backs and Mexican Melodrama: *Salón México* and *Danzón*." *Screen* 38.4 (1997): 360–71.

Toledo, Fernando. "Ritual, culpa y amor cortés en *Batalla en el cielo* de Carlos Reygadas." *Tiresias* 4 (2010): 101–14.

Tompkins, Cynthia. *A Deleuzian Approach to Carlos Reygadas's* Stellet Licht [Silent Light] *(2008)*. Latin American and Iberian Institute Research Paper Series # 51. Albuquerque: University of New Mexico, 2010.

———. "A Deleuzian Approach to Carlos Reygadas' *Japón* and *Batalla en el cielo*." *Hispanic Journal* 29.1 (2008): 155–69.

Treviño, Jesús Salvador. "The New Mexican Cinema." *Film Quarterly* 32.3 (1979): 26–37.

Tropiano, Stephen. *Rebels and Chicks: A History of the Hollywood Teen Movie*. New York: Back Stage, 2006.

Trouillot, Michel-Rolph. *Silencing the Past: Power and the Production of History*. Boston: Beacon, 1995.

Turan, Kenneth. *From Sundance to Sarajevo: Film Festivals and the World They Made*. Berkeley: University of California Press, 2002.

Udden, James. "Child of the Long Take: Alfonso Cuarón's Film Aesthetics in the Shadow of Globalization." *Style* 43.1 (2009): 26–44.

Uribe, Álvaro. *Expediente del atentado*. México: Tusquets, 2007-

Valdés, Mario J. "Hermenéutica de la representación fílmica de la mujer: *La Regenta*, *¿Qué he hecho yo para merecer esto?* y *Danzón*." *Revista canadiense de estudios hispánicos* 20.1 (1995): 69–80.

Van Delden, Maarten. "Conjunciones y disyunciones: La rivalidad entre *Vuelta* y *Nexos*." In *El laberinto de la solidaridad: Cultura y política en México (1910–2000)*. Eds. Kristine Vanden Berghe and Maarten Van Delden. Foro Hispánico 22. Ámsterdam: Rodopi, 2002. 105–19.

Vargas, Juan Carlos, coord. *Tendencias del cine iberoamericano del nuevo milenio: Argentina, Brasil, España y México*. Guadalajara: Universidad de Guadalajara / Patronato del Festival Internacional de Cine de Guadalajara, 2011.

Vargas, Margarita. "Sexual and Political Disillusion in *Y tu mamá también*." In *Coming of Age on Film: Stories of Transformation in World Cinema*. Eds. Anne Hardcastle, Roberta Morosini and Kendall Tarte. Newcastle upon Tyne: Cambridge Scholars Publishing, 2009. 68–80.

Vega, Sara, et al. *Historia de un gran amor: Relaciones cinematográficas entre Cuba y México, 1897–2005*. Guadalajara: Universidad de Guadalajara / Instituto Cubano de Arte e Industria Cinematográficos / Cinemateca de Cuba, 2007.

Velazco, Salvador. "Cineastas mexicanos en Hollywood: La (im)posible integración." In Vargas 189–206.

———. "*Rojo amanecer* y *La ley de Herodes*: Cine politico de la transición mexicana." *Hispanic Research Journal* 6.1 (2005): 67–80.

Waddell, Terrie. Wild/Lives: *Trickster, Place and Liminality on Screen*. Londres: Routledge, 2010.
Wahl, Jan. *Carl Theodor Dreyer and* Ordet: *My Summer with the Danish Filmmaker*. Lexington: University Press of Kentucky, 2012.
Waldron, John V. "Introduction: Culture Monopolies and Mexican Cinema; A Way Out?" *Discourse* 26.1&2 (2004): 5–25.
———. "La risa política en la producción fílmica de Estada y Buñuel." XVIII Annual Juan Bruce Novoa Mexican Conference. 28 April 2012. Address.
———. "The Discreet Charm of *Los de abajo*: Screening Class in Mexican Cinema." XXX International Congress of the Latin American Studies Association. 26 May 2012. Address.
Walter, Krista. "Filming the Conquest: *Cabeza de Vaca* and the Spectacle of History." *Literature/Film Quarterly* 30 (2002): 140–5.
Wayne, Mike. *Political Film: The Dialectics of Third Cinema*. Londres: Pluto, 2001.
Wehling, Susan. "Typewriters, Guns and Roses: Shifting the Balance of Power in Sabina Berman's *Entre Villa y una mujer desnuda*." *Letras Femeninas* 25.1–2 (1998): 69–79.
Welsh, James M., and Peter Lev. *The Literature/Film Reader: Issues of Adaptation*. Lanham, MD: Scarecrow, 2007.
Wexman, Virginia Wright, ed. *Film and Authorship*. New Brunswick: Rutgers University Press, 2003.
Williams, Linda. *Screening Sex*. Durham: Duke University Press, 2008.
Wilt, David E. *The Mexican Filmography: 1916 through 2001*. Jefferson, NC: McFarland, 2004.
Wolf, Sergio. *Cine/Literatura: Ritos de pasaje*. Buenos Aires: Paidós, 2001.
Worrell, M. S. "Sexual Awakenings and the Malignant Fictions of Masculinity in Alfonso Cuarón's *Y tu mamá también*." In *Sex and the Citizen: Interrogating the Caribbean*. Ed. Faith Smith. Charlottesville: University of Virginia Press, 2011. 157–67.
Wu, Harmony. "Consuming Tacos and Enchiladas: Gender and Nation in *Como agua para chocolate*." In Noriega 174–92.
Yehya, Naief. "*Silent Light* (Mexico 2007): Carlos Reygadas's Meditation on Love and Ritual." In Gutiérrez, Carlos 19–26.
Zaniello, Tom. *The Cinema of Globalization: A Guide to Films about the New Economic Order*. Ithaca: ILR / Cornell University Press, 2007.
Zavarzadeh, Mas'ud. *Seeing Films Politically*. Albany: State University of New York Press, 1991.
Zolov, Eric. *Refried Elvis: The Rise of Mexican Counterculture*. Berkeley: University of California Press, 1999.
Zunzunegui, Santos. "Between History and Dream: Víctor Erice's *El espíritu de la colmena*." In *Modes of Representation in Spanish Cinema*. Eds. Jenaro Talens and Santos Zunzunegui. Minneapolis: University of Minnesota Press, 1998. 128–54.

Índice

7 mujeres, 1 homosexual y Carlos (Bueno Camacho), 116
11:14 (Greg Marcks), 208
21 Grams (González Iñárritu), 207–9, 213
1492: The Conquest of Paradise (Scott), 43, 268n19
2033 (Laresgoiti), 260–61

Abel (Luna), 253
Aguilar Camín, Héctor, 131, 156, 275n7
Aguilera, Pedro, 234
Aguirre: The Wrath of God (Herzog), 47
Alazraki, Gary, 283n4
Alcoriza, Luis, 5, 15–21, 50, 55, 75, 125, 143, 203
Aldama, Frederick Louis, 265n5
Allá en el rancho grande (de Fuentes), 62
Allen, Woody, 77, 100, 114, 117, 173, 227, 271n7. Véase también *Annie Hall*; *Hannah and her Sisters*; *Mighty Aphrodite*
Alonso, Lisandro, 226, 228, 232, 233, 282n43
Alta tensión (de Anda), 88, 272n12
Altman, Robert, 208
Alucarda, la hija de las tinieblas (López Moctezuma), 187
Amar te duele (Fernando Sariñana), 277n27
Ámbar (Estrada), 173
Ambulante, 245, 253, 283n3
American visa (Valdivia), 276n14
Amores perros (González Iñárritu), 80, 180, 185, 198–223, 239, 240, 280n22-25
Amor letra por letra (Reyes), 116
Amor Xtremo (Cartas), 274n33
Anderson, Paul Thomas, 208, 283n54
Ángel de fuego (Rotberg), 143
Annie Hall (Allen), 77
Año bisiesto (Rowe), 282n47
Anoche soñé contigo (Sistach), 143, 271n6
anzuelo, El (Rimoch), 87, 90, 99

Arau, Alfonso, 9, 13, 17–32, 37, 45, 75, 128, 194, 217. Véase también *Calzonzin inspector*; *Chido Guan*; *Como agua para chocolate*; *Mojado power*
Argos Cine, 106–8, 118
Arráncame la vida (Sneider), 68–69, 270n41, 276n18
Arredondo, Isabel, 142
Arriaga, Guillermo, 280n23. Véase también *21 Grams*; *Amores perros*; *Babel*; *búfalo de la noche, El*; *Burning Plain, The*; *Three Burials of Melquiades Estrada, The*
Así es la suerte (de Llaca), 139
atentado, El (Fons), 248–49
Athié Francisco, 136, 279n18. Véase también *Fibra óptica*; *Lolo*
A.T.M.: A toda máquina (Ismael Rodríguez), 271n5
auteur global (Goss), 182–85
Ave María (Rossoff), 32, 267n10
Aviña, Rafael, 3, 167, 275n1
Awakenings (Penny Marshall), 129
Ayala Blanco, Jorge, 5, 39–41, 43, 64–68, 78–79, 99, 101, 105, 115, 119, 124, 153, 202, 203, 270n33, 273n23, 277n26
Azcona, María del Mar, 201, 208–10

Babel (González Iñárritu), 179–80, 208–9, 213, 276n2
Backyard / El traspatio (Carrera), 154, 255, 276n18, 284n12
Bajo California (Bolado), 230
Bandidos (Estrada), 173, 279n11
Barton Fink (Coen Brothers), 173
Bartra, Roger, 13–16, 26–30, 141. Véase también condición posmexicana; jaula de la melancolía; redes imaginarias del poder político
bastardos, Los (Escalante), 234

315

Batalla en el cielo (Reygadas), 235–39, 281n37, 283n49–50
Becker, Wolfgang, 129
Bend It like Beckham (Chadha), 224
Berman, Sabina, 144–55, 167, 255, 271n3, 274n33, 275n13, 276n15–18. Véase también *Entre Pancho Villa y una mujer desnuda*
Better Life, A (Weltz), 257
Bichir, Demián, 65, 98, 158–59, 247–48, 257, 273n20. Véase también *Better Life, A*; *Bridge, The*; *Cilantro y perejil*; *Hidalgo, la historia más grande jamás contada*; *Pruebas de amor*; *Santitos*; *Sexo, pudor y lágrimas*; *Todo el poder*
Bienvenido / Welcome (Retes), 100–101, 135
Bienvenido / Welcome 2 (Retes), 273n24
Bigelow, Kathryn, 252
Bissner, Joaquín, 117
Biutiful (González Iñárritu), 209, 223, 240
Blackout (Castañeda), 259
Blade 2 (del Toro), 197
Blancarte, Óscar, 270n38
Bolado, Carlos, 230, 250–51. Véase también *Bajo California*; *Colosio: El asesinato*; *Tlatelolco: Verano de 1968*
Bourdieu, Pierre, 8
Boym, Svetlana, 31–42
Boytler, Arcady, 29, 58, 266n8
Breillat, Catherine, 235
Bresson, Robert, 226, 229, 236, 291n38
Bridge, The (TV Series), 257
Brown Bunny, The (Gallo), 235
buenas hierbas, Las (Novaro), 140, 143
Bueno, Juan Andrés, 274n28
Bueno Camacho, René, 116
búfalo de la noche, El (Hernández Aldana), 280n23
bulto, El (Retes), 128–41, 149, 164, 170, 187, 198, 206, 272n11, 273n24
Buñuel, Luis, 15–18, 55–56, 143, 146, 203–4. Véase también *olvidados, Los*
Burning Plain, The (Arriaga), 280n23
Burns, Edward, 208, 271n7

Cabeza de Vaca (Echevarría), 35, 44–47, 52, 54, 113, 267n14, 268n22–24, 272n11
Caetano, Adrián, 147
callejón de los milagros, El (Fons), 48, 54–59, 135, 147, 213, 248, 249, 284n7
Calzonzin inspector (Arau), 20–21
Canana Films, 230, 253, 258, 261–62
Canoa (Cazals), 105, 237n1
Cansada de besar sapos (Colón), 9, 80, 119–20
Capadocia (TV series), 262

capitalismo emocional (Illouz), 105–11
Cardona, René, 22, 271n5. Véase también *Escápate conmigo*; *risa en vacaciones, La*
Carrera, Carlos, 9, 58–61, 68, 84, 87, 106, 108, 128, 154, 218, 226, 228, 230, 244, 246, 255, 269, 270, 272n15, 276n18, 282n48. Véase también *Backyard / El traspatio*; *crimen del padre Amaro, El*; *Sin remitente*; *vida conyugal, La*
Carro, Nelson, 78–79
Cartas, Chava, 274n33
Casa de mi padre (Piedmont), 258
Castañeda, Rigoberto, 259, 279n9. Véase también *Blackout*; *Kilómetro 31*
Cazals, Felipe, 15, 22, 26, 46, 75, 122, 135, 167, 176, 183–84, 203, 247, 267n11. Véase también *Canoa*; *Chicogrande*; *Digna, hasta el último aliento*; *Su alteza serenísima*
Central do Brasil (Salles), 146
Centro de Capacitación Cinematográfica (CCC), 10
Centro Universitario de Estudios Cinematográficos (CUEC), 10
Cha Cha Cha Films, 223, 281n35
Chadha, Gurinder, 224
Chávez, Daniel, 170, 172, 190
Chenillo, Mariana, 261–62. Véase también *Revolución*
Chicogrande (Cazals), 247, 249
Chido Guan (Arau), 20–21
Children of Heaven (Majidi), 206
Children of Men (Alfonso Cuarón), 179–80, 224–25
Chiles Xalapeños (Prada), 68
Christopher Columbus: The Discovery (Glen), 43, 268n19
Cidade de Deus (Meirelles), 147, 206
cielo dividido, El (Julián Hernández), 234
Cilantro y perejil (Montero), 87, 98–102, 106, 115, 147, 152–53, 159, 165, 273n22
Cine Bella Época (Cine Lido), 2–3
Cine Continental, 3
cine de arte, 179–241, 278n3, 279n11, 281n38, 283n49, 283n54
cine de la soledad (Ramírez Berg), 11–16, 20, 28, 31, 48, 52–54, 61, 73, 75, 101, 122–23, 128, 133, 135, 143, 147, 190, 194, 208, 210, 213, 249, 259, 265n6, 278n3
Cinemark, 91–93, 152, 228, 243, 272n16
Cinemex, 92, 107, 228, 243, 244, 272n16, 283n1
Cine Ópera, 1–7
Cinépolis (Organización Ramírez), 92–93, 228, 243–45, 283n1

Cineteca Nacional, 32, 227–29, 233, 281n36
ciudad al desnudo, La (Retes), 129
ciudadanía del miedo (Rotker), 155–67, 177, 201, 262
clase creativa (Florida), 99–105, 110–21, 140, 145, 148, 156, 158–60, 163, 165, 167, 200, 220–21, 224, 273n21
Coen Brothers (Joel and Ethan), 173–74, 185, 206–7, 278n5. Véase también *Barton Fink*; *Fargo*
Colosio: El asesinato (Bolado), 250–51
Como agua para chocolate (Arau), 4, 9, 15–28, 29, 30, 32, 35, 37–38, 42, 45, 58, 66, 69, 74, 78, 80, 90, 194, 217, 272n11, 274n30
Como tú me has deseado (Bueno), 274n28
Compañía Operadora de Teatros, S. A. (COTSA), 1, 3, 4, 91–92, 128–29, 152
condición posmexicana, 28
Conejo en la luna (Ramírez Suárez), 176
Corazón de melón (Luis Vélez), 274n30
Corazón marchito (Lucatero), 116
coronel no tiene quien le escriba, El (Ripstein), 53
Cortés, Busi, 142, 144. Véase también *secreto de Romelia, El*
Costa, Pedro, 226
Crash (Figgis), 208
Cría cuervos (Saura), 196
crimen del padre Amaro, El (Carrera), 9, 54, 59–69, 93, 118, 199, 218, 226, 246, 270n33, 276n18, 282n40
Cronenberg, David, 194. Véase también *Fly, The*
Cronos (del Toro), 4, 14, 35, 180, 186–98, 259, 265n8, 267n14, 272n11, 278n9
Crouching Tiger, Hidden Dragon (Lee), 207
Crowe, Cameron, 109
Cuarón, Alfonso, 9, 13, 14, 27, 35, 78–90, 116, 117, 133, 140, 143, 147, 158, 166, 178–86, 192, 210–25, 229, 240, 243, 253, 265n8, 273n20, 273n23, 274n31, 277n, 281n28, 281n30, 283n54. Véase también *Children of Men*; *Gravity*; *Great Expectations*; *Harry Potter and the Prisoner of Azkaban*; *Little Princess, A*; *Sólo con tu pareja*; *Y tu mamá también*
Cuarón, Carlos, 223. Véase también *Rudo y cursi*
Cuento de hadas para dormir cocodrilos (Ortiz), 270n38

Danzón (Novaro), 4, 15, 25, 28–29, 36–42, 57–58, 61–68, 74, 82, 87, 127, 130, 134–35, 142, 187, 193, 267n15, 272n11, 284n11

de Alba, Luis, 22
de Anda, Rodolfo, 88. Véase también *Alta tensión*
Déficit (García Bernal), 253
de Fuentes, Fernando, 62, 183
de la Garza, Armida, 79, 82
de la Mora, Sergio, 25, 51, 269n27, 277n28
de Lara, Maricarmen, 176
de la Reguera, Ana, 117–18, 235, 254–55, 262, 276n18, 284n12. Véase también *Backyard / El Traspatio*; *Capadocia*; *Ladies' Night*; *Por la libre*
de la Riva, José Antonio, 98, 267n15. Véase también *Elisa antes del fin del mundo*; *Pueblo de madera*
Deleuze, Gilles, 25, 230, 266n6, 282n44
Deleyto, Celestino, 82–86, 106, 148, 151, 201, 210, 281n29
de Llaca, Juan Carlos, 118, 128, 136–41, 149, 174, 206–7. Véase también *Así es la suerte*; *En el aire*; *Por la libre*
del Toro, Guillermo, 9, 13–14, 35, 178, 179–84, 187–98, 209, 213, 223, 226, 240, 259, 277n1, 278n9, 279n15, 280n27. Véase también *Blade 2*; *Cronos*; *espinazo del diablo, El*; *laberinto del fauno, El*; *Mimic*; *Pacific Rim*
de Luca, Tiago, 232–36. Véase también realismo de los sentidos
Demasiado amor (Rimoch), 269n27
de Oliveira, Manoel, 227
Desiertos mares (Jose Luis García Agraz), 34–35, 62–63
Desnudos (Gómez Vadillo), 274n26
Deutch, Howard, 109
Díaz Yanes, Agustín, 212, 280n25. Véase también *Nadie hablará de nosotras cuando hayamos muerto*; *Sólo quiero caminar*
Digna, hasta el último aliento (Cazals), 176
Divina confusión (Garcini), 117
d'Lugo, Marvin, 4, 50, 183, 184, 204
Doña Herlinda y su hijo (Hermosillo), 187
Don Gato y su pandilla (Mar), 245
Dos crímenes (Sneider), 62–69, 93, 270n39
Drama/Mex (Naranjo), 218, 254, 278n6
Dreyer, Carl Theodor, 233, 239–40. Véase también *Ordet*
dulce olor a muerte, Un (Retes), 135
Dumont, Bruno, 228

Echevarría, Nicolás, 35, 43–47, 113–19. Véase también *Cabeza de Vaca*; *Vivir mata*
Echeverría, Luis, 15–16, 249
Efectos secundarios (López), 116

efecto tequila, El (Serment), 178
Eimbcke, Fernando, 240, 261, 282n43, 282n48. Véase también *Lake Tahoe*; *Revolución*; *Temporada de patos*
Elisa antes del fin del mundo (de la Riva), 98
En el aire (de Llaca), 128, 136–40, 149, 198, 206
En el país de no pasa nada (de Lara), 176
En medio de la nada (Hugo Rodríguez), 136
Entre la tarde y la noche (Blancarte), 270n38
Entre Pancho Villa y una mujer desnuda (Berman and Tardan), 98, 141–54, 158, 165, 213, 255, 271n3, 274n33, 275n13
Ephron, Nora, 78
Eréndira Ikukinari (Mora Catlett), 267n12
Erice, Víctor, 196, 279n15
Escalante, Amat, 227–28, 234, 253, 261, 282n48. Véase también *bastardos, Los*; *Revolución*; *Sangre*
Escápate conmigo (Cardona), 271n5
Esmeralda de noche vienes (Hermosillo), 76–77, 271n4
espinazo del diablo, El (del Toro), 196–97, 279n17, 280n27
espíritu de la colmena, El (Erice), 196
Esquivel, Laura, 17–28
Estas ruinas que ves (Pastor), 270n39
Estrada, Luis, 154, 167–77, 203, 206, 249–50, 270n41, 277n32, 277n34, 278n5, 279n11, 284n8. Véase también *Bandidos*; *infierno, El*; *ley de Herodes, La*; *mundo maravilloso, Un*
evangelio de las maravillas, El (Ripstein), 270n33

familia de tantas, Una (Alejandro Galindo), 1, 5, 80
Fargo (Coen Brothers), 173–75, 278n5
Fentanes, Óscar, 22
Fernández, Emilio "El Indio," 30, 58, 172, 183, 209, 282n41. Véase también *Río escondido*; *Salón México*
Fernández, Raúl, 22. Véase también *Lola la trailera*
festivales, 43, 90, 174, 179, 183–85, 200, 205, 226–28, 234, 241, 245, 253, 272n15, 273n24, 278n3, 279n11, 283n52
Fibra óptica (Athié), 136, 144
Figgis, Mike, 208
Figueroa, Gabriel, 231, 239, 282n41
Flores Torres, Ángel, 274n31
Florida, Richard, 273n21. *Véase también* clase creativa
Fly, The (Cronenberg), 194, 297n13

Fondo de Producción Cinematográfica de Calidad (FOPROCINE), 89, 106–7, 128
Fons, Jorge, 54–58, 122–23, 135, 172–73, 248–49, 269n30. Véase también *atentado, El*; *callejón de los milagros, El*; *Rojo amanecer*
For Greater Glory (Wright), 260–61
Foster, David William, 57, 99, 105–8, 122, 148, 198, 271n4, 277n35, 283n51
Four Weddings and a Funeral, 272n8
Franco, Jean, 141–42
Franco, Michel, 240
Fraude 2006 (Mandoki), 176, 277n36
From Prada to Nada (Gracia), 258
Fukunaga, Cary, 253

Galindo, Alejandro, 1. Véase también *familia de tantas, Una*
Galindo, Pedro, 22
Gallo, Vincent, 235
Gamboa, Alejandro, 66–67
García, Rodrigo, 223, 261
García Agraz, Carlos, 267n9, 279n11
García Agraz, Jose Luis, 13, 30–31, 34–35, 98, 267n9. Véase también *Desiertos mares*; *Nocaut*; *Salón México*
García Bernal, Gael, 58, 181, 198, 210, 223–24, 239, 245, 253, 258, 261, 262. Véase también *Amores perros*; *Casa de mi padre*; *crimen del padre Amaro, El*; *Déficit*; *Revolución*; *Rudo y cursi*; *Y tu mama también*
García Canclini, Néstor, 79–81, 86, 90, 95, 111, 157, 158, 200
Garcini, Salvador, 117
Garzón, Gustavo Adrían, 117
Gaviria, Víctor, 147
Gerber Bicecci, Alejandro, 284n5
Gertrudis Bocanegra (Medina), 32, 45
Giménez Cacho, Daniel, 69, 78, 113, 138, 140, 177, 215, 229, 248, 250, 276n14, 278n9. Véase también American visa; *Arráncame la vida*; *atentado, El*; *Cronos*; *En el aire*; *infierno, El*; *Sólo con tu pareja*; *Somos lo que hay*; *Vivir mata*; *Y tu mamá también*
Girl in Progress (Riggen), 258
Glen, John, 43. Véase también *Christopher Columbus: The Discovery*
Goal! trilogía (various directors), 224
Go for It (Marrón), 258
Gómez, Beto, 251. Véase también *Salvando al soldado Pérez*
Gómez Vadillo, Enrique, 274n26
González Iñárritu, Alejandro, 9, 80–81, 166, 173, 178–85, 198–203, 207–10, 213, 217, 220, 223, 226, 229, 240, 253, 277n1,

278n2. Véase también *21 Grams*; *Amores perros*; *Babel*; *Biutiful*
Goodbye Lenin! (Becker), 129
Goss, Brian Michael, 182. Véase también *auteur* global
Gracia, Ángel, 258
Grau, Jorge Michel, 259, 278n9
Gravity (Alfonso Cuarón), 225, 240
Great Expectations (Alfonso Cuarón), 213, 281n28
Greene, Doyle, 84, 267n13, 279n10
Gruener, Daniel, 147
Gutiérrez, José Luis, 260

Haddu, Miriam, 85, 99, 106, 122, 132, 268n20
Hannah and Her Sisters (Allen), 77
Harry Potter and the Prisoner of Azkaban (Alfonso Cuarón), 186, 225, 243
Harvey, David, 8, 265n4
Hayek, Salma, 53, 55, 181. Véase también *callejón de los milagros, El*; *coronel no tiene quien le escriba, El*
Hellboy (del Toro), 197, 213
Hellboy 2 (del Toro), 197
Hermosillo, Jaime Humberto, 73–77, 87, 90, 143, 173, 183, 187, 271n2, 271n4, 278n5. Véase también *Doña Herlinda y su hijo*; *Esmeralda de noche vienes*; *tarea, La*; *tarea prohibida, La*
Hernández, Héctor, 224. Véase también *pajarracos, Los*
Hernández, Julián, 227, 234, 282n46, 282n48. Véase también *cielo dividido, El*; *Mil nubes de paz cercan el cielo amor, jamás dejarás de ser amor*
Hernández, Roberto, 176. Véase también *Presunto culpable*
Hernández Aldana, Jorge, 280n23
Herzog, Werner, 47
Hidalgo, la historia más grande jamás contada (Serrano), 247–49
Higareda, Marta, 236, 254, 259. Véase también *Amar te duele*; *Te presento a Laura*
Hind, Emily, 62, 66–67, 112, 151, 274n27, 281n31, 282n40, 284n12
Hinojosa Córdova, Lucila, 93–94, 158
Huerta, Ángel Mario, 274n29
Hurt Locker, The (Bigelow), 252

Ibarra, Epigmenio, 107
Illouz, Eva, 102, 105, 110–11. Véase también capitalismo emocional
Infante, Pedro, 20–21, 56, 77, 271n5

infierno, El (Estrada), 177–78, 249–51, 277n37, 279n11
Inspiración (Huerta), 274n29
Instituto Mexicano de Cinematografía (IMCINE), 32, 46, 98, 106–7, 128, 147, 168, 200, 223, 239, 244, 249, 281n35
Irwin, Robert McKee, 141
Isaac, Alberto, 147

Japón (Reygadas), 232–34, 281n37, 281n39, 283n49
jardín del edén, El (Novaro), 40, 143
jaula de la melancolía, 13, 30
Jonás y la ballena rosada (Valdivia), 147
Jones, Tommy Lee, 280n23
Joskowicz, Alfredo, 128

Kada kien su karma (Serment), 178, 273n25
Kiarostami, Abbas, 226, 232
Kilbourn, Russell J. A., 137–38
Kilómetro 31 (Castañeda), 259, 279n9
Krauze, Enrique, 132, 156, 276n13
Krutnik, Frank, 77, 271n8

laberinto del fauno, El (del Toro), 179–80, 190, 196–97
Labios rojos (Lara), 259
Ladies' Night (Tagliavini), 80, 118–20, 262
Ladrón que roba a ladrón (Menéndez), 252
Lake Tahoe (Eimbcke), 282n43
Landy, Marcia 44–47, 267n21 y 23
Lara, Rafael 259
Laresgoiti, Francisco 260. Véase también *2033*
Leduc, Paul 5, 183
Lee, Ang 207
ley de Herodes, La (Estrada), 154–56, 167–77, 203, 206, 215, 218, 270n41, 277n33, 278n5, 284n8
Little Princess, A (Alfonso Cuarón), 213
Liverpool (Alonso), 282n43
Lola (Novaro), 35, 40, 142, 279n18
Lola la trailera (Raúl Fernández), 22, 284n9
Lolo (Athié), 279n18
Lomnitz, Claudio 131–32
López, Issa 116
López Moctezuma, Juan 187
López Portillo, José 15, 249
Lozano, Alejandro 252
Lubezki, Emmanuel 86, 100, 133, 181
Lucatero, Eduardo 116
Lucía, Lucía (Serrano), 247
lugar sin límites, El (Ripstein), 31, 53

Luna, Diego 191, 210, 223, 239, 245, 253, 258. Véase también *Abel*; *Rudo y cursi*; *Y tu mamá también*
Luz silenciosa (Reygadas). Véase *Stellet Licht*

Maciel, David, 4, 15
MacLaird, Misha, 59–60, 88, 92, 99, 106–9, 168, 270n34, 277n32
Mad about You (TV Series), 96–100
Mahfouz, Naguib, 48–58, 269n26, 269n30
Majidi, Majid, 206
Mandoki, Luis, 176. Véase también *Fraude 2006*
Mantarraya, 228, 233, 239, 282n43
Mar, Alberto, 245
Marcelino, pan y vino (Gutiérrez), 260
Marcks, Greg, 208
Marron, Carmen, 258
Marshall, Gary, 78
Marshall, Penny, 129
Martín-Barbero, Jesús, 64, 200–201, 205
Martin-Jones, David, 30, 266n6
Mazziotti, Nora, 90
Mecánica nacional (Alcoriza), 15
Medem, Julio, 235
Medina, Ernesto, 31–32. Véase también *Gertrudis Bocanegra*
Meirelles, Fernando, 147, 206
melodrama, 1, 6, 18–19, 23, 41, 45–61, 71–80, 86, 89–90, 95, 97, 102, 107, 108, 123, 129–30, 133–34, 143, 147, 173, 194, 209, 217, 232, 256–61, 266nn2–3, 269n27, 269n30, 272n14, 274n26, 281n38, 282n48
Méndez Esparza, Antonio, 240
Menéndez, Joe, 252
Menne, Jeffrey, 9, 212
Me quiero casar (Soler), 271n5
mexicanidad/mexicanismo/neomexicanismo, 5, 17–70, 72, 74, 76, 77, 83–89, 95, 98, 107, 111, 113, 116–18, 121, 123, 127, 142, 178, 180, 181, 189, 198, 205, 217, 218, 222–23, 226, 230, 232, 239, 241, 246–47, 263, 265n6, 269n30, 270n33, 276n18
Mighty Aphrodite (Allen), 117
Mil nubes de paz cercan el cielo amor, jamás dejarás de ser amor (Julián Hernández), 234
Mimic (del Toro), 197, 213
Mi querido Tom Mix (Carlos García Agraz), 267n9, 279n11
Miravista, 118
Miroslava (Pelayo), 32, 267n11
misma luna, La (Riggen), 256–57
Miss Bala (Naranjo), 241, 253–55, 259, 279n11

Mojado power (Arau), 20
Monsiváis, Carlos, 7, 14, 16, 21, 30, 62, 71, 276n22
Montero, Rafael, 87, 116, 273n20. Véase también *Cilantro y perejil*
Mora, Carl, 4, 15–16, 25, 30, 46, 99
Mora Catlett, Juan, 33, 71, 267n12. Véase también *Eréndira Ikukinari*; *Retorno a Aztlán*
Mosquita muerta (Bissner), 117
Mother and Child (García), 223
mujer del puerto, La (Ripstein), 31, 42, 49, 52
Mujeres insumisas (Isaac), 147
mundo maravilloso, Un (Estrada), 176–77, 284n8

Nadie hablará de nosotras cuando hayamos muerto (Díaz Yanes), 280n25
Naranjo, Gerardo, 181, 239, 241, 253–54, 257, 261, 262, 274n33, 278n6, 279n11. Véase también *Drama/Mex*; *Miss Bala*; *Revolución*; *Voy a explotar*
Nayar, Salim, 117
neoliberalismo, 7–9, 39, 69, 79–80, 91, 111–12, 116–17, 121, 125–27, 130–32, 135–41, 144–47, 162, 173, 176, 189, 191, 198, 202, 207, 210, 216, 218, 22, 226–27, 238, 263, 275n14, 276n21, 276nn23–24
neomexicanismo. Véase mexicanidad/mexicanismo/neomexicanismo
Newell, Mike, 272n8
Noble, Andrea, 1, 4, 6, 21, 30, 55, 189, 219, 265n2, 281n26
Nocaut (José Luis García Agraz), 31
No eres tú, soy yo (Springall), 117, 178, 259
Noriega, Fez, 116, 259. Véase también *Te presento a Laura*
Nosotros los nobles (Alazraki), 283n4
Novaro, María, 13, 28–29, 35–42, 62–63, 106, 108, 133, 135, 140, 142–46, 153, 254, 267n15, 270n37, 274n31, 276n12, 279n18. Véase también *buenas hierbas, Las*; *Danzón*; *jardín del Edén, El*; *Lola*; *Sin dejar huella*
Novia que te vea (Guita Schyfter), 142

olvidados, Los (Buñuel), 15, 56, 146
Ordet (Dreyer), 233, 239, 283n53
Organización Ramírez, 92, 128–29. Véase también Cinépolis
orilla de la tierra, La (Ortiz), 93, 147, 228, 230
Ortiz, Ignacio, 93, 147, 230, 270n38. Véase también *Cuentos de hadas para dormir cocodrilos*; *orilla de la tierra, La*
Ozu, Yasujiro, 226, 233

Índice

Pacific Rim (del Toro), 240
pajarracos, Los (Héctor Hernández and Rivera), 224, 226
Pantelion, 247, 258–59. *Véase también* Televicine/Televisa
pantera, El (TV series), 262
Pastor, Julián, 270n39
Pastorela (Portes), 224, 244, 246, 258
Paz, Octavio, 11–12, 156, 265n6
Pelayo, Alejandro, 32, 267n11
película de huevos, Una (Riva Palacio), 245
Pelo suelto (Pedro Galindo), 22
perdición de los hombres, La (Ripstein), 230
Pereda, Nicolás, 240
Pérez Gámez, Raúl, 259
Pérez Turrent, Tomás, 2, 39
Perfume de violetas (Sistach), 254
Pick, Zuzana, 5
Picoso pero sabroso (Fentanes), 22
Piedmont, Matt, 258
Piedras verdes (Flores Torres), 274n31
Plá, Rodrigo, 261. *Véase también Revolución*
Playa azul (Joskowicz), 128
Podalsky, Laura, 204, 209
Por la libre (de Llaca), 118, 139, 274n31
Portes, Emilio, 224, 244–46. *Véase también Pastorela*
Post tenebras lux (Reygadas), 185, 226
Prada, Fabrizio, 68
Presunto culpable (Roberto Hernández), 126, 176, 245, 250, 254, 259, 277n36, 283n2
Pretty in Pink (Deutsch), 109
Pretty Woman (Gary Marshall), 78
Principio y fin (Ripstein), 48–59, 269n27, 272n11
Prior, Jorge, 276n20
privatización, 3–9, 21, 24, 39–40, 71–121, 128, 129, 200, 262
Pruebas de amor (Prior), 276n20
Pueblo de madera (de la Riva), 267n15
Pulp Fiction (Tarantino), 108, 207

Ramírez, Arcelia, 23, 98. *Véase también Cilantro y perejil*; *Como agua para chocolate*
Ramírez, Claudia, 78, 273n20. *Véase también Pruebas de amor*; *Sólo con tu pareja*
Ramírez Berg, Charles, 11–16, 75, 265n6, 285n14. *Véase también* cine de la soledad
Ramírez Suárez, Jorge, 176
realismo de los sentidos, 232–33
Reality Bites (Stiller), 109–15
redes imaginarias del poder político (Bartra), 13–16, 26, 141
reina de la noche, La (Ripstein), 33

Reiner, Rob, 78
Reservoir Dogs (Tarantino), 207
Retes, Gabriel, 101, 128–35, 148–49, 167, 172–74, 203, 206, 207, 273nn23–24, 275n5. *Véase también Bienvenido/Welcome*; *Bienvenido/Welcome 2*; *bulto, El*; *ciudad al desnudo, La*; *dulce olor a muerte, Un*
Retorno a Aztlán (Mora Catlett), 33–35, 43, 47, 267n12
Revolución (various directors), 261–62
Reyes, Luis Eduardo, 116
Reygadas, Carlos, 8, 178, 180–85, 225–40, 252–54, 261, 281nn37–38, 282nn42–48, 283n49, 283n54. *Véase también Batalla en el cielo*; *Japón*; *Post Tenebras Lux*; *Revolución*; *Stellet Licht / Luz silenciosa*
Riggen, Patricia, 81, 256–58, 261. See *Girl in Progress*; *misma luna, La*; *Revolución*
Rimoch, Ernesto, 87, 269n27. *Véase también anzuelo, El*; *Demasiado amor*
Río escondido (Emilio Fernández), 172–73
Ripstein, Arturo, 15, 18, 26, 29–32, 48–61, 75, 128, 183, 226–28, 230, 239, 266n8, 267n11, 269n27, 269n30, 270n33. *Véase también coronel no tiene quien le escriba, El*; *evangelio de las maravillas, El*; *lugar sin límites, El*; *mujer del puerto, La*; *perdición de los hombres, La*; *Principio y fin*; *reina de la noche, La*
risa en vacaciones, La (Cardona), 22, 147
Riva Palacio, Gabriel and Rodolfo, 245
Rivera, Horacio, 224
Rodríguez, Hugo, 136
Rodríguez, Ismael, 20, 56, 203, 209. *Véase también A.T.M.*; *Tizoc*
Rodríguez, Jesusa, 142, 275n11
Rodríguez-Hernández, Raúl, 189–92
Rojo amanecer (Fons), 122–25, 130, 135, 144, 172–73
Rosas Mantecón, Ana, 94
Rosenbaum Jonathan, 126
Rossoff, Eduardo, 32. *Véase también Ave María*
Rotberg, Dana, 143–46. *Véase también Ángel de fuego*
Rotker, Susana, 161–62. *Véase también* ciudadanía del miedo
Rowe, Michael, 282n47
Rudo y cursi (Carlos Cuarón), 223–24

Saavedra Luna, Isis, 4
Sacrifice, The (Tarkovsky), 231
Salinas de Gortari, Carlos, 3, 16, 34, 107, 135, 146, 155, 170, 275n2, 275n7

Salles, Walter, 146–47
Salón México (Emilio Fernández), 29–30
Salón México (Jose Luis García Agraz), 29–35, 50, 98
Salvando al soldado Pérez (Gómez), 251–52, 58
Sama, Carlos (*Sin ton ni Sonia*), 117
Sánchez, Fernando Fabio, 204–6
Sánchez, Francisco, 105, 122, 177
Sánchez-Ruiz, Enrique, 272n13
Sangre (Escalante), 234
Santitos (Springall), 64–67, 218, 231
Sariñana, Carlos, 259
Sariñana, Fernando, 154–67, 178, 186, 201, 203, 262, 272n27, 278n8. Véase también *Amar te duele*; *Todo el poder*
Saura, Carlos, 196
Say Anything (Crowe), 109
Schaefer, Claudia, 35, 36, 39, 189–90, 192, 202–3, 267n16, 271n2
Schyfter, Guita, 142
Scott, Ridley, 42. Véase también *1492: The Conquest of Paradise*
secreto de Romelia, El (Cortés), 143
Serment, León, 178, 273n25. Véase también *efecto tequila, El*; *Kada kien su karma*
Serradilla, Ana, 119, 246, 254. Véase también *Cansada de besar sapos*; *Pastorela*
Serrano, Antonio, 102–10, 116, 155, 176, 201, 229, 247, 248, 273n26, 284n6. Véase también *Hidalgo, la historia más grande jamás contada*; *Sexo, pudor y lágrimas*
Sex, Lies and Videotape (Soderbergh), 75–76, 271n2, 278n5
Sexo, pudor y lágrimas (Serrano), 102–12, 114–20, 151–53, 159, 165–67, 176, 198, 201, 202, 213, 215, 217, 228, 238, 247, 273n26, 274n29, 284n6
Shaw, Deborah, 17–18, 24, 28, 202, 216, 232, 266n1, 266n3, 277n1, 280n22, 281n30
Shumway, David, 71–73, 87
Sin dejar huella (Novaro), 143, 254, 274n31, 275n12, 280n27
Sindicato de Trabajadores de la Industria Cinematográfica (STIC), 91
Sin nombre (Fukunaga), 253
Sin remitente (Carrera), 228, 269n32, 282n48
Sin ton ni Sonia (Sama), 116
Sisk, Christina, 209, 281n35
Sistach, Maryse (Marisa), 143, 254, 271n6. Véase también *Anoche soñé contigo*; *Perfume de violetas*
Sleepless in Seattle (Ephron), 78
Slim, Carlos, 106–7, 118, 136, 228

Smith, Paul Julian, 200, 212, 259, 282n43
Sneider, Roberto, 62–63, 68–69, 93, 270n39. Véase también *Arráncame la vida*; *Dos crímenes*
Sobrenatural (Gruener), 147
sociedad civil, 107, 122, 156–59, 162–64, 177
Soderbergh, Steven, 75–76, 173, 185, 207, 208, 271n2, 278n5. Véase también *Sex, Lies and Videotape*
Soler, Julián 271n5
Sólo con tu pareja (Alfonso Cuarón), 9, 14, 27, 35, 77–88, 90, 97–106, 114–16, 118, 133, 140, 147, 153, 158–59, 165, 173, 183, 186–87, 190, 193, 195, 200, 210, 212–15, 217, 221–23, 238, 267n14, 271n6, 272n12
Sólo quiero caminar (Díaz Yanes), 280n25
Somos lo que hay (Grau), 259, 278n9
Soy tu fan (TV series), 262
Spam (Carlos Sariñana), 259
Springall, Alejandro, 64, 84, 117, 178, 259. Véase también *No eres tú, soy yo*; *Santitos*
Stellet Licht / Luz silenciosa (Reygadas), 233, 239–40, 283n53
Stiller, Ben, 109–10. Véase también *Reality Bites*
Su alteza serenísima (Cazals), 45
Suárez, Cecilia, 103, 159, 176, 236. Véase también *mundo maravilloso, Un*; *Sexo, pudor y lágrimas*; *Todo el poder*
Sultanes del sur (Lozano), 252
Syntek, Aleks, 108–11, 168, 274n27

Tabasco Films, 106–8, 118
Tagliavini, Gabriela, 117–19. Véase también *Ladies' Night*
Talancón, Ana Claudia, 58, 69, 117–18, 235, 262. Véase también *Arráncame la vida*; *crimen del padre Amaro, El*; *Ladies' Night*; *Soy tu fan*
Tarantino, Quentin, 108, 173, 165, 207. Véase también *Pulp Fiction*
Tardán, Isabel, 144–54, 255, 271n3, 274n33. Véase también *Entre Pancho Villa y una mujer desnuda*
tarea, La (Hermosillo), 73–78, 86, 88, 101, 173, 187, 190, 271n3, 278n5
tarea prohibida, La (Hermosillo), 271n4
Tarkovsky, Andrei, 226, 231
Tarr, Béla, 227, 232
telenovelas, 21, 45, 50–51, 72, 90, 96, 98, 106–7, 113, 144, 256–62, 272n14, 273n26, 274n29

Televicine/Televisa, 72, 77, 88–89, 96, 98, 100, 107, 108, 118, 129, 147, 152, 153, 187, 247, 258, 262, 271n5, 273n19. *Véase también* Pantelion; Videocine
Temporada de patos (Eimbcke), 282n48
Te presento a Laura (Noriega), 116, 121, 259
Tercer cine, 4, 123–25, 162, 199, 278n3
Terrazas, Kyzza, 239
Three Burials of Melquiades Estrada, The (Jones), 280n23
Throsby, David, 227
Tierney, Dolores, 39, 199, 200, 208, 210, 282n41
tigre de Santa Julia, El (Gamboa), 66–67
Titán Producciones, 106–7
Tizoc (Ismael Rodríguez), 20, 47
Tlatelolco: Verano de 1968 (Bolado), 250
Todo el poder (Fernando Sariñana), 154–67, 165–67, 171, 178, 201, 203, 215, 223, 238, 262, 278n8
Trapero, Pablo, 146
Trevi, Gloria, 22
Tú te lo pierdes (Nayar), 117

Uncle Boonmee Recalls His Past Lives (Weerasethakul), 233

Vaho (Gerber Bicecci), 284n5
Valdelièvre, Christian, 107
Valdez, Mitl, 135. *Véase también vuelcos del corazón, Los*
Valdivia, Juan Carlos, 149, 276n14. *Véase también American visa*; *Jonás y la ballena rosada*

Van Sant, Gus, 226, 232, 234, 282n44
Velazco, Salvador, 123, 172, 179
Vélez, Luis, 274n30
Vergara, Jorge, 212, 280n27
vida conyugal, La (Carrera), 87, 90, 272n15
Videocine, 118, 247. *Véase también* Televicine/Televisa
Viernes de ánimas (Pérez Gámez), 259
Villoro, Juan, 114–15
Vivir mata (Echevarría), 113–17, 140, 274n28
Volverte a ver (Garzón), 117
von Trier, Lars, 182–227
Voy a explotar (Naranjo), 254, 278n6
vuelcos del corazón, Los (Valdez), 135–36

Waldron, John, 191, 194, 284n8
Wayne, Mike, 123–24
Weerasethakul, Apitchapong, 228, 232. *Véase también Uncle Boonmee Recalls His Past Lives*
Weltz, Chris, 257
When Harry Met Sally (Reiner), 78
Wright, Dean, 260. *Véase también For Greater Glory*

Y tu mamá tambien (Alfonso Cuarón), 180, 183, 186, 210–26, 274n31, 281n28, 281n32

Zabé, Alexis, 240
Zavarzadeh, Mas'ud, 126
Zeta Producciones, 180

www.ingramcontent.com/pod-product-compliance
Lightning Source LLC
Chambersburg PA
CBHW031428160426
43195CB00010BB/653